〔完全白話〕馬上可以派上用場的謀略智術

天下第一奇書

鬼谷子

大全集

〔戰國〕鬼谷子　著

方東野　校訂

前　言

　　鬼谷子，人如其名，頗具傳奇與神祕色彩。相傳他受命於天、得書於
仙，是為《無字天書》。歷史上也確有其人，根據司馬遷《史記》的相關
記載，他乃戰國時代楚國人，姓名里族不詳，因其隱居鬼谷，講學授徒，
故世稱鬼谷子。蘇秦、張儀師之，為縱橫家之鼻祖。關於他的傳說，在野
史中以及民間語之甚多，明代著名小說家馮夢龍所編著的歷史小說《東周
列國志》中這樣說道：「其人通天徹地，有幾家學問，人不能及。哪幾家
學問？一曰數學，日星象緯，在其掌中，占往察來，言無不驗；二曰兵
學，六韜三略，變化無窮，佈陣行兵，鬼神不測；三曰遊學，廣記多聞，
明理審勢，出詞吐辯，萬口莫當；四曰出世學，修真養性，服食導引，卻
病延年，沖舉可俟。」所以，不僅縱橫家奉之為鼻祖，兵家崇尚其謀略，
甚至連民間占卜相面之流、修鞋配眼鏡之輩，也都推其為自己的祖師爺，
其影響不可謂不深遠。

　　而集其思想之大成的《鬼谷》一書，更是價值獨特、色彩神奇，歷
來享有「智慧之禁果，曠世之奇書」的美譽，是一部專門探討古代政治鬥
爭權謀的智慧寶典，集中代表了戰國時期縱橫家的理論精華，是此派流傳
下來的唯一一部子書，澤被古今，享譽中外。其內容博大精深，處處充溢
著權謀策略的智慧，時時流淌著言談辯論的技巧，廣泛涉及政治、軍事、
外交、為人處世等眾多領域，曾對社會尤其是戰國時期縱橫家的理論和實
踐起到過重要的指導作用。在當代，它稱得上是一部在軍事、外交、商
貿、公關等領域裏影響深遠的雄辯大全、智慧寶典，對我們的影響可謂是
全方位的。

今本《鬼谷子》分為上、中、下三卷。上卷含《捭闔》、《反應》、《內揵》、《抵巇》四篇。中卷含《飛箝》、《忤合》、《揣》、《摩》、《權》、《謀》、《決》、《符言》八篇，另有《轉丸》、《胠亂》二篇，亡佚已久。下卷含《本經陰符七篇》、《持樞》、《中經》三篇，說的是如何修煉自身、養神蓄銳，是前面權謀策略、言辯遊說之術的基礎，至今仍有參考價值。

由於縱橫家崇尚權謀策略以及遊說言辯技巧，而作為其指導思想的《鬼谷子》一書又立論高深玄遠、行文奇古精妙，與中國一貫遵循的儒家傳統相比，頗具異類色彩。因此，自從此書被傳播開後，歷代對其褒貶懸殊，爭議不斷。褒之者揚之於天，認為此乃傳世之作：「其智謀，其變譎，其辭談，蓋出於戰國諸人之表。夫一閉一闔，易之神也。一翕一張，老氏之幾也。」而貶之者則抑之於淵，覺得此書過於功利：「捭闔、鉤箝、揣摩等術，皆小夫蛇鼠之智，家用之則家亡，國用之則國敗，天下用之則失天下。」

綜合古今之論，我們應該更加客觀精當地評價其價值與歷史地位：首先，它全面總結了縱橫遊說之術，並上升到了一個新的高度，形成了自己的理論體系，且體現了縱橫家的總體風貌，是戰國縱橫家唯一保存至今的理論專著；其次，它提出了不同於儒家、道家、法家等其他學派的政治哲學思想，在中國思想史上獨樹一幟；再次，它開創了中國的遊說修辭術；最後，它曾被人們從不同的角度與層次去理解或運用，對政治家、宗教家、軍事家、術數家等都產生過不同程度的重要影響。大家見仁見智，各有所得，收穫頗豐。這也可以啟示今天的人們如何去認識本書的價值。

美國人早在1955年便把臺灣學者陳英略所撰的《鬼谷子的心理作戰方法與理論》翻譯介紹過去，使縱橫學說受到軍、政、商界的廣泛關注，被稱作「國際謀略原典」。德國歷史學家、社會政治學家史賓格勒高度評價了鬼谷子的思想：「鬼谷子的察人之明，對歷史可能性的洞察以及對當時外交技巧的掌握，必然使他成為當時最有影響的人物之一。」並強調了它在當今國際鬥爭中的借鑒意義。有人將史賓格勒稱為現代的「鬼谷子」，

而當代「縱橫家」美國原國務卿季辛吉則說自己是「鬼谷子的學生」。在日本，不僅早就有了「縱橫研究院」，且自稱「鬼谷信徒」者甚眾。著名學者大橋武夫曾把一本《捭闔術》的複印本稱為「祕書」而逐字翻讀，並用現代日語將之寫成「大橋派鬼谷子」；此外，他在《鬼谷子與經營謀略》一書中還挖掘了《鬼谷子》在經濟活動、商業談判方面的諸多謀略，頗能中為日用、古為今用，在國際上產生了較廣泛的影響。而在東南亞諸國，近年來也紛紛設立了相關的研究機構，興起了「鬼谷學」，菲律賓還辦有相關月刊，設有「鬼谷子學術獎金」。

鬼谷學說近些年之所以越來越受到國際關注，絕非偶然。當今世界，隨著經濟全球化進程的深入發展，各國在謀求發展與合作的同時，相互間在政治、經濟、軍事等領域的競爭也日趨激烈，彼此分分合合，都在尋求制勝自強之道。被稱作「統馭人的兵法」的《鬼谷子》，其高深精妙的權謀策略與處世智慧，以及其中所蘊含的廣泛應用價值，值得我們深入挖掘、研討。《鬼谷子》這部智慧寶典，已被堂而皇之地擺在了中國古代優秀文化的殿堂，供全世界的人們借鑒和發揚光大。

由此，我們精心編撰了這部《鬼谷子大全集》。本書依據《鬼谷子》的權威原著，甄別、博採眾家之長，力求對原文做出精當而曉暢的注釋與翻譯，每篇篇首皆附有提要加以解析、導讀。並借鑒國外工商管理碩士的培養方法，精選古今中外頗具代表性的，涵蓋商場、職場、處世等各個領域的經典案例，對鬼谷思想逐篇闡釋、透析、解讀，可使不同行業、不同背景、不同層次的讀者，皆能從中有所獲益。

同時，本書設計精美獨到，圖文並茂，大量古樸生動的圖片，與文本和諧統一，相得益彰，大大增強了閱讀的趣味與興致。經典深刻的思想，精審獨到的案例及評析，恰到好處的圖文相生，使本書融哲理性、故事性、實用性、全集性於一體，可謂是各階層的讀者研讀、參悟、運用鬼谷子大智慧的首選讀本！

目　錄

捭闔第一

「捭」即開啟，「闔」即閉藏，所謂「捭闔」，就是大開大合，大啟大閉。鬼谷子將「捭闔」之道與中國古代源遠流長的陰陽學說融會貫通，並將之運用於縱橫遊説的説術言略中，使之成為戰國策士們立身處世、説諸侯、干人主、掌機變、握形勢的總原則，進而衍生出那個時代的縱橫風雲。因此，作為《鬼谷子》一書開宗明義的第一篇，《捭闔》無疑具有提綱挈領、一以貫之的重要地位。

從應用範圍看，若推而廣之，陽、動、剛、張、方等皆可歸為捭術，陰、靜、柔、馳、圓等皆可歸為闔術。變陽為陰或變陰為陽，以靜制動或以動制靜，以柔克剛或剛柔相濟⋯⋯都可説是捭闔之術的擴展與拓深。具體到本篇，《鬼谷子》認為：遊説人主，掌握形勢，操縱政治風雲，處理人際關係與社會事務，必用捭闔之術、陰陽之道。根據內外形勢與環境的不同，或主動開啟之，撥動之，促其發展變化，並在此過程中因勢而利導之，進而實現施術者的既定策略，此為用「捭」；或閉藏之，壓抑之，令其韜光養晦，靜待有利時機再使其轉化，以便更好地把握、適應形勢，使事物按照施術者的意向發展，此為用「闔」。一言以蔽之，所謂捭闔術，乃「天地陰陽之道，而説人之法也，為萬事之先，是謂圓方之門戶」。只要施術者在處理事物時靈活發揮自己的主觀能動性，並結合具體實際促使其發展轉化，就能運用自如、得心應手、無往而不利。

一

粵若稽古❶，聖人之在天地間也❷，為眾生之先❸。觀陰陽之開闔以命物❹，知存亡之門戶❺，籌策萬類之終始，達人心之理，見變化之朕焉❻，而守司其門戶❼。故聖人之在天下也，自古及今，其道一也❽。變化無窮，各有所歸❾。或陰或陽，或柔或剛，或開或閉，或弛或張。是故聖人一守司其門戶，審察其所先後，度權量能❿，校其技巧短長。

【注釋】

❶ 粵：句首語助詞，表莊重。若：沿著。此指上溯。稽：考察。

❷ 聖人：《鬼谷子》中所言「聖人」有兩種含義，一種指古代有所貢獻、有所創見的大智大勇之士，一種指當代精於縱橫權術的遊說辯士，與儒家所言「聖人」有別。此句中的「聖人」當指前一種。

❸ 眾生：泛指萬物生靈。此處特指民眾。先：先知先覺，指能夠預測事物發展動向，掌握事物發展規律的人。

❹ 命物：意指抓住事物本質，表述事物名稱和性質。

❺ 存亡之門戶：指世上萬事萬物生成、發展滅亡的關鍵所在。

❻ 朕：指可以觀測到的事物發展形跡、徵兆。

❼ 守司：把握，掌握。

❽ 其道一也：即言自古至今，聖人的做法、目的都是一樣的。

❾ 各有所歸：即言事物的發展變化皆有一定規律可循。

❿ 權：權變。此指事物可以變化、可讓人施術變動其發展方向的成分。能：能力。此指事物保持自己的不變性從而按自己的固定軌跡運行的能力。

【譯文】

先讓我們來考察一下歷史吧。古代那些大智大勇的聖者生活在人世間，之所以成為芸芸眾生先知先覺的導師，是因為他們能夠通過對世界上萬事萬物陰陽、分合變化的觀測，揭示它們的本質屬性而給它們立一個確定的名號，並洞曉其生成、發展、滅亡的關鍵所在，追溯事物發展的歷史

過程，預測其結局，還能洞察世人的心理變化規律，及時發現世上事物、人事的發展徵兆，從而把握其關鍵所在。所以，聖人在社會上立身處世，從古到今，其遵循的規律都是一樣的。由此而論，世間事物雖然變化無窮、紛紜萬端，但皆有其自身的本質特徵與發展規律：或歸於陰，或歸於陽；或以柔為特徵，或以剛為特徵；或以開放為主導，或以閉藏為主導；或鬆弛不固，或緊張難入。因此，聖人在處理世間事務時，總是善於發現事物規律，把握事物關鍵，考察事物的發展過程，揣度、研究事物的可變性和不變性，以及事物應變能力的強弱，因才而用、取長補短、有的放矢地處理問題。

二

　　夫賢、不肖，智、愚，勇、怯，仁、義，有差❶，乃可捭，乃可闔；乃可進，乃可退；乃可賤，乃可貴，無為以牧之❷。審定有無與其虛實，隨其嗜欲以見其志意，微排其所言而捭反之❸，以求其實，貴得其指❹；闔而捭之，以求其利。或開而示之，或闔而閉之❺。開而示之者，同其情也；闔而閉之者，異其誠也❻。可與不可，審明其計謀，以原其同異。離合有守，先從其志❼。即欲捭之貴周，即欲闔之貴密❽。周密之貴微，而與道相追❾。捭之者，料其情也；闔之者，結其誠也。皆見其權衡輕重，乃為之度數，聖人因而為之慮❿。其不中權衡度數，聖人因而自為之慮⓫。故捭者，或捭而出之，或捭而內之⓬；闔者，或闔而取之，或闔而去之。

【注釋】

❶ 有差：有差等，差別。

❷ 無為：指無為之道。《鬼谷子》所說的「無為之道」與老莊的清靜無為之道不同，這裏指順應自然之性而撥動之、因勢而利導之的一種處世之道。牧：治理，處理。

❸ 微：暗中。排：排察。

❹ 指：同「旨」，旨意，主旨。

❺ 示：啟示，啟發。此指啟發對方讓他敞開思想。閉：閉藏。此指使對方控制感情。

❻ 異：與「同其情」之「同」為互詞。同其情，即考察對方感情上與我們的同異點。異其誠，即考察對方誠意如何。

❼ 離合有守：認識有差距。離合，原指二人相離或相逢，此指認識差距。守，原指各據一方，此指有距離。從：同「縱」，縱容，放縱。志：意願，意志。

❽ 貴：以……為貴，此處意為「首先要」、「關鍵是」。

❾ 微：微暗，不露聲色。道：此指陰陽之道，即變動陰陽、因勢利導而處理事物的方法。追：相隨，相合。

❿ 權衡輕重：此指處理事情的謀略與措施。度數：度量，準則。

⓫ 自為之慮：此指自己另外謀劃決策。

⓬ 內：同「納」，接納，吸收。

【譯文】

世人中有賢良與不肖者，有智識之士與愚黯之輩，有勇敢者和怯懦者；有仁人君子及苟且小人……總之，人們的品行和素質是千差萬別的。所以，針對不同的人品素質，要採取不同的態度與措施。對某些人可以開導，對某些人可以壓抑；對某些人可以擢用，對某些人可以黜退；可以讓某些人富貴，可以使某些人貧賤。總歸一句話，要順應人們的自然品性去分別對待他們。要起用一個人，首先要審定其品質如何，摸清其真假虛實，順從其嗜欲願望，發掘其志向意圖，並要暗中觀察他的言語，或啟導他，或適當地貶抑、質疑他，以探知其真情實意，以明瞭其性格主流。得知對方實際情況後應緘默不語以挑動對方暢所欲言，以便了解對方所言是否於己有利。要麼開導他給他以啟示，要麼壓抑他使他控制自己。開導啟發他，是為了讓他暢所欲言以考察他在感情上與我們有無距離；壓抑控制他，是為了觀察他的反應如何，借此了解他對我們的誠心大小。考察某人可用不可用，還要查明其謀略計畫的優劣，以及同自己謀略計畫的差距大小。若同我們的謀略計畫距離較大，先縱容他，讓他照自己的意志去辦

（而我們則暗中謀劃）。當然，這種謀劃要周密。若要謀劃周密，關鍵是行事要微暗、不露聲色，這樣做，就與陰陽之道暗合無隙了。對人使用捭闔之術，或開啟引導他，估量出他的情志；或壓抑控制他，摸準他的誠心。此外，還要知道他的謀略措施，聖人因之做出測度與分析，若其謀略措施得當，與我們距離較小，合乎我們的準則，我們就可以據此幫他完善謀略措施；若其謀略措施失當，與我們距離較大，不合我們的準則，我們只好捨棄不用，自己另謀良策。因此，對人使用捭闔之術時，或開導他幫他引出決策，或啟發他吐露決策以便納為己用；或抑制他以便於我們順利起用，或拒斥他棄而不用。

三

捭闔者，天地之道❶。捭闔者，以變動陰陽，四時開閉，以化萬物。縱橫、反出、反覆、反忤，必由此矣❷。捭闔者，道之大化。說之變也，必豫審其變化，吉凶大命繫焉❸。口者，心之門戶也；心者，神之主也。志意、喜欲、思慮、智謀，此皆由門戶出入❹，故關之以捭闔，制之以出入。捭之者，開也，言也，陽也；闔之者，閉也，默也，陰也。陰陽其和，終始其義❺。故言長生、安樂、富貴、尊榮、顯名、愛好、財利、得意、喜欲為陽，曰始❻。故言死亡、憂患、貧賤、苦辱、棄損、亡利、失意、有害、刑戮、誅罰為陰，曰終❼。諸言法陽之類者，皆曰始，言善以始其事；諸言法陰之類者，皆曰終，言惡以終其謀❽。捭闔之道，以陰陽試之❾。故與陽言者依崇高，與陰言者依卑小。以下求小，以高求大❿。由此言之，無所不出，無所不入，無所不可⓫。可以說人，可以說家，可以說國，可以說天下⓬。為小無內，為大無外。

【注釋】

❶ 天地之道：即陰陽之道。天為陽，地為陰。

❷ 縱橫、反出：即陰陽的具體表現。縱與橫，反（返）與出，都是對立的事物，可用陰陽來涵括。反覆、反忤：亦為陰陽的具體表現。

❸ 豫：同「預」，預先。吉凶：此指遊說成功或失敗。大命：此指遊說目的。

❹ 出入：此指表現、表述。

❺ 陰陽其和，終始其義：終事始事的要義所在，是明瞭陰陽調和之理。

❻ 故言長生……曰始：始為乾，乾為陽，故「始」「陽」並言。始即初始，出發點，引伸為人生行動的目的所在。即言上述長生、安樂、富貴等事物，都是人生所追求的東西。

❼ 故言死亡……曰終：終為坤，坤為陰，故「終」「陰」並言。終：窮。窮急困窘，是人所不欲，是人生的忌諱。

❽ 善：此指善言，善言為陽。惡：此指惡言，惡言為陰。

❾ 陰陽：此指陰言和陽言。

❿ 下：卑下的陰言。小：此指小人。高：崇高的陽言。大：此指君子。

⓫ 出：這裏指被策士、說客們啟發。入：這裏指聽從遊說策士的話。

⓬ 家：這裏指封有采邑的大夫。國：這裏指據有一國的諸侯。

【譯文】

　　捭闔之術，以陰陽之道為主旨。捭闔，就是變動陰陽，用開閉之法構成四季輪迴，使萬物化生、萬事興亡交替。縱和橫，返和出，反和覆，反與忤，皆為陰陽之道的具體表現，都可用陰陽變動來區別、說明它們。而使用捭闔之術使事物轉化，正是陰陽之道的關鍵所在。遊說過程中的每一變化，都出自捭闔之術，所以要預先審知捭闔之術的陰陽變化法則，這是遊說能否成功、遊說目的能否達到的關鍵所在。口，是表達內心思想的門戶；而心靈，是人的精神世界的主宰。人的志向與意願、喜好與欲求，思念和焦慮，智慧和謀略，都是由口這個門戶出從而表露出來的。所以，應該用捭闔之術來把守自己的口，用開閉之法來調控自己的言談。使用捭術，就是讓對方開口，讓對方說話，這就是陽之道；使用闔術，就是讓對方閉口，讓對方沉默，這就是陰之道。懂得了陰陽之道的協調交替使用，就能夠懂得「終」和「始」的意義了。所以，我們把長生、安樂、富貴、尊榮、顯名、愛好、財利、得意、喜欲等歸為陽類事物，稱作人生嚮往；把死亡、憂患、貧賤、苦辱、棄損、亡利、失意、有害、刑戮、誅罰等歸

為陰類事物，稱作人生忌諱。凡是那些遵循、效仿、涉及上述陽類事物的說辭，可以叫做「人生嚮往型語言」，也就是說可以用這類美好的語言去說動對方進行某事；凡是那些遵循、效仿、涉及上述陰類事物的說辭，可以叫做「人生忌諱型語言」，也就是說可以用這類令人厭惡的語言去威脅、警醒對方中止某種計謀。遊說中運用捭闔之術時，先用陰言和陽言去試探對方（以確定對方是喜歡陰言還是喜歡陽言）。由此，與喜歡陽言的人論談時，以使用涉及上述陽類事物的崇高語言為主；與喜歡陰言的人論談時，以使用涉及上述陰類事物的卑下語言為主。這樣，我們就可以用卑下的陰言去打動小人，用崇高的陽言去說服君子。照此而論，用捭闔之術去遊說，就沒有探測不出來的真情，就沒有不聽從我們決策的人，就沒有不能說服的對象。用捭闔之術去遊說，可以說動每個普通民眾，可以說動每個有封地的大夫，可以說動每個諸侯國的國王，甚至可以說動天下的君主。若要成就小事，可以小到極限，沒有更小的了；若要成就大事，可以大到極限，沒有更大的了。

四

　　益損、去就、倍反，皆以陰陽御其事❶。陽動而行，陰止而藏；陽動而出，陰隱而入。陽還終陰❷，陰極反陽。以陽動者，德相生也；以陰靜者，形相成也❸。以陽求陰，苞以德也；以陰結陽，施以力也❹；陰陽相求，由捭闔也。此天地陰陽之道，而說人之法也，為萬事之先，是謂圓方之門戶❺。

【注釋】

❶ 御：治理，處理，掌控。

❷ 還：還返，再生。

❸ 德：內在本質，自身規律。形：外在形態。

❹ 苞：包容，規範。結：連接，引伸為輔助。施以力：施以外力，由外影響內。

❺ 先：先導，這裏指既定法則。圓方：即天地，古人認為天圓地方，故以「圓方」代指天地。

【譯文】

所有的裨益或損害、離去與接近、背叛和復歸，都是陰陽之道的行為表現，可用陰陽之道加以掌控和駕馭。陽以動為特徵，故主要表現為進取；陰以靜止為特徵，故主要表現為閉藏。陽動必然顯現出來，陰止必然潛藏進去。陽發展到極致就成為陰，陰超過了極限就變為陽。用陽去撥動事物，是為了讓它按照自身規律發展；用陰去安定事物，是為了讓它鞏固自己的形態。用陽去統括陰，就要用內部規律去規範外在形態；用陰去輔佐陽，就要用外在形態去影響內在本質。陰陽相輔相成，互為其用，集中體現在捭闔之術上。這就是世間萬物陰陽變化的基本規律，也是遊說人主所應遵循的根本原則，是萬事萬物生成變化的既定法則，亦即所謂的天地萬物運行的關鍵。

ℭঙ 以史為鑒

司馬懿活用泥魚戰術

在我國古典文獻中曾描述過一種特殊的魚，雅號「泥魚」。牠也屬於魚類，自然也棲息在水中。每當遭遇大旱災時，其他的魚類都在拼命地尋找賴以存命的水，可惜到最後，很多魚兒還是難逃一劫。

此時的泥魚卻毫不慌張，牠們悠然自得地觀察著四周，找到一塊足以長期容身的泥地，就把自己整個身體都鑽進泥裏，就像冬眠的動物一樣一動也不動，這就是牠們所採取的「闔」的戰術。由於泥魚具備這種特殊的生存本能，最厲害的是牠能夠一直這樣維持達半年之久，因而能夠逃過一劫更多地生存下來。

隨著自然界春夏秋冬、陰晴雲雨的變化，老天終於降下了傾盆大雨，江河水滿，此時泥魚迎來了牠們的黃金時代，就又採取「捭」的姿態，從

泥裏鑽出來，在水裏優哉遊哉，不亦樂乎。而此時其他的魚幾乎已經死光了，這些魚的遺骸轉而變成了泥魚的食物，泥魚因此獲得了很快的繁殖，儼然成為河川裏的統治階級。

從某種意義上來說，我們人也應該學習泥魚的這種隨著時機的轉變而有捭有闔、有顯有藏的生存祕訣。當一個人得勢時，似乎沒有什麼事情是不能夠順利完成的，正所謂「春風得意馬蹄疾，一日看盡長安花」。反之，在失勢時，什麼事情都不順心，越是努力，事態彷彿越是惡化，此時，我們應該怎麼辦呢？

泥魚戰術啟示我們，在面臨不利於自己的形勢時，越發不能心浮氣躁，亂了章法，而要沉著冷靜，遵循「闔」的祕訣，以強韌的意志、堅定的信念打持久戰，本著勇往直前的精神繼續前進，渡過難關；而隨著外部形勢的變化，有利於自己的黃金時代一定會到來的，那時再採取「捭」的戰術。下面再看一個歷史上純熟運用泥魚戰術的典型事例。

西元239年，魏明帝病逝，其養子齊王曹芳即位，年僅8歲，宗室皇親曹爽和太尉司馬懿遵照遺詔共輔朝政。曹爽其實並無軍政才幹，但由於是皇親國戚，自小出入宮廷，很得明帝寵愛。他與何晏、李勝、鄧颺、丁謐等人結成所謂的「浮華派」，終日清談玄理，而且還要專斷朝政。這當然就與三朝元老、年高望重的司馬懿產生了齟齬。於是，曹爽奏請皇帝調任司馬懿為太傅，而按當時的制度，太傅雖然位居三公之列，但卻是掌管文官的，而太尉則掌領軍隊、手握兵權。曹爽使用此計是想將司馬懿明升暗降，借此奪了他的兵權。司馬懿見此情形豈能不知曹爽心裏打的什麼如意算盤？因而上書稱自己年老多病，乞望退職閒居。得到批准後，遂閒居在家，從此也不問朝政，他的兩個兒子司馬師、司馬昭也終日無所事事。

曹爽擔心司馬懿是表面上裝病，其實暗裏隨時準備反撲，便趁黨羽李勝調任荊州刺史之機，暗遣他去向司馬懿辭行，以便察看其虛實。司馬懿聽說李勝來了，馬上裝出大病在身的樣子，叫侍婢攙扶著出來會客。李勝拜見過後，說：「我就要去荊州任刺史，特地前來向太傅辭行，不料太傅您舊病復發，且如此嚴重。」司馬懿故做糊塗地答道：「我年老枕疾，朝

不保夕，恐怕以後相見的機會微乎其微了。君此去并州，那裏臨近胡人，要注意守備囉！」李勝聞言趕忙糾正道：「我此行是前往荊州，而非并州。」司馬懿佯答道：「噢，君是方到并州。」李勝再一次糾正道：「是去荊州。」這時司馬懿這才像明白了一些的樣子，答道：「我年老意荒，不解君言。如今君為荊州刺史，盛德壯烈，好建功業。」說著指口渴，當侍婢端湯餵他喝時，又因顫抖弄得滿身都是湯漬，哽咽了一番才說道：「我怕活不了幾天了，兩個孩子又不成才，望先生訓導他們，如若見了曹大將軍，千萬請他幫忙照顧照顧。」說罷便示意侍婢扶他進屋，而且倒在床上大聲地喘息起來。李勝見司馬懿神智不清，語言錯亂，彷彿行將就木，便向曹爽報告說：「司馬公形神已經離散，只是一具苟延殘喘的屍體，不足為慮了。」曹爽聞之大喜，放下了對司馬懿的戒備之心。

其實，司馬懿只不過是精心設計用假象騙過了曹爽的耳目，暗地裏卻安排自己的兒子司馬師任中護軍，掌握了一批禁衛軍，又蓄養心腹三千多人，隨時準備發動政變。不久，適逢皇帝要去城外拜謁明帝陵墓，曹爽等朝廷大小官員皆一齊護駕前往，司馬懿見時機成熟，立即率領家兵家將，迅速控制了都城，並脅迫皇太后要曹爽交出兵權。曹爽一夥被一舉剷除，魏國軍政大權被司馬氏父子獨攬。到了西元265年，司馬昭之子司馬炎遂廢元帝曹奐自立為帝，即晉武帝，建都洛陽，國號晉，是為西晉。

司馬懿此舉，可謂深諳泥魚戰術的精髓，與鬼谷子的「捭闔」之術一脈相承，終於謀得了天下。

司馬熹巧施連環捭闔計

戰國時期，中山國國王的妃子陰姬和江姬都很受寵，兩人都想當王后，故經常明爭暗鬥。縱橫策士司馬熹見有機可趁，便暗中派人去遊說陰姬：「做王后的事可得重視！一旦爭到手，那可就是一人之下、萬人之上，要風得風、要雨得雨了；爭不到手，不但自己有性命之憂，還會禍延

司馬懿

九族，早晚被得勢者滅之而後甘！若想穩操勝券，最好去找司馬熹出主意。」

陰姬聞言，忙請司馬熹獻策，並許以重金酬謝。司馬熹應承下來之後，便一步步施展開其精心謀劃的連環套式「陰陽捭闔術」。

他先去拜見中山王，自告奮勇說要去鄰國走走，借機刺探對方消息，再回來謀劃強國之策。中山王自然高興萬分，下令給他備上禮物讓他先去趙國。

司馬熹見過趙王，在閒談中故意說道：「早聞貴國出美人，可我轉了幾天，還真沒見到有哪一位超過我國那位陰姬的。」趙王聞聽此言，頓時來了興趣，忙問究竟美到什麼程度，司馬熹便添油加醋、繪聲繪色地向趙王描述道：「美目盼兮，巧笑倩兮，芙蓉如面柳如眉，有傾國傾城之姿、沉魚落雁之貌！」趙王聽了恨不得馬上收入自己宮中，忙問司馬熹：「有無良策將之獻於本王？」司馬熹故意頓了一下，近前悄聲說：「她是我們大王的寵妃，我怎敢妄言？請大王忘了這話吧，否則傳揚出去，小的腦袋不保啊！」趙王冷笑一聲，下定決心非弄到手不可。

司馬熹見此行目的已達到，忙收拾行裝回到了中山國，且立即進宮向國王報告：「趙王昏庸透頂，又殘暴至極，只知攻攻殺殺；又沉迷酒色，荒淫無道。我已得到可靠消息，說趙王看中了陰姬，正想方設法要將之納入宮中！」「豈有此理！」中山王一聽，勃然大怒，「竟如此肆意妄為，簡直是欺人太甚！」司馬熹故做急切地安撫道：「請息怒，大王！目前趙國比我們強大，我們能打得過他們嗎？若趙王硬來索取，不給吧，打起來有亡國之危；給吧，大王您又會被天下人恥笑說堂堂一國之君，連自己的妃子都保護不了……」

「那你說該如何處理？」中山王何嘗不明白形勢，又氣又急之下，便

不耐煩地打斷司馬熹的話頭，向他徵求意見。司馬熹見國王已六神無主，鑽入自己套中，不由得心中竊喜，但仍假裝稍稍思考了一下，才湊近前說道：「我想到一個辦法可以打消趙王的這個念頭。不如大王即刻將陰姬冊封為王后，讓趙王死心。當今天下還沒有誰敢公然索要別人的王后做妻子的，即使國家再強大也不敢冒天下之大不韙！否則，必將引起列國公憤，就算真的開戰，友邦也會出兵幫助我們的。」「好！就這麼辦！」中山王聞言如釋重負，馬上傳令冊封陰姬為王后。趙王知道後，果然也死了心。陰姬對司馬熹千恩萬謝，自然也給了他不少好處。

之所以稱司馬熹此計為「連環捭闔計」，是基於他在陰姬、中山王和趙王這三方人物之間多方周旋，縱橫捭闔。無論是面對這三人中的哪一個，司馬熹都能因人而異、適時適當地有所「開啟」，有所「閉藏」，該說什麼、說多少，用「陰言」還是用「陽言」……他都胸有成竹、進退自如，使事情朝著自己預期的方向發展，最終達到自己的目的。

范雎欲揚先抑說秦王

范雎本是戰國時期魏國中大夫須賈的門客，他才華出眾，能言善辯，到處遊說。後來因遭人嫉恨，幾乎讓相國魏齊毒打至死，幸而被他用計逃脫，在其好友鄭安平的幫助下，改名為張祿隱匿了起來。之後，恰值秦國派來出使魏國的使臣王稽很欣賞他的才幹，范雎才得以隨他進入秦國。

范雎到秦國後，居住了一年多，並未得到秦昭王的重用，無非是粗茶淡飯地招待，備受冷落。作為身懷奇韜偉略的雄辯之士，范雎並不心急，每日裏深居簡出，閉門讀書，潛心鑽研天下大事和諸侯紛爭的複雜形勢，等待機會「不鳴則已，一鳴驚人」。

當時的秦國，雖有外憂，但內患的處理更迫在眉睫。秦國有號稱「四貴」的四大家族，四貴之中，以相國魏冉（穰侯）為首，他是當朝宣太后的異父兄弟，同宣太后的另一弟弟華陰君以及宣太后的另外兩個兒子一

起，倚仗著宣太后的勢力聚斂財富，以致私家的財富比王室還多。而且魏冉貪得無厭，為了擴大自己的封地——陶邑，便想跨越韓、魏兩國去攻打齊國的壽張、剛縣，因為這兩個地方離陶邑很近，打下來後秦王又不方便分封給別人，其結果只能是擴大自己的封地。

范雎得知這一訊息後，便乘機上書給秦昭王：「大王在上：臣聽說英明的君王執政，有功者必予以賞賜，有才者必給予官爵；功勞大的俸祿優厚，功勞多的爵位尊貴，能力強的官職顯赫。所以無才能者，不敢隨便就職；有才能者，也不會埋沒他的才幹。大王可以算得上是一個英明的君王了，因此，臣才敢斗膽進言。假如您認為臣的話有道理，乞望大王能夠推行；假如您認為臣的話不合適，那麼臣留在這裏也無濟於事，只好打點行裝離開了。常言道：「昏君獎賞他所喜愛的人，而懲罰他所憎惡的人；而明君就不是這樣，獎賞一定要加給有功的人，刑罰一定要判給有罪的人。」現在臣的胸膛抵擋不住砧板，臣的腰部也承受不了斧鉞，臣又怎敢把自己的進言當作兒戲呢？」

玉雕輔首連環璧

細想范雎這番話，無非是為了說明自己的進言是出之有據、慎之又慎的，而絕不是不負責任的信口雌黃。借此來引起秦昭王的重視。這還不夠，范雎接著又借物自喻和借題發揮，使秦昭王從內心深處覺得要想解除內患，就必須任用一些能人。最後他強調道：「話說得深了，臣不敢寫在信上；說得淺了，覽之無餘味，也沒多大意思。出於種種考慮，臣乞求大王能否稍微抽出一丁點兒遊獵觀賞的閒暇時間，使臣

能有一個面見大王親自進言的機會。」就這樣，他繞了半天的圈子，賣了半天的關子，還是沒有給秦昭王出一點實際的主意。不料秦昭王讀了他的上書頗感興趣、大為欣賞，於是便派人向范雎道歉，並請他立即進宮面聖，想聽聽這位魏國來的客人到底有什麼奇謀妙策。

進宮之前，其實早已有人告知范雎秦昭王將要在離宮接見他，可他卻一副呆頭呆腦的樣子，裝作什麼都不懂似的往宮內走去。宮中值勤的宦官一見，連忙大聲喊住他：「回來，秦王在離宮！」范雎故意愣了一下，假裝迷糊地反問道：「秦國還有個秦王嗎？不是只有太后和穰侯嗎？」宦官一聽這話，大驚失色，面面相覷，不知所措。只因范雎此言一針見血，正好擊中了秦昭王的要害。秦昭王聽了宦官們的彙報，明白了范雎是話中有話。於是，他趕忙親自迎接范雎入宮，態度非常謙恭。

秦昭王把范雎迎入內宮後，喝令左右的人退下，只剩下他倆。秦昭王直起腰腿，跪身（古人席地而坐，兩膝著地，臀部坐在兩足跟上，跪身就是在坐勢的基礎上，臀部離開兩足跟，把身子挺直了以示莊重尊敬）請求說：「先生打算怎樣來教導寡人呢？」范雎只是「啊，啊」了兩聲。過了一會兒，秦昭王再次請求，范雎還是「啊，啊」了兩聲。如此這般一連三次，秦昭王未免有點失望，只好問道：「先生看來是不願意教誨寡人了。」范雎拿夠了架子，這才開口拜謝道：「豈敢？豈敢？臣不遠千里來投奔大王，就是為了能有機會向大獻計獻策的。臣只是覺得，作為一個客居他鄉的異國人，和大王的交情還不深，然而臣所進言的，都是希望能夠幫助大王合適地治理好國家，處理好君臣、父子之間的關係。臣是願意向大王獻上自己一片愚昧的忠心，但是又不知道大王此刻心裏能不能聽進去、願不願聽從，這就是大王問了三次而臣不敢馬上回答的緣故。」范雎說到這裏，稍微停頓了一下。秦昭王鼓勵他道：「先生的道德學識是寡人難以企及的，不過，寡人看先生似乎有點擔心禍從口出，請先生務必放心，儘管直言，寡人是不會怪罪先生的。」

范雎這才舒暢地繼續進言道：「臣並不是因為有所畏懼而不敢說，臣很清楚，臣今天在大王面前說了一些過分的話，也許明天就會招來殺身之禍。但臣不想苟且偷生，大王如果聽從了為臣的進言，那麼死對臣來說，

就微不足道了。死，是任何人都無法逃避的。臣如果現在能夠對秦國的統一有點好處，得報大王的知遇之恩，就是明天去赴刑場又有什麼可怕的呢？」范雎的這番話，與其說是想給秦昭王一個他已將生死置之度外的印象，不如說是他以此來表示自己進言的重要性及迫切性。接下來，他似乎還不急著把話引入正題，又繼續舉了伍子胥、箕子等人的例子，說明了忠臣不怕死以及不贊成有才不外露的做法。而且接著又提到：「臣所擔心的是，萬一臣由於向大王進言而招殺身之禍，從此天下的有識之士引以為戒，便都不肯投奔、歸順和效力於秦國，那才是秦國的最大悲哀呢！」

秦昭王聞言若有所思，點頭稱是。范雎見狀，方才試探著說道：「大王現在對上畏懼太后的威嚴，對下又迷惑於奸臣的偽詐，居住在深宮裏面，離不開保傅（輔導天子和諸侯子弟的官員）的照料，終生受到迷惑，分不清忠良與奸臣，這樣，久而久之，重則連宗廟也保不住，輕則會使自己陷入孤立的危境，這就是臣所擔心的。至於窮困潦倒，遭受侮辱甚至死亡，臣都無所畏懼。如果臣的死能夠換來秦國的強大與安寧，那麼，這種死不是比活著更有價值嗎？」范雎的這番慷慨陳辭，大大打動了秦昭王，他激動地抓住范雎的手，對他說道：「先生這是說的哪裡話！秦國是個遠離中原的邊遠國度，加之寡人又愚昧無能，先生來到這裏，這是上天要使寡人得到先生的輔助，而使祖先宗廟裏的香火不致熄滅。寡人今天能坐在這裏聆聽先生的教誨，這是上天偏愛寡人的祖先而不拋棄他老人家的後代啊！從今以後，事無大小，上至太后，下至大臣，先生均可評說。希望先生把您所知道的一切都詳盡地教導給寡人，不要再懷疑寡人的誠意了。」

范雎聽罷，舒了一口氣，趕緊對秦昭王拜了一拜，秦昭王見了，也立即還禮回拜。至此，范雎見秦昭王已完全被自己說服了，這才開始了自己的長篇大論，話題從外交到內政，最後還談到如何肅清宣太后和以穰侯為首的四大家族勢力。從此，范雎完全得到秦昭王的信賴，得以借助秦國這個輝煌的歷史舞臺，逐步展開了他心中一系列的宏圖大略。

西漢著名大學者劉向在其《說苑》一書的《善說》篇裏，輯錄了鬼谷子的一段話，將之譯成白話文便是：「在他人不喜歡你的時候去糾正他，是很難的。勸說行不通，論理不聽從，那是你論辯的道理不清楚；道理已

經明辯卻仍然行不通的，那是因為你沒有頑強地去堅持；已經頑強地堅持了卻還是行不通的，那是因為你沒有切合他心中的喜好。明辯道理，說理清楚，堅持它，鞏固它，又能適合被遊說之人的喜好，你的言辭就會變得神奇而珍貴，清楚而分明，就能進入對方的心中。像這樣遊說還不成功的，天下間還未曾聽說過。這樣的遊說就叫做善說了。」

　　所以，對待被遊說者要做到說理透徹，投其所好。因此，揣闔之術首先就要讓對方將自己的實力和底細全部暴露出來，然後再決定是否為他出謀劃策，實施遊說。這樣，才可以說人、說家，甚至可以說國、說天下了。而上述的范雎說秦昭王無疑是一個典型的成功範例，我們可以從中得到不少的啟發，進而能有效地指導自己的實踐。

勾踐臥薪嘗膽終滅吳

　　春秋末年，正值諸侯爭霸之際，與楚國相鄰的吳國和越國，也分別於現在的江蘇南部和浙江一帶興起。開始時，吳國較強，越國較弱，而兩國素來不和。到後來，晉國曾聯吳制楚，而楚國又聯越制吳，吳越兩國便進一步演化成了世仇。西元前496年，趁著越王允常剛逝世，吳王闔閭乘機攻打越國，可是由於時機不成熟，吳軍被越國打敗，吳王闔閭也因中箭受了重傷而亡。

　　西元前494年，為報殺父之仇，吳王夫差發動兵馬，大舉進攻越國。最後，吳軍在梅山之戰大獲全勝，越軍被打得落花流水，幾乎全軍覆沒，只得退守會稽。越王勾踐後悔當初沒有聽范蠡的勸告，弄得現在國破家亡。與眾臣商議之後，勾踐決定跟吳王講和。吳王答應了，但同時提出了一個條件：要越王夫婦到吳國給他當僕人。夫差的大臣伍子胥極力反對，建議直接殺死勾踐，以絕後患。但夫差大勝之後，存心要羞辱勾踐，便斷然駁回了伍子胥的進言。經過與大臣文種、范蠡的一番謀劃，勾踐攜著妻子心甘情願地去侍奉夫差。

　　從此以後，他們天天侍奉吳王，處處安分守己，時時小心謹慎。除了

為吳王打掃馬廄，執鞭牽馬，甚至還親口嘗夫差的糞便來幫助觀察夫差的病情。夫差聽其言、觀其行，不禁歎息道：「勾踐今日如此對我，這些可是我寵信的大臣和兒子們都做不到的啊！勾踐對我的確忠心耿耿！」感動之餘，吳王一意孤行，決定放勾踐夫婦回國。

勾踐得返越國之後，發憤圖強，勵精圖治，籠絡群臣，教養百姓。經過十年的臥薪嘗膽，國力得到了極大增強，接下來就是等待時機出兵討伐吳國，以雪前恥。雖然勾踐報仇心切，但他並未魯莽行事，而是時常對眾人說：「兩國交兵，除了需要將士有必死之心、戰馬有一日千里之能外，後方補給也是很重要的。有許多國家在征伐別國時，皆因後方補給跟不上而被迫撤離，以致功敗垂成。所以，我軍若與吳國交戰，一戰必勝還可，若成兩軍對峙之勢，便不妙了。因此欲滅其國，必先斷其糧草，此乃上上之策啊！」於是，勾踐趁吳國使者前來討債要糧之際，下令百姓將粟米蒸熟，然後拿來官府換取兩倍的生粟米。百姓們見有這種好事，都爭先恐後、日夜不停地蒸粟米拿去兌換。不幾日，勾踐便派人將十萬斛熟粟米上交給了吳王，並謊稱這種粟米最適合播種之用。吳王因見這批米粒大而飽

越王勾踐劍

滿，便信以為真，下令拿去播種，可百姓們辛苦播種後卻都不見其發芽，吳國因此而大鬧饑荒。再加上此時的夫差已被勝利沖昏了頭腦，妄自尊大，連年用兵，總想凌駕於各個霸主之上。同時他又沉迷酒色，貪圖享受。尤其是勾踐把西施獻給他以後，他對勾踐更是再無半點懷疑。當伍子胥苦口婆心向他提出忠告時，反而引起了夫差對他的憎惡，最後還派人給伍子胥送去一把寶劍，逼得伍子胥含恨自殺。

西元前478年，越國終於發動了對吳國的戰爭，越軍大獲全勝。西元前475年，越軍圍困吳國都城姑蘇整整三年，使吳國軍民無衣無食，紛紛逃離。吳王夫差見自己已是山窮水盡，英雄末路，不禁想起了前幾天伯嚭曾對他

說過的話：「當年勾踐乞和存越，甚至不惜以自身為奴，大王何不仿效呢？」於是心中燃起了一線希望，就派人向越國求和。勾踐得知後就徵求各位大夫的意見，范蠡上前說道：「我請大王不要忘記我們越國的經歷。二十年來，我們日夜想念的是什麼？世代爭奪的是什麼？請大王三思！」勾踐聽了贊同道：「對。當年，老天爺把越國賜給吳國，吳國不取；如今，老天爺把吳國賜給了我們，我們豈能違抗天意而不取呢？請你轉告吳王，我可以讓他當個百夫長。」夫差得知這個答覆，知道沒希望了，隨即拔劍而起，仰天長歎：「我實在沒有臉面去見伍子胥啊！」說罷，伏劍自殺身亡。稱霸一時的吳國，就這樣被越國所滅。此後，越國也曾強盛一時，越、楚之間也有過激烈的爭奪。到戰國時期，越國就逐漸衰弱下去了。西元前306年，越國終為楚國所滅。

在這個經典事例中，勾踐完美地運用了陰陽捭闔之術來滅吳國、雪前恥、報世仇，甚至爭霸天下。他先是用的「闔」術：戰敗之後主動求和，保全了性命；而後又忍氣吞聲在夫差膝下為婢為奴，以柔弱示之而消除對手戒心，並投其所好進一步取得其信任，最終獲釋回國，從而取得了一雪前恥的最好機會；接著就在暗中積蓄力量，同時削弱對方，且不露一點蛛絲馬跡，靜待有利時機發動致命的一擊。就在這此消彼長中，有利形勢終於凸顯，便抓住機會以「捭」術主動出擊，最後大獲全勝。

諸葛亮縱橫捭闔激將法

東漢末年是一個風雲變幻、群雄輩出的時代，那些割據一方的英雄豪傑們，經過一番激烈的兼併爭奪戰，弱肉強食，適者生存，最終只剩下曹操、劉備、孫權三股勢力逐鹿中原，爭霸天下。

漢獻帝建安十三年（西元208年），由於不斷遭到曹操大軍的追擊阻截，劉備率領餘部退守夏口，堪稱狼狽萬分。而曹操此時豪氣沖天，一方面集結水陸大軍沿江東下，準備一舉徹底殲滅劉備；另一方面派人向江東

下戰書，揚言自己已率領水陸大軍共八十萬（實為二十餘萬）要與孫權在東吳一決雌雄。面臨如此嚴峻的局勢，孫、劉不得不同仇敵愾，考慮結成聯盟，否則就難逃被曹操各個擊破的敗局。

在此關鍵時刻，東吳的重要謀士魯肅奉孫權之命前往劉備處試探虛實，以便權宜行事。而劉備這邊，諸葛亮冷靜地分析了當前的嚴峻形勢後，奏請劉備准許他同魯肅一起去到東吳，見機說服孫權聯合抗擊曹操。

諸葛亮到達東吳的柴桑（今江西九江西南）後，種種蛛絲馬跡讓他得出結論：孫權此時正陷入進退維谷、優柔寡斷的境地。而事實也的確如此。孫權對曹操的強勢逼近深感不安，但孫、劉聯盟究竟能否抵擋得住曹操的進攻，孫權心裏也沒有底。且在孫權的文臣中，幾乎眾口一詞傾向於投降曹操，以求瓦全，認為無需聯合劉備做些無謂的抵抗，以免激怒曹操，想苟全都沒機會了。在這種情況下，諸葛亮要想順利說服孫權絕非易事。

在魯肅的引薦下，諸葛亮拜見了東吳的最高統帥孫權，只見其碧眼紫髯，威儀凜凜，諸葛亮暗地裏尋思開了：「此人相貌非凡，只可激，不可說。等他開口問時，只用言語激之便是了。」

主客寒暄之後，孫權便問及曹軍的虛實。諸葛亮故做誇張地鋪排道：「馬步水軍，大約有一百萬。曹操在兗州之時，便已有青州軍二十萬；平了袁紹後，又得五六十萬；中原新招的兵卒有三四十萬；如今又得荊州之兵二三十萬。據此推測，應該不在一百五十萬之下！我這裏說曹軍有百萬之眾，恐怕嚇壞了你們這裏的江東之士吧？」

魯肅在旁，聽到諸葛亮這樣說，不禁顏色大變，頻頻以目向他示意，諸葛亮只當作沒看見。孫權接著問及曹操的部下戰將有多少。

諸葛亮又故做誇張地道：「足智多謀之士，能征慣戰之將，何止一兩千？」

孫權又問：「如今曹操既已攻下荊、楚，可有什麼進一步的打算？」

諸葛亮卻反問道：「眼下曹軍沿江安營紮寨，準備戰船，不攻取江東，還能攻取哪裡呢？」

孫權表示自己正處於戰與不戰的兩難境地，請諸葛亮為他陳述一下利弊以幫助其決斷。諸葛亮分析了一番之後，故意勸他不如及早投降曹操，

免得帶來無謂的犧牲。孫權一聽，馬上反唇相譏：「既然像先生您所說的那樣，那為何劉備不投降曹操呢？」

諸葛亮趁此機會忙施展激將法激孫權：「從前田橫只不過是齊國區區的一個壯士，尚且能夠做到守義不辱。何況現如今我們的劉將軍乃漢王宗室的後代，英才蓋世，天下士人仰慕他就像江河歸於大海一樣。即使大事未成，也只能說是天意如此，又怎能屈辱臣服於奸賊曹操呢？」

孫權聞聽此言，不覺勃然變色，激動地對諸葛亮說：「曹操平生最痛惡的，莫過於呂布、劉表、袁紹、袁術、劉備和我了。如今呂布等人已被剿滅，就剩劉備和我仍在。我自然不能以全吳之地而受到曹操的控制。我的主意已定，和劉備聯合起來，共同抵抗曹操！」

孫、劉順利結盟後，東吳大將周瑜又與諸葛亮定下了火攻曹營的謀略，這就是歷史上赫赫有名的「赤壁之戰」。就這樣，在諸葛亮激將之下而奮起作戰的幾萬東吳大軍，在赤壁大敗幾十萬曹軍，由此奠定了東吳立國之基。而共同參加此次戰役的劉備，也如願以償地坐收漁人之利，不久又獲得西蜀大片領地，最終形成蜀、魏、吳三足鼎立共分天下的局勢。

由此觀之，在遊說對方時，要善於運用捭闔之術，「捭之者，料其情也；闔之者，結其誠也」；同時不妨先略微壓抑一下對方的話頭，誘使其反駁自己的言論，以便借機考察對方的實情，洞察其真實意圖；待得到實情後，遊說者再冷靜觀察思考，整合規劃自己的遊說詞，從而水到渠成地達到遊說的目的。

赤壁圖卷

「扮豬吃老虎」的日本人

有一次，日本一家公司與美國的一家公司正進行一場貿易談判。

談判一開始，美方代表就滔滔不絕、天花亂墜地向日方介紹情況，而日方代表則一言不發，只是認真傾聽、埋頭記錄。當美方代表講完後徵求日方的意見時，日方代表卻「迷惘」地表示「聽不明白」，只是要求「回去認真研究一下」。

幾個星期後，當日方出現在第二輪的談判桌前時已是全新的陣容，由於他們一再聲稱「不了解情況」，美方代表只好又重複地介紹了一次，日方代表卻仍是埋頭記錄，以「還不明白」為由使談判不得不暫告休會。

到了第三輪談判，日方代表又再次易將換兵，並以此為理由故伎重演，只是告訴對方：回去後一旦有了結果，便會立即通知對方。

就這樣半年多過去了，正當美方代表團因得不到日方任何回音而煩躁不安、破口大罵日方毫無誠意時，日方突然派了一個由董事長親自率領的代表團飛抵美國，在美國人毫無準備的情況下要求立即開始談判，並向美方拋出最後方案，以迅雷不及掩耳之勢，催逼美國人進一步討論細節問題。措手不及的美方代表終於不得不同日本人達成了一個明顯有利於日方的協定。

事後，美方這次談判的首席代表無限感慨地說道：「這次談判，是繼日本在偷襲珍珠港之後獲得的又一重大勝利！」

熟練運用善於防禦、勇於進攻的有捭有闔之道是制勝的法寶。所以，在商業談判中，面對來勢洶洶的對手時，我們要注意避其鋒芒，乘其疲憊之際，突然出擊，以打敗對方。

在這個案例中，聰明的日方多聽少說，裝聾作啞，在談判伊始就採取消極防禦即「闔」的策略；等敵人急躁疲倦、瀕於無望之際，再一舉採取「捭」的策略——積極進攻，殺了對方一個漂亮的「回馬槍」，扮豬吃老

虎，最終獲得了談判的成功。這也正如維克多·金姆在《大膽下注》中所說的那樣：「你應該少說為妙。我確信，如果你說得愈少，而對方說得愈多，那麼，你在談判中就愈容易取得戰功。」

沒特色就創造特色

一旦進入秋季，家電產品中的洗衣機就進入了銷售的旺季。當時的臺灣市場上，聲寶牌愛情洗衣機排名只占第四，屈居於國際、三洋、大同三家之後，若還不力求突破，在生產、銷售、服務等各方面均不符合經濟效益的情況下，勢必會漸漸淪為邊緣產品，最終將慘遭淘汰。

而站在廣告公司的立場來看商品，假如這種商品頗具特色，廣告策劃相對而言就比較容易，產生的效果也相應較好；但商品如果缺乏特點，廣告的影響力當然也就隨之減弱。因此，廣告公司最怕的就是商品沒有別具一格或明顯突出的特點可抓，可惜洗衣機偏偏又是所有家電產品中差異性最少的一種，很難找到某種品牌既能吸引別人眼球、又具有說服力的獨特之處。

當時聯廣公司的工作人員為了做好這個廣告，首先進行了三項市場調查，分別抽樣訪問了經銷商、曾用過洗衣機的家庭主婦，以及未曾使用過洗衣機的家庭主婦。其目的就在於了解他們各自對洗衣機的看法和使用經驗。事實證明，這次的市場調查是很有必要的，因為從中得到了一個看似荒謬卻很有價值的結論：洗衣機是一種無法把衣服洗乾淨的機器。

至於為什麼洗衣機無法把衣服洗乾淨，對這個問題的解答目前尚無定論。除了袖口、領口等污漬重的部分本來就很難洗淨之外，大家的普遍看法是：衣服在洗衣槽內因水流迴旋轉動的關係而打結，老是絞成一團，衣服沒能充分地和水以及洗潔劑完全接觸，當然無法把衣服洗乾淨了。

一旦廣告公司人員了解到了消費者的「心聲」，就等於找到了解決問題的突破口，甚至是問題的答案。如果能針對衣服打結的問題做出頗具說

服力的解釋，或許就可以突破困境，也就是說只要能提出具體有力的證據，證明聲寶牌洗衣機洗衣服不打結，那不就可以將「愛情」定位成洗淨力最強的洗衣機了嗎？然而，困難就在於怎樣挖掘出這個所謂的「具體且有說服力的證據」。於是，一場「無中生有」的腦力戰就此展開了。

可能大家都知道，洗衣機帶動水流靠的是「回轉盤」的轉動。但是，縱觀各種洗衣機品牌的廣告，卻似乎從未對這個「回轉盤」做重點介紹。其主要原因是大家的回轉盤從外表上看起來都一樣，因此也沒什麼好做文章的。不過，聯廣公司的策劃人員卻在仔細觀察、比對、了解了各種品牌的回轉盤之後，終於有了一個小小的發現，那就是：聲寶牌洗衣機的回轉盤除了四瓣花紋之外，還有四個很小的小瓣。

他們滿懷希望地拿著這個小差異去請教設計開發部的人，看看有什麼意義或作用。回答是：為了「美觀」。除此之外，毫無用途。雖說根據流體力學的相關原理，它會對水流產生若干阻力，但對整體水流，不管是強反轉、弱反轉，強漩渦、弱漩渦，其影響都是「微乎其微」的。

儘管專家們認為這些小瓣對水流的阻力是「微乎其微」，但僅憑這個小差異，已經足夠廣告人員來創造一個偉大的廣告方案了。

於是，「複合式回轉盤」——一個無中生有的名字在大家的醞釀中就應運而生了。它的功能被描述為在洗衣服的時候，大的水流中尚會產生小的水流。因此，衣服和水、清潔劑接觸的機會就增加，衣服當然就洗得更乾淨了。

就這樣，以「衣服不會絞在一起」為重點的廣告方案完成了。不論是報紙或是電視，廣告內容都只強調這一句話：「衣服不會絞在一起。」

這個廣告推出以後，不到一個星期，就在市場上產生了極大的震撼。聲寶牌洗衣機的銷售量因此節節攀高，甚至達到供不應求的地步。

這個「無中生有」的聲寶牌洗衣機廣告策劃之所以能夠大獲成功，其重要原因就在於三步：第一步，即「知存亡之門戶」，了解到了消費者的心聲，知道了他們關注的焦點是洗衣機會把衣服都絞在一起，因而無法把衣服洗乾淨；第二步，「度權量能，校其技巧短長」，發掘出了聲寶牌洗衣機的獨特之處——「複合式回轉盤」，其「優點」恰恰就在於可以把衣

服洗乾淨；第三步，「守司其門戶」，抓住特點大做文章，重點強調使用聲寶牌洗衣機「衣服不會絞在一起。」在這三步當中，其第二步「無中生有」創特色是關鍵所在。

下一任「拳王」是誰

有一位大公司的董事長，當其公司第一次製造電燈泡時，他就到各地去做旅行推銷，希望那些分布各地的代理商仍能本著一貫的友好、合作態度盡力幫忙，使公司的這項新產品刻意儘快佔領市場。

各地的代理商被召集來了，董事長像往常一樣先向他們介紹了這項新產品，可隨之他就說出了一段大實話，令所有在座的代理商聽得目瞪口呆：

「經過多年來的苦心研究和創造，本公司終於完成了這項對人類大有用途的產品。雖然它還稱不上第一流的產品，而只能說是第二流的。但是，我仍然要拜託各位，想請各位能夠以第一流產品的價格，來向本公司購買它。」

這番話真可謂是「一石激起千層浪」，舉座譁然，議論紛紛：「咦，董事長今天是怎麼了？怎麼會說出這樣荒唐的話來？」「我們又不是傻瓜，為什麼要平白無故地以第一流產品的價格去購買第二流產品？」「董事長糊塗了吧？」……大家都對董事長投去了疑惑與詢問的目光。

「各位，我知道你們聽了一定會覺得很奇怪，不過，我仍然要再三拜託各位幫幫忙。」

「那麼，給我們一個理由吧！」

「相信大家都知道，目前製造電燈泡而可以稱為一流的，全國只有一家而已。這樣一來，不就由他們壟斷了整個市場嗎？即使他們任意抬高價格，大家從品牌考慮也仍然會去購買他們的產品的。可是，如果此時出現了一款同樣優良的產品，並且價格還要便宜一些的話，對大家而言不就是一項福音嗎？否則，大家就只能這樣一直處於壟斷價格的陰影之下了。」

看到大家的興致已經被調動起來了，董事長繼續侃侃而談，而且還打了一個生動的比方：「就拿拳擊賽來說吧，毫無疑問，拳王的實力是誰也不能夠忽視的！但是，如果因為懼怕敗在他手上而沒有一個人出來和他對擂的話，拳擊比賽就無法進行下去了。因此，必須有一個身手矯健、實力相當的對手，來和拳王打擂，這樣的拳擊比賽才有看頭，不是嗎？」

董事長說完頓了頓，留給大家一小段思考的時間，又接著說道：「現在，燈泡製造業就好比只有拳王一個人在臺上，因此，你們大家是不會對燈泡業發生多大興趣的，同時，也賺不了多少錢。但如果這個時候出現一位對手的話，就有了互相競爭。換句話說，就能把優良的產品以低廉的價格提供給大家，各位也一定能賺得到更多的利潤。」

「雖然您說得很有道理，但問題是，目前並沒有另一位拳王呀！」

「正因為如此，所以我想，另一位拳王就由我來充當好了！至於為什麼本公司目前只能製造第二流的電燈泡呢？原因就在於本公司資金不足，無法在技術上取得更大的突破。如果各位願意幫這個忙，以一流產品的價格來購買本公司的產品，我們就能夠獲得改良技術所急需的資金。並且，我有足夠的理由相信，在不久的將來，本公司一定可以製造出一流的產品。這樣，燈泡製造業就等於出現了兩個拳王，在彼此的大力競爭之下，品質必然會提高，價格也會趨向於更合理，豈不是對大家都有利？而此刻，我只希望你們能幫助我扮演好拳王的對手這個角色。但願你們能不斷支持，幫助本公司渡過這個難關。這也就是為什麼我懇切希望各位能以一流產品的價格，來購買這些二流產品！」

一陣熱烈的掌聲響起來了，經久不息，董事長的說法產生了預期的強烈回響。在這愉快而感人的氣氛中，一場事關公司長遠發展的談判結束了，董事長獲得了大家的全力支持。果然，公司不負重望，一年後，其所製造的電燈泡終於以第一流的品質現身，那些代理商們也得到了令各自滿意的報酬。

這個成功的談判實例印證了捭闔之道中把握住機會、積極進攻的思想。董事長抓住了談判對手的利益要害，以直言曉之以理、動之以情、示之以據，說服了各代銷商。在這次談判中，如果董事長不是直言「捭」

之，而是採用一般人會選擇的，如封閉消息等欺瞞的辦法，讓大家用一流產品的價格去購買二流的產品，也許會有那麼一部分代理商由於不知情而購買，但這樣也就失去了一個公司最為寶貴的信譽，無異於飲鴆止渴，最終會砸了自己今後長遠的飯碗。

中日談判桌上巧捭闔

眾所皆知，在談判場上，日本商人深諳談判之道，他們手法多變，謀略高超，其談判高手素有「圓桌武士」之稱。

而在上海著名的國際大廈內，中國某公司現在正面對這樣一些「圓桌武士」，圍繞著農業加工機械設備的進口問題，進行了一場鬥智鬥勇的談判，希望能迫使日商逐步退讓，最終達成交易。

日本生產的農業加工機械設備是國內幾家企業都急需的關鍵性設備，中國某公司正是基於這一需求與日商進行購銷談判的。

談判一開始，按照國際慣例，由賣方首先報價。日方開口報價即為1000萬日元，這一報價偏離實際賣價很高。日方之所以這麼做，是由於他們以前的確賣過這個價格，假若中方不了解國際行情，而直接將其作為談判的基礎，那麼日方就很有可能贏得厚利；如果中方拒不接受，那麼日方也能自圓其說，找得到臺階下，可謂進可攻，退可守。

實際上，中方事先已經摸清了國際行情，知道日方是在放「試探氣球」？於是便單刀直入，擺明態度：這個報價不能作為談判的基礎。

對此，日方做出了分析，認為中方可能對國際市場行情的變化有所了解，因而己方的高目標恐難實現。於是便轉移話題，極力介紹其產品的品質特點和優越性，想採取迂迴的方法來支持己方的報價。這種做法既迴避了被正面直接點破的危險，又借機宣傳了自己的產品，還以此表明了報價偏高的理由，可謂一舉三得。

但是中方一眼就識破了對方所設的「空城計」。因為談判之前，中方不僅摸清了國際行情，還仔細研究了日方產品的性能、特點、品質以

及其他同類產品的相關情況。於是中方明知故問：「不知貴國生產這種產品的公司總共有幾家？貴公司說自己的產品優於A國、C國的依據又是什麼？」此問貌似請教，實則向對方點明了兩點：其一，中方非常了解所有此類產品的相關情況；其二，此類產品絕非對方公司一家所獨有，中方是有選擇權的。中方這兩句簡單的點到為止的問話，徹底摧毀了對方「築高臺」的企圖。

日方也是高手，沒等中方的話說完，便領會了其中的深義，頓時陷入答也不是、不答也不是的窘境。但他們畢竟是生意場上的老手，其主談人為避開難堪局面，藉故離席，副主談也裝作找材料，埋頭不語。

一會兒，日方主談人神色自若地回到了談判桌前，看來他已利用離席的這段時間想好了對策。他剛一坐定，就問其助手：「這個報價是什麼時候定的？」他的助手對此問話的用意自然心領神會，便不加思索地答道：「一個月前定的。」於是日方主談人微笑著說道：「唔！時間太久了，不知這個價格現在是否有變動，我們只好回去請示一下總經理了。」老練的主談人「踢起了皮球」，一下子找到了退路。

中方主談人對這種手段已是瞭若指掌，便主動提出休會，留給對方一些讓步的餘地。此時，中方深知此輪談判不會再有什麼結果了，如若追得太緊，反而有可能導致談判的失敗。

第二輪談判開始後，雙方首先漫談了一陣，調節調節情緒，也融洽一下感情。之後日方再次報價：「我們請示了總經理，又核實了一下成本，同意削價100萬日元。」同時，他們還誇張地表示這個削價的幅度是相當大的。

中方知道日方削價的步子是不小，但離中方的要價仍有較大的差距，但馬上還盤還是有些難度的。為了慎重起見，中方一方面電話聯繫，再次核實該產品在國際市場的最新價格；一方面對日方的二次報價進行詳細的分析，認為日方雖自稱這個價格是總經理批准的，但根據實際情況判斷，此次降價應該是談判者自行決定的。由此可見，對方的報價仍存在不少的水分。鑒於此，中方將還盤價格確定為750萬日元。

日方獲知後立即一口回絕，斷定這個價格不可能成交。中方又與日方

探討了幾次，討價還價的高潮已然過去了，中方認為該是展示自己實力、積極進攻的時候了。於是中方開誠布公地指出：「這次引進，我們從幾家公司中獨獨選中了貴公司，這說明了我們是很有誠意合作的。這個價位雖比貴公司銷往C國的價格低一點，但由於運往上海口岸比運往C國的費用低，所以，你們的利潤並未減少。另外一點，相信諸位也了解我國的外匯政策，這筆生意允許我們使用的外匯只有這些，要想增加，還需再審批。那又得等了，只能改日再談。」

這是一種欲進先退的手法，但中方仍覺僅憑這一招分量還不夠，又使用了類似於「競賣會」的高招，要把對方推向了一個與「第三者」競爭的境地，因而中方主談人接著說：「A國、C國還等著我們的邀請。」而且說到這裏，中方主談人還把一直捏在手裏的王牌攤了出來，恰到好處地向對方透露情況，把中國的外匯使用批文以及A國、C國的電傳遞給了日方主談人。

日方見後大為震驚，他們堅持繼續討價還價的信心被摧毀了，陷入必須競賣的困境，要麼壓價成交，要麼談判告吹。日方一時舉棋不定：握手成交吧，利潤微薄，不免失望；告吹回國吧，跋山涉水、興師動眾的，談判的經費和精力也投入不少，最後空手而歸，難以向公司交代。

這時，中方及時抓住有利時機，運用心理學知識，稱讚日方此次談判的確精明強幹，也付出了很大的努力，但限於中方政策，不可能再有伸縮的餘地了，如果日方放棄了這個機會，那中方就只好選擇A國或C國的產品了。

日方經過再三掂量，還是認為成交可以獲利，告吹則只能賠本。中日雙方最終以750萬日元的價格，簽訂了成交合同。

鬼谷子有言：「陰陽其和，終始其義。」就是說陰陽之道必須互相配合、協調，開放和閉合選擇得當、節制有度，陰陽才能各得其宜，相輔相成。而將此道用之於談判，就是要準確把握「進攻和退卻」的時機，進退有守，開合有度，根據談判形勢的細微變化，靈活地運用積極進取和消極防禦這兩種基本策略，求得談判桌上的勝利。

哈默巧用柔招創品牌

美國政府曾在第二次世界大戰期間，為了節約糧食而下令禁止釀酒。而極具經營頭腦的哈默則早已算計到：威士忌必定成為奇缺貨。看準行情之後，他趕緊買下了美國釀酒廠六千股的股票，此時每股的價格才幾十美元。他隨即向酒廠提出可以用酒作為股息付給自己，這等於給酒廠擴大了業務，酒廠老闆自然一口答應了下來。

兩個月後，股票的價格已經跳到每股一百五十元，威士忌酒價格也猛漲。按股息，哈默得到了六千桶酒。他把這些酒統統裝進特製的酒瓶裏，貼上商標，拋向市場。此時市場上威士卡已是一貨難求，所以當哈默把這種酒一送上櫃檯，立即就銷售光了，店鋪門前還能經常能看到人們為買酒而排起的長隊。很快的，作為股息付給他的酒就銷售出去了一半。

酒廠的老闆們看到哈默用他們酒廠生產的酒發大財，心中很不情願，就聯合起來對付哈默，準備通過傾銷低價的混合威士忌酒，來把哈默擠出酒市場。他們先把每瓶酒降到8美元，哈默就跟著把每瓶酒降到7.49美元，這個價格雖然賺不了錢，但也不會虧本，哈默利用薄利多銷的辦法，還是有利可圖的。可是酒廠老闆們見這個價壓不倒哈默，就在酒裏摻了35%的穀物酒精，以此來降低成本，而每瓶酒的標價隨之降到了4.49美元。哈默得知消息後，當機立斷，將所有的威士忌降價成每瓶4.45美元出售。

有人不解地問道：「酒廠賣的是混合酒，成本本來就不高，現在你將真的威士忌賣得這麼便宜，等於是在做虧本的買賣，值得嗎？

哈默很有把握地說：「訣竅就在這裏了。顧客們自然會對兩種酒做比較的，用4.49美元買的是假酒，而用4.45美元買的是真正的威士忌酒，那人們當然都願意來買我們的酒，這樣我們酒的牌子就打響了。今天我雖然少賺了點錢，但花這點錢來創品牌也是值得的。從長遠看，我們的酒一定能爭得市場。」

果然，正如哈默所預料的那樣，他的企業出售的丹特牌威士忌酒不久便成為了名酒，價格雖重新以名酒的品味標價，但銷量卻長盛不衰，每年

銷售達一百萬箱。哈默又一次獲得了成功。

所謂「變化無窮，各有所歸。或陰或陽，或柔或剛」，哈默根據外部大形勢的變化，對威士忌酒股票的行情做出了準確的判斷，抓住時機不顯山、不露水地以低價買進大量股票，奠定將來發展的堅實基礎，是柔招；而提出用酒作為股息付給自己，也是柔招；迎接價格戰，採用薄利多銷的辦法，還是柔招；最後，寧願以少賺錢甚至不賺錢為代價只為創品牌，用的依然是柔招。就這樣哈默用柔招不斷地轉陰為陽，一直笑到最後，成為最終的大贏家。

ೞ 職場活用

是英雄，何處不露鋒芒

在報紙上登出招工啟事數日後，日本電產公司才迎來了區區六名無處可去的大學生，公司經理遠滕先生親自對他們進行考核。遠滕問那六個人：「你們各自有什麼特長嗎？」

其中有一位的回答頗具個性，他說：「要是打彈子（柏青哥），我可能比誰都不差！」

雖說這種回答有點不搭調，但看著他那自信滿滿的樣子，遠滕不禁對他產生了好感。為了得到進一步的證實，遠滕就讓這位大學生回去寫一篇關於打彈子的文章交給他。

到了約定的日期，這位叫小部的大學生竟然洋洋灑灑寫出了約25頁稿紙的文章。遠滕接過那一大疊稿紙半信半疑地讀著，可隨著閱讀過程的不斷深入，他逐漸被吸引住了。原來小部在上大學的四年期間，幾乎沒有怎麼好好念過書，每天都去打彈子，每個月能賺十來萬日元，沒花家裏一分錢就念完了大學。文章就打彈子的技巧，包括從什麼地方、什麼角度、用力大小，以及如何集中精神去打等等方面，都做了非常詳細、精彩的描寫，表現出其極為敏銳的觀察力。

結果，遠滕錄用了小部。

過了兩年後，有一次，在一個非常偶然的機會下，遠滕獲知了小部在大學時的成績，那簡直是慘不忍睹。但這一切都無所謂了，小部已經成了電產公司的大幹部，隨便寫個報告之類的文件，在整個電產公司都是獨一無二的。

這可以說是現代企業管理中「知人善任」的典型。我們不難看出，從遠滕初見小部，到最終錄用小部，都暗中結合運用了揣闔術，正所謂「審定有無與其虛實，隨其嗜欲以見其志意」，即是強調從一個人的嗜好喜欲可以考察出一個人的志向和意志。

從上文的例子中我們就可以想見，遠滕並不是因為小部真的會打彈子就錄用他的，而是因為從小部的文章中，遠滕看出了小部具有極敏銳的觀察力，以及他用自己的努力去掙得大學四年全部學費的頑強自立精神，當然還包括其精彩灑脫、獨具特色的文筆，這才最終決定錄用小部的。

背叛者，請走開

在競爭異常激烈的現代工業社會中，作為一個大型高技術公司的分部經理，隨時都會面臨各種難題，肯尼斯現在就處於這種讓人煎熬的境地：都快六個月了，銷售額一直在下跌，他的上司為了提高肯尼斯負責的這個部門的銷售額，不斷給他施加壓力。一個多月以來，他一直在熱切地期待著可以尋找到一位能給他們帶來希望、且有豐富經驗的銷售人員以增強其部門的銷售力量。但直到三天前，他才總算遇到了一位很有希望的人選。

從那個人自信地走進他的辦公室的那一刻起，肯尼斯就異常強烈地感覺到這正是他要找的人。隨著會談的深入，他越來越激動了，甚至覺得這真是天賜良機，使他有幸遇到了這個人。此人不僅有傑出的行銷經驗，而且了解肯尼斯行業的來龍去脈，最讓人感興趣的是，這人剛從一個他為之成功奮鬥了六年的公司裏辭去了一份重要的職務，而他辭職的那個公司恰恰就是肯尼斯所在公司的主要競爭對手。

通過整個會談，肯尼斯深深地意識到，無論從哪方面來講，這位銷售人員都遠遠優於他已會見過的其他申請者。正當他打定主意要採用那人之際，那人卻有些詭祕地從其隨身攜帶的公事包裏摸出一個小信封，並從中抽出一張電腦磁片，像握著無價之寶似的。

「您能猜出這張磁片上存的是什麼嗎？」他面帶狡黠地問肯尼斯。

肯尼斯搖搖頭。

那人仍然微笑著，聲音中透出些許自恃，他繼續向肯尼斯解釋說：這張磁片裏存有有關肯尼斯所在公司的競爭對手——也即他原來所任職的那家公司的大量機密資訊，其中就包括其顧客的詳細資料，以及肯尼斯的公司正在參與競爭的一項重要投標專案的投資資料等。在會見結束時，那人向肯尼斯信誓旦旦地許諾，如果肯尼斯僱用他，這張磁片就屬於肯尼斯的了，另外，他還將提供更多類似的資訊。

在那人轉身離開自己的辦公室時，肯尼斯心中突然湧起了一種強烈的反應：憤怒。這傢伙怎麼能做出這種事情？肯尼斯明白，那人的建議與給予是不對的，就衝著這一點，這個傢伙就不是肯尼斯想要的那種人。

後來，肯尼斯直接打電話給那個銷售人員，告訴他即使從能力上講他也許是最適合這個位置的人，但自己的公司並不適合他。

鬼谷子告訴過我們：用人之道，貴在識人，利用捭闔之術讓對方開啟，使對方無所顧忌、侃侃而談，致使我們能夠更多地掌握對方的情況，並以此來決定取捨。所謂「口者，心之門戶也；心者，神之主也。志意、喜欲、思慮、智謀，此皆由門戶出入，故關之以捭闔，制之以出入」。因此，在上例中，肯尼斯運用捭闔之術，反覆鑒定，靜待對方將自己的實力或者心中的算計全部暴露出來，進而為自己做出正確的評估與決定提供了充足的佐證。

驕傲的本錢是才華

紐約的第七街，是美國時裝工業的中心。即使置身於美國近五千家大型服裝公司的激烈競爭中，約南露珍服裝公司仍然能獨領風騷、獨佔鰲頭，這其中有其董事長大衛‧斯瓦茲不可抹殺的功績，他也由此而獲得「時裝大王」的美譽。

縱觀大衛的發家史，我們似乎可以得出這麼一個結論：讓他受益最大的是他知人善任的能力。

還在19歲時，斯瓦茲就利用自己工作上的積蓄，和別人合辦了一個服裝廠。但沒過多久他就越來越深切地體會到，老是和別人做同一樣的衣服並非長久之計，必須有個好的設計師，能設計出只此一家、別無分店的新產品，才能在服裝業穩坐釣魚臺，立於不敗之地。

直到有一天，他來到一家零售店推銷成衣，看起來只有30歲左右的老闆，只瞄了一眼他的衣服便直言不諱地拋出一句話：「你的公司沒有設計師。」這句話一下子就觸到了斯瓦茲的心病。

老闆接著從店裏請出一位身穿藍色服裝的少婦，並問斯瓦茲：「她身上穿的這件衣服比起你們的衣服來怎麼樣？」

「實在是好看多了！」斯瓦茲不禁脫口由衷地稱讚道。

「這是我特地為我太太設計的，」老闆驕傲地說：「別看我只開了這麼間小店，可我從來也沒有把你們這些大老闆放在眼裏。你們除了剛愎自用、固執褊狹以外，有幾個懂得設計的？簡直連一丁點美的細胞都沒有！」

斯瓦茲聽著這番幾近侮辱的話，毫不在意，仍然笑容可掬地問道：「那你為何不找一家大公司一展所長呢？」

沒想到一提到這個話題，老闆就發洩開了：「我就是死，也再也不要去給別人當夥計了！我在三家公司幹過，明明是他們不懂，還偏偏說我固執！我是灰心透了，他們懂個屁！」

斯瓦茲知道，越是這樣倔強自信的人，往往越是身懷絕技的怪才，便下定決心要將他爭取來擔任自己公司的首席設計師。

一開始提出要聘請他時，這位名叫杜敏夫的小老闆斷然拒絕了。但斯瓦茲已經認定了他是個人才，於是不惜以「三顧茅廬」的精神，幾次三番地登門拜訪，誠心結交，懇切邀請。杜敏夫終於被感動了，來到斯瓦茲的公司走馬上任當上了首席設計師。

在這位曾經幾度懷才不遇、終能大顯身手的杜敏夫的指導下，斯瓦茲首先採用人造絲做衣料，一步領先，出盡風頭，約南露珍服裝公司的業務也隨即扶搖直上，發展勢頭一片大好。

對於一個想獲得長遠發展的企業而言，招收人員是最重要、最困難的工作之一，人員選擇的優與劣，其結果直接關係到企業人員隊伍構成的素質高低，人員等級越高，挑選工作也就越困難。上例中斯瓦茲成功地運用捭闔術仔細發掘對方的才學，一合一開的運用，使得斯瓦茲發現並招攬到了雖然高傲但才華橫溢的杜敏夫，為自己事業的成功走贏了一步至關重要的棋。當然，這其中也不乏後文將要詳細論述到的飛箝術的精妙運用。

清潔工也是一等一的人才

為了詳細了解各分廠的所有業務情況，美國一家名為P&G的大型企業就派遣工業管理工程師法蘭克‧理查茲，去進行了一次全面的調查。

在這整個複雜的調查過程中，法蘭克卻被一位普普通通的清潔工給深深地感動了，當時那位清潔工正在宣傳他們那份工作的重要性。

在一家分廠裏，本來只安排了同某些工人團體的代表們進行交談，但有一位叫做吉姆‧弗利的人卻自告奮勇地找到了他。吉姆一來就開門見山地說道：「我是代表清潔工人來的！我們相信，一個乾乾淨淨的工廠，必定也是一個高效率的工廠。」

接著，吉姆又指出，正是由於清潔工們的工作，才使得其他工人的工作環境得到保障與改善，並由此間接轉化為產品生產時的成本節約，同時也對周圍的環境做出了明顯的貢獻。他還談到他們的工作甚至對公共關係

也具有十分重要的意義，因為那家工廠一年到頭要接待許許多多的來訪者，這些來訪者將會通過他們所看到的情況包括清潔狀況、工作精神面貌等，進而對整個公司做出評價。

在整個談話過程中，法蘭克都在仔細地聆聽著。從一開始，他就感受到了吉姆的與眾不同，當人們有意無意中將清潔工的工作與「髒」字聯繫在一起時，這位清潔工人卻是以一種清潔的眼光來看待自己的工作的，這其間有著很大的對比與反差。而且，吉姆有一種十分強烈的自豪感，他認為自己所在部門取得的每一分成績裏，都包含有他自己付出的十分汗水。

一回到總公司，法蘭克就向總經理推薦了吉姆。不久，吉姆便被升任為部門總管。

所謂「人言者，動也；己默者，靜也。因其言，聽其辭」，識別他人時，自己要保持緘默，以「靜態」根據對方的言談品讀出他的深層本質，最後還要付諸實施、量才而用。如此這般「闓」而識之，「捭」而用之，才能慧眼識得英才且能人盡其用。

☞ 處世活用

子產不拘一格用人才

春秋時期，子產擔任鄭國的宰相。他不僅精通軍政大事和治國之道，且能夠根據每個人個性特徵以及天資才幹的差異，揚其長，避其短，因才施用，從而挖掘出每個被用之人的最大潛能。

其手下的伯石是個很有才華的人，但也有其突出的缺點，那就是重利益和愛面子，可子產仍然重用他。

一次，他派遣伯石獨自外出到別的國家辦事。臨行前，子產還沒有明確交代任務，就事先詢問道：「你這次出行任重而道遠，如若事情辦得出色圓滿，我會重重地賞賜你的。你想要什麼賞賜呢？」

伯石必恭必敬地回答：「為大王做事是我應盡的義務，我心甘情願為您效忠，哪裡還談得到賞賜呢？」

子產和藹地笑著說：「有功即可受祿。回去之後，你就打點一下搬到西城街上的那幢華堂裏去住吧！」

伯石聞聽此言，心中大動，但表面上仍然露出一絲難色，恭謹地回答道：「這樣似乎不太好吧，一來我還不知道到底能不能完成任務，現在就領賞，別人難免會在背後非議；二來我現在的住所離那裏相隔甚遠，馬上就要出發，一時也不能搬過去……」

子產打斷他的話說：「這些都是無關緊要的小問題，你儘管放心去辦你的事，其餘的事情我會安排妥當的。」

伯石領了任務就高高興興地辭行了。一旁的門生不解地問子產：「他身為大臣，食君之祿，分君之憂，為國家辦事效勞那是應該的，而且本身俸祿也不少，您為何還要另外給他賞賜呢？更何況其他的大臣從來沒有這樣的待遇，難道他有什麼值得特別嘉獎之處嗎？」

子產意味深長地回答說：「每個人的性格都是不一樣的，我非常了解伯石這個人，他很看重錢財利益，雖然表面上說得冠冕堂皇，其實那都是偽飾之辭。每個人都有私欲，更何況貪財如命的他？如果我許給他一點利益，他就必定會盡心盡力地辦事，而且我也相信他有這個能力！」

「但是假使您不這樣滿足他的私欲，也不會有什麼壞結果吧，畢竟那是他分內的事，他敢不聽命行事？」門生還是不解。

「你這樣想就錯了！」子產微笑著回答：「那樣他只是因為畏懼大王的威嚴才不得不去辦事，就算完成了，他也會心懷嫉恨的。時間久了，說不定會幹出什麼壞事來。所以，對於這種人就是要不拘一格、利而誘之，才能充分發掘出他的才能，收為己用！」

伯石完成任務回來後，就直接住進了那座華堂裏。子產又和鄭王商量賜給他一座城邑，伯石更加樂不可支，但還是作勢交回了封地，子產於是也就順水推舟故意收了回來。過了幾天，又重新發布命令賞賜給他。如此這般來回了三次，伯石才順理成章、心安理得、志得意滿地接受。

見此情景，門生又好奇地問了：「第一次不要就算了，要麼就一次賞給他，為何這樣三番四次地推來讓去的？」

子產捋鬚而笑答道：「我是故意這樣做的。他這個人貪利而又虛偽好

面子，這樣一來既顯得他謙虛禮讓，又滿足了他的私欲，豈不是一舉兩得？」

子產就是這樣的知人善任，非但沒有因為別人的貪利和虛偽棄而不用，還巧妙利用其缺點，做到了人盡其用。也正由於他對伯石的優點和缺點瞭若指掌，知人善用，在他掌權期間，伯石的地位始終沒能超越他。正所謂「夫賢、不肖，智、愚，勇、怯，仁、義，有差，乃可捭，乃可闔；乃可進，乃可退；乃可賤，乃可貴，無為以牧之。審定有無與其虛實，隨其嗜欲以見其志意，微排其所言而捭反之，以求其實，貴得其指」。子產的成功之處就在於深刻體會到了這一祕訣，並能不拘一格，運用自如，始能人盡其才，盡為己用。

薛宣軟硬兼施懲縣令

薛宣，字贛君，是漢成帝時知名的大臣。在他擔任左馮翊期間，其所管轄的高陵縣令楊湛、櫟陽縣令謝游都是貪婪狡猾、妄自尊大之徒。只是由於他們掌握著一縣的大權，雖然以前的郡守都曾經多次想對他們的違法亂紀行為予以追究，但苦於無憑無據，最終都不了了之。

等到薛宣走馬上任，楊、謝二人立刻到府衙拜見。薛宣也當即設置酒飯，熱情周到地招待他們。

與此同時，薛宣也一直暗中搜尋他們的犯罪事實，經過努力調查，終於獲得了他們受賄勒索的全部證據。

薛宣觀察到楊湛似乎有改正錯誤之意，也頗尊敬自己，尚能聽從勸告，於是他便親手寫了一封信，將楊湛所犯的罪行一一列舉出來，隨後把信私底下交給他，並告訴楊湛：「你手下的縣吏與百姓檢舉揭發你的罪狀，我已在這封信上一條條地陳列出來了，還有人狀告你犯了中飽私囊的〈主守盜〉之罪。我敬重作為一縣長官的你，又顧念到一旦東窗事發你將受到法律的重罰，不忍心把你的事情張揚出去，所以祕密地寫了這封信告

訴你，希望你能夠明白進退，妥善地處理這些事情，以便今後能重新清白為官。如果你確實沒有幹過這些不法之事，那麼就重新將這封信封好再交還給我，我一定會為你申明冤屈，還君清譽。」

楊湛知道信上所列的都與自己所犯的罪行一致，但見薛宣措辭語氣皆溫潤有加，並無意加害於己，便立刻解下了縣令的印綬，交給縣吏，並寫了一封信感謝薛宣，未曾有半句怨言。

而那位櫟陽縣令謝遊卻自以為是大儒，頗有名聲，認為薛宣也一樣拿自己沒辦法，所以根本就看不起薛宣。

薛宣對謝遊的傲慢態度一清二楚，當即發出正式公文，對他進行公開的指責，公文中這樣寫道：「告櫟陽令：你手下的縣吏和百姓告發你治理縣政細瑣苛刻，隨意貶罰吏民，被罰做苦差的竟高達千人以上；用不正當的手段，聚斂錢財數十萬，供私自大興土木之用；又聽任富吏隱瞞、操縱物價。以上諸事已經全部調查清楚，我本來想派遣官吏前來審訊此案，但又怕辜負了當初推薦你的人，以致給儒士們帶來恥辱，所以暫時停止你的縣令職務。孔子云：『陳力就列，不能者止。』希望你能多多反思。」

謝遊見到公文後，只得灰溜溜地辭官而去了。

「陰陽相求」，軟硬兼施，就是說要針對不同的對象，具體問題具體分析，從而採取不同的懲治方法。因高陵縣令楊湛已有悔過之心，所以薛宣順水推舟，雙方心照不宣，讓他在自己的罪狀前悔過，不露聲色地處理好了這方面的問題。而櫟陽縣令謝遊非但無悔過之心，而且還不把薛宣放在眼裏，所以薛宣以硬對硬，將罪證扔給他，公然免去了他的官職。就這樣，薛宣軟硬兼施，一拉一打，捭闔之術運用的力度可謂恰到好處。

管仲入情入理逐佞臣

齊桓公拜管仲為相後，齊國在管仲的治理下日益富強，管仲也被尊稱為「仲父」。

　　不幸的是，管仲年事日高，重病纏身，連專程來探望他的齊桓公看到其病中的淒涼情狀，也不由得悲從中來，在一旁暗自垂淚。

　　管仲見了對齊桓公說道：「我恐怕不久於人世了，再也不能為您效勞了。您也應該考慮一下，提拔一個合適的人選來填補相國的空缺之位。」

　　齊桓公答道：「在您病重的這些日子我也想過，但除了您之外，寡人實在是不知道該把國政交給哪一位才放心！或者您覺得鮑叔牙怎麼樣？」鮑叔牙算得上是管仲最好的朋友，同時也是管仲的恩人。

　　聽見齊桓公這樣問，管仲立即回答道：「鮑叔牙此人德才兼備，但可惜他不適合做相國。因他對別人的過錯和缺點深惡痛絕，一旦留下壞印象，就牢記在心，久久難忘。作為一個相國，如果像這樣沒有虛懷若谷的寬廣胸襟，又怎能協同上下、與其他大臣和睦相處呢？而如果連這一點也不能做到，又怎能領袖群臣協助君王處理好國政呢？」

　　「那易牙可以嗎？」齊桓公又提出了一個名字。

　　管仲馬上搖頭，說道：「我正要提醒您呢，易牙、豎刁、開方這三個人千萬不能託以重任！」

　　齊桓公大吃一驚，連忙問道：「這是為什麼？舉國上下都知道他們三人對我忠心耿耿啊！」

　　「我也知道易牙曾經把自己的孩子殺了，蒸熟了一飽您的口福。但是正所謂：『道是平常心』，他能有這樣超乎常情常理的舉動，恐怕不是什麼好事！」

　　「但是他愛我勝於愛子，對我仁至義盡，這難道還有什麼值得懷疑的嗎？」齊桓當然有些不解。

　　「常言道：『虎毒不食子。』今天他能對自己的親生骨肉下毒手，那他明天對您還有什麼做不出來的呢？」

　　桓公又問：「那麼豎刁呢？為了能侍候寡人，他閹割進宮，不惜犧牲自己的身體來向寡人盡忠，這應該沒有什麼值得懷疑的吧？」

　　「這樣的人連受之父母的身體髮膚都不愛惜，對自己都能如此狠心，到關鍵時刻，難道不會摧殘君主您嗎？」

桓公接著提起開方，問管仲：「他乃堂堂衛國公子，卻捨得拋棄尊貴的地位，甘願做寡人的臣子；人情莫親於父母，而他父母去世時，他卻忙於輔佐我竟然沒有回去奔喪。如此忠心日月可鑒，對他，我是沒有半點懷疑的！」

「他捨棄富貴必定是為了得到更多的富貴。您想想，一個人對自己的生身父母尚且如此，您能指望他一心一意地回報他人的恩情嗎？懇請君主您不要一味地因為那些人的特殊言行而感動。異於常情之舉，必定暗藏非常之企圖！」

桓公覺得管仲所言入情入理，於是把他的囑咐銘記於心，漸漸地疏遠了那三個人。

鬼谷子說的「乃可捭，乃可闔；乃可進，乃可退；乃可賤，乃可貴」，其言下之意就是說對於你所了解的人，可以擢用，也可以廢黜；可以使其低賤，也可以使其富貴。運用之妙，存乎一心。管仲在以平常心洞察出隱藏在齊桓公身邊的小人的險惡時，入情入理地力勸其切不可重用此等佞臣，可以說是為齊桓公預先除去了莫大的隱患。

不拒絕「自己的東西」

威爾森是專門為一家花樣設計室推銷草圖的推銷員，而他的工作對象則主要是那些服裝設計師和紡織品製造商。這段時間內，一連三個月，他每個禮拜都去拜訪紐約一位著名的服裝設計師。威爾森不止一次地對朋友訴苦道：「他從來不會拒絕我，每次接見我也都表現得很熱情，可是他也從來不買我推銷的那些圖紙。他總是很有禮貌地跟我談話，而且還很仔細地看我帶去的東西，可是到了最後總是那句話：『威爾森，我看我們是做不成這筆生意了。』」

就這樣經過屢戰屢敗、屢敗屢戰，威爾森終於總結出了經驗：原來是因為自己太遵循那老一套的推銷方法了，每次一見到客戶就拿出自己的圖

齊桓公

紙,滔滔不絕地說開了,講它的構思、創意,新奇在何處,該用到什麼地方……客戶都聽得煩了,絕大多數都是出於禮貌才忍耐著聽他說完的。威爾森認識到這種方法確實已經太落後了,迫切需要改進。於是他下定決心,每個星期都抽出一些時間去看處世方面的書,思考為人處世的哲學。

過了不多久,他還真想出了對付那位難纏的服裝設計師的方法。他了解到那位服裝設計師其實比較自負,別人設計的東西他大多看不上眼。於是威爾森便繪了幾張尚未完成的設計草圖來到這位設計師的辦公室,誠懇地問道:「鮑勃先生,如果你願意的話,能否幫我一個小忙?」同時恭敬地遞上那幾份準備好的草圖,對服裝設計師說:「這裏有幾張我們尚未完成的草圖,能否請你不吝賜教,指點我們應該如何把它們完成才能對你更有用處呢?」對方聞言接過圖紙仔細地看了看,發現設計人的初衷很有創意,就答道:「威爾森,你把這些圖紙留在這裏讓我看看吧!」

幾天過去了,威爾森再次來到他的辦公室,服裝設計師對這幾張圖紙提出了一些建議。威爾森用筆記了下來,然後回去按照其意思很快就把草圖完成了。結果是服裝設計師再次看後大為滿意,全部接受了。

從那之後,威爾森總是記得徵求這位買主的意見,然後根據他的意見製作圖紙。這位買主非常滿意,連續訂購了許多圖紙,威爾森也從中賺取了不少的傭金。

「我現在才算徹底明白了,為什麼以前那麼多天都投資進去了我還不

能和他做成買賣，」威爾森恍然大悟地說：「我以前總是不停地催促他快買，說這對他有用、那對他有好處而他總是不以為然，不是說這不合適，就是說那不新穎。現在我只是按照他的意思去做，而他也由此覺得這就是他自己創造的，滿足了他的心理需求——自我表現欲。因為他不能拒絕『他自己的』東西，這就變成了他要而不是我勉強推銷了，工作起來自然就容易多了。」

　　所以，對於推銷員來說，應該把顧客推到台前，而自己則隱身幕後。如果把產品和顧客自身的感受聯繫在一起，就能讓他們更樂於接受，採用這種手段無疑會讓事情進展得更順利，業績也就隨之大大提高了。同樣的道理，在為人處世方面，很多時候也應如此，要想「達人心之理，見變化之朕焉，而守司其門戶」，我們不妨「或開而示之，或闔而閉之。開而示之者，同其情也；闔而閉之者，異其誠也。可與不可，審明其計謀，以原其同異。離合有守，先從其志」。這樣順著別人的思路來，先順其意後觀其變，漸漸演化為促成與對方合作的一個前提和推動力量，往往能讓交往無阻無礙，辦事順順利利。

反應第二

所謂「反」，指反覆試探，而「應」，則指對方回應。在第一篇捭闔術的統領下，本篇反應術的論述可以說更具體，針對性、可操作性也更強。它主要討論了考察事物和了解別人的方法論問題，需要運用者具備更靈活多變的頭腦，以及更出神入化的言說技巧。

一開篇，本文就首先提出要運用歷史的、發展的、辯證的眼光去考察事物、看待問題，學會以今推古，以古察今。

接著，文中詳細論述了如何運用反應術去了解別人的三種方法：其一，乃靜聽法。即言自己要保持沉默，靜下心來認真聽取別人的言語，從中仔細體察對方的真正意圖，就像張網捕獸一樣靜心捕捉別人的言辭與志意。其二，乃反聽法。即要充分發揮自己的主觀能動性，主動發出資訊，或投石問路，或打草驚蛇，或欲擒故縱，以試探對方；要巧妙地用言語、動作、表象等去撥動對方，並觀察研究他的反應，再仔細分析回饋回來的資訊，進而偵知對方的真情實意。其三，乃以己推人法。因為人都是有共性的，了解別人最好的方法就是從了解自己開始，自知而後才可利用自己在某事、某物、某種情況下的心理反應、態度、應對方法等去推想、推知別人。能夠這樣把知己和知彼結合起來，便達到反應術的高境界了。

縱觀全文，本篇對於反聽法，即充分發揮自己的主觀能動性去探知別人意志的方法，論述得較為詳盡，表明了文章的重心所在。這無疑與貫穿《鬼谷子》全書的主導思想是一致的，即自始至終強調發揮施術者的主觀能動性去撥動局勢、掌控局勢，以便最終能夠實現自己的目的。

一

古之大化者，乃與無形俱生❶。反以觀往，覆以驗來❷；反以知古，覆以知今；反以知彼，覆以知此。動靜虛實之理，不合來今，反古而求之❸。事有反而得覆者，聖人之意也，不可不察❹。

【注釋】

❶ 大化：指天地萬物的造化。無形：沒有形跡，這裏指天下大道，即自然界和人世社會陰陽變化的基本規律。

❷ 反：同「返」，返回，回顧。往：過去的，指歷史。來：未來之事。

❸ 動靜：運動與靜止，這裏代指世間一切事件。虛實：代指世界上一切物質。合：符合，適合。

❹ 事有反而得覆者：即言世界上的一切事理都可以通過反覆於過去而推求之。

【譯文】

從古到今，天地間萬事萬物的生成變化，都是與無形而又無處不在的大道一起共生的。通過對大道的掌握運用，我們可以回顧歷史，展望未來；反觀過去，檢驗現在；熟悉這類事物，了解那類事物。世界上萬事萬物的道理，若與現今不符合，我們可以回溯到歷史的長河中去探求原因。大道一體，古今一致，世界上的一切事理都可以通過反覆於過去而推求考察之，這就是聖人的言下之意，我們不可以不詳細審察研究。

二

人言者，動也；己默者，靜也。因其言，聽其辭❶。言有不合者，反而求之，其應必出❷。言有象，事有比❸。其有象比，以觀其次❹。象者，象其事；比者，比其辭也。以無形求有聲，其釣語合事，得人實也❺。其猶張罝網而取獸也，多張其會而司之❻。道合其事，彼自出之，此

釣人之網也。常持其網驅之。

【注釋】

❶ 因：順著，依循。

❷ 不合：不合理，前後矛盾。反：反問，反詰。應：應答，回應，反應。

❸ 象：這裏指言辭中涉及到的某類物象。比：類比，類推。

❹ 次：後邊的，下邊的。此處指言下之意。

❺ 無形：指上文所說的「靜」、「己默」。釣語：如釣魚投餌一般，在交談時引誘出對方的話頭。得人實：得到對方的實情。

❻ 會：匯合，聚合。指野獸經常出沒之處。司：同「伺」，守望，等待。

【譯文】

　　別人在侃侃而談，是動；自己沉默聽辭，是靜。可以根據別人的言論，來探聽其中蘊含的深意。如果發現了對方的言辭中有前後矛盾之處，就要馬上提出詰難探求其真意，對方的真情必然在應對中有所透露。別人的言辭中包容有豐富的意象，其說的事物也可以類推到其他同類事物。因而我們就可以通過這些物象和類推出的事物去考察在它們背後所隱藏著的談話者的意圖。象，是言辭中涉及到的事物實質的外在表象；比，是言辭中事物可以類推出的同類事物。我們就這樣以靜默來探求別人的言辭意圖，就好比用餌釣魚一樣，通過引誘對方說出我們想要知道的事，從而掌握對方的真實情況。這又像多張一些捕獸之網等待獵物投奔一樣，多用反詰之語去多方試探。一旦方法得當，符合情理，對方必然會自己吐露實情，這便是引誘別人真實情況的羅網。應常用這樣的釣人方法去驅遣、掌握他人。

三

　　其言無比，乃為之變，以象動之，以報其心，見其情，隨而牧之❶。己反往，彼覆來，言有象比，因而定基❷。重之襲之，反之覆之，萬事

不失其辭❸。聖人所愚智，事皆不疑❹。故善反聽者，乃變鬼神以得其情
❺。其變當也，而牧之審也❻。牧之不審，得情不明；得情不明，定基不
審。變象比，必有反辭以還聽之❼。欲聞其聲反默，欲張反斂，欲高反
下，欲取反與。欲開情者，象而比之，以牧其辭❽。同聲相呼，實理同歸
❾。或因此，或因彼，或以事上，或以牧下。此聽真偽、知同異，得其情
詐也。動作言默，與此出入，喜怒由此以見其式，皆以先定為之法則❿。
以反求覆，觀其所託⓫。故用此者，己欲平靜，以聽其辭，察其事，論萬
物，別雄雌。雖非其事，見微知類。若探人而居其內，量其能，射其意，
符應不失，如螣蛇之所指，若羿之引矢⓬。

【注釋】

❶ 報：應和。牧：察知，駕馭。

❷ 定基：這裏指掌握對方意向的主流。

❸ 襲：重複，因襲。

❹ 聖人……不疑：「聖人誘愚則閉藏，以知其誠；誘智則撥動，以盡其
情，咸得其實，故事皆不疑也。」

❺ 反聽：文中指發出資訊去引誘對方，進而從回饋回來的資訊中測得對
方的真實情況。變鬼神：指有如鬼神般靈活多變、玄妙莫測。

❻ 當：即上文所言「道合其事」，指手法的變換恰到好處，摸準了對方
的心意。審：審查，摸清。

❼ 反辭：反詰語。還聽：即反聽。

❽ 開情：讓對方吐露情懷。

❾ 同聲相呼，實理同歸：與對方心理產生共鳴，使之引為知己從而吐露
真實情況。

❿ 式：樣式，法則。先定：既定準則。

⓫ 託：指寄託在言辭中的實情。

⓬ 射：猜測。符應：某種事物產生和某種現象發生，必然引起另一種現
象發生，古代稱之為符應。螣蛇：傳說中的一種能興雲作霧的神蛇，
六朝術士用以占算，謂螣蛇所指，禍福不差。羿：古代神話傳說中的
英雄人物，擅長射箭。引：拉開弓。矢：箭。

【譯文】

如果對方不為所動不接我們的話荏、不回答我們的反問，就要改變方法。我們可以用言語的表象去感動對方，去迎合他的心意，去窺探他的真實感情，從而掌握它的意圖。通過我們設置言辭物象、對方予以回應這樣的多次反覆，我們終可抓住對方言辭中的事物表象，及其類推出的同類事物，也就可憑此把握對方意象的主流，心中就有底了。這樣經過多次的重複與反覆，沒有什麼事情是不可以從對方的言辭中偵知的。聖人用這種方法去誘導、感化愚者或智者，任何情況都可以測得而沒有疑惑。所以，自古那些善於發揮主觀能動性去探查對方的人，常能夠變換手法用鬼神莫測的手段來獲得實情。在手法的適當變換中打動了對方，就可以清清楚楚地查明對方的實情了。不能查明對方的實情，是因為從對方獲得的言辭資訊不明；獲得的言辭資訊不明，就不能明瞭對方的主導意圖。（在這種情況下）我們就必須變換手法使對方言辭中的象、比資訊發生改變，而後順著他變換的言辭去反詰他，讓他回答，然後蒐集分析回饋回來的資訊。我們想要聽對方講話，自己反而用沉默來逗引他；想讓對方張口，自己反而三緘其口；想讓對方情緒高漲以夸夸其談，自己反而低調；想從對方那兒有所獲取，自己就先要有所給予。想要讓對方吐露情懷，就自己先設表象去引動他，設法讓他講話，彼此產生共鳴，讓他引為知己而開情吐意。我們或者順著他的這番話去探測他，或者順著他的那番話去探測他；或者從他的話端順勢考察，或者從他的話尾逆推思索。所有這些，都是辨別真假、分析同異、分清真誠與虛偽的方法。對方的動作、言語、口氣，都可以用此方法去考察；對方的一喜一怒，都可以用此方法見其端倪。這些方法，都是探測別人的既定準則，是考察別人的依據。要在反覆探求中，去觀察對方言辭中所寄託著的實情，就要用這些準則和依據。總之，我們要平心靜氣地去聽取別人的言辭，去考察其言辭中涉及的事理，去考辨萬物，去辨別事物性質。即使是從對方言辭裏無關緊要的事件中，也可以偵知其中隱含的真情實意。（運用這些方法去探測別人）就好像深入到他內心一樣，可以準確地估量出他的能力，猜測出他的本意。這種估量和猜測必然

像「符應現象」那樣不失其意，像螣蛇指示禍福那樣準確無誤，像后羿張弓射箭那樣百發百中。

四

故知之始己，自知而後知人也。其相知也，若比目之魚❶；其司言也，若聲之於響；其見形也，若光之於影。其察言也不失，若磁石之取鐵，如舌之取燔骨❷。其與人也微，其見情也疾❸。如陰與陽，如陽與陰；如圓與方，如方與圓。未見形，圓以道之；既見形，方以事之❹。進退左右，以是司之。己不先定，牧人不正，事用不巧，是謂「忘情失道」❺。己審先定以牧人，策而無形容，莫見其門，是謂「天神」❻。

【注釋】

❶ 相知：指彼此雙方互相了解。比目之魚：《爾雅·釋地》有言：「東方有比目魚焉，不比不行。」此處用來比喻人與人的相知，如同比目魚一樣，倆倆相隨不可分。

❷ 司言：司同「伺」，窺探、掌握對方的言辭。見：同「現」，出現。取：吸取。燔骨：烤爛的骨頭肉。燔，燒，烤。

❸ 微：微少，細微，不見形色。疾：迅速，敏捷。

❹ 圓：此指圓活的方法。方：此指一定的規矩。

❺ 牧：考察。事用不巧：指忘記了上邊說的「圓以道之」。忘情：不合實際情況。失道：抓不住本質。

❻ 審：此指審察別人的準則。策：決策，計畫。門：門徑，要害，關鍵。天神：天神無形無容，難測難知，這裏指達到了神鬼莫測、了無痕跡的最高境界。

【譯文】

因此，若要了解外界的人或事物，最好的方法就是從了解自己開始。先有了自知之明，然後才可以去了解別人。這樣，我們了解別人，就像比

目魚相並而行那樣一絲不差；我們窺探別人的言辭，就像聲音與回響那樣應聲而得；別人自己現出形意，就像光和影子那樣光一亮影子就出現。用這種方法去探查別人的言辭，就會像磁石吸取鐵針那樣可以不失釐毫地掌握到他的真情實意，又像舌頭舔取烤爛了的骨頭肉那樣可以輕易地一探即得。即使我們發出很少的信息量，對方也會很快地向我們敞開情懷。這種探查人的方法，就像由陰轉陽、又由陽轉陰，由圓變方、又由方變圓一樣，應用隨心，變化自如。也就是說當對方形跡未顯時，我們要用圓通靈活的手法去引導他；當對方形跡已顯時，我們又用一定的準則去應對他。進退左右等一切行動都可以用這種規則去掌握。如此一來，我們必須自己先定下主意，預先制定一些考察人的準則，否則我們就不能正確地去支配他人。但是，我們在使用此法時又不可忘記了其圓活的另一面，否則就會不合乎實際情況，違背客觀規律，喪失真諦。總之，我們運用這種方法，按照預先制定的考察別人的準則去考察其決策、計畫，就會無形無容，讓對方摸不透、抓不著我們的門路，而覺得我們像天神那樣已經達到難測難知的至高境界。

☙ 以史為鑑

諸葛亮投石激浪

從《反應》篇中，我們可以領會到不少具體的遊說技巧，除了「以靜制動」、「欲擒故縱」、「打草驚蛇」等大家耳熟能詳的技巧之外，還有一招被廣泛運用的，那就是「投石激浪」。何謂「投石激浪」？其實就是要求遊說者先向對方道出一點試探性的言辭，刺激對方開金口，然後對對方的言辭、應對加以分析，並據此制定出能夠降伏對方的遊說方案。相當於「投石問路」，只是更注重在「激」字上下功夫。

漢獻帝建安十三年（西元208年），曹操揮師南下，志在奪取江南。而此時的孫權對是戰是和還在舉棋不定。經過諸葛亮的一番遊說，終於奮起抵抗曹兵，引發了名垂千古的「赤壁之戰」。

　　當時，孫權躊躇萬分，他深知「兵乃國之大事」，便聽從母親吳太夫人的指示，遵照哥哥孫策「遇到難以決斷的大事時，內政方面的問題垂詢宰相張昭，外交方面的問題垂詢將軍周瑜」的遺言，叫來周瑜共議國事。

　　周瑜乃吳軍大都督，手握吳國軍事大權。來此遊說的諸葛亮明白，要想說服孫權奮起聯合抗曹，必須先說服周瑜。可是當時諸葛亮還不是太了解周瑜的為人及個性，於是，諸葛亮決定試投「一石」。

　　不久時機就來到了，諸葛亮在吳國重臣魯肅的陪同下拜見周瑜。周瑜聽完魯肅對軍情的報告之後，當即說了一句「應該向曹軍投降」。周瑜之所以這麼說，其實也是在向諸葛亮「投石問路」。

　　諸葛亮立即表示贊成，不過卻又故意很驚訝地說道：「主戰的魯肅將軍竟然不了解天下大勢！」這時魯肅就憤怒地說：「你破壞了和約！」諸葛亮泰然自若地繼續說道：「吳國其實有一種投降方案，可以免遭任何損失，那就是獻給曹操兩名美女。如此一來，曹操的百萬大軍就自然會無條件地撤退了。」諸葛亮隨即朗誦了一篇賦：「立雙台於左右兮，有玉龍與金鳳。攬〈二喬〉於東南兮，樂朝夕之與共。俯皇都之宏麗兮，瞰雲霞之浮動。欣群才之來萃兮，協飛熊之吉夢……」

　　諸葛亮接著解釋道：「這是《銅雀台賦》中的一節，此賦為曹操的三子曹植所作。早年，當曹操在漳河之畔興建豪華的銅雀台時，曹植特地做此賦來讚美這一代盛事。全賦的大意是說：『天子即位之後，在漳河畔景盛之地建金殿玉樓，極盡庭園之美，藏江東名花大喬、小喬於此為樂。』如今曹操之所以統率百萬雄師覬覦江東之地，實際上無非是為了要得到大喬、小喬這兩位絕代佳人。就吳國而言，犧牲大喬、小喬區區兩位美人，無異於大樹上掉下兩片樹葉而已！所以委實不如將大喬、小喬直接送往曹營，所有的問題便可迎刃而解，根本不必再使將軍勞神。」

　　周瑜一聽，勃然大怒，把酒杯一擲就站起來罵道：「曹操這老賊未免欺人太甚！」原來大喬是孫策的遺孀，而小喬正是周瑜的夫人。

　　第二天早晨，周瑜就在文武百官上朝之前向孫權獻策，並且自信果斷地催促孫權說：「只要主公授臣精兵數千攻打夏口，臣必可在一戰之下大

破曹軍。」

諸葛亮哪能不明白曹操率百萬大軍南下乃是為了鏟平對手、統一天下，而絕非打江南名花大喬、小喬的主意？至於《銅雀台賦》原文裏說「連二橋於東西兮，若長空之蝃練」，本指東西有玉龍、金鳳兩台，而接之以為橋。諸葛亮卻故意將「橋」改為「喬」字、將「西」改為「南」字、將「連」字改為「攬」字。而下句則全改了，遂輕輕率扯到「二喬」身上去，也可謂善改文章、會做文章了。

諸葛亮不愧為三國時代首屈一指的辯士。一句話就激得吳國的周大都督火冒三丈、七竅生煙。《三國演義》裏這樣描述道：「瑜曰：『……望孔明助一臂之力，同破曹賊。』」憤激之情，如在目前。本來赤壁這一場鏖戰，應是諸葛亮代表劉備求助於孫權、周瑜的，但諸葛亮只是略施鬼谷子的「投石激浪」術，就輕巧巧地使得孫權、周瑜反過來求助於劉備、諸葛亮了，不可不謂是深得鬼谷子反應術其中的三昧！

魏國虛與實取之

在風雲變幻的戰國時代，七國時而合縱，時而連橫，混戰不休。

這年，秦國聯合趙國攻打魏國，並許諾：勝利之後，將把魏之鄴城作為謝禮送給趙國。魏王怕受到趙、秦兩國的東西夾擊，十分驚慌，連忙召集大臣商議對策。

芒卯分析道：「秦趙原本不和，今日聯合，不過是為了利益，想瓜分我國，各討好處。他們都各有各的算盤，只要略施權術，他們的聯盟就會瓦解。」並獻上一計。魏王同意了他的計謀，派遣張倚依計去遊說趙王。

張倚見了趙王，說：「鄴城這地方，照目前的形勢來看，我們是保不住了。大王與秦國聯合攻打我國，無非為爭奪土地。為了避免戰爭傷亡，我們大王有意把鄴城獻給大王，不知大王意下如何？」

趙王聽後自然十分高興，但又怕魏國是在玩弄花招，便問道：「兩軍

還未交戰，魏王就主動獻地，這到底是何緣故？」

張倚解釋說：「兩軍交戰，兵凶戰危。大軍一過，荊棘遍地。戰爭之後，必有荒年。屍骨遍地，百姓遭殃。我們大王慈悲為懷，不願生靈塗炭，故有此舉。」

趙王聞言點頭，又問道：「那麼魏王對我有什麼要求嗎？」

張倚說：「這個自然。我們是來談判，並不是來投降的。趙魏兩國曾多次結盟，稱得上友邦。與其任土地淪落於夷狄秦國之手，不如交給朋友管理。同時也希望大王從友邦之間的相互利益出發，與秦斷交，和我國恢復友邦關係，我們即刻奉上鄴城作為報答。如若不允，我國只有全民動員、拼死一戰了。請大王仔細考慮，多加斟酌。」

趙王思索了一番，答覆道：「容我好好考慮一下，明天定然給你答覆。」

張倚走後，趙王找來大臣們商議。相國說：「與秦聯合攻魏，勝利了也不過就得到一個鄴城。現在不用動手就可以達到目的，何樂而不為呢？再說，秦本虎狼之國，其目的絕非僅僅滅掉一個魏國，一旦攻滅魏國，其勢力將更為強大，下一個目標恐怕就是我們趙國了。不如就此答應魏國，讓他們在兩邊抵禦強秦，這才是長久之計。」大家都覺得此言很有道理。於是，趙王答應了魏國，宣布與秦斷交。

秦王一聽大怒，趕忙撤兵，並積極謀劃報趙背盟之仇。趙王見秦撤兵，忙歡天喜地地派兵前去接管鄴城，豈料正碰上芒卯在邊境陳兵相候。趙將迎上前去說明來意，芒卯一聽大怒：「我們的土地，為什麼平白無故地送人？」趙將連忙解釋說這是張倚當初早就許諾下的。芒卯仍在發脾氣：「張倚是什麼東西！我們大王親口答應過此事嗎？我只接到大王讓我鎮守此地的命令，而沒接到交出此地的命令。你想硬奪，先問問我的將士們是否同意。」趙將一見魏軍列陣以待，明顯是有備而來，自料不是他們的對手，忙回國報告趙王。

趙王一聽上了當，老羞成怒，準備發兵攻魏。可這時卻傳來消息，說秦為報背盟之仇，正遊說魏王聯合攻趙。趙王聞聽大驚，忙割了五座城池給魏，以收買魏國與自己聯合抗秦。

就這樣，魏先以虛假的「與」誘騙趙國，不但從趙國那裏「取」到了不與秦國合兵攻魏的結果，接著還「取」到了五座城池。而是否能成功地運用這「欲取反與術」，關鍵在於你智慧是否高超，判斷是否準確，計謀是否巧妙周密。看似「與」而實不「與」或少「與」，反而終有所「取」，是此計的題中之義。

薛公巧計得先知

戰國時期，薛公曾擔任齊國的相國。最近一段時間，他總是閉目沉思。

原來不久前王妃亡故了，最近要冊立新王妃，薛公一心想知道君主屬意的到底是誰，於是久久苦思，天天在心裏念叨：我一定要儘快打探清楚，趕在齊王自己說出來之前主動推薦。一旦自己推薦的女子正是齊王屬意的那個的話，那麼今後自己的進言就更容易被採納了，高官厚祿自然是不用說了，同時也自然博得了新王妃的感謝與歡心，如此一來，前程不可估量啊！但是，萬一做了與齊王預想不同的推薦，那就要壞事了，不但推薦會被駁回，而且自己今後的建議也不會受到重視，新的王妃當然也會表示冷淡，自己的處境可就不妙了。

可是，在眾多的愛姬中，齊王究竟最喜歡誰呢？現在後宮有十名愛姬，她們當中誰會成為王妃呢？自古賢明之主，是不在臣下面前暴露自己的私好的，否則做臣子的就很容易根據其喜好曲意逢迎。因此，齊王在眾人面前對十名愛姬是一視同仁、平等對待的。讓那些喜歡拍馬屁的人找不到可乘之機。

突然有一天，薛公眼睛一亮，叫來了自己的侍臣，吩咐道：「快！準備十組玉珥（玉做的耳環），記得其中一組要特別漂亮。」所謂玉珥就是用寶玉製成的耳飾。待手下將東西準備好以後，他馬上將這十組玉珥獻給了齊王。

第二天，薛公入宮拜見齊王，他抬頭略加察看，發現那組最美的玉珥

戴在其中某一位愛姬的耳朵上。這下毋庸置疑，齊王最寵愛就是她了。

獲悉這個情況以後，他就鄭重地向齊王進言，請求冊封那位愛妃為新的王妃，並說她如何才貌雙全、品德高尚，是母儀天下的最好人選，他的推薦正中齊王的心意，當然，他的目的也就達到了。

所謂「言有象，事有比」，「以無形求有聲，其釣語合事，得人實也。其猶張罝網而取獸也，多張其會而司之。道合其事，彼自出之，此釣人之網也。」薛公巧送玉珥為「餌」，終於「釣」出了齊王的真實意願，順理成章地達成了自己的目標。

晏子欲擒故縱進忠言

《鬼谷子‧反應第二》中論述到了「欲擒故縱」這一思想，將之化為謀略可以廣泛地應用於政治、軍事、外交、經濟、言辯等諸多領域，它是一種以暫時的讓步來等待、謀取更有效的進攻的高明策略。

而在三十六計中，「欲擒故縱」為第十六計，其原文大意為：追擊敵人過緊，就要遭到他的反撲；讓他逃走，就可以削弱敵人的氣勢。因此，追擊敵人時，要跟隨其後但不要過於逼迫他，借此消耗他的體力、瓦解他的鬥志，等待敵人士氣沮喪、潰不成軍時，再加以捕捉，這樣就可以避免流血了。待敵人心理上完全失敗而信服於我方時，勝利的曙光就會到來。

需要注意的是，當「欲擒故縱」被運用於言辯時，「縱」只是手段，最終目的是為了「擒」。故「縱者，非放之也；隨之，則稍鬆也。」縱敵，是為了「鬆敵」、「惑敵」、「驕敵」、「誘敵」，使之麻痹大意，耗盡氣力，消其鬥志，散而後擒。因此，在運用此謀略之前，就要充分考慮到「擒」的問題，倘若「擒」不住，那無異於放虎歸山，將反受其害。

《晏子春秋》裏記載了這樣一個故事——

齊景公讓晏子去治理東阿這個地方，三年後，不斷有人在景公面前告他的狀，景公便召晏子回朝，欲罷其官。晏子說：「臣知道自己錯在哪裡

了，可否再給臣一個機會，讓臣再去治理三年，那時一定不會有人再告我的狀了。」

齊景公也實在不忍回絕，便同意了他的請求。三年過去了，果然，不但沒有任何人告晏子的狀，而且人們都爭相在景公面前說他的好話。這下景公高興了，便又召晏子回朝，打算封賞他。但晏子卻不肯接受封賞。

景公不解，便問他原因，晏子從容不迫地答道：「從前臣到東阿時，讓人修築道路，極力推行有利於老百姓的政策，富人們為此責怪臣；臣主張節儉勤勞，尊老愛幼，懲罰盜賊無賴，流氓們為此怨恨臣；當地權貴犯法，臣毫不寬恕，法律面前人人平等，照樣嚴懲不貸，權貴們為此忌恨臣；臣周圍的人有所託辦之事，若不違法，臣當然可以去辦，但若違法，臣依法拒絕，周圍的人為此不滿臣；臣侍奉路過的王侯朝臣，從不超過禮制規定的限度，王侯朝臣為此生臣的氣。於是，這些人對臣的惡語怨言紛紛揚揚，遍布國裏，久而久之，這些誹謗之言也傳入大王您的耳中。這一次，臣完全改變了以前的做法：不讓人修路，不推行有利於老百姓的政策，富人們為此開了心；臣輕視節儉勤勞，不提倡尊老愛幼，放縱盜賊無賴，流氓們高興了；當地權貴犯法，臣偏袒庇護，權貴們為此開了顏；臣周圍的人有什麼要求，不管是否合法，臣都儘量地滿足他們，這些人為此沒有了怨言；路過的王侯朝臣，臣都超過禮制的規定去盛情款待，這些人滿足了虛榮心，自然對臣也沒有什麼意見了。於是，這些人到處說臣的好話，久而久之，這些好話又傳入大王您的耳中。因此，從前您要處罰臣，其實按理臣是應該受到封賞的；現在您要封賞臣，事實上臣卻是應該受到處罰的。這就是臣之所以不能受大王您封賞的原因。」

齊景公這才恍然大悟，同時也知道晏子的賢明了，於是就把治理國家的重任交給了他。又過了三年，在晏子的盡心治理下，齊國實力大增，得以躋身強國之列。

故事中的晏子以「欲擒故縱」的策略暫時放棄了原則，此舉不僅使得景公對他堅持原則、剛正不阿的高尚品德深感敬佩，並委以重任，使之獲得了國家最重量級的職位。

不妨再來看一個下面這個小故事——

在某街頭，一群遊手好閒的人對一個騎士喊道：「好一匹駿馬！快跑啊！快跑啊！」騎士為其高貴的坐騎受到讚揚而沾沾自喜，就起勁地揮

簪花仕女圖

鞭催馬。駿馬小跑起來，這群人繼續讚不絕口，騎士就越發不斷地加鞭催馬。最後，馬跑得口吐白沫，速度也慢了下來，騎士的耳邊卻還不斷地響著「好馬！快跑！快跑！」的喝彩聲，於是他繼續催趕坐騎。終於，那馬筋疲力盡，倒地而亡。騎士這時才明白：「殺駿馬者道旁兒也！」

事實上，不少人就是被這種「欲擒故縱」術所擊敗的。他們聽到一些好話就飄飄然，就在這種過分的吹捧之下，卻被這種軟刀子置於死地而不覺。所以，「縱」是為了「擒」，無論正面反面都逃不出這個道理。

蘇秦八面玲瓏合縱約成

蘇秦通過張儀成功地阻止了秦國對趙國的進攻，趙肅侯十分高興，對蘇秦倍加敬重。這就為蘇秦遊說各國建立合縱聯盟奠定了良好的基礎。從此，蘇秦逐一走訪諸侯列國，說服他們締結反秦盟約。

第一站，蘇秦來到了韓國。他針對韓宣惠公畏秦如虎、欲割地求和的心理對宣惠公說：「韓有國土達方圓九百餘里，精兵數十萬，天下的精銳

武器大部由韓國出產。韓軍勇猛無比，手執強弓，身佩利劍，在戰場上可以以一抵百。憑韓國之強盛和大王之賢能，若拱手侍奉秦國，不但侮辱祖先，而且為天下人所恥笑。何況秦國貪得無厭，大王侍奉秦國，秦國必然要求割讓宜陽、成皋。今年將這兩地獻秦，明年它又要求割占別地，如不允諾將前功盡棄而遭橫禍。韓國土地有限，秦國貪欲無窮。俗話說：「寧為雞首，不為牛後。」以大王之賢能，又擁有強大的精兵，卻蒙受「牛後」之名，臣實在為大王感到羞愧！今趙侯願與韓國結盟，合力抗秦，這是貴國得保江山尊榮的唯一良策。望大王三思定奪。」韓宣惠公聽畢，高聲宣稱：「寡人寧死也絕對不侍奉秦國！感謝先生把趙侯的意見轉告寡人，寡人願率全國臣民參加合縱盟約，誓與秦國決一死戰。」之後，厚賞蘇秦，並答應與趙結盟，表示隨時聽從蘇秦的決策。

蘇秦說服了韓宣惠公後，馬不停蹄直馳魏國。他對魏惠王說：「魏地沃野千里，物產豐富，人丁興旺。士民摩肩接踵，不絕於道。魏國之強大，不亞於楚。臣聞大王欲聽群臣之言，去事虎狼之秦。假如臣事秦國，那必然要割讓土地給秦，並要把王子送去作人質，所以還未用兵，國家即呈衰敗之象。大王應該知道主張事秦者，悉為奸臣也。他們想通過割讓君王的土地來獻媚秦國，破公家而成私門，外挾強秦之勢，內劫其主，成為國家的禍胎。望大王三思。現趙、韓諸國決計聯力抗秦，以免秦禍，並

晏嬰

派敝人勸說大王加盟，唯此，方可保土衛民，保全強國之尊。」說完，獻上合縱盟約。魏惠王久聞蘇秦大名，已有仰慕之心，現在再聽他一番宏論，覺得句句在理。他欠身向蘇秦道：「寡人才疏學淺，從未聽過如此高明之見。先生之言，使我茅塞頓開，真是天賜良師啊！非合縱無以拒暴、無以救國。寡人決心已下，願意統率全國臣民參加合縱之盟，並願為前驅。」

一舉說通了趙、韓、魏三國之後，

蘇秦信心倍增，便向東抵達齊國。他對齊宣王說：「齊國南有泰山，東有琅琊山，西有清河（濟水），北有渤海，有金城湯池之譽。且國土方圓兩千里，將士數十萬，軍糧堆積如山。戰士勇猛，行軍快如箭，作戰猛如虎。憑大王的賢能和齊國的強盛，天下諸侯誰敢與齊國抗衡？豈料如今齊國意欲西向事秦。韓、魏所以恐懼秦國，因與秦接壤，秦國一旦出兵，朝發夕至，不足十日，便可決定其勝敗存亡，故此韓、魏不敢輕易向秦國挑戰。而齊國則不同，遠離秦國，之間還隔著韓、魏，道路遙遠，又有崇山峻嶺相阻，長途跋涉，秦兵還沒到齊國就已經疲憊萬分、不堪一擊了。況且秦又慮韓、魏隨時虎視眈眈、趁火打劫，豈敢輕易犯齊？大王臣下有人不明大勢，經不起畏秦之虛聲恫嚇，而勸大王西向附秦，真是大錯特錯。趙國國力遠弱於齊國，離秦又近，尚且決心義合諸侯抗秦，韓、魏也都慨然簽盟。面對強秦相迫，齊國意欲何為，請大王熟思之。」

蘇秦這番話說得齊宣王面赤耳熱、坐不安席：「寡人孤聞。未諳天下大勢和交往之策，幾乎為秦國所蒙蔽。先生明教，有如天啟。寡人願率全軍追隨趙侯抗秦。」

最後，蘇秦來到了楚國。他對楚威王說：「楚國是天下第一等強國，大王是天下共仰之明主。楚地五千里，雄兵過百萬，糧秣堆積成山，又有湖川之險，山嶽之固。守可以保全社稷，進可以縱橫天下。秦國最害怕的莫過於楚國了，楚強則秦弱，秦強則楚弱，楚、秦兩強不可並立。當今之世，天下紛擾，諸強逐鹿，不是合縱就是連橫，別無選擇。合縱成，則楚國霸業定；連橫成，則秦國天下為一。是當號令天下的霸主，還是做俯仰由人的亡國之臣，須由大王立斷。現趙、韓、魏、燕、齊列國奮臂而起，誓死不歸秦。為共存共強，列國已義結合縱之盟，同心抗秦。以楚國之強，如能加盟，當為盟首。如此，則天下諸侯都要割讓土地侍奉楚國；若大王與秦連橫，則楚國不僅要割讓土地給秦國，而且要和天下諸侯為敵。孰是孰非，明如水火，望大王明察。」

楚威王說：「楚國西與秦接，秦時刻都在窺視巴蜀和漢中。寡人曾想聯合韓、魏共同抗秦，唯慮其畏秦如虎，不敢行大計，難與通好。現如今

先生要團結諸侯，安定天下，列國諸侯聞風義附，通力抗秦，正是寡人日夜所思所欲的。寡人豈敢有異？寡人願率楚國臣民參加合縱之盟，與狼貪之秦誓不兩立。」

至此，蘇秦說服列國諸侯參加合縱盟約的使命圓滿完成。

在這裏，蘇秦說服列國諸侯參加合縱盟約使用的最明顯的是反應術（也有後面將要詳細介紹的飛箝術，這裏暫且略去不提）。請看，他說服的第一步，都是不遺餘力的陳說各國所恃之物，以及面臨的國家形勢、取捨的不同後果。然後，等到諸侯王有所感動，馬上迎合其心意，進言其參加合縱盟約。正因為巧妙運用了反應術，才能遊說進言成功，使合縱盟約得以順利締結。

ﾌ商界活用

「聖米高」智張品牌網

在馬獅百貨公司裏，無論是服裝、鞋類、日用品或是食品、酒類等，所有的商品都是一個牌子——「聖米高」。這就是馬獅公司經營中的最大特色之一。

可能大家會覺得，單一的牌子顧客沒有選擇的餘地，怎麼還能吸引眾多的消費者呢？答案的關鍵在於「聖米高」這個牌子本身就是高品質的象徵，是價廉質優的代名詞，因此，對顧客有強大的吸引力。

在其他商店裏，顧客面對五花八門的各種牌子的商品，要做出正確的選擇並非一件輕鬆的事，他們需要靠過去的經驗或是從廣告中得到的印象來挑選，但這些並不一定可靠。所以，有時牌子越多，反而越使顧客覺得無所適從。但是，馬獅的「聖米高」商標卻是一分價錢一分貨，如果同是「聖米高」牌子的貨品而標價不同，那麼，價格高的那種商品肯定就會比價格低的品質好。顧客可以根據自己的經濟情況選擇商品，絕不至於上當。於是，許多工作繁忙的職業女性都願意到馬獅來購物。

馬獅的經營理念是：讓勞動者買得起以前只有富貴人家才能享用的、甚至品質比那更好的貨品。這種經營理念和相應的經營方法，爭取到了大

多數的工薪階層消費者。

　　為了實現這一經營理念，以盡可能低廉的價格出售最優質的商品，他們在設計一項產品時，首先考慮的是：售價是否在大眾消費能力之內？一般的工薪階層是否負擔得起？因此，他們總是先定價格，然後再估算成本。

蘇秦

　　在既定價格下，設計師和製造商一起去探尋既能保證品質又能保證一定利潤的條件，盡可能地為平民大眾提供他們有能力購買的高品質產品。如果按一般的商品生產那樣，先算出成本，然後再定售價，往往會使商品的價格超出消費者的購買欲望，從而影響銷售。而馬獅的貨品不一定是市場上最優質的商品，但可以這樣說，在同樣價格下，「聖米高」牌子的產品，必定是市場上最好的產品。

　　馬獅百貨由一個原來僅有兩個人合夥經營、只有數百英鎊資本的小百貨店，經過激烈的世界市場競爭，一躍成為英國第一大百貨公司，擁有260家商店，員工4600多人，被經濟學家譽為——「世界上最經營有術的企業」。

　　「其猶張置網而取獸也，多張其會而司之」，就是說做事如同張開網誘捕野獸一樣，要在合適的地方多設幾處拉網的地點，彙集在一起形成一個恢恢天網，才能捕獲到野獸。「聖米高」這個品牌本身就是高品質的象徵，是價廉質優的代名詞，無異於一張無形的網，而它的經營理念、設計構思，以及商品價格又何嘗不是一張張「釣」人的網呢？

推銷商欲擒故縱贏競爭

加斯加與邁克同是加州的味精公司老闆，他們都在夏威夷開闢了新市場，競爭將不可避免。但顯而易見，加斯加公司產品的銷路很不景氣，而邁克的各種準備工作要充分得多，他通過廣告將自己的產品打入了各大商場和超市，生意一下子火爆起來，在短時間內做得非常熱門。

直到兩個月後，邁克才發現加斯加的各類產品似乎已經退出了這片市場，這使他產生了一種沾沾自喜的榮耀感，而且從這次競爭的輕易獲勝中，邁克不禁得出了加斯加不堪一擊的結論。因此，在夏威夷，他竭盡全力與其他同類產品展開激烈的競爭，果然功夫不負有心人，他終於強佔了那片肥腴的市場。

然而天有不測風雲。一年後，當邁克正放心地往夏威夷各地輸送自己的產品時，卻發現在各種居民點，已出現了若干家掛有加斯加牌子的味精專賣店。還沒等他來得及做出反應，電臺、報刊、招牌等各種形式的商業性廣告像雪花一樣鋪天蓋地飛來，全都是加斯加的宣傳品。

這且不算，加斯加接著又使出了一個絕招：他的零售店同時向顧客免費贈送總計一萬袋自己的產品和邁克的味精，目的是給顧客以充分選擇的自由，想好了再買。一週後，已經全部送完，不同的是他的產品比邁克包裝得更好，而且味道似乎也更帶有傳統的美國牛排風味。這一招果然無比靈驗，再加上加斯加的東西除了在大商場及超市可以見到，還可以在居民的家門口買到，如此一來大大便利了顧客。

一個月後，邁克的產品銷售全方位直線下降；兩個月後，幾乎失去了整個市場。就這樣，他辛辛苦苦開拓出來的市場在短時間內即被「程咬金」搶走了，他不得不收拾「行李」打道回府、另創天地去了。

加斯加的成功祕訣就在於最初他爭而不爭，使邁克產生了勝利的錯覺。而當邁克費了九牛二虎之力趕走別的競爭對手時，加斯加卻似如約而至。這時候對加斯加來說，競爭對手就剩邁克一家了，壓力明顯減小，可以集中力量與之一決高下。此外，加斯加又認真選擇了零售地點，人們也願意因為這點「恩惠」而調換一下自己的口味，從而使加斯加本人的形象

帶著味精，走進了千家萬戶。

「欲聞其聲反默，欲張反斂，欲高反下，欲取反與」，在商戰中這樣欲擒故縱的例子比比皆是。加斯加一開始就選擇避其鋒芒，使競爭對手放鬆了警惕，而自己卻養精蓄銳、暗中發展壯大，於最恰當的時機殺對方一個「回馬槍」，給他以致命的打擊，從而成為激烈競爭中的贏家。

談判專家惜言如金獲鉅款

沉默不僅僅是話語中短暫的間隙，更是超越了語言力量的一種高超的傳播交流方式，恰到好處的沉默往往能收到「此時無聲勝有聲」的神奇效果。

有位著名的談判專家正在替他的鄰居與保險公司交涉賠償事宜，談判就在這位專家的客廳裏進行。

理賠員首先發表了意見：「先生，我知道您是交涉專家，一向都是針對鉅額款項談判的，但恐怕我們無法承受您的要價。我們公司若出100美元的賠償金，您覺得如何？」

專家表情嚴肅地沉默著。根據以往經驗，不論對方提出的條件如何，都應表示出不滿意，所以此時，沉默的不屑就派上了用場。因為他知道，當對方提出第一個條件後，總是暗示著可以提出第二個、第三個……

理賠員果然沉不住氣了：「抱歉，請不要介意我剛才的提議。要不再加一些，200美元如何？」

良久的沉默後，談判專家開腔了：「抱歉，無法接受。」

理賠員繼續說：「好吧，那麼300美元呢？」

專家過了好一會兒，才回答：「300美元？嗯……我不知道。」

理賠員顯得有些慌了，他說：「好吧，400美元。」

又是躊躇了好一陣子，談判專家才緩緩說道：「400美元？嗯……我還要想一想。」

「那就賠500美元吧！」理賠員無可奈何地說。

就這樣，談判專家只是繼續重複著他良久的沉默，重複著他痛苦的表情，重複著他那句說不厭的緩慢的話。

最後，這件理賠案終於在950美元的條件下達成了協定，而那位鄰居原本只希望得到300美元！

談判是一項雙向的交涉活動，雙方都在認真地捕捉對方的反應，「人言者，動也；己默者，靜也。因其言，聽其辭」，以隨時調整自己原先的方案。此時，一方若乾脆不表明自己的態度，只用良久的沉默和「不知道」等這些可以從多角度去理解的無聲或簡單的有聲語言，就可以使對方摸不清自己的底細而做出有利於己方的判斷。上述談判專家正是利用了這一點，「以無形求有聲，其釣語合事，得人實也」，使得價錢一個勁兒地自動往上漲，真可謂「沉默是金」！

佳能方圓決策謀共生

自然界中的「共生」現象使得生物能夠更好地生存發展。日本佳能公司則以「與人類共生」為宗旨，實現了超穩健的發展。1987年，在佳能成立50週年慶典上，佳能老闆莊嚴宣布，將「共生」作為公司的基本宗旨。這裏的「共生」被詮釋成「利益均等」和「為人類做出貢獻」。

經過半個多世紀的努力，佳能已經成為全球性的跨國企業，其商標已在140多個國家註冊，其產品更是深入到世界各個角落。佳能集團現有62000名職工分佈於世界各地，兢兢業業地致力於高科技領域的研究、開發和突破，在照相機、辦公與通信系統、精密光學及精細化工等領域不斷創新，向人們提供了一系列優質產品與優質服務。1991年，佳能公司的銷售額為149.5億美元，利潤額為4.17億美元，在世界500家最大的工業公司中排名第83位。

「技術為人類服務」這句名言，深刻地說明了佳能是如何發展成為世界領先的跨國集團公司的。

　　佳能是鐳射列印技術的前驅，對該領域的研究開發遙遙領先。它從電腦領域的早期發展中，就意識到無論工商界還是個人，都需要一種雜訊低、速度快、品質高的印表機。然而，點陣印表機卻滿足不了這些需求，雷射印表機則完全可以彌補了這些方面的不足。開發出輕便、高效的佳能雷射印表機，代表了佳能在生產技術方面的突破，其中之一便是鐳射掃描器的研製。同時，佳能的照相機、攝錄機、傳真機，以及化學製品、光學產品、電腦與資訊系統、醫療系統等也都代表了世界先進水準。

　　對任何一家跨洲越洋的公司來說，最嚴峻的考驗莫過於與當地社會交融、提供適合於當地客戶的創新產品。佳能在世界各主要國際市場都建立了研究與開發中心，從而保證了佳能履行其所應承擔的職責及貫徹其行動綱領。例如，設於倫敦的佳能歐洲研究中心（CBE），側重於電腦語言和音頻產品的研究；設於加州的佳能美國研究中心則是電腦技術的研究基地；設在加州的佳能資訊系統公司，正在開發電腦軟、硬體和辦公系統；設在法國雷納的佳能歐洲研究發展中心專門從事數位電信的研究；設在悉尼（雪梨）的佳能澳大利亞資訊系統公司，則集中於資訊軟體的開發……

　　佳能作為一家國際性跨國公司，十分注重與世界的共融共存。它在世界各地設立工廠，依靠當地的力量，使各地的工廠逐漸走上了專業化的道路。儘管它們各有所長，但都採用了佳能全球生產系統，從而嚴格保證了產品品質符合佳能的永不妥協的品質標準。

　　與當地居民融合，與當地經濟融合，與當地企業融合。佳能的海外機構儘管都肩負著本身的特定工作，但他們也義不容辭地承擔起了向所在地居民提供服務的職責。這不就是「共生」精神，與「為人類做出貢獻」的實際體現嗎？

　　「如圓與方，如方與圓」，方圓交替，彼此滲透，相輔相成。佳能公司宣導的「共生」理念，完美地體現了方圓之道，微妙而又恰如其分地反映了佳能在提供有益技術、參與社會事務以至關心環境等方面做出的卓越貢獻。

⑬ 職場活用

最奇特的招聘法

日本電產公司有一年在錄用新人時，採取了一種奇特的方法，即——「快吃考核法」。

公司這樣通知那60名應聘者：某月某日進行正式考試，請事先不要吃飯，按規定從12點起由公司供應午餐，吃完飯後再開始考試。當然，公司本來就沒有打算進行什麼正式考試。

考試的前一天，經理到飯館去訂飯，並一再囑咐道：「米飯要硬得嚼不動，菜也要那種不能痛痛快快就咽下去的。總之，是越硬越好！」

到了考試當天，飯館準時把飯菜送來了。打開一看，米飯果然是乾巴巴的，菜也都是烏魚乾、曬乾魚、乾香腸之類的。

經理及一些主管人員自己先試了一下，得出結論：吃完這頓飯一般人需要12分鐘時間，最快是五分鐘，而經理用了七分鐘。因此，經理決定以十分鐘作為合格的標準。

應聘者在12點之前都趕來了，按來的先後次序入座。12點時，經理對他們做了如下說明：「我們準備了午飯，請大家慢慢吃。考試從一點鐘開始，就在旁邊的房間裏進行。慢點吃也沒關係，吃完了的，請領了號牌進入考場。雖說是正式考試，但很簡單，請大家不要著急……」

儘管經理反覆強調說慢點吃沒關係，可是僅用了三分多鐘，第一名就離開了座位，第二、第三名與第一名稍微隔了段時間。到了預定的十分鐘，共有33名應聘者吃完了飯。最後出來的那個用了大約40分鐘，並且還慢條斯理、優閒自得地問道：「考場在哪兒啊？」他得到的回答是：「已經考完了，你請回吧！」

這一年，電產公司將那些在十分鐘以內吃完飯的33名應聘者全部錄用了，令人吃驚的是，他們中絕大多數都是事先沒有把握能夠被錄取的考生。

從以後的結果來看，那一年錄用的人，現在都已經成了電產公司的優秀骨幹力量。

還有一年，電產公司錄用新人時採用了「大聲考核法」，即按聲音的大小順序進行錄用。此法具體是看被考核者說話聲音是否很響亮，是否帶

有朝氣，是將檔案或別人的話照本宣科去直接進行傳達，還是將其整合融化成自己的語言再進行表達？

從上面奇特的「快吃考核法」中，我們可以得知吃飯快的人幹活也快，而且，吃飯快是身體健康的標誌之一，也就是說腸胃都很強健。一個員工的身體強健與否，對於現代的企業來說也是至關重要的。即使一位員工的頭腦很好，但若經常鬧病休假，那也是缺乏戰鬥力的。

而「大聲考核法」則是考察被測者的自信力，當一個人相當自信時，他就敢大聲發表自己的見解，並且敢於正視詢問者的眼神。

日本電產公司正是通過運用這些「反應術」來測得應試者的情況，從而正確錄用人才的。由於不同的人對待同一問題、同一事件，都會根據自身性格愛好、意向志趣、品德修養等各方面的差別而做出不同的反應。因此，招聘者就可以借此來更好地把握是否錄用應試者，從而招到想要的人才。

還要我們再買你的電機嗎

卡布林是美國一家電器公司的推銷員，有一次，他來到一家不久前才發展的新客戶那裏，企圖再向他們推銷出去一批新型的電機。

一到這家公司，總工程師劈頭就質問道：「卡布林，你還指望要我們再買你的電機嗎？」把他弄得丈二金剛摸不著頭腦。經過了解，才得知原來該公司認為剛剛從卡布林那裏購買的電機發熱超過了正常標準。

卡布林明白緣由後，知道強行爭辯是於事無補的，絕不能再給對方以任何刺激了。於是，他明知故問：「好吧，史密斯先生，我的看法和你的一樣，假如那電機確實發熱過高，別說再買，就是已經買了也要退貨，對嗎？」

「是的！」總工程師做出了卡布林預料中的反應。

「自然，電機是會發熱的，但你當然不希望它的熱度超過全國電工協會規定的發熱標準是嗎？」

「是的。」對方又一次這樣答道。爾後，卡布林開始涉及具體的問題

了，他又問：「按標準，電機的溫度可比室溫高華氏72度，是嗎？」

「是的，」總工程師說：「但你們的產品卻比這高得多，簡直叫人無法觸摸，難道這不是事實嗎？」

卡布林仍不與他爭辯，只是反問道：「你們車間的溫度是多少？」

總工程師略加思索，答道：「大約華氏75度吧。」

卡布林興奮起來，他拍著對方的肩膀說：「這就是啦！車間溫度是華氏75度，加上正常超過室溫的華氏72度，加起來是華氏150度左右。如果你把手放在華氏150度的熱水裏，是不是會把手燙傷呢？」

總工程師聽了這個解釋也不得不點頭稱是。

卡布林接著說：「那麼，以後你就不要用手去摸電機了，放心，那完全是正常的。」

結果，卡布林不但說服了對方，消除了其誤解和偏見，而且又做成了一筆生意。

所謂「其言無比，乃為之變，以象動之，以報其心，見其情，隨而牧之」，要想說服對手，不能一味地駁斥，而要用靈活、婉轉的方法。卡布林開始所問的問題，都是反對者所贊同的。在他巧妙而又機智的發問中，獲得了無數「是」的回答，使對方在不知不覺中，被誘導到他所希望的結論中。

這種手法在西方被稱為蘇格拉底回答法，其原則是：與人論辯時，開始不要討論分歧的觀點，而著重強調彼此共同的觀點，取得完全一致後，自然地轉向自己的主張。具體的做法和特點是：開頭提出一系列的問題讓對方連連說「是」，與此同時一定要避免讓他說「不」。因為，在談判中有些話雖然完全正確，但對方往往卻因為礙於情感和面子而覺得難以接受。這時，如果你把話語中的棱角磨去，變得軟化一些，由遠漸近地涉入主題，語氣要和緩、自然，切忌生硬，同樣的道理卻採用了不同的說法，自然就使得對方從理智和感情上漸漸靠近自己，從而自己的觀點也就更易於被對方所接受。

沒有無用的人才

在廣州通惠銀行的分行裏，有一位年過三十而未婚的女性做總務工作，大家都說她為人刻薄，很難與之共事，新來的人好像都得吃她的苦頭，因而在分行裏大家對她評價不佳。

新上任的分行經理在了解分行工作時知道了這一情況，並且進一步得知她自從進入分行以來，幾乎轉遍了各個部門，可是無論在哪個部門或崗位，都滿臉冰霜，表現得乖戾孤僻，與大家相處不睦，百般無奈之下才調她做總務工作的。

於是，新的分行經理在同她進行了一次單獨的交談之後，隨即大膽地決定把她安排到窗口業務這一塊。這可是分行業務中最重要的部門，長期以來基本上都是由男性負責的。因此，當這件出乎意料的事情降臨時，她似乎有些驚惶失措。然而，在短短的一個月時間裏，她卻像完全換了個人似的，昔日冷若冰霜的面孔不見了，而且主動學習業務，集中精力鑽研本職工作，乾淨俐落地處理事情，其所展示出來的處理各種問題的能力，絲毫不遜色於前任男職員。

也許是因為新的工作使她對人對事都有了新的態度、建立起了信心，即使對待年輕人，她也變得熱情起來，原來分行內對她的不良評價，也不知不覺地煙消雲散了。

這裏的分行新經理正是運用了《鬼谷子》中的反應術，從而避免了「暈輪效應」。新經理在聽到大家對這位女職員的負面評價時，並沒有輕率地斷定此人「不行」。俗語說得好：只有無能的領導，沒有無用的人才。在一定的條件下，人人都具有可供開發的巨大潛能，即使是被公認有問題的人，也蘊藏著隨時發生巨大改變的可能性。

上述就是一個實例，那位女職員應該感覺了到大家對她的不信任，出於自我防衛而變本加厲。然而，當她看到新上任的分行經理，能夠以沒有成見的、全新的眼光看待自己，繼而信任自己並委以重任時，她便如同換了一個人似的發生了奇蹟般的變化。

解讀應聘者心語的妙招

美國科羅拉多州衛特電氣公司招聘總工程師，約翰和傑克一塊前去應聘，儘管與他們同來應聘的人很多，但他倆非凡的才學受到了主管的賞識，因此得以進入最後面試階段的就只有他倆。

第二天，他倆一塊來到公司參加面試。可讓人迷惑的是，他們都沒有直接見到主管的面，卻被人分別領到兩個小房間裏去坐著等候。在等的時候，給了他們每人一張照片，並讓他們根據照片自己想像一個故事，因為稍後與總管會面的時候，很可能需要談到這張照片中的故事。

這兩張照片一模一樣，上面都是三個人：一個男人、一個女人和一個小孩。那個男人位於照片的最前面，只見他手撫下巴，面帶微笑；女人和小孩就在他身後嬉戲；再後面，就是美麗的草地和森林。

五分鐘後，他們被分別領到兩個主管面前，要求陳述自己根據照片想像出來的故事。

傑克的故事是這樣的——「這是一家子，男的是工程師，他們一家趁一個禮拜天出外郊遊來了。工程師是個很有成就的人，可是公司近期有項重要的任務，把他累得夠嗆。好容易任務完成了，他感到很輕鬆，再看到他的妻兒玩得那樣開心，森林和草地是那樣的漂亮，他不禁舒心地笑了。」

約翰的故事則是這樣的——「這是一家子，那男的是工程師。這是個禮拜天，工程師在妻兒的要求下，不得不陪他們郊遊。妻兒雖然玩得很開心，可他卻實在沒有心思玩，因為公司裏還有樁難題在纏著他，他一直思考著這個問題。現在他已經完滿地解決它了，所以，瞧，他那樣甜美地笑著。」

於是約翰被錄用了。因為他的成就期望值更高些。

這種考察人的方法是科羅拉多州立大學管理學院的培恩·吉米發明的，叫做「情景作業法」。它基於這樣的原理：任何人看著圖片，要在較短的時間內編出一個故事時，由於沒有時間來認真地編造，所以倉促之間就把自己的心理愛好、興趣、想法投射到故事中了。傑克和約翰正是這樣，傑克已然被連著幾天的忙碌面試搞得有點疲乏了，而約翰卻顯然心志更堅、志在必得，公司當然樂於錄用約翰這樣精力充沛、意志堅強的人。

不過，這種「情景作業法」在運用中有一個前提，那就是它的目的不能被洩漏出來。

「情景作業法」在西方已被普遍運用於考察招聘職員，它乍聽起來十分新鮮，其實也沒跳出鬼谷子反應術的範圍。但是還應該看到，這一方法在給出適當的刺激時是下了功夫的。由此可見運用反應術，決定給出什麼樣的刺激，才能得到對方有利於自己判明其能力和心志的反應，是需要精心研究的；另外，運用反應術，還要做到不被對方察覺，否則對方就可能給出假的反應，引導察人者做出錯誤的判斷，因此，反應術還經常與捭闔術綜合運用，相輔相成。

‹8 處世活用

朱博恩威並施善於待人

漢朝時的朱博，因善於用人而名重當時。

有一次，其手下的府功曹向他進言道：「長陵有一位名叫尚方禁的富豪，才華頗為出眾，現如今供職於副守尉。而以他的才幹，當個守尉都綽綽有餘。」

朱博聽到府功曹如此說，便派人暗中去調查那個尚方禁。調查的人回來裏報道：「此人年輕時行為不太檢點，曾與別人的妻子私通，後來被人發現了。現在他臉上的那處刀疤，就是當時被人砍傷的。府功曹可能是收受了尚方禁的錢財才為他說話的。」

朱博點頭不語。過了幾天，他又以了解治安情況為由把尚方禁召來，暗中察看他的臉，發現果然有一處很深的疤痕。朱博便命眾人退下，單獨留下尚方禁，詢問他臉上的傷疤是怎麼回事。

尚方禁將前情如實告之，然後跪在地上請朱博饒恕。朱博見狀大笑，對他說道：「男子漢大丈夫，有一點過失算什麼？改過了就行。我準備為你洗刷掉原先的恥辱，你看如何？」尚方禁聞言感動得淚流不止。朱博又乘機說道：「如果我為你洗刷了恥辱，你可願為朝廷效力？」

尚方禁連聲應諾，朱博就告訴他：「這次談話的內容除了你知我知外，沒有其他人知道。你今後的任務就是遇到奸邪之事便記錄下來。」

然後朱博撤銷了尚方禁蒙羞的案底，並張貼告示「澄清」尚方禁的冤枉，還在一天之內召見尚方禁三次，以示親近。

尚方禁從此四處奔走，早出晚歸，揭發了境內多數盜首及其親信。短短一年時間，由尚方禁提供線索而偵破的案卷就厚達兩尺，朱博借機提拔尚方禁為遵縣縣令，尚方禁感恩戴德的赴任去了。

朱博又召見了那個府功曹，責問道：「你收受他人賄賂，依刑律該如何處置？」

府功曹一聽，嚇得臉色慘白，趕緊跪地謝罪。朱博便以將功折罪為由，命府功曹將歷年來所收受的賄賂及其他不義之財，一毫不差地記錄下來交給他。那府功曹害怕不已，忙將自己由不正當途徑獲得的財物，全都寫了下來，呈給朱博。朱博查看了紀錄，知道他已老實交代，就對他說：「此事只有你我二人知道，我有心懲治你，可又委實不忍；但如果不給你一個罪名，又如何對得起刑律和皇上？你說應該怎麼辦？」

府功曹垂首坐在那裏，一言不發。朱博便命令道：「你馬上坐下來寫一個改過自新的赦文，然後……」朱博說著扔給府功曹一把刀，「把你剛才所記的一切全部銷毀。」

府功曹如逢大赦，驚喜萬分，急忙寫完赦文，拿刀把自己剛才所記的竹簡劃爛。朱博便讓他仍歸舊職，府功曹從此以後就兢兢業業，再也不敢做錯事了。

從「如圓與方，如方與圓」中所得的啟示是：為人處世應明方圓之道。朱博在此就成功地把握了這一點。金無足赤，人無完人。下屬有錯，必須糾正，但卻犯不著一棍子打死，否則到最後便無人可用了。朱博恩威並施，可謂深諳用人之道。看到尚方禁能知恥，表明其良知未泯，仍可挽救；府功曹雖貪婪卻懼怕刑法，免其罪責、給他敲了警鐘之後必不敢再犯錯。可見，用方圓之道靈活變通地對待他人，往往能激發其潛能與熱情，使之更加忠誠地為自己辦事。

張儀巧言應變留楚國

戰國時期，張儀曾以客卿的身分留居於楚國。起初楚王還對他非常友好，但越到後來就越冷淡了。見到這種態勢，張儀心裏不禁尋思開了：長此以往，恐怕自己有朝一日在楚國就無立錐之地了，得想個辦法挽救一下。經過一番琢磨，他滿懷信心地去拜見楚王。

一見楚王，他就必恭必敬地提出：「最近，我在大王這兒好像也沒什麼用處，只是白白浪費您賜予我的俸祿。細想之下，我還是到魏國去吧，不知大王意下如何？」

楚王聽了，有些漫不經心地答道：「既然你主意已定，那我也就不再留你了。」

張儀見楚王沒有半點挽留之意，純屬意料中事，也並不失望，於是接著說：「為了答謝您對我的知遇之恩，等我到了魏國，只要是大王您想要的東西，我一定會竭盡全力給您送來。」

「我什麼樣的寶物沒有？區區黃金、寶石、象牙也不足為奇，想必魏國還真沒有什麼值得我羨慕的東西。」楚王傲慢地說道。

張儀不屈不撓，再次試探道：「不過據我所知，中原美女如雲，個個貌比天仙，別有一番風味！」

楚王聽了張儀的這番不遺餘力的鼓動，不覺心裏癢癢，於是湊近張儀說道：「我早就聽說中原美女妙不可言，只是從未見識過。好吧，就帶來給我瞧瞧。」最後還賞賜給張儀一箱黃金作為盤纏。

這個消息很快就傳到楚王的大老婆南后和側室鄭袖的耳中，她們非常擔心中原美女來了之後與自己爭寵。兩個人心慌意亂一時卻又想不出什麼好辦法阻止，於是便派人給張儀送去一盒珠玉，說是聽聞張儀要離開楚國，王后給送來的禮物。張儀自然心知肚明，儘管收下不言。

臨行前，楚王設宴款待張儀，並大大方方地說道：「現在戰亂紛紛，道途艱險，今天特意為你餞行，還期望你能給我送來幾個美女。」

在宴席上，張儀見楚王已有了幾分醉意，便突然請求道：「王宮上下都說楚王您寵愛的兩個女子儀態萬千、傾國傾城，她們素日待我也不薄，

今日一別，不知什麼時候才能回來，我想斗膽借您的美酒向她們表示我的敬意……」

楚王笑著說：「這個好說！」隨即讓南后和鄭袖進來。

張儀一見二位女子到來面前，忙不迭地跪在楚王面前謝罪：「大王請饒恕我吧，沒想到我竟然如此無知而犯下了欺君之罪！我曾對您說中原多美女，現在一睹眼前這兩位，可見還是王宮美女多啊！我又怎麼能找到比王后和鄭妃更漂亮的女子呢？」

楚王聽後，得意揚揚地說：「無罪，無罪！一開始我就料到肯定沒有比她們更漂亮的女子了。我想中原的女子也沒什麼過人之處，你也不用去為我找美女了。」

一旁的南后和鄭袖聽到張儀以這種獨特的方式對自己大加讚美，喜不自禁，極力在楚王面前替張儀說好話。最後張儀又得以在楚國王宮裏留了下來，而且比以前更得楚王和兩位美女的信任。

張儀不愧為戰國時期最有名的說客之一，其頭腦之靈活、反應之敏捷實非常人能及。在這個故事中張儀便成功地運用了釣語，先以離開楚國去魏國來觀察、試探楚王的態度，接著以尋求美女把楚王「釣」到自己張開的網中，後來又抓住恰當的時機獻上自己的奉承話，不禁博得了南后與鄭袖的歡心，也最終獲得了楚王的信任。

伸向「隱形塗料」的竊手

法國對外安全局的工作人員在世界享有「盛譽」，美國人即稱之為世界上「臉皮最厚」的間諜。在美國中央情報局評價各國間諜偷竊他國機密活動的一份報告中，為法國間諜書寫的評語是「張牙舞爪，名列第一」。該報告指出——「法國間諜人員偷竊美國經濟和高科技情報的狠勁簡直到了瘋狂的地步。無論在他們還是在我們國內，只要是美國人的公司，只要那裏存放著有價值的機密，我們就很難保證那裏沒有法國對外安全局安插的間諜。」為此，這

兩個合作夥伴經常明爭暗鬥，甚至不惜互相抓破臉皮。法國竊取美國「隱形塗料」技術機密被抓獲案，就是其中一個典型的例子。

20世紀90年代初，美國人發明了一種「隱形塗料」。這種被國際行家看好、極有可能成為「21世紀搶手貨」的高科技新塗料，對工業特別是航太和軍工工業具有重大的市場價值，美國人對此自然嚴加保護。

然而就在1991年秋，試驗和生產這種隱形塗料的邁阿密「艾理達」化工廠技術員傑克的家裏，突然來了一位法國人。此人名叫朗佩，是傑克不久前參加公司代表團訪法時認識的，也是化工塗料專業的行家裏手，兩人一見如故，很快成了朋友。朗佩這次來到美國，不僅給傑克帶來價值不菲的禮物，還主動提出想住在傑克的家裏。

既然是「朋友」見面，當然不能不相互談到各自的工作。朗佩對傑克的職業既稱讚又頗感興趣，不論對什麼都表現得很好奇，從隱形塗料的製作原料、配方到工藝流程幾乎問了個遍，而且變著法兒找理由到「艾理達」化工廠實驗室去找傑克，甚至不聽勸阻到處溜達，還曾經闖到試製車間門口被警衛攔了回來。

就在朗佩離開傑克家不久，這家化工廠的工程師阿肯思又接待了法國人密特邁的來訪。他們也是前不久美國化代表團訪法時認識的，當時，密特邁負責接待工作，給阿肯思一行提供了不少方便。現在，在自己家裏接待遠方來客，自然不能顯得主人不夠「朋友」。於是乎賓主雙方興致大發，熱烈交談。特別是客人的「謙恭」和「好學」，更助長了主人的談興。從「隱形塗料」的開發過程一直到當時的新進展，阿肯思面面俱到，娓娓道來。

而實際上，朗佩和密特邁都是法國對外安全局技術情報處派來竊取「隱形塗料」機密的間諜。他們從法國跟到美國，根據竊取到的一些資料，特別是從傑克和阿肯思的嘴裏瞭解到了不少生產「隱形塗料」的機密，只是其中的一些關鍵技術還是沒法弄到手。於是，他們決定從總工程師威爾茨那裏下手。

在「艾理達」化工廠裏，威爾茨是負責「隱形塗料」技術開發的總工

程師。此人不愛交際，口風很緊。前不久他率美國化工代表團訪問歐洲時，法國人就千方百計想從他嘴裏掏出點東西來，但沒有成功。為了得到製造「隱形塗料」的關鍵技術，法國人準備鋌而走險。密特邁和朗佩約定到威爾茨家拜訪，一見面就單刀直入地提出：為了「支援美法防禦聯盟」的需要，「請求」威爾茨提供生產隱形塗料的關鍵技術，並表示願為主人的成果和協助，支付「可觀」的費用。

威爾茨感覺到了情況的複雜，便以需要考慮為藉口送走了客人。隨後他聯想起上次出行歐洲在法國凱撒大酒店下榻時，裝資料的皮箱莫名其妙地丟失，後來又被自動送回，以及前兩天家中書房門被撬，但未丟失任何財物等可疑情形，立即向有關部門做了反映。

實際上，中央情報局對這兩位法國「客人」的「放肆」活動，已經注意好久了而威爾茨的報告更加證實了他們的分析。於是，中情局馬上採取行動，在「客人」外出時悄悄進入他們的房間，查獲了他們拍攝的有關「隱形塗料」技術資料的膠捲。

當晚，二位法國人一回到住所，即被守株待兔的中央情報局人員扣留。在鐵一般的事實面前，這兩位法國間諜張口結舌，無從抵賴。第二天他們就十分尷尬地被趕離了美國。

這個案例從反面印證了掌握反應術在日常生活中所起的巨大作用。「故善反聽者，乃變鬼神以得其情」，各種類型的「間諜」，都善於利用朋友、同學、老鄉等親密關係，接近關鍵人員，套取相關情報，這是他們的一貫伎倆。有鑒於此，我們一定要有保密意識，有關的商業或其他機密一定要和個人私事分開，不能隨便用做聊天的話題。當有人藉故刺探相關機密時，心中應有所戒備。否則，我們便很容易被「釣語」套出實情，從而引火焚身。

見什麼人說什麼話

在為人處世中，善於掌握說話藝術者足以左右他人的意志。只有見人說人話，見鬼說鬼話，才能得到對方的接納和信任，進而自己才能從中獲益。而所謂的「見人說人話，見鬼說鬼話」，其實仍跳不出反應術的範圍，只是表述上更形象、概括一些而已！

「見什麼人說什麼話」，首先就得知己知彼，對不同的人說不同的話，隨機應變，才能事事順遂。有一則笑話，說的是某人擅長奉承，一日請客，客人到齊後，他挨個問人家是怎麼來的。第一位說是坐計程車來的，他大拇指一豎：「瀟灑，瀟灑！」第二位是個領導，說是親自開車來的，他驚歎道：「時髦，時髦！」第三位顯得不好意思，說是騎自行車來的，他拍著人家的肩頭連聲稱讚：「廉潔，廉潔！」第四位沒權也沒勢，自行車也丟了，說是走著來的，他也面露羨慕：「健康，健康！」第五位見他捧技高超，想難一難他，說是爬著來的，他擊掌叫好：「穩當，穩當！」看到這裏，你也許會捧腹大笑，但細思之下，定能悟出說好人話、鬼話的奧妙所在。

在「見什麼人說什麼話」方面，美國前總統雷根可謂是將之運用得出神入化、爐火純青。

某一次，他在對農民發表演說時，挑了這麼一件軼事來討好他的聽眾：

一位農民要下了一塊業已枯涸的小河谷，在這片荒地上覆蓋著石塊，雜草叢生，到處坑坑窪窪。他每天去那裏辛勤耕耘，不斷勞作，最後荒地變成了花園，為此他深感驕傲和幸福。某個星期日的早晨，他操勞一番後，前去邀請部長先生，問他是否樂意去看看他的花園。「好吧！」那位部長來了，並視察了一番。當他看到瓜果纍纍，就說：「呀，上帝肯定為這片土地祝福了！」當他看到玉米豐收，又說：「哎呀！上帝確實為這些玉米祝福過。」接著又說：「天哪！上帝和你在這塊土地上竟取得了這麼大的成績呀！」這位農民禁不住說道：「尊敬的先生，我真希望你能看到上帝獨自管理這片土地時，它是什麼模樣。」

為了迎合選民們對政客的不信任思想，雷根幽默地暗示了政府官員們

天生愚蠢得無可救藥。

　　他還談到了一座虛構的美國城市，該城市決定把交通標記再豎得高一些。交通標記原有5英尺高，現在要把這些標記高度改為7英尺。聯邦政府人員插手了此事，由他們來實施這一工程——他們來到了這一城市，把街道平面下降了2英尺。

　　此外，對正在訪問的特定地區加以奉承也是雷根的一大特色。正如總統的一位幽默顧問解釋的那樣：「幽默的主要價值之一，是讓聽眾明白你知道他們是誰，他們住在哪兒。」雷根在到達奧勒岡州波特蘭時說：「我的幾位辛勤工作的助手們勸我不要離開國會而風塵僕僕地到這裏來。為了讓他們高興，我說：「好吧！讓我們來擲硬幣，決定是去訪問你們美麗的奧勒岡州，還是留在華盛頓。」你們知道嗎？我不得不連續擲14次才得到使我滿意的結果。」

　　而他迎合「少數民族」的手法就像他迎合不同地區的人民那樣變化多端，富有針對性，且頗具吸引力。在向一群義大利血統的美國人講話時，他說：「每當我想到義大利人的家庭時，我總是想起溫暖的廚房，以及更為溫暖的愛。有這麼一家人住在一套稍嫌狹小的公寓房間裏，他們決定遷到鄉下一座大房子裏去。一位朋友問這家一個12歲的兒子托尼：「喜歡你的新居嗎？」孩子回答說：「我們都喜歡，我有了自己的房間，我的兄弟也有了他自己的房間，我的姊妹們都有了自己的房間。只是可憐的媽媽，她還是和爸爸住一個房間。」

　　當雷根訪問加拿大的一座城市並發表演說時，在此過程中，有一群舉行反美示威的人，不時打斷他的演說，表示出明顯的反美情緒。雷根是作為客人到加拿大訪問的，所以當時的加拿大總理——皮埃爾·特魯多對這種無理的舉動感到非常尷尬。面對這種困境，雷根反而面帶笑容地對他說道：「這種情況在美國是經常發生的。我想這些人一定是特意從美國來到貴國的，可能他們是想使我有一種賓至如歸的感覺。」

　　當然，我們每個人不一定都能達到雷根那樣高的境界。但最簡單的，要學著「見人說人話，見鬼說鬼話」。看到對方喜歡什麼，就順著他喜歡

的話去說，順著他喜歡的事去做；看到對方厭惡什麼，忌諱什麼，就要避開他忌諱的話不說，避開他厭惡的事不做。這樣，對方就會覺得你是他的知心人，便會將你引為知己，即所謂的「同聲相呼，實理同歸」。碰上事情就會多為你說話、替你出力，在為人處世中，你就多了一個朋友、多了一條路。

說得更具體些，「見人說人話，見鬼說鬼話」，就是要根據對方的興趣愛好說話。人們因職業、個性、閱歷，及文化素養等方面的不同，興趣和愛好自然也會有所不同。而且，有些人的興趣、愛好還會因時因地而有所不同。比如，有的人年輕時對垂釣感興趣，而到了晚年，卻愛好養花種草。而你若知道你的交際對象對某方面感興趣，你與之打交道時如果先談些與其興趣有關的話題，對方就容易向你打開話匣子。

有一個青年想向一位老中醫求教針灸技巧，為了博得老中醫的歡心，他在登門求教之前做了認真細緻的調查了解。他了解到老中醫平時愛好書法，遂瀏覽了一些書法方面的書籍。起初，老中醫對他態度冷淡，但當青年人發現老中醫案幾上放著書寫好的字幅時，便拿起字幅邊欣賞邊說：「老先生這幅墨寶寫得雄勁挺拔，真是好書法啊！」對老中醫的書法予以讚賞，促使老中醫升騰起愉悅感和自豪感。接著，青年人又說：「老先生，您這寫的是唐代顏真卿所創的顏體吧？」這樣，就進一步激發了老中醫的談話興趣。果然，老中醫的態度轉化了，話也多了起來。接著，青年人對所談話題著意挖掘，環環相扣，致使老中醫精神大振，談鋒甚健。終於，老中醫欣然收下了這個懂「書法」的弟子。

在為人處世中，我們所面對的交際對象性格迥異，有的生性內向，不僅自己說話比較講究方式方法，而且也很希望別人說話有分寸。因此，與這樣的人打交道時，就要特別注意說話方式，盡可能對其表現得尊重和謙恭些。當然，也有的交際對象性格比較急躁、直率，講話猶如拉風箱般直來直去，同時，也不太計較別人的說話方式。所以，與這樣的人打交道時，就要開門見山，有話直說，千萬不要兜圈子。

有位名牌大學中文系畢業的高才生，在人才招聘會上，想讓某公司經

理招聘其為辦公室祕書，青年人在經理面前做自我推銷時說話拐彎抹角，半天不切題旨。她先說：「經理，聽說你們公司的環境相當不錯。」經理點了點頭。接著，高材生又說：「現在高學歷的人才是越來越多了。」經理還是點了點頭，什麼也沒說。而後，高材生又說：「經理，祕書一般要大學畢業，要比較能寫吧？」高材生的話兜了一個大大的圈子，還是未能道出自己的本意。豈料，這位經理是個急性子，他喜歡別人與他一樣，說話辦事乾脆俐落。正因為高材生未能摸透經理的性格，結果話未說完，經理便託詞離去，高材生的求職也化成了泡影。

由此可見，要想根據別人的潛在心理說話，把話說到對方的心坎兒上，就要時刻注意揣摩你的交際對象心裏在想什麼。如果你說的話與對方的心理相吻合，對方就樂於接受；反之，你說的話就會使對方產生排斥和抵觸心理。所以，「其言無比，乃為之變，以象動之，以報其心，見其情，隨而牧之。」

在為人處世中，需要與不同身分的人交際，因此，針對不同的身分，所選話題也應有所不同，即要選擇與之身分、職業相近或相符的話題。比如，你在旅途上遇到了一位老農民，如果你把話引向現代女性的美容上去，肯定是「驢唇不對馬嘴」了。倘若你說：「大叔，今年的收成怎樣啊？每畝地的小麥能收多少？」這樣，就能激起老農與你談話的共鳴點和興奮點。

要贏得別人的喜歡，就要談論別人感興趣的事。因此，在為人處世方面有經驗的人都知道，遇到老人就一定要去談他的小孫子、小孫女，在老人的心目中，他的小孫子、小孫女是最可愛的，很多大人物出去旅遊、辦公事甚至植樹，都要將小孫子或小孫女帶上。你給老人買東西還不如給其孫輩買東西，讓他印象深刻。遇到對方有位小孫子，你就猛誇他小孫子真聰明、真活潑。小孩子聰不聰明誰知道呢？反正這話對方肯定樂意聽。如果對方有位小孫女，你就說他小孫女真可愛、真天真。小孩子自然個個可愛，這話也不假。

另外，對一個集郵迷你不妨談幾枚好郵票；對一個足球迷談他喜歡的

球隊如何取勝，球技如何高超；對注重養生之道者談談氣功和太極拳；向一個成功者請教他的奮鬥史和成功的經驗⋯⋯

與人交談時，如果能較好地運用上述方式方法，就能把話說到對方的心坎兒上，也即「若探人而居其內，量其能，射其意，符應不失，如螣蛇之所指，若羿之引矢」，你也就能「言到功成」了！

總而言之，「見什麼人說什麼話」告訴我們，談話時要儘量使用對方認同的語言，談論對方熟悉和關心的話題，並且要視當時的具體情況靈活應變，以便在迎合對方心理的同時，也贏得對方的好感；唯有贏得對方的好感，才有可能得到我們想獲得的東西，而這也是成就大事的一種技巧。正所謂「己審先定以牧人，策而無形容，莫見其門，是謂『天神』」。

內揵第三

　　所謂「內」，即入內，又通「納」，指向君主進言獻策，取得君主的歡心與信任，從而躋身君主寵臣的圈子；所謂「揵」，《唐韻》有云：「舉也。」其意則是指包攬、替代君主決策，以成就一番大的事業。本篇論述的重點就是策士或臣子見君後的取寵見用之術。

　　本篇認為，策士或臣子與君主打交道，可分兩步進行，這兩步也代表了兩個不同的層次與境界。第一步，取寵見用。策士遊說君主或是臣子進言獻策，其目的無非是為了讓君主聽從他們的見解去解決面臨的問題，所以，首先就必須要取得君主的寵愛和信任。如何做到這一點呢？本文開篇即論述了君臣之間存在的各種遠近親疏的關係，不妨將之概括為「心近」和「身近」的辯證關係，接著提出策士人臣們要投君主所好，先爭取「心近」，讓君主視作心腹，仰仗其「決事」，然後進獻己策，達到見用的目的。第二步，駕馭君主。縱橫策士們的政治目的絕不僅僅是充當君主的寵臣，而是在取寵見用後進一步運用陰謀權術去駕馭君主，替代君主決策，做個「不在位」的君王。所以本文提出，對那些可以借用的君主，就幫他建功立業，讓他聽從策士臣子們的決策。而對那些不可憑依的君主，就設法離去，不為其所累，不妨「良禽擇木而棲」，另投明主，一展鴻圖。

　　此外，我們從本篇中還可見識到不少策士或臣子們進言獻策時應掌握的技巧。首先應把握遊說對象的心理變化，順勢而為，因勢利導，便可應和人意；其次要注意選擇適當的時機，以便更好地使建議與對方的心意相吻合；最後還要善於根據遊說環境的變化去靈活變通地改換說辭。從內揵術的根本來看，最關鍵的就是要摸透對方心意去說服、控制對方的思路變化，從而使對方產生一種心心相印、興趣相投的感覺，接下來便可靈活多變地採用各種遊說之法，使自己進退自

如、遊刃有餘。

一

君臣上下之事，有遠而親，近而疏；就之不用，去之反求❶；日進前而不御，遙聞聲而相思❷。事皆有內揵，素結本始❸。或結以道德，或結以黨友，或結以財貨，或結以采色❹。用其意，欲入則入，欲出則出❺；欲親則親，欲疏則疏；欲就則就，欲去則去；欲求則求，欲思則思❻。若蚨母之從子也，出無間，入無朕，獨往獨來，莫之能止❼。

【注釋】

❶ 就：靠近，歸，趨，就職。

❷ 禦：用，指君主信用。

❸ 內揵：此指內心聯結。素結本始：素，平時，平常。本，本源，本始。即本始於素結，本源於平時的交結。

❹ 黨友：結黨聯友。采色：容色，美色。

❺ 用其意：指迎合君主的心意。入：入政，參與政事。出：出世，不參與政事。

❻ 求：使動用法，使之求，指讓君主詔求。思：使動用法，使之思，指讓君主思念。

❼ 蚨：即青蚨。古代巫術以為青蚨之母與子的血可以相互吸引，用母血和子血分別塗在銅錢上，這兩枚銅錢也可以互相吸引。見《淮南萬畢術》、《搜神記》、《本草拾遺》等所記。間：縫隙，間隙。朕：跡象，形跡，徵兆。

【譯文】

君臣上下之間的關係複雜而微妙，有的身離君主很遠反而關係密切，有的近在咫尺卻關係疏遠；有的投奔而來反而得不到起用，有的離開以後了卻被四處詔求；有的天天活動在君主眼前卻得不到信任擢用，有的君主遙聞其名便朝思暮想他的到來。此皆由君臣之間內心相知的程度不同所

致，本源於平素的交結。有的以道德交結，有的以黨友交結，有的以財物交結，有的以美色交結。只要摸準了君主的心意，並善於迎合其意，那麼想入政就能入政，想出世就能出世；想讓君主親近就能讓他親近，想讓他疏遠就能讓他疏遠；想投奔君主就能投奔，想離去就能離去；想讓君主詔求就能得到詔求，想令君主思念就能被他思念。就如同青蚨母子之血塗錢可以相互招引一樣，可以把君主吸引得密合無隙，就能在宮廷中獨往獨來，自由自在，誰也沒法阻擋。

二

內者，進說辭也；揵者，揵所謀也❶。欲說者務隱度，計事者務循順❷。陰慮可否，明言得失，以御其志❸。方來應時，以合其謀❹。詳思來揵，往應時當也❺。夫內有不合者，不可施行也。乃揣切時宜，從便所為，以求其變❻。以變求內者，若管取揵❼。言往者，先順辭也；說來者，以變言也❽。善變者，審知地勢，乃通於天，以化四時，使鬼神，合於陰陽，而牧人民❾。見其謀事，知其志意。事有不合者，有所未知也。合而不結者，陽親而陰疏❿。事有不合者，聖人不為謀也。故遠而親者，有陰德也⓫；近而疏者，志不合也；就而不用者，策不得也；去而反求者，事中來也⓬；日進前而不御者，施不合也⓭；遙聞聲而相思者，合於謀待決事也⓮。故曰：不見其類而為之者，見逆；不得其情而說之者，見非⓯。必得其情，乃制其術，此用可出可入，可揵可開⓰。

【注釋】

❶ 內：同「納」，即被君主接納。

❷ 隱度：暗中揣度。循順：沿著，依循，順從。

❸ 陰慮：暗中考慮。明言：公開地講。御其志：指迎合君主的心意。

❹ 方來應時，以合其謀：指來進言時，一定要順應時宜，以合乎君主的心意。

❺ 來揵：前來進獻的計謀。揵，舉也，此指進獻謀略。往應時當：這裏

指既迎合君意又合乎形勢。

❻ 切：切磋，琢磨。從便所為：指便宜行事，便利實施。其：此指進獻的決策。

❼ 內：此處亦同「納」。管：鑰匙。揵：同「鍵」，鎖。

❽ 言往者：講歷史。順辭：順從君主心意的言辭。說來者：討論未來。變言：有變通餘地的話。

❾ 地勢：指地理形勢。通於天：指明於天道。化四時：指改變自然順序。使鬼神：此指掌握變化，因神鬼善變。

❿ 結：兩心相結。此指認可、執行我們的決策。陽：此指表面。陰：此指內心。

⓫ 陰德：指暗中相得，即心意相合。德，同「得」，得君心。

⓬ 事中來：指決策合於君意，於是離開後又被招回。

⓭ 施：措施，此指解決問題的決策。

⓮ 合於謀：計謀相合。

⓯ 不見……為之：指不被君主寵信卻代為決策。見逆：被排斥。見非：被否定，被詰難。

⓰ 術：方法，手段。此用：即「用此」，指用上述方法。

【譯文】

所謂「內」，即進獻說辭以取得君主的接納、寵信；所謂「揵」，就是獨擅替君主決策的大權。想要遊說君主時就必須暗中揣度君主的心意，出謀劃策時也必須順應君主的意願。暗中揣量我們的決策是否符合時宜，公開言明此決策的優劣得失，以邀寵於君心。我們的決策必須既合乎時宜，又合於君意。還必須讓君主覺得我們進獻的決策既合形勢又合他意。若其中有不合君意之處，這決策就難以付諸實踐。此時就要重新揣摩形勢的需要，從便利君主實施出發，求得決策的改變。如此讓君主接受這經過變更的決策，就好比用鑰匙開門鎖那樣一舉即得了。在與君主談論過去的歷史事件時，要用「順辭」，即順著君主的心思給予合情合理的詮釋；而與君主討論未來得事件時，卻要用「變言」，即採用有變通餘地的話以隨機應變。能自如地改變決策的人，必須審知地理形勢，明於天道，又有隨順、運用固有法則的能力，善於應

變，且能契合於陰陽變化規律，從而駕馭天下百姓。在觀察君主謀劃大事時，就能從中洞悉其意願志向。若我們的決策不合君主的意圖，與之不一致，那是因為我們對君主的某種心意、某些情況掌握得還不夠；若表面上我們的決策得到了同意但實際上卻並沒有得到施行，那是因為君主與我們的關係表面上看起來親密，實際上卻很疏遠。若決策不合君意，聖智之人也難以將決策付諸實踐。由此而論，與君主身遠反而卻被親近的，是因為能夠與君主的心意暗合；與君主身近反而被疏遠的，是因為與君主志趣不投；投奔君主卻得不到進用的，是因為決策不得君心；離去卻反而被再次詔求的，是因為其智謀被後來的現實證明是可行的、合乎君意的；天天都活動於君主面前卻不被信用的，是因為其計謀、規劃不合君心；被君主遠遠聽到名聲就思慕其來歸的，是因為其計謀與君主暗合，君主正等待他前來決斷大事。所以說，沒有得到君主寵信、君臣不相和就進獻計策，必會遭到斥退；不了解君主心意就隨便去遊說，必定不能實現目的。因此只有充分了解了對方的真實情況與意圖，才能夠把握住內揵之術，如此運用這種方法，我們就可以進退自如，隨心所欲了。

故聖人立事，以此先知而揵萬物，由夫道德、仁義、禮樂、忠信、計謀❶。先取《詩》、《書》，混說損益，議論去就❷。欲合者用內，欲去者用外❸。外內者，必明道數❹。揣策來事，見疑決之❺。策無失計，立功建德，治名入產業，曰揵而內合❻。上暗不治，下亂不寤，揵而反之❼。內自得而外不留，說而飛之❽。若命自來，己迎而御之❾。若欲去之，因危與之❿。環轉因化，莫知所為，退為大儀⓫。

【注釋】

❶ 事：謀事，決策。先知：先了解情況、掌握資訊。

❷ 由：循順。《詩》：《詩經》。《書》：《尚書》。混說：此指籠統地說。議論：此指內心盤算。

❸ 內：指上邊論述的向君主取寵的方法。外：指不向君主苟合取寵。

九
一

④ 道數：此指取寵術和制君術。

⑤ 策：同「測」。決：決策、解決。

⑥ 策：此指對付君主的計策。建德：此指建立基業。治名：代指整頓朝綱。入產業：代指治理民眾。內合：與君主心意暗合。

⑦ 上暗不治，下亂不寤：指君主昏庸不理朝政，臣下作亂而無所覺察。捷而反之：指我們舉薦的計謀必不合君心而被拒絕。

⑧ 內自得而外不留：自視甚高，自以為賢明而聽不進外人的意見。飛：飛揚，褒獎，讚譽。

⑨ 御之：指駕馭、控制君主。

⑩ 因危：趁亂。

⑪ 環轉因化：指依據不同類型的君主、根據不同的政治情況隨機應變，運轉自如。儀：法，祕訣，原則。

【譯文】

所以，聖智之士行事成大業，都是憑著預先全面把握資訊而駕馭、控制世間萬物，進而順合道德、仁義、禮樂、忠信、計謀的種種規範。對於君主的決策，我們可以先引用《詩經》、《尚書》中的立論、教誨為其論證，籠統地說些添添減減的修改意見，同時在內心裏衡量一下此決策與自己決策的差距大小，以決定離去還是留下。如果想要留下，就必須深知君主內心的意圖，贏得君主的寵信，想要離去就不用管這個。無論取寵還是不取寵，都必須明曉取寵術和制君術，具備預測事物發展變化的能力，以及決斷疑難問題的能力。只有我們在這些方面運用決策時沒有失誤，從而建立功業、樹立德行、整頓朝政、治理民眾，才叫君臣相得、決策謀劃合乎君意且卓有成效。若碰上君主在位昏庸不理朝政、奸臣當道不治民眾而無所覺察的情況，我們謀劃的決策就不可能適合當權者的口味。若碰到那種自視甚高、剛愎自用而聽不進外人意見的暴君，我們不妨先逢迎他，對他歌功頌德，博取其歡心後再逐步說動他。總之，我們若被君主詔用，就先迎合他的心意再設法逐步掌握他；若覺得某位君主實在不堪憑依而想離之而去時，就趁亂離開，伺機退隱，以保全自己不受傷害。要圓轉靈活地

根據所面臨的具體情況來決定我們的策略、變換我們的手法，讓外人摸不透自己的真實意圖，這就是進用和退居的根本原則。

蘇秦智用妾喻得信任

蘇秦曾為燕昭王效力而出使齊國，憑著自己的三寸不爛之舌，說服齊王將十個城池歸還給了燕國。

當他志得意滿地返回燕國，以為立下了此等大功燕昭王肯定會對自己禮遇有加時，卻沒料到燕昭王偏聽偏信那些嫉恨蘇秦的人所進的讒言，非但沒有以相國之禮相待，反而對他心存成見，日漸疏遠。蘇秦面對此種尷尬處境，不禁深感委屈，但他頂住了壓力，積極地想方設法以尋找機會擺脫這一困境。

有一次，在拜見燕昭王時，蘇秦進言道：「最近我聽到了一個故事，很是發人深省，願意和大王您一起分享。」

燕昭王一時之間弄不清楚蘇秦葫蘆裏到底賣的什麼藥，只好耐著性子漫不經心地答覆道：「說來聽聽也無妨。」說完就閉上了眼睛，擺出一副愛理不理的樣子。

蘇秦也不計較燕昭王的態度，因為他深知只要自己有講話的機會，就很有可能逆轉形勢，從而改變自己當下的處境，所以就專心致志地講起了故事來——

「從前，有一位男子，他們家世代經商。為了讓自己的家人可以生活得更好，自己長年在外做生意，只剩下元配夫人和一個小妾在家中獨守空房。可是他的夫人耐不住寂寞，竟和一個遊手好閒的男子私通。小妾雖然將這一切都看在了眼裏，但是她什麼也不能說。一天，元配夫人和那名男子正在房中商量她的丈夫回家後應該怎麼辦。女的說：「只有他死了我們才能夠真正地雙宿雙飛。到時我備下一杯毒酒招呼他，一切就好辦了。」不巧，這番密謀被剛剛路過這裏的小妾給聽去了，從此記在心上，日日憂慮不已！

「不久，丈夫回來了，還給妻子和小妾帶回了許多金銀首飾。兩個女子忙碌著迎接丈夫，端上一道道美味佳餚。當一切都備辦停當，元配夫人就吩咐小妾為丈夫倒酒。此時的小妾左右為難：不倒，害怕丈夫和夫人說自己不懂禮法規矩；倒吧，又害怕真的毒死了丈夫，說不定連自己也要牽扯進去；而要是直接說明酒裏有毒，又擔心夫人當場抵賴，自己還落下個陷害的罪名，更不用說被夫人反咬一口了。到底該如何是好呢？她靈機一動，假裝被腳下的東西絆了一下，打個趔趄，故意把手中的酒壺摔破了。可那不知情的男主人見狀卻破口大罵，後來還打了小妾一頓。」

燕昭王漸漸被吸引住了，聽得津津有味。故事講完後，他沉思了片刻，似有所悟地問蘇秦：「你當然不僅僅是要和我分享這個故事吧？你到底想說什麼，不妨明言。」

蘇秦見大王已有幾分明白，便笑著進一步解釋道：「我是想說，在大王您身邊有許多人就像那位小妾，對大王忠心耿耿，而您卻還不能像對待元配夫人那樣信任他們，更何況想陷害小妾的「元配」還不止一個！身陷小妾處境的那些人，最終將會被大王遺棄啊！」

燕昭王聞言意味深長地看看蘇秦，對他會心一笑，說道：「你的意思我明白了！」

不幾日他便賞賜蘇秦，並以相國之禮厚待他。蘇秦因此終於逃脫了「小妾」的命運。

所謂「必得其情，乃制其術，此用可出可入，可揵可開」。此處蘇秦一看形勢就知道了是燕昭王身邊有人進了自己的讒言，這便是「得其情」；需要找機會在燕王面前澄清自己，於是便想到了智用妾喻的「制其術」。而且因為蘇秦採取的策略比較有創意，巧借比喻，變被動為主動，終於重新獲得了燕昭王的信任。

張良巧借賢士保太子

　　如何在進言之前察言觀色，先行試探，以徹底了解對方的人情所好，使得自己的進言能夠有的放矢、對症下藥，最終達到預期效果，這實在是一門不可忽視的大學問！唐朝的縱橫家趙蕤在其名著《長短經》的《釣情》篇裏就此總結了七條訣竅：一是以物釣之，看喜歡何物；二是以言釣之，看喜聽何話；三是以事釣之，看如何待事；四是以志釣之，看志趣何在；五是以視釣之，看眼神如何；六是以賢釣之，看如何待賢；七是以色釣之，看形色如何變化。

　　而《內揵》中也說道：「事皆有內揵，素結本始。或結以道德，或結以黨友，或結以財貨，或結以采色。用其意，欲入則入，欲出則出；欲親則親，欲疏則疏；欲就則就；欲去則去；欲求則求，欲思則思。」二者所言各盡其妙，殊途同歸，都充分肯定了「必得其情，乃制其術」的無窮妙用。下面我們不妨用一個例子來窺斑見豹。

　　漢高祖劉邦想廢掉呂后所生的太子，而改立戚夫人的兒子趙王如意。為此，許多大臣向他進諫力勸不可，但他都聽不進去。呂后得知此事後，十分著急，便請留侯張良出主意。張良為她細細分析道：「這是難以用口舌爭得勝利的。皇上有四個招不來的人，這四個人都已經很老了。只因皇上待人輕慢無禮，他們逃入山中，不願做漢朝的臣子。但是皇上一直認為這四人很高尚，不愛名利。現在不妨派一個能說會道的人持太子的親筆信，用卑謙的言詞誠懇地請求他們入宮，這樣做他們會來的。入宮之後，要以貴賓之禮相待，讓他們常常跟著太子入朝，並讓皇上能看到他們。這樣對太子的地位是會有幫助的。」呂后採納了張良的計策，將四人請進了宮。

　　漢高祖十二年（西元前195年）時，劉邦病情加重，這時他更迫切想改立太

張良

子。太傅叔孫通向他談古說今，甚至不惜以死相諫，皇上表面上同意了他的意見，而內心卻仍不改初衷。

一次宮中舉行宴會，太子也參加了。其左右有四個隨從，年紀都已80多歲了，眉鬚雪白，衣著瀟灑，神姿偉岸。劉邦很奇怪地問他們是什麼人，四位老人走上前來各自報了自己的姓名：東園公、角里先生、綺里季和夏黃公。皇上大為吃驚地說道：「我找你們好多年，你們都躲著不肯出山，今天為什麼主動跟隨我的兒子呢？」四人都回答道：「陛下您輕視士人，喜歡罵人，而且喜怒無常，臣等不願受辱。聽說太子仁慈孝順，尊敬賢士，天下有才之士沒有不翹首以盼，想為太子效命的，所以臣等就來了。」皇上對他們說：「既然如此，煩請公等幫忙扶助太子至終吧！」四人為皇上祝福之後，便匆匆離去了。皇上目送他們遠去，歎息道：「太子翅膀已硬，現在很難動搖他的位子了。」於是放棄了改立太子的打算。

這就是一個以賢釣情的典型例子。正因為張良準確把握到了高祖劉邦的心意，知道光靠進言勸諫是於事無補的，所以選擇了以賢釣之，最終讓高祖自己權衡輕重改變了初衷，從而保住了太子。

晏子順水推舟諫景公

春秋時期，齊景公在位時，齊國政治清明，國力進一步強盛，在眾多諸侯國中實屬屈指可數的大國。這不僅因為齊景公開明、有作為，還得力於齊國名相晏嬰的輔佐，君臣相得，國家強盛。

晏嬰是一位家喻戶曉、德高望重的政治家，人們皆尊稱其為晏子。他博聞強記，知古通今，歷任齊靈公、齊莊公、齊景公三世，執政長達57年，不管是在朝上還是朝下，都能盡忠進諫，對國君從來是知無不言，言無不盡，可以謂之為將內揵術運用得出神入化的成功典範。

一次，有個人得罪了齊景公，齊景公大發脾氣，盛怒之下，竟下令將那個人綁在大殿下面，要將他一截截地砍下來。這可是一種殘酷萬分的刑罰。

並且，齊景公還同時下令：誰都不能來勸阻這件事，如若有人膽敢勸阻，就和那人同罪，也要被肢解。作為國君，他的話可謂一言九鼎，誰都不願意冒這個險去進諫。

晏子聽了以後，也沒說什麼，而是出人意料地把袖子一捲，擺出一臉兇狠的樣子，抄起刀來，一把將那人頭髮揪住，同時在鞋底下磨刀，活脫脫一副要親自動手殺掉此人、為君王洩憤的姿態。比畫了一陣之後，晏子抬起頭來，向坐在上面餘怒未消的景公煞有其事地詢問道：「大王，我看了半天，但卻感到不知從何下手。好像史書上也沒有記載過，堯、舜、禹、湯、文王這些賢明的君主，要肢解殺人時，到底應該先砍哪一部分才對。對這個人應該從哪個部位下手去砍，才能做得像那些聖主們一樣好呢？」

齊景公聽了晏子的這番話，立即警覺，自己若要做個明君聖主，又怎麼能用這種殘酷的方法殺人洩憤呢？所以他對晏子說：「好吧！是我做得太過了，放掉他吧！」

就這樣，晏子幾句話即消殺機於無形。他在此正是「揣切時宜，從便所為，以求其變」。先是順著景公的意圖佯裝要殺掉此人，卻在行動中用暗示的語言警醒了景公，達到了自己勸諫的目的。他知道如果自己在那種情況下直言規勸，必定會事與願違。因為那時齊景公正在氣頭上，如此一來不僅會使之下不了臺，還會火上澆油，不但救不了人，甚至連自己也性命堪憂。正由於晏子看清了這個道理，才將計就計，很巧妙地充當一回「劊子手」，以委婉的方法勸阻了齊景公，收到了「以變求內者，若管取揵」的效果。

觸龍以情動人說太后

在古代，當謀士們遊說、勸諫君王時，往往危言、直言不易被接受，而以情動人、以理服人、以義感人卻常常能收到奇效。

據《戰國策·觸龍說趙太后》中記載：西元前265年，趙國的趙孝成

王在其父趙惠文王去世後繼承了王位，因為年少，便由其母趙太后執掌政權，把持國事。當時正值各諸侯國間混戰不休，所以國內形勢動盪不安。秦國一見有機可乘，便發兵攻打趙國，趙國即處於秦軍輪番進攻的困境。

在分析到自身的力量絕不是秦國對手的情況下，趙太后不得不派出使臣向齊國請求援助。齊王提出要將其子長安君送到齊國作人質才肯出兵。平日裏，趙太后便對幼子長安君極為寵愛，怕送去做人質有個三長兩短的，所以不肯答應這個條件。大臣們都極力勸說太后讓她暫時委曲求全，惹得趙太后大為生氣，而且還聲稱：「若再有誰敢來勸說將長安君送到齊國作人質的，我一定唾其一臉口水。」如此一來，大臣們都感到難辦了。

有一天，德高望重的大臣觸龍來求見趙太后。他知道太后正在氣頭上，如果直說必定會惹怒太后，於是來到宮中，故意若無其事地慢慢走到太后面前，向太后謝罪道：「我腿腳不方便，不能快步走。且好久沒有來向太后請安了，不知道您最近身體怎麼樣？」

趙太后說道：「我也只能以車代步，活動得很少。」

觸龍又問：「飲食方面怎麼樣呢？」

太后說：「不過吃點稀飯罷了！」

觸龍就說：「我近來也是不想吃東西，但還是支撐著散散步，每天走幾里路，稍微增加了些食欲，身體也舒暢些了。這樣對身體有好處。」

太后說：「我做不到啊！」

這樣幾句日常的寒暄之後，趙太后心氣漸漸平和了些。

觸龍又接著說：「老臣有個小兒子叫舒祺，不成器得很，多是平時寵愛的緣故呀！而我也已經衰老了，心裏很憐愛他，希望他能在宮中當一名侍衛，來保衛王宮。所以特地冒死來向您稟告，請您開恩應允。」

太后說：「好吧，他多大了？」

觸龍回答：「15歲了。雖然年紀還小，但我希望在自己死前能將他安頓好。」

太后感慨：「沒想到父親也寵愛孩子呀？」

觸龍說：「是啊，甚至比母親還要屬害呢！」

太后笑著說：「不會吧，女人家才格外寵愛自己的孩子呢。」

觸龍話鋒一轉：「是嗎？可我覺得您愛長安君的姊姊更勝過愛長安君。」

太后急忙分辨：「不，我愛長安君遠遠甚於愛其姊姊哩。」

觸龍乘機說：「父母疼愛自己的子女，就應該替他們做長遠的打算。您將長安君的姊姊嫁到燕國做王后時，十分傷心，抱著她的腳跟哭泣捨不得讓她走。她走後，您雖然想她卻總希望她不要回來。您這樣做難道不是為她考慮長遠利益，希望她在趙國有子孫相繼為王嗎？」

趙太后說：「是啊，是這樣的。」

觸龍又說：「從歷代君主看，哪有封侯授爵能沿襲數代不衰的呢？不只是趙國，其他各諸侯國也是如此。」

太后說：「我還真沒聽說過這事。」

觸龍進一步說道：「難道是這些王侯子孫很不肖嗎？恐怕是因為他們地位尊貴，卻無功於國；俸祿優厚，卻毫無勞績。現在，太后您抬高長安君的地位，給他豐饒的封地和許多的財寶珍物，卻不給他為國建功立業的機會，有朝一日您不在了，長安君憑藉什麼在趙國穩固地位呢？所以我認為太后替長安君打算得不夠長遠。」

此時太后才明白觸龍的真正來意，卻也深深地被他說服了。於是趙太后為長安君準備了百餘輛車馬以及諸多隨從，送他到齊國做人質去了，齊國隨即出兵救趙，使其轉危為安。

「必得其情，乃制其術」，此處觸龍之所以能夠勸服趙太后，既不是以道德、黨友，也不是以財貨投其所好，而是在了解對方極其疼愛幼子的基礎上運用了迂迴的策略，不直言相勸，卻用人之常情皆愛其子的共同心理使之產生共鳴，以此為突破口用動之以情、曉之以理的言辭在談話中步步遞進，漸漸讓太后順著自己的思路走，「可出可入」，終於順理成章地說服了趙太后。從觸龍與趙太后拉近關係到找到共同語言，以至最後使趙太后接受自己的主張，正是內揵術的巧妙運用。

ଔ 商界活用

迪巴諾的「巧勁兒」

　　《內揵》篇中說道：「事皆有內揵，素結本始。或結以道德，或結以黨友，或結以財貨，或結以采色。用其意，欲入則入，欲出則出；欲親則親，欲疏則疏；欲就則就，欲去則去；欲求則求，欲思則思。」這裏討論的主要是謀士臣子的取寵之術，而具體運用到商業談判中，則強調我們要充分發掘出能「用其意」的各種因素，除了金錢等方面的利益之交外，適當地照顧到對方情感上的需要，有時卻能起到意想不到的效果。

　　紐約的迪巴諾麵包公司，遠近馳名，其生產的麵包品質高、信譽好，價格也便宜，因而暢銷各地，可是其附近的一家大飯店卻偏偏沒有向這家公司買過一個麵包。

　　公司經理及創始人迪巴諾希望打開這一局面，因此，一連四年，他每週都去拜訪這家飯店的經理，還參加飯店主持的各種活動，甚至以客人的身分在飯店開了個房間在那裏談生意等等，真可謂窮追不捨，絞盡腦汁。但儘管如此，一次又一次推銷麵包的談判都以失敗而告終。

　　迪巴諾終於意識到問題的關鍵是找到實現談判目的技巧。為此，他一改過去的做法，開始對飯店經理本人非常關注起來。他多方了解和調查了飯店經理的愛好和熱中的事物，不久，便得知飯店經理十分熱中於美國飯店協會的事業，是該協會的會長。於是，不管會議在何時何地召開，迪巴諾都一直不辭勞苦地堅持參加協會的每一屆會議，並且還下功夫對該協會做了較透徹的研究。

　　等到他再次去拜訪該飯店經理時，閉口不談推銷麵包的事，而是以協會為話題，興高采烈地大談特談，這果然引起了那位飯店經理的共鳴，他也神采飛揚，興趣濃厚，和迪巴諾談了半個多小時有關協會的事情，而且還熱情地邀請迪巴諾也加入該協會。

　　這次「談判」結束以後，沒過幾天功夫，迪巴諾就接到了該飯店採購部門打來的電話，請他把麵包的樣品和價格表送去。這個消息著實讓迪巴諾驚喜萬分，飯店採購部門負責人也好奇地問迪巴諾道：「我真猜不透你使了什麼絕招，還沒有和我們經理坐到談判桌上就贏得他的信任，讓他這

麼賞識你。」

迪巴諾自己也感慨萬千，他想：我們的麵包遠近聞名，物美價廉，可是我絞盡腦汁努力了四年，連一粒麵包屑都沒能推銷給他，現在僅僅由於我對經理先生所關心的事情給予了關注，形勢就完全改變了！

事情就是這樣奇怪，你花了許多時間和精力，卻是「踏破鐵鞋無覓處」，然而，當你使用了巧勁兒，「欲說者務隱度，計事者務循順」，找到了雙方談話的共同基礎，用對方感興趣的事物點燃了對方的交談熱情，激起了對方對你的信任和好感時，卻是「得來全不費功夫」。所以，找出共同的話題，適當滿足對方某方面的需要，就能起到「四兩撥千斤」的奇效。

任天堂「得情」獲成功

靠紙牌起家的日本玩具商——任天堂公司，因為善於「得其情」並能恰當地「制其術」，從而在世界市場上獲得了巨大成功。

1969年，任天堂向家用電腦玩具領域發起總攻擊。當時，日本、美國已有幾家公司推出這種電腦玩具，售價為2萬到6萬日元，但銷量不大。任天堂公司推出的成本低、功能比美國好的家用電腦的大型積體電路，幾乎一夜之間，便壓倒了所有的競爭對手。

幾乎在每5個美國家庭中，就有一套任天堂公司的娛樂系統。難怪美國的雜誌上這樣說道：「美國的孩子，沒有任天堂，就會像沒有棒球手套一樣遺憾！」

當美國任天堂子公司的經理荒川發現美國的父母擔心孩子們迷上任天堂的產品後，會減少體育活動之後，任天堂便迅速推出了一款叫做「動力台」的遊戲機，孩子們在玩時，必須用跑、跳、蹦等方式控制螢光幕上的人物。「得其情」後如此挖空心思地「制其術」，要想使任天堂的生意不紅火都不行。

通常，任天堂日本總公司的產品一經設計完成，就會立即將其寄到位

於美國的分部，而早已等候在那裏的辦公室人員收到快遞後，馬上開箱檢查審視，以確定美國的市場能否接受這種產品。所有的文字、圖畫等都要被仔細審查到，直至確信沒有問題後才正式投放美國市場。

由於國情不同，玩具產品很容易引起「水土不服」，甚至引發民族矛盾。比如，一次在日本開發出來的一套電視遊樂系統中的人物形象就是經過更改後才推向美國市場的，因為其中扮演壞蛋的那個角色一看就是印第安人，還有一套「賭博」遊樂系統，唯一的賊是一位黑人。為了避免種族歧視問題，有關人員就把「印第安人」的面孔改變，把黑人的膚色「淡化」一番等等。如果放任有問題的產品推出，後果將不堪設想。

而且，產品設計不僅要符合目標市場的政治文化環境需要，還應符合目標市場審美觀念和傳統習俗的特點。比如「富翁」電玩，在日本版本中是吃了壽司而增強體力的，而到了美國，這個版本就將壽司變為熱狗；相應的，主角的瞇瞇小眼也變成了濃眉大眼，如此一來就更容易被美國消費者接受了。

由此而觀之，任天堂公司的成功就在於能夠敏銳把握市場訊息，「善窺形式，因應變化」，推出了一系列符合國情、民情、商情的產品。正所謂「必得其情，乃制其術，此用可出可入，可揵可開」。

海歸博士弄巧成拙

MN公司的談判代表是一位從海外留學歸來的博士，他代表公司談判時總是舌燦蓮花，滔滔不絕，許多公司的談判代表就是敗在其咄咄逼人的談判風格之下。

後來MN公司同一家大型機械設備公司談判，公司還是派那位能言善辯的博士出馬。雙方剛在談判桌上坐下來，MN的談判代表，也就是那位博士，便向對方提出了一個問題：「聽說您是機械設備方面的專家，那麼，能否請您幫我解答一下這個問題？」說著，他把一份檔擺在了對方面

前，這可是他費盡心思找的一個機械方面的難題，連很多知名的機械專家都沒有辦法給出完滿的解答，而他之所以這樣做也是想給對方一個下馬威，殺殺對方的銳氣。

沒想到對方的談判代表面對這樣的刁難，卻回答道：「能提出這樣的問題，想必您對機械方面也有著很深的研究，肯定也是這方面的專家了？」

「那當然。」他聽了這話心中微微有些得意，不禁面露喜色答道。

「既然如此，那麼，您可以不可以幫我解釋一下這個問題呢？或者，您一定知道《皇帝的新裝》這個故事吧，能告知一下它講的是什麼內容呢？」對方繼續彬彬有禮地向他問道。

「哦，《皇帝的新裝》講的就是一個所有人都撒謊說皇帝穿了舉世無雙的新裝，只有一個小孩子誠實地說出了真相的故事。」他有些疑惑地回答了後面這個有點突兀的問題。

對方接過話頭繼續問道：「不錯。那也就是說，您也認同為人應該誠實這個道理了？」

「那當然，尤其是在做生意上。」

「那好，」對方最後說道：「我可以問您最後一個問題嗎？」

「當然可以。」他回答道。

「請問，您明知道這個問題目前還根本沒有人能夠給出完滿的解決，您為什麼還要故意刁難呢？您是否有足夠的誠意與我們合作呢？」

對方水到渠成的問話讓他無言以對，只好尷尬地收回檔，找個臺階進入談判正題。原本想挫一挫對方的銳氣，卻沒想到最後吃虧的竟然是自己。

在談判中，面對對手的刁難，應該先巧妙的避其利害，以免有損己方士氣。然後再「說而飛之」，想辦法取悅對方，恭維對方，最後請君入甕。而對方在你一頂頂地送上高帽子時，也往往會忘記自己原本是發難人的身分，直到落入你的陷阱。

所以，談判者應該巧妙地運用取悅對方這一談判戰術，反客為主，反守為攻，掌握談判的主動權，進而控制整個談判局面。這一談判策略的運用往往會取得事半功倍的效果，但是，如果總是急於求成，希望利用首先

發難來取得談判的開場優勢，而一旦這樣的把戲被識破，並被對方巧妙地用來反戈一擊，最終「偷雞不成蝕把米」，吃虧的還是自己。

推銷的訣竅

當今時代，對內揵術予以最大關注的，可能要數從事推銷職業的人了。在絕大多數情況下，推銷員都要面對許多持猶豫不決態度的人，尤其是在初次打交道時，對於你的貿然建議，他們往往理所當然地表現出拒絕的姿態與表情，這是因為其所面對的都是些想讓自己主動掏錢的陌生人，自然有怕上當受騙的反應。

所謂「推銷」，本來是指給顧客以利益的意思，在理論上應該被顧客欣然接受才對，根本不存在有怕上當受騙等種種顧慮。但是，人們都有不亂花錢的本能，特別是在懷疑對方是否在欺騙自己時，這種不亂花錢的本能就變得更為強烈。而這也正是推銷員必須要予以充分關注並花大氣力解決的問題，可以這樣說：一個推銷員能否解除人們心理上的這種疑慮，是決定其推銷成敗的關鍵所在。而通常人們所說的「推銷員在推銷商品之前，必須先推銷自己」，就充分顯示了這個道理。

那麼，應該怎樣做才能巧妙地消除人們心理上的這種通病呢？首先就要在顧客的心上與推銷員自己的心上搭起一座橋，此時最重要的就是要先找出一個可以共同談論的話題，也就是通常所說的「投其所好」。

說到跟無數游移不定的顧客們的共同話題，最普通的當然就是從天氣或國內外重大新聞談起。假如想再進一步地拉近彼此的距離，那就要談論比較有趣的問題了，比如，有關足球、棒球、圍棋、象棋、釣魚、養花等頗具生活情趣的話題，由於沒有直接的利害關係，任何人都可以超越年齡、地位侃侃而談，泛泛而論，也就是那種不帶一丁點兒商業氣息的談話。特別是一般人都有愛自吹自擂、夸夸其談的小弱點，因此，只要適當地給他們以賣弄自己的機會，他們就會立刻從沉默寡言的人變成鬆弛了警

戒心、口若懸河的人，於是，就很自然地在心與心之間搭建起了一座橋。如此一來，推銷者的「內揵」就算基本成功了。

具體說來，但凡一個出色的推銷員，在開始推銷商品之前，最好先用心調查一下被推銷對象的秉性，特別要了解對方的興趣愛好是什麼。可能有人會問了：這麼一些挨家挨戶推銷商品的推銷員，哪裡會有那麼多時間和精力來做這些工作呢？其實不然，因為從你一進門開始，你一眼所看到的被推銷者的房間的擺設、裝飾、條理性等，就都在或隱或顯地向你提示著主人的興趣愛好，如果你還不懂，那只能說明你確實沒有用心。假如主人是一位作家，不論他是否開口明言，都必定會為自己的著作而感到自豪，而且大多會在自己的客廳裏擺上一些作品，就連一些嚴格意義上還稱不上作家的人也不例外，除了在客廳裏擺出他們的代表作外，還會在顯眼的地方陳列著，由某某文化機構頒授的各類文學獎章等，這些就都是推銷員應該抓住機會加以談論的話題。當然，你也不能胡吹亂捧，可假如你真的完全無視這些欲語還休的暗示，談話中間根本不提主人引以為榮的成就，那絕對是主人最感失望和不痛快的。這不僅是你社交禮儀上的一大缺陷，而且證明你對推銷訣竅懂得實在是太少了。

以對方所最引以為榮的東西作為彼此共同談論的話題，這是推銷員在推銷商品之前成功推銷自己的一大訣竅，也是在現代社會裏人們靈活運用內揵術的重要表現之一。

獨特的年輕人

為了表決一個新的商標，美國伯爾登公司的經理白萊特德將各部主任都召集過來開了個會議。可實際上，他自己早已暗中決定了就用某個商標，並且知道大家也一定都會贊同的。但是為了體現「民主」，他還是向眾人介紹道：「諸位，我今天需要徵詢一下大家對於商標的意見——這裏我已選定了一枚，請讓我陳述一下拙見：這是一個旭日商標，這圖畫得還

算好吧，這象徵也很不錯，不僅提示了愛國意識，而且是代表國家誕生的記號。此外，這一個旭日，還昭示出我們已踏入了遠東市場，從此我們可以如旭日東昇、大放光明。而且東方的日本也是我們的主顧之一，這商標又和他們的國徽相似，其國內的人民見了也一定樂於購買我們的產品。」

經理說畢，大家都很用心地看著那幅商標畫，搜腸刮肚地想找出些恭維話來。

「德魯克，你感覺怎麼樣？」經理不無得意地問業務主任。

「噢，看起來它真是棒極了！說實話，它很動人。」業務主任不遺餘力地恭維道。

經理一連問了好幾個人，回答幾乎都是這種模式。

最後，經理問到一位名叫湯卜生的青年——他是出口部的一位職員，代替病中的主任來參加會議。

「你認為這個商標怎樣？」經理問。

「我不大贊成用這旭日做商標。」不料，湯卜生卻做了這樣的回答。

全會議室的人聽了都目瞪口呆，驚異地看著這個不知天高地厚的年輕人，沒想到他居然敢叫頭兒碰一鼻子灰。

「怎麼？你不喜歡這幅畫？」經理自己也確實吃了一驚，但他畢竟是位經驗豐富的管理者，立馬便意識到這個年輕人可能有不同的見解，並準備仔細聆聽。

「倒不是因為我不喜歡這圖畫，」湯卜生鼓足勇氣回答：「恐怕是它太好了。」

「你這話倒把我弄糊塗了！」經理這一听，來了興致，「給大家解釋一下看看。」

「自然，這幅畫看起來鮮明而生動，旭日的象徵大家一眼就能明白，並且酷似日本的國徽，相信無論哪個日本人見了都會喜歡的。然而，大家千萬不要忘了，我們在遠東還有個比日本更大的市場，那就是中國。中國人一看見這個標記，也會聯想到日本國徽，如此一來，中國人對它就很難產生好感，產品在中國的銷路也就無法打開了。而照本公司的營業計畫，

原本是想擴充對華貿易的，這樣一個商標推出後，結果定然會顧此失彼，甚至有可能會揀了芝麻丟了西瓜。」湯卜生抓住這個機會娓娓道來，有理有據。

「是啊，我怎麼就忘了這一層呢？謝謝你，小夥子，我很欣賞你。」經理很高興，同時也慶幸自己沒有錯過這個優秀的人才。

不久，湯卜生就被升任為經理助理，並重新完善了商標的設計，使得產品在整個遠東市場銷路頗好。

在這裏，湯卜生就成功運用了內捷術，為了使經理能夠接納自己的意見，先察言觀色摸清對方的想法，然後創造出讓對方肯聽取意見的環境，當氣氛合適時，再進一步展開自己的觀點，說服對方，由此，使自己脫穎而出，不但意見被採納，還因此平步青雲，得到了重用。

史蒂文斯巧獻策

英國前首相邱吉爾在全世界政壇上都赫赫有名，可是許多跟隨在他身邊的人卻給了他一個很有趣的綽號——「一架老的B—2轟炸機」——任何優質燃料只要進入它的發動機（引擎），都會被毫無例外地檢測為不合格的油品而被禁止進入燃燒室。

與之十分相似的是，邱吉爾雖然擁有卓越的才能卻相當自負，經常看不起別人的意見或建議，或者根本不予理睬，或者就算聽了也不採納。

有一次，邱吉爾單獨召見了他的助理史蒂文斯，史蒂文斯提出了一個方案，儘管他不是不知道首相很難接受別人的建議，但因為是自己經過苦心研究的，且認定這個方案相當可行，所以說得自信滿滿、理直氣壯。

可他同樣沒有得到幸運女神的眷顧，邱吉爾聽完他的話，便尖刻地說道：「在我願意聽廢話的時候，歡迎你再次光臨。」

但更令史蒂文斯吃驚的是，在數天之後的一次宴會上，他親耳聽到邱吉爾正在把那天他提出的方案當做自己的見解發表。經過這件事，史蒂文

斯總算「大澈大悟」了，原來並非是自己的建議本身不夠好，而是他提出「建議的方式」還不夠恰當、完美。

最終，他找到了向首相提建議的最好方式：低調，一定要低調！不要再強調某個計畫是自己想到的，而要讓首相覺得那就是首相自己的想法。讓首相不知不覺地感興趣之後，再把這個計畫當作首相的「天才構思」公諸於眾。就這樣，你的這個計畫就被「移植」到了首相的頭腦中，而他也就會不再懷疑這真的是一個好主意。因此，史蒂文斯決定：為了能使一個好計畫得以實現，他甘願犧牲自己的功勞。

後來史蒂文斯奉命到美國做外交上的接洽，此時他已經掌握了向首相提出建議的最好方式。雖然在出發前，邱吉爾原則上同意了史蒂文斯的計畫，不過態度卻相當謹慎，看來這個計畫短期內是很難被批准的了。

史蒂文斯到紐約後不久，就向邱吉爾寄回了他同美國國務卿的談話紀錄。在談話中，史蒂文斯把自己想出來的、首相只是謹慎地表示同意的計畫，說成是「首相的創見」，並且對這個「天才、有勇氣以及先見之明」的主張，不遺餘力地加以讚揚。

結果邱吉爾看了這個紀錄後，便毫不猶豫地正式批准了這個計畫。

此例中，邱吉爾屬於那種典型的「內自得而外不留」的領導，所以史蒂文斯就對症下藥，「說而飛之」，使其欣然接受自己的計畫與建議。同樣的，員工們可以從一點一滴的小事甚至是隻言片語中，體察出領導的喜好，在掌握了上司的特點、摸準了領導的喜好之後，就可以在與其每一次的接觸中，使自己所說的和所做的暗合領導的心意，使之產生「正中下懷」之感。且由於言辭順耳、辦事妥帖，極容易拉近與上司之間的距離，產生親近感，從而為與上司和睦相處、向上司獻計獻策奠定了良好的感情基礎。這也就是所謂的「必得其情，乃制其術，此用可出可入，可揵可開」。

「自我挽救」的瀟灑

模範雷達公司是由三位工程師創辦和管理的。這三位工程師原先在麥克唐納飛機製造公司工作，他們在開發一種先進的雷達裝置方面起著非常重要的作用，這種雷達裝置傳播資訊的距離比地球曲率所能許可的距離要遠得多。模範雷達公司為了能得到足夠的資金融通，制定了只跟政府部門交易的銷售政策，特別是跟空軍、海軍、陸軍和太空總署進行交易。而這些政府部門的預算逐年增長，同時買賣也很好。

所以可以這樣說，模範雷達公司並沒有通常意義的那種銷售部門，而是單純指望各部門的主管人員自己開發業務。因此這三位工程師就需要和上述政府部門保持密切的聯繫，幫助他們確定需要的東西，同時幫助他們把這些需要的東西，向有關決策的高級官員和掌握合同簽訂的官員們「推銷」，如果成功了，就馬上寫銷售草案。

可是，隨著後來聯邦政府大幅度削減國防部和太空總署的預算，模範雷達公司的生意也就清淡了下來，並且很難接到生意。該公司投標頻繁，但中標卻越來越少。所以，這種狀況成為了該公司幹部會議的主題。

公司總經理首先發言：「女士們，先生們，相信大家都知道公司業務下降的原因，本公司已逐漸走向了絕境。我們確實具有雄厚的技術能力，而國防費用也仍有1000億美元的預算，所以我們還是有很大發展潛力的。我已經向各部門的主管人員說過，要是你們打算留在本機構內，你們一定要爭取到新的業務。我的話不應該是對聾子說的，我向你們保證，我是嚴肅認真的。現在已經是我們做出抉擇的時刻了，要麼我們把業務搞好，要麼讓另一家企業把我們兼併掉。」

詹姆斯‧辛普森，部門主管人員之一，接著說道：「大家也許會認為我們身上缺少忠誠，但我確信，我們只是沒有有效地組織起來去幹我們必須幹的事。在年景好的時候，我們幹得好，生意興旺，中標率也很高，甚至達到這種程度：假如訂貨中的技術要求不合乎我們部門主管人員的口味時，我們寧可拒不成交。而現在，我們需要生意卻得不到合同。我們對待問題的方法其結果是無人負責招攬業務，我們大家都負責，但誰也說不上

各人負多少責，權力被大大地分散了，我們大家都受責備，然而誰也不接受這種責備。」

聽了這番開誠布公的話，所有職員都震驚了。總經理很體諒地沉默了一會兒，讓每個人考慮一下自己的看法。有一個成員終於坦率地發言：「對這個問題，我不這樣看。我們已經成功經營了20年，我們像其他宇航公司一樣爭到了業務。但是，你卻不能指望一個部門的主管人員去接受和執行他不感興趣的合同。你知道的，國防業務不像推銷肥皂。」

「我知道，」辛普森說：「過去我也是這樣想的。最近，我一直在看管理文獻，看看我們有沒有忽略了某些規劃。這些文獻的作者們似乎這樣認為：每當一個人有明確的目標，每當一個人為完成這一目標而親自承擔責任，每當一個人為完成目標而具有決策的權力時，最佳的結果就會出現。除了銷售外，我們公司樣樣事情都是這樣做的。可是為什麼銷售要例外呢？」

會議進行到這個節骨眼上就休會了。總經理表示，他將重新審察這件事，並在下次會議上提出建議。

兩個星期後，經過很長時間的研究和商討，他召開了例行的職工會議，並宣布：「女士們，先生們：我認為現在是大家停業來爭論管理原則問題的時候了。讓我們運用這些原則為我們自己謀利吧！我想，我們應該把兜攬業務集中在一個人的手裏，這個人負責兜攬業務並向我彙報，同時具有必要的決策權力。我希望這位主管能精兵簡政，我不主張招兵買馬。我們將根據需要，向業務部門借用業務人員，目的在於使新部門的技術人員不會變得閒置無用。我認為，不論誰擔任銷售草案委員會主任，一旦獲得合同，就在這時請他兼任開發方案主管人。這樣我認為在我們的活動裏，就會出現大量的工程師之間的橫向協作。」

這項建議是如此地具有創新精神，使得在座的各位人員對其可行性不敢立刻表態。總經理便宣布散會，囑咐工作人員回去研究，並在下次會議時提出建議，使「高級開發方案」更加切實可行。

最後，公司幹部們經過激烈爭論，終於認可了這一方案。雖然這一方

案是總經理提出的，但他們自己也參與了它能否實施的決定過程，所以一旦執行起來，各部門幹部都認為自己有義務把它幹好，以證明自己決定的事情沒錯。這樣，半年之內，模範雷達公司的銷售業績就直追以前，後來又到生意興旺的時候，他們做得簡直比當年好得多了。

由此可見，人們在團隊裏為實現某種目標而一起工作時必須擔任特定的角色，正像演員在戲劇裏扮演角色一樣，不論這些角色是由他們自己創造的，還是偶然扮演的，還是為了達到集體目標而指定他們扮演的。「角色」這個概念的意思是指人們做一項工作應有明確的目標或目的，他們明瞭自己的工作任務如何構成集體工作的一個組成部分，同時他們擁有必要的權力、手段和資訊去完成任務。組織工作是管理工作的一部分，這部分工作者在建立一個經過策劃的角色結構，並分配給機構中的每一個成員。所謂精心策劃就是說為了完成任務而必須做的一切工作，都要分配給具體的人，同時要能分配給最勝任的人。組織結構的宗旨是為了創造一種促使人們完成任務的環境。它是一種管理手段，而不是目的。雖然結構一定要規定必須完成的任務，但是，由此而制訂的角色，必須根據現有人員的才能和積極性進行擬訂。

本例中的模範雷達公司，其原來的失誤之處即在於它的組織中缺少了一個重要的「角色」——銷售部主任。這一角色的任務被各個部門分擔了，這必然影響到這一角色任務的很好完成。在生意旺年這還顯不出弊端來，一旦碰到蕭條期，弱點馬上就暴露無遺了。總經理的「高級開發方案」就是彌補了這一角色的缺失，同時，為了避免機構臃腫，他還做了其他處理，規定不許招兵買馬。

而我們最應該注意的還有這位總經理對其改進方案的提出方式，在這裏，他巧妙運用了內捷術，只是他並不是去找出職工的共同意願，而是把自己的方案，自然而巧妙地轉化成了大家的共同意願，從而以這個共同的意願帶動了大家的積極性，完美實現了公司的「自我挽救」。

C8 處世活用

潁考叔因勢利導

《內揵》篇中有云：「乃揣切時宜，從便所為，以求其變。以變求內者，若管取揵。」雖然其本意論述的是取寵見用之術，強調要揣摩、順應形勢與君主意志，要會乘便、趁勢，還得隨機應變以實現目標。實際上，這些基本道理與原則同樣可以在為人處世方面發揮妙用。諸葛亮草船借箭的故事，相信大家都耳熟能詳，確實，生活中又很多事情不是光憑我們的力量硬來就可以解決的，只有學會揣切時宜、借用別人的力量乘勢而為、隨機應變才會取得成功。許多善處世者都精於借力、借勢去營造有利的氛圍，從而為自己以及他人的生活化解了難關，鋪平了道路。

春秋時期，鄭國國君鄭武公有兩個兒子，大兒子叫寤生，被立為太子，小兒子叫共叔段。母親姜氏喜歡小兒子而嫌惡大兒子，一直想廢掉寤生太子，改立小兒子，只是由於鄭武公不同意才不能得逞。鄭武公去世後，姜氏與共叔段合夥密謀反叛寤生，不想事情敗露，最終共叔段自殺身亡。而寤生也非常氣憤母親為弟弟出謀劃策，同流合污，盛怒之下把母親送出了京都，還發誓：「不到黃泉永不相見。」可是，沒過多久，繼位當了國君的鄭莊公寤生就心生悔意了。

鄭國之臣潁考叔得知此事後，特意提著自己狩獵獲取的貓頭鷹來到京都，以向國君進獻野味之名拜見了鄭莊公。

「你進獻的是什麼野味啊？」鄭莊公笑著問道。

潁考叔急忙上前回答道：「稟國君，這種鳥叫鸞，極不孝。小時候牠母親哺育牠，長大了卻不懂回報，反倒吸食母親的肉。所以人們都捕捉牠，將牠煮著吃。」

設宴的時候，鄭莊公命人賜羊肉給潁考叔吃，潁考叔接過羊肉，先挑出一塊上好的羊肉包起來，恭恭敬敬地放在一邊，然後才開始用餐。鄭莊公見他此等做法覺得很奇怪，便問潁考叔為什麼留著那塊上好的羊肉。

「我家裏還有80歲的老母親，她從來沒有吃過這麼好的羊肉。現在主公賜我這麼好的羊肉，母親吃不到，我為人子的又哪能咽得下去呢？所以我想將它帶回去讓她老人家嘗嘗，想必主公不會責怪我吧？」潁考叔說。

鄭莊公聽了，長歎道：「你真是個孝子呀！」說著，兩眼不禁湧出了淚水，「你有母親可以奉養，能夠盡兒子的孝順之心，我卻不能了。」鄭莊公停了一下，又說：「為子不能盡孝，為臣不能盡忠，何以立於天地之間？」說完，臉上表情十分悲戚。

潁考叔裝作不知情的樣子問道：「姜夫人不是還健在嗎？大家都知道主公十分賢孝，對姜夫人的話唯命是從，主公怎麼能說不能盡孝呢了？」

鄭莊公長歎一聲，便把將母親姜氏已經送出京都之事告訴了潁考叔，並且最後這樣說道：「當時這件事處理得實在是太草率了，如今想來很是難過，無奈已經立下誓言，真是追悔莫及呀！」

「大家都說主公至孝，主公現在一定非常想念姜夫人。如果覺得曾經發過誓，一旦違背誓言見面的話就會失去威信，我倒有一個辦法可以避免此種局面。所謂黃泉不過就是地下的泉水罷了，其實就是地下的意思，不一定非得等到人死了才到地下。如果讓人挖個地道，在地下修一座宮殿，先請姜夫人住在裏面，主公再到那裏去見她，不就是「不到黃泉不相見」嗎？見了面之後再把夫人接上來，不就兩全其美了嗎？」潁考叔聽了鄭莊公的話後積極地替他出謀劃策。

莊公聽了非常高興，連聲稱讚潁考叔的孝心和忠心，更稱讚他的聰明才智。就這樣，鄭莊公按照潁考叔的辦法把母親接回了京都榮陽。

這個故事之所以被後人傳為美談，其中一個重要因素就是潁考叔順勢而為、因勢利導、以變求成的聰明才智。鄭莊公作為國君當然不能言而無信、對自己的誓言不履行。那樣的話，他就會失之以威、失之以信。當然，鄭莊公除了不便與母親相見之外，還有更為複雜的氣憤與感情對壘的因素。要知道，雖然姜氏為鄭莊公之母，但她曾經與弟弟一起謀劃行動加害於自己，這種行為確實是「是孰可忍孰不可忍」。不過話又說回來，她再怎麼行為不端，也還是自己的母親，而且弟弟也已經自殺了，她不可能再為了「王權」而與自己過不去了。何況，趕母出都也是自己一時氣憤之下而草率做出的決定。種種因素綜合起來，才是鄭莊公後悔將母親趕出京都榮陽的真正原因。

為子要盡孝，為臣要盡忠，這是順乎自然、順應社會、合乎情理的客觀要求，是對國家、對社會的有利之道，鄭莊公當然更不願意冒這天下之大不韙。這就是一種「勢」，而穎考叔正是「揣切時宜」，抓住這個「勢」，利用送貓頭鷹之機指出為子不孝必遭眾人憎恨的道理，又以自己捨不得吃最好的羊肉而留給母親之事引發鄭莊公的感觸，再借機提出偷樑換柱、變通地創造環境讓鄭莊公母子相見的方法，對鄭莊公進行了層層深入的啟發與引導，從而使鄭莊公打消了顧慮，不再猶豫，拋棄前嫌，終於再次與母親相見了。

我們在日常生活中，順應自然，隨遇而安，要求我們順應時勢，無論是對待自己，還是對待他人；無論是對待機遇，還是對待競爭，要及時地捕捉到尚有「可能性」存在的「勢」，然後，盡其所能地順著事情發展的趨勢加以引導，把它變為現實。這樣，順利和成功將會更多地陪伴我們。

而在生活中辦事因勢而變，就是在恰當的時機由恰當的人選去辦該辦的事。有些時候辦事能利用對方對立的思想情緒，有意識地反過來說、反過來做，使對方與你唱反調，也能達到自己的預期目的。總之，要「揣切時宜，從便所為，以求其變」。如此「以變求內者」，才能在處理任何事情時都能「若管取揵」，得心應手，遊刃有餘。

徐文遠以變求存

在為人處世上，很多時候老實耿直不但做不成事，反而會自身難保。而學會了「變」，反倒能無往而不利，盡享風光顯貴。所以，學會「揣切時宜，從便所為，以求其變」，時時事事隨機應變、機靈做人也是很重要的。

徐文遠乃名門之後，幼年時和父親一起被抓到了長安，那時候生活十分艱苦，幾乎難以自給。但他勤奮好學，通讀經書，後來官居隋朝的國子博士，越王楊侗還延請他擔任祭酒一職。

隋朝末年，洛陽一帶鬧饑荒，徐文遠只好外出打柴以維持生計，不

巧碰上了李密，於是便被李密請進了自己的軍隊。而李密曾是徐文遠的學生，請來徐文遠後，讓他坐在朝南的上座，自己則率領手下兵士向他參拜行禮，請求他輔助自己。徐文遠便對李密說：「如果將軍你決心效仿伊尹、霍光，在危險存亡之際輔佐皇室，那麼我雖然年邁，仍然希望能為你盡心盡力。但如果你要學王莽、董卓，在皇室遭遇危難的時刻，想乘機篡位奪權，那我這個年邁體衰之人就不能幫你什麼了。」李密聽了答謝道：「我敬聽您的教誨。」

後來李密戰敗，徐文遠歸屬了王世充。王世充也曾是徐文遠的學生，他見到徐文遠十分高興，賜給他錦衣玉食。而徐文遠每次見到王世充，總是十分謙恭地對他行禮。有人問他：「聽說您對李密十分倨傲，但卻對王世充恭敬萬分，這是為了什麼緣故呢？」徐文遠回答道：「李密是個謙謙君子，所以即使像酈生對待劉邦那樣用狂傲的方式對待他，他也能夠接受；王世充卻是個陰險小人，即使是老朋友也可能會被他殺死，所以我必須小心謹慎地與之相處。我察看時機而採取相應的對策，難道不應該如此嗎？」等到王世充也歸順唐朝後，徐文遠又被任命為國子博士，很受唐太宗李世民的重用。

正由於徐文遠能「見其謀事，知其志意」，「乃揣切時宜，從便所為，以求其變」，才得以在隋唐之交群雄逐鹿的混亂形勢下保全性命，並終得其所。這對我們當今處世也是一個很好的啟發。

麥克阿瑟的寬容

《內揵》篇中指出，在古代，聖人立身處世，就是以先見之明來議論萬事萬物的，其先見之明來源於道德、仁義、禮樂和計謀。他們用言辭、智謀與國君交流，說話前都做好充分準備，不打無把握之仗，正確處理好「投其所好」和政治道德標準之間的關係，所以在當時收到了良好的效果。同樣的道理，在為人處世上，尤其是在影響顯著而深遠的外交活動

中，以「情」通融的寬容之法常會贏得全世界人民的尊敬，麥克阿瑟將軍對待日本的寬容政策即是一個典型的成功範例。

20世紀40年代太平洋戰爭爆發之後，日本軍隊背信棄義瘋狂地虐待美國官兵，引起了美國上下一片憤激之情，而當年的指揮官麥克阿瑟將軍對此更是恨之入骨。

1945年8月15日，日本向盟國投降。當天，美國總統杜魯門即任命麥克阿瑟為駐日盟軍總司令，並負責戰後日本重建的重要任務。這一任命不由得使世界注目，人們紛紛預測，日本要遭受大規模的報復了。出乎意料的是，麥克阿瑟卻極力主張寬恕政策。其手下的一些軍官早就想發洩一下對日本侵略者的深仇大恨了，多次建議要把天皇裕仁作為頭號戰犯處死，都被麥克阿瑟拒絕了。他認為，這樣做必定會使日本人對盟軍產生強烈的抵觸情緒。

當時，他接受這一任務可是冒著很大的風險的。日本軍人具有武士道精神，死硬派可能會頑抗到底並組織暗殺。但即便知道進駐日本存在很大的危險，麥克阿瑟仍然大膽決定同第一批佔領軍一起出發去日本。8月30日，麥克阿瑟乘坐「巴丹」號飛機抵達了日本厚木。為了防止意外悲劇的發生，警衛人員戒備森嚴，如臨大敵。面對眾多圍觀的日本人，麥克阿瑟鎮定自若，他命令警衛人員收起武器，隨行高級人員也把佩帶的手槍放在飛機上。這一舉動在日本收到了良好的心理效果，美國人在日本國土上不帶武器的姿態表明日本確實已經失敗了。麥克阿瑟在數百萬日本部隊尚未解除武裝的情況下，只帶少數先遣人員，無所防備地來到一個戰敗國家，顯示出了驚人的冷靜與極大的勇氣，尤其重要的是他對日本人的信任感，博得了日本人的由衷讚歎和感激。

1945年9月27日，日本天皇懷著忐忑不安的心情來到了美國大使館。麥克阿瑟獲悉後，趕緊來到了會見大廳的門口禮貌地迎接天皇，並以上賓禮儀接待他。天皇以負罪的心情主動說道：「麥克阿瑟將軍，我對貴國和世界人民犯下了不可寬恕的罪行。我今天來見您，是要把我交由您所代表的各個大國來裁決。我願對我的人民在戰爭中所做的一切政治、軍事決定

和採取的一切行動承擔全部責任。」麥克阿瑟聽到這些話後，十分高興，他回答道：「戰爭責任是要追究的，但天皇可以例外。請相信，您將受到我們佔領軍的妥善對待。」寥寥數語使天皇提著的心放了下來，他感動得手足無措，連聲說道：「謝謝，謝謝！」

但麥克阿瑟的寬容政策，卻遭到了盟軍一大批人的強烈反對，他們要以血還血、懲前毖後，並指責麥克阿瑟毫無道理、心懷叵測。麥克阿瑟耐心解釋道：「從感情上，我當然是仇恨日本人的。但一旦取得勝利，作為佔領軍的最高長官就不能感情用事。我現在關心的是怎樣使他們重新站起來，而不是永遠爬不起來。」

事實證明，麥克阿瑟的寬容政策起了很好的作用。在以武士道精神著稱的日本，美軍的佔領並未遇到多少障礙。1951年4月16日當麥克阿瑟離職回國時，日本總理大臣吉田茂向全國發表廣播講話時說：「麥克阿瑟將軍為我國利益所做的貢獻是歷史上的一個奇蹟。我無法用語言表達我國人民對他的離職所感到的依依惜別之情。」之後吉田茂評論說，麥克阿瑟對裕仁處理得當，是美國對日本佔領之所以成功的一個重要原因。眾所皆知，天皇在日本人的心目中是至高無上的，他對日本人有著神祕的影響。如果麥克阿瑟處死裕仁，或者做了其他有意貶低天皇身分的事，必將傷害日本人的感情，從而使佔領變得十分困難。麥克阿瑟對天皇的寬大，實際上是採取了攻心為上的策略，妥當地利用了天皇的影響，也屬於靈活運用了「揣切時宜，從便所為，以求其變」的內揵之術。

一廂情願的美國人

《內揵》篇中說到，闡釋自己的意見，要想對方能夠採納，必須先摸透對方的想法，然後創造有利於對方接受的條件，相互之間保持良好的感情，才能取得談判的成功。而在心理學上也指出，需要的滿足是一種系統的、整體的行為。從需要的各個層次上來講，任何一個層次的需要在談判

中均不可忽視，偏廢任何一個層次的需要，哪怕看起來是一種很不起眼的需要，都可能導致談判的失敗。美國人就曾經因為沒有注意到這些基本的但卻很關鍵的原則，從而在一次談判中吃了個啞巴虧。

那次是美國和墨西哥就天然氣問題舉行談判。美國想壓低墨西哥天然氣的價格，而美國能源部長斷定這只是錢多錢少的談判，因此拒絕批准美國石油財團與墨西哥人談判的提價協議。並且由於當時墨西哥沒有潛在的購買者，美國自然少了相應的競爭對手，所以他們一廂情願地以為墨西哥肯定會削價出售。

但他們卻沒料到墨西哥人不僅注重天然氣能賣個好價錢，而且還渴望受人尊重，得到平等的待遇。可美國的舉動似乎又在試圖侮辱墨西哥，結果，美國人居高臨下的行為激起了對方巨大的憤慨，墨西哥政府乾脆不賣了，一賭氣竟將天然氣付之一炬……

正是由於沒有或者只是片面地考慮對方的需要，使美國在同墨西哥的談判中遭到了意料之外的失敗。所以，只有充分而系統地重視了對方各種層次的需要，對這種需要的滿足才能有的放矢、收到成效，才能夠進一步實現己方的各種需要。因而，要想對方能夠接納自己的建議或要求，必須認識到，尊重對方的情感是非常重要的，這也是談判順利進行的必循法則。談判雙方是對不同利益感興趣的主體，於是，雙方之間的關係在很大程度上，決定了談判是否能夠順利進行和今後是否還能繼續合作。

談判雙方互相尊重各自的感情和情緒，建立起良好的關係是所有談判者不可忽視的重要問題。談判雙方的良好關係會使談判雙方避開衝突性的利益而尋找共同性的利益；相反的，對立的關係會使人斤斤計較、寸步不讓，拘泥於各自的立場拒不退讓，這大大削弱了談判成功的可能性。有鑒於此，作為談判者，除利益關係外，還須重視對方的情感、情緒需要。

而在上面的這場談判中，美方卻未能做到這一點，盛氣凌人的美國人根本就沒有考慮到墨西哥人的尊嚴，結果自己的「一廂情願」變成了「竹籃打水一場空」。就像《內揵》篇中警告的那樣：「不見其類而為之者，見逆；不得其情而說之者，見非。」所以，「必得其情，乃制其術，此用可出可入，可揵可開。」

有變化就有機會

在我們的日常生活中，經常能見到這樣一類人：當他們步入困境時，不是鑽牛角尖，而是「揣切時宜，從便所為，以求其變」，積極開動腦筋轉換思路，開創出另一片天地，因而往往成為最終的成功者。

美國康乃爾大學威克教授做過這樣一個實驗：拿一隻敞口玻璃瓶，瓶底朝著光亮一方，放進一隻蜜蜂，蜜蜂在瓶中反覆地朝有光亮的方向飛，牠左衝右突，努力了好多次，都沒有飛出瓶子，可牠就是不肯改變突圍的方向，仍舊按原來的方向去衝撞著瓶壁。最後，牠耗盡了氣力，奄奄一息。

然後，教授又放進了一隻蒼蠅，蒼蠅也朝有光亮的方向飛，突圍失敗後，又朝各種不同方向嘗試，最後終於從瓶口飛走了。

這個實驗充分說明了：成功在於肯努力嘗試以求其變。當一條路走不通時，要趕緊轉過身去尋找另一條出路。往往在困境面前改變一下思路，一切就峰迴路轉、柳暗花明了。

西方有一位聰明的書商為了推銷書籍，想出了一個絕妙的招數。他先是給總統送去了一本書，然後就不停地打電話徵詢總統的意見。日理萬機的總統想早點擺脫他的糾纏，便敷衍道：「這本書不錯！」這位書商聞言頓時心花怒放，大做廣告：「現有總統喜歡的書出售。」於是，這些書被一搶而空。不久，這位書商又出了一批書，他又送了一本給總統。總統為了避免再次被人利用，就毫不客氣地說：「這本書糟透了！」不曾想，這次書商更是如獲至寶，又到處做廣告：「現有總統厭惡的書出售！」人們出於好奇爭相購買，這些書很快又被賣光了。後來，書商故技重施，又將一本新出版的書送給總統。總統因受前兩次的教訓，乾脆緘口不語，一個字也不肯說。但這也早在書商的意料之中，他不但不急，反而高興得手舞足蹈，因為這次他做的廣告是：「現有總統難以下結論的書出售！」這些書果然又被搶售一空了。當然，這只是一個較極端的例子，但充分說明了「變」的妙處。

很多人過著墨守成規的日子，幾十年如一日。這種人很少能取得大突破。而真正聰明的處世者，往往善於變化思維，從而給自己的生活和事業

帶來轉機。

　　羅丹說：「生活中不是缺少美，而是缺少發現。」而我們也可以說，在生活中，不是缺少機會，而是缺少變化。我們就要做一個生活中的有心人，有時別人一句不經意的提點，卻是你創造的契機。是的，有時我們的確無法改變生活的一些東西，但是我們可以改變自己的思路，有時只要我們放棄了盲目的執著，選擇了理智的改變，就可以化腐朽為神奇了。正所謂有變化就有機會。

抵巇第四

所謂「抵」即擊實、抵塞、抵擋，「巇」（音希）的原意是險峻、險惡，後引伸出間隙、漏洞、矛盾等意，比喻給人以可乘之機。本篇所論的「抵巇」之術，主要講述的是如何洞察事物出現的缺陷與矛盾，而後又該採取什麼樣的措施和策略加以彌補或利用，屬於方法論範疇，可以稱之為一種治世技法、一種道術。

本篇先從自然現象的論述入手，提出萬事萬物都會出現裂縫、漏洞或矛盾，要審時度勢，知兆朕於初萌，塞縫隙於始見，防微杜漸、防患於未然，在這些不利徵兆剛剛出現的時候，便及時採取措施加以彌補，由內因而起就要堵塞，由外因而起就要消除外部隱患，這都是在能夠補救的情況下採用的「抵而塞之」的辦法；如果其隙不可塞，世亂不可治，且已達無法補救的地步，則乘其隙而擊破之，砸爛舊世界，創造新世界，即「抵而得之」。

關於「抵」的對象又可分為兩種，一種是對自身之「巇」的「抵」，一種是對他人之「巇」的「抵」。其方法也可分為兩種，一種是修補輔助，一種是利用奪取。而在政治、軍事等領域，抵巇術的運用多以利用為主，也就是所謂的投機取巧、乘虛而入。其手段主要就是千方百計地找出對方的弱點或缺陷也即所謂的「巇」，如貪財、貪色、貪名、貪權等人性弱點，或者多疑、嫉賢妒能、剛愎自用等性格缺陷，並善加利用以達到自己的目的。而從全局來看，抵巇術運用成功的關鍵就是要洞察、順應事物發展變化的規律，伺機而動，唯其如此，才能靈活運用或「抵而塞之」、或「抵而得之」的策略，不斷完善自己，同時克敵制勝。

一

物有自然，事有合離❶。有近而不可見，有遠而可知❷。近而不可見者，不察其辭也❸；遠而可知者，反往以驗來也❹。

【注釋】

❶ 自然：非人所為的，天然的，此指有規律。合離：聚合與分離，此指分合規律。

❷ 見：發現，覺察，察知。知：了解。

❸ 辭：通「異」，《儀禮·大射儀》：「不異侯。」鄭注：「古文異作辭。」異，異點，此指事物、事件本身獨具的與眾不同的特點。

❹ 反往：考察事物、事件的歷史成因及過程。驗來：用其歷史過程來比證今天的發展，以掌握其規律。

【譯文】

世間萬物都有自己本身的自然屬性，萬事也都有自己的分合規律。但對這些屬性和規律，有的近在眼前卻難以看透，有的遠在天邊卻瞭若指掌。近在眼前難以看透，是因為沒有掌握其自身獨具的特徵；遠在天邊卻瞭若指掌，是因為對其歷史和現狀都做了深入研究，能夠反觀往昔以比證未來。

二

巇者，罅也。罅者，澗也。澗者，成大隙也❶。巇始有朕，可抵而塞，可抵而卻，可抵而息，可抵而匿，可抵而得，此謂抵巇之理也❷。事之危也，聖人知之，獨保其用❸。因化說事，通達計謀，以識細微❹。經起秋毫之末，揮之於太山之本❺。

【注釋】

❶ 巇：縫隙，裂縫。罅：義與「巇」同，只是裂的程度略深。澗：山溝。從文意來看，「巇」發展「罅」，「罅」發展成「澗」，是一個從小隙向大隙發展演變的過程。

❷ 朕：徵兆，跡象。塞：阻塞。卻：退卻，排除。息：止息。匿：隱匿，消失。得：取得，獲取，取代。

❸ 事之危：事物剛現出危機徵兆的時候。保：恃，憑藉。

❹ 因化：順應、依循變化。說事：此指議論此事，思量此事。細微：此指產生罅隙的微暗原因。

❺ 經：始。秋毫：指動物秋季新生出的細毛，以喻細微。揮：《唐韻》：「振也，動也。」太山：即泰山，以喻大而堅固的物體。

【譯文】

微隙不管，就會發展成小縫；小縫不治，就會發展成中縫；中縫不堵，就會發展成大裂縫。微縫剛剛出現時，會有徵兆可尋，可以治理、堵塞它，可以慢慢擊退它，可以使之平息，可以讓其逐漸泯滅，甚至可以去舊用新、乘機用適當的途徑取而代之。這就是抵巇之術的基本原理。由此，在事物產生危機的徵兆剛剛出現時，只有聖智之士才能敏銳地覺察到它，憑著自己的力量，追尋它變化的蹤跡並暗中思量琢磨，通盤籌畫，以找到產生微隙的原因。萬事萬物的發展變化常常如此，開始時都起於秋毫之末般微小的原因，如若任其發展下去，也會動搖如泰山般大而堅固的物體。

三

其施外，兆萌牙蘗之謀，皆由抵巇❶。抵巇之際，為道術用❷。天下紛錯，上無明主，公侯無道德，則小人讒賊❸，賢人不用，聖人竄匿，貪利詐偽者作，君臣相惑，土崩瓦解而相伐射，父子離散，乖亂反目，是謂萌牙巇罅❹。聖人見萌牙巇罅，則抵之以法❺：世可以治，則抵而塞之；

不可治，則抵而得之❻。或抵如此，或抵如彼；或抵反之，或抵覆之。五帝之政，抵而塞之❼；三王之事，抵而得之❽。諸侯相抵，不可勝數❾。當此之時，能抵為右❿。

【注釋】

❶ 施外：施，擴展。指向外推行教化，治理天下。兆萌：微小的徵候。牙蘗：牙，同「芽」。指伐木後從根部所生的新芽，比喻事情開始的不祥之兆。

❷ 抵：此處意為打、擊。道術：此指遊說處世之權術。

❸ 讒賊：傷害好人。傷良為讒，害良為賊。

❹ 伐射：射，射箭，引伸為戰鬥。指互相攻伐而激烈戰鬥。萌牙巇罅：由小的縫隙發展為大的裂縫，意為亂政萌芽會逐漸發展為大的禍端。

❺ 法：法則。

❻ 抵而得之：通過「抵」來取得。

❼ 五帝之政：指像黃帝、顓頊、帝嚳、堯、舜那樣的德政。相傳五帝時行禪讓之法。

❽ 三王之事：指像禹、湯、文王那樣的政事。夏、商、周三代皆以征伐得天下。

❾ 諸侯相抵：指各國諸侯互相攻伐。抵，擊。

❿ 當此之時：指戰國時期。右：上。古禮尚右，以右為上。

【譯文】

　　當聖人向外推行教化、治理天下時，針對事件危機的萌芽和徵兆，都是運用抵巇的原理予以謀劃、防範和處理。從縫隙入手解決問題，是策士遊說處世權術的實用手法。天下動亂不止，地上沒有賢明的君主，公侯權臣不講仁德，小人讒害賢良，使賢者得不到進用，聖人逃避濁世，貪圖利祿、奸詐虛偽之徒紛紛興起作亂，君臣互相蒙蔽欺騙、國家四分五裂、土崩瓦解，相互攻伐殘殺，父子離散不合，骨肉反目為仇，這就叫做「萌芽巇罅」，即社會政治混亂逐步發展、惡化。聖智之士見到這種情況，就運

用抵巇法則去處理：若認為世道還可以挽救，就採取措施查補漏洞使其「巇」得到彌合；若感到世道已然發展到不可挽救的地步，就循其縫隙，伺機而動，打爛舊世界，重建新世界。或用這種手法治世，或用那種手法治世；或把世道反過來，或讓世道恢復其本來面目。總之，若遇到像五帝那樣的德政，就用抵巇之術幫其彌補漏洞；若遇到像三王樣的征伐之世，就用抵巇手法取代它，棄舊建新。當今之世，諸侯之間互相征伐，混戰事件不可勝數。這時，善於利用抵巇之術才是上策。

四

　　自天地之合離，終始必有巇隙，不可不察也❶。察之以捭闔，能用此道，聖人也❷。聖人者，天地之使也❸。世無可抵，則深隱而待時❹；時有可抵，則為之謀。此道可以上合，可以檢下❺。能因能循，為天地守神❻。

【注釋】

❶ 天地之合離：指混沌初開，天地生成之時。終始：指事物發展變化的全過程。

❷ 此道：指抵巇之術。

❸ 天地之使：這裏是就聖人能發現、掌握自然規律和社會規律而言。

❹ 無可抵：沒有可以抵擊的縫隙，代指清平盛世。時：時機，指世道出現縫隙之時。

❺ 上合：意為「抵而塞之」，指輔佐當權者治理國家。檢下：意為「抵而得之」，即言自己取而代之，得有天下，治理民眾。

❻ 因：根據。循：遵循。為天地守神：俞樾曰：「《國語・魯語》曰：『山川之靈，足以綱紀天下者，其守為神；社稷之守，為公侯。』故此云『為天地守神』。」為天地守神位，指郊天祀地，而唯帝王才有資格來郊天祭地，故這裏用來代指得到帝王之位，成為國家的統治者。

【譯文】

自從天地初生以來，任何事物發展變化的過程當中都必然會出現縫隙，這是我們不可不留心明察的。能用捭闔之術去了解、體察世道，又能運用這種抵巇之術去解決問題，這就是聖人了。所謂聖人，就是能夠發現並掌握自然規律和社會規律的人。若生逢盛世，沒有縫隙可以彌補、利用，就深深隱藏起來等待時機；一旦世道出現縫隙可資利用，有可乘之機，就運用抵巇之術進行謀劃。而用這種道術，可以抵塞、彌補縫隙，輔佐聖君治理天下；也可以抵擊縫隙，重建一個新的世界。如果能夠依據和遵循這種道術去處世，就能博得帝王之位，成為天地萬物的守護神。

○§ 以史為鑑

伊尹防患未然禁閉天子

夏桀是夏朝的最後一個皇帝，他在位時不僅荒淫無道，還濫殺忠臣良將，殘酷壓榨百姓，政權已岌岌可危。而此時，商國卻漸漸強大起來。

商本是夏朝其中的一個屬國，國王成湯在相國伊尹的有力輔佐下，對內勤修德政，發展壯大自身的軍事力量，對外則逐步征服周邊的小國，最終於西元前11世紀左右，討伐桀王，滅掉夏朝，建立商朝。

為商朝的建立立下了汗馬功勞的相國伊尹，當初本是成湯推薦給桀王的，但桀王只同他談了一次話，以後便沒有再理過他。成湯見夏桀並沒有重用伊尹，便將其請到商國並拜他為相，授予國政。伊尹果然不負眾望，盡心幫助成湯發展農耕，鑄造兵器，訓練軍隊，最終滅了夏朝。成湯臨死前把大權交給了伊尹，囑託他要盡心輔佐自己的三個子孫，伊尹答應了他的要求。

成湯的三個子孫分別是外丙、中壬、太甲，他們都是商朝很有作為的王。但太甲繼位的前三年，並沒有致力於國政，而是整日沉湎酒色。

儘管伊尹曾以長者的身分對他耳提面命，又用相國的權力威脅他，但

太甲在治國為民上仍然懶得花半點心思。為了讓太甲改過自新，繼承發揚成湯的偉業，進一步開創商朝的鼎盛，伊尹幾乎施盡了各種方法，無奈太甲卻始終不以為然，冥頑不靈。

也有大臣勸伊尹道：「當年先主在位時，你幫他滅掉夏國建立了成湯基業；先主仙逝後，你又盡心輔佐了兩位人主，可以算是完滿地報答了先主的知遇之恩。現在你既然徒勞無功，又何必強求呢？不如帶上金銀財寶，找一個山明水秀的地方隱居下來，安享晚年！」

伊尹反而訓斥那位大臣：「為人臣子的，應當在國家危難時挺身而出，勸誡皇帝，這才是良臣。如果大臣們都像你所說的那樣，君主英明、太平盛世時便在朝堂食俸祿；而一旦風雲突變、國君不明事理時，便隱藏起來，那麼，要我們大臣又有什麼用呢？」

那位大臣被質問得啞口無言，深感羞愧，連忙向伊尹請罪。儘管如此，伊尹還是免了他的職，並當眾公布那位大臣的口舌之罪，眾人聽了心中都有所敬畏。

太甲也知道了這件事，表示贊同。伊尹便又乘機勸太甲，太甲仍是不聽。萬般無奈之下，伊尹便將太甲關進南桐宮，責令其反省，自己則躬身主持朝中事務整整三年。

經過三年的反省，太甲終於悔悟。伊尹便又親自把他接出來，將政權歸還與他。太甲重新登上了皇位，他勵精圖治，終於使商朝達到了一個鼎盛時期。這其中，伊尹可謂功不可沒，他當了30多年的商朝相國，為商朝的長治久安奠定了堅實的基礎。

伊尹

即使是很微小的缺漏，如果不及時加以控制，任其發展，終將使穩固的根基動搖。只有將其消滅在萌芽狀態下，才不會釀成大禍。太甲身居帝位而沉迷

於酒色，這是小「巇」，只有及時制止才不至於發展到大「巇」乃至無可挽回的地步。所以，伊尹先是以忠言勸諫，在證明這種方法確實是無效的情況下，才將身為天子的太甲軟禁三年令其反省。這種由低到高、由軟到硬的「抵巇」之法可謂運用得恰到好處，因為這樣一來，讓太甲親歷了得而復失的滋味，比起每天耳提面命來，效果要強有力得多。

而伊尹之所以能夠成功「抵」住太甲的「巇」，這與他因小見大、見微知著的眼光是分不開的，正所謂「聖人見萌牙巇罅，則抵之以法：世可以治，則抵而塞之」。

王允巧施美人計

一說到「美人計」，大家都耳熟能詳，其理論根據是攻擊人性最普遍的弱點之一，即「英雄難過美人關」。其具體內容則是針對對手在意志上有愛財好色的弱點，投其所好，用美女、財物等「糖衣炮彈」巧妙進攻，使之貪圖安逸，拜倒在石榴裙下，從而亂其心智，奪其鬥志，使之內部發生分裂，然後再伺機控制敵人，奪取勝利。這也是尋其「巇」而利用之，但在實際操作上，美人計卻也有高下優劣之分，所謂「運用之妙，存乎一心」。其中最經典的當屬王允用貂蟬了。

東漢末年，天下紛爭，群雄並起，朝中大臣引狼入室，最終使朝廷大權落入董卓的掌控之中。董卓此人陰險狡詐，暴虐兇殘，經常濫殺無辜，且有謀朝篡位的野心，滿朝文武，對董卓既恨又怕，敢怒而不敢言。

這種狀況讓官拜司徒的王允心中憂慮萬分，朝廷竟然出了這樣一個奸賊，如果不盡快剷除他，漢室江山難保。但董卓的勢力很大，身邊戰將無數，其中更有他忠心耿耿、驍勇善戰的義子呂布，有萬夫不擋之勇，正面攻擊，必定不是他的敵手。後來王允經過多方打探，得悉這「父子」二人有一個共同的弱點：都是好色之徒。於是便想到了用美人計來離間他們父子，使之反目成仇，乘機借刀殺人，除掉董卓。

這招美人計的主角是王允府中一位名叫貂蟬的歌女,她不但長得國色天香,才藝出眾,而且深明大義。當王允向貂蟬和盤托出想用美人計來誅殺董卓的計畫時,貂蟬為了報答王允對自己的養育之恩,決心犧牲自己,為朝廷除害。

就在宴請呂布的一次宴會上,王允尋到機會主動提出想將自己的「女兒」貂蟬許配給呂布。呂布一見是這麼一位絕色佳人,自然欣喜萬分,對王允也感激不盡。

次日,王允又把董卓請到家裏來,酒酣耳熱之際,便喚出貂蟬來給董卓獻舞。董卓見到閉月羞花的貂蟬也禁不住垂涎三尺,王允心知肚明,便乘機故意說道:「太師要是喜歡,我就把這個歌女奉送給太師吧!」董卓假意推讓了一番,而後就高興地把貂蟬帶回了自己府中。

呂布得知此事後勃然大怒,當面質問王允為何出爾反爾,王允便精心編出一套謊言來哄騙呂布道:「太師說此次前來的目的是要看看兒媳婦,我怎麼敢違背他的命令呢?太師還說要選一個良辰吉日與你們完婚,所以便決定把貂蟬先帶回府去準備一番。」

呂布信以為真,於是便在府中等著董卓來為他操辦婚事。但許多天都過去了,卻不見一絲動靜。心急火燎的呂布忙一打聽才得知,原來董卓竟把貂蟬據為己有了。呂布雖然氣惱萬分,但一時之間也想不出什麼好辦法,只能暗中與貂蟬相會。

有一天,董卓上朝時忽然發現身旁的呂布不在,頓時疑慮叢生,便馬上趕回府去,正好看到呂布與貂蟬在後花園鳳儀亭內一起說笑,狀似十分親密。董卓頓時怒火中燒,趕上前去用戟徑直朝呂布刺去。呂布閃身躲過,沒被擊中,趕緊氣沖沖地離開了太師府,並大罵董卓人面獸心,拆散了他與貂蟬。其實呂布與貂蟬的私自約會,也是貂蟬依照王允的謀劃精心設計的,以離間他們父子的關係。

王允見時機已成熟,便再次請呂布到自己家中的密室相商。王允大罵董卓強佔了自己的女兒,奪去了呂布的妻子,實在可恨。呂布也咬牙切齒地狠狠說道:「不是看在父子情分上,我非殺了他不可!」王允忙借機點

明道：「將軍此言差矣！你姓呂，他姓董，怎麼能說是父子呢？再說了，他霸佔你的妻子，又想用戟刺殺你，哪裡還顧念到半點父子情分？」呂布說：「感謝司徒大人的及時提醒，不殺老賊我誓不為人！」

王允見呂布已被自己說動，便假傳聖旨，以皇帝的名義召董卓上朝受禪。董卓哪裡知道是計，還以為大家終於屈服在他的淫威之下了，便耀武揚威地進宮受禪。不料剛進宮門，便被呂布突然一戟刺穿咽喉，死於非命。奸賊被誅，朝廷內外無不拍手稱快，讚賞王允與呂布的功德。

歷史上美人計的應用不在少數，另一個成功運用的範例就是越王勾踐利用美女西施離間吳王夫差與伍子胥的關係，得以報仇雪恨，滅吳稱霸了，只是相較而言顯得簡單直接一些。

從抵巇術的運用角度來看，美人計正是根據施術對象本身的「巇」——董卓和呂布皆是好色之徒的弱點，而善加利用的。更高妙的是接下來又利用美色去製造新的「巇」——離間董卓與呂布的父子關係，借刀殺人最終達到自己的目的，從而省去了許多不必要的麻煩。

蕭衍當機立斷叛齊建梁

蕭衍是魏晉南北朝時期南朝梁的開國皇帝。南齊隆昌元年（西元494年），他被任命為寧朔將軍，鎮守壽春（今安徽壽縣）。建武二年（西元495年），因抗擊北魏軍有功，又被提升為右軍晉安王司馬、淮陵太守，後又為太子中庶子，領羽林監。建武四年（西元497年），北魏軍南伐雍州，蕭衍受命領兵赴援，進至襄陽（今湖北襄樊）。同年7月，又被授為持節，都督雍、梁、南秦、北秦四州及郢州竟陵司隨郡諸軍事，又兼任輔國將軍、雍州刺史，鎮守襄陽。

此時，正值齊明帝蕭鸞病死，其子蕭寶卷繼位。蕭寶卷昏庸無能，只知終日享樂，朝中大事均由始安王蕭遙光、尚書令徐孝嗣等人處理。蕭遙光等六人號稱「六貴」，此六人整日明爭暗鬥，互相傾軋，不以國事為

重，以致朝中政治異常腐敗黑暗。

遠在襄陽的蕭衍打探到朝中的情況後，便對親戚張弘策說道：「政出多門，是國家大亂的開始。《詩經》中說：『一國三公，吾誰適從？』如今國家竟有六貴，這還得了！我已料到他們六貴之間的矛盾一定會激化的，甚至會鬧到大動干戈的地步。而襄陽遠離國都，正是避禍的好地方。可是我的弟弟們都在都城，恐怕他們會遭受池魚之殃。我得和我哥哥商議一下。」

梁武帝蕭衍

不久，他的哥哥蕭懿由益州刺史調到了郢州任職。蕭衍便派張弘策到郢州給蕭懿送去一封信。信中大意為：如今六貴爭權不休，君臣之間猜忌到一定程度，必將大誅大殺，一旦混亂開始，朝野將土崩瓦解。我們有幸遠離京師，領兵外鎮，不僅可以保全自身，還可乘機圖謀大計。所以我們應趁朝廷還沒有猜疑時，將諸弟召集在一起。否則，一旦朝中對我們產生了猜疑，陷在京師的諸弟將走投無路。如今，兄在郢州，控制荊湘；弟在雍州，兵馬數萬。在此政昏朝亂之際，正好以此為據，圖謀大事，如果坐失良機，便悔之晚矣！

蕭懿讀完信，臉色大變。他不贊同蕭衍這樣做，怕萬一事敗會招徠滅門大禍。蕭衍見哥哥不從，便獨自將弟弟蕭偉、蕭儋迎至襄陽，祕密製造武器，招兵買馬，並在襄陽大伐竹木，繫舟於檀溪之中，以備將來之用。

而蕭懿拒絕了蕭衍的邀請後，不久便入朝做了太子右衛率、尚書吏部郎、衛尉卿。永元二年（西元500年），裴叔業、崔慧景聚眾發動兵變，蕭懿帶兵平定了叛亂，為朝廷立了大功。可是他不但沒有得到封賞，反而受到猜忌，於當年冬天被殺。

蕭懿被殺，既證明了蕭衍預見的準確，也為蕭衍起兵提供了充足的理由和絕佳的機會。蕭衍及時抓住了這個機會，在與親信密謀周全後，便召

集部眾，誓師起兵。

蕭衍對幕僚們說：「如今昏主惡毒，窮虐極暴，無端殺害朝中賢士功臣，令生靈塗炭，民不聊生，為天所不容。你們與我同心協力，共同討伐昏君。事成之後，你們都是公侯將相，定會大富大貴，我絕不食言！」眾人異口同聲道：「願聽您的安排。」

誓師之後，蕭衍令人把竹木從檀溪中打撈起來，做成戰艦千艘。又召集士兵萬餘人，起兵討伐蕭寶卷。在殺掉蕭寶卷後，蕭衍立了蕭寶融為傀儡皇帝。一年之後，便將之廢掉，自己親登帝位，建立了梁朝。

抵巇術的根本準則就是：「聖人見萌牙巇罅，則抵之以法：世可以治，則抵而塞之；不可治，則抵而得之。」此處蕭衍深刻分析到「政出多門，是國家大亂的開始」，既然六貴都不肯輕易退出對朝中大權的角逐，那他們只能是互相排斥、互相攻伐，清除異己，以達目的，這就是可以利用的「巇」，最終獲益的就只有坐山觀虎鬥的蕭衍了。此時想彌補「巇」是不可能的了，因為國家已經到了無藥可救的地步，必須當機立斷地討伐昏君，清除佞臣，取而代之，破舊立新。如若當斷不斷，就會反受其亂。

而要想成功地「抵而得之」，則必須具備遠見卓識，能看清態勢，又能摸透當前的變化，當機立斷採取行動，這些都是取得最後成功的必要條件。所以，蕭懿的鼠目寸光給自己帶來了滅頂之災，而蕭衍的遠見卓識則助他成功登上了帝位，「為天地守神」。

漢武帝「留犢去母」

漢武帝曾立劉據為太子，可惜他英年早逝，如此一來，太子的位置便暫時空了出來。每當武帝一想到自己年事已高應立誰為太子的問題便大傷腦筋。看來兒子太多也是件麻煩事，一旦沒選好接班人便難免手足相殘的悲劇。那些已經成人的兒子大都封王在外，而且個個野心勃勃，互不服氣，立誰為太子也難保平安無事。只有最小的弗陵還是個孩子，同誰都沒

有矛盾衝突，武帝便決定立他為太子。

弗陵是鉤弋夫人所生，這位鉤弋夫人的出身來歷也頗具傳奇色彩。據說漢武帝有一次出巡河間，見有紫氣盈空，術士說這裏定有奇女子。武帝便派人四處查訪，果然發現趙家有一小女，姿容豔麗絕倫，但雙手卻有得了一種怪病：拳頭彎曲合攏，怎麼也扳扯不開。武帝聽了很好奇，便親自前往探視，那報告果然不假，武帝也親命侍從扳扯此女的兩個拳頭，卻沒有一個人能打開。可更令人驚奇的是，當武帝親自動手扳扯時，那緊握的兩拳頭竟隨之而解。而且不僅雙拳自動展開，奇上加奇的是她掌中還握有兩個玉器，眾人歎為觀止。漢武帝也認為奇貨可居，頗具緣分，便下令將這位奇女子載入後車，帶回宮中，封她為鉤弋夫人，別名拳夫人，倍加寵倖。過了一年，拳夫人懷孕了，過了十四個月後才生下弗陵。

既然已經下定決心要傳位給小兒子了，武帝便著手為這個娃娃安排一切事宜。他先是物色了幾位託孤大臣，然後又做出了一個出人意料的決定：殺掉鉤弋夫人。莫說鉤弋夫人是武帝寵妃，而且正值青春妙齡，這樣無辜賜死自然令人嘆惜不已，但留著她又怕日後母憑子貴，強壓幼子而干預政事，興風作浪。為了小兒子能穩坐江山，武帝也只好忍痛割愛了。

因此，恰逢有一次鉤弋夫人接駕時掉了一個管子，武帝便乘機翻臉，令左右侍女將之牽出下獄。鉤弋夫人自從入宮以來，何曾受過如此委屈？免不了哭哭啼啼的，臨去時還頻頻回首。武帝見她如此模樣，心裏也覺可憐，更不忍心見她的愁眉淚眼，便連聲催促道：「快走快走！你就別想再活了！」緊接著武帝又硬下心腸下了一道將她「賜死」的詔書，可歎一代

鉤弋夫人

紅顏，只因兒子要當皇帝，竟落得個無端受戮的慘痛結局。

武帝事後問左右大臣：「外人有沒有議論此事？」左右回答道：「許多人都說陛下要立小兒子為太子，為什麼要把他母親殺掉呢？」武帝長歎一聲說：「這幫愚蠢無知的傢伙，他們怎能知道我的想法？從來國家出現禍亂，大多都是由主少母壯引起的，你們難道忘了呂后的事了嗎？」

如此慘痛的「留犢去母」，其實也還是為了「抵巇」。武帝返往以驗來，審時度勢，知兆朕於初萌，塞縫隙於始見，防患於未然，當主少母壯這一不利徵兆剛剛具有可能性的時候，便及時採取強硬措施加以抵塞，將這一禍端扼殺在了搖籃裏。

楚莊王「一鳴驚人」

古語云：「大智若愚，大巧若拙。」這其實說的是一種很高的人生境界，很多時候，人生中適時地「隱」、適當地「裝傻」，反倒是一種智慧，也是一種美德。

春秋時期，楚穆王去世後，年輕的楚莊王即位。繼位之始，他並未像其他新君上任那樣雷厲風行地幹一些事情，而是不問國政，只顧縱情享樂。有時帶著衛士姬妾去雲夢大澤遊獵，有時在宮中飲酒觀舞，整日渾渾噩噩，沉浸在聲色犬馬之中。每逢大臣們進宮彙報國事，他總是不耐煩地加以回絕，聽憑他們自己辦理。根本就不像個堂堂一國之君，朝野上下也都拿他當昏君看待。這種情況使得朝中一些忠直的大臣們內心十分著急，許多人都進宮去勸諫，可楚莊王不僅不聽勸告，反而覺得壞了自己的興致，對這些不著邊際的進言十分反感。後來乾脆發了一道命令：誰敢再來進諫，殺無赦！

就這樣過了三年，朝中的政事簡直亂成了一團，但楚莊王仍無半點悔改之意。在這期間，他的兩位老師鬥克和公子燮攫取了很大的權力，鬥克因為在秦、楚結盟中有功，但楚莊王沒有給他足夠的封賞，就心懷怨憤；

公子爕要當令尹未能如意，也心懷不軌，二人因此串通作亂。他倆派子孔、潘崇二人去征討舒人，自己卻分掉這二人的家財，並派人刺殺他們。刺殺未果，潘崇和子孔就回師討伐，斗克和公子爕竟挾持楚莊王逃跑。當他們逃到盧地時，當地守將戢黎殺掉了他倆，楚莊王才得以重回郢都親

鳳凰

政。可是就算經歷了這樣的混亂，楚莊王仍然不見有什麼變化。

　　大夫伍參憂心如焚，再也沉不住氣了，便冒死去觀見楚莊王。進入宮殿一看，只見紙醉金迷，鐘鼓齊鳴，楚莊王左手抱著鄭國的姬妾，右手摟著越國的美女，案前陳列著美酒珍饈，庭前是輕歌曼舞。楚莊王一看到伍參進來，劈頭就問道：「你難道不知道我的命令嗎？是不是來找死啊？」

　　伍參連忙賠笑說：「我哪敢來進諫啊，只是有一個謎語，臣猜了許久也猜不出來，知道大王天生聰慧，特地來向大王請教，也順便給大王助助興。」楚莊王這才緩下臉來，說道：「那你說說看。」伍參說：「楚國的高山上有隻奇怪的大鳥，身披五彩，氣宇華耀，只是一停兩三年，不飛也不叫，叫人猜不透，我們實在不知此為何鳥！」當時的人都喜歡說各種各樣的謎語，稱做「隱語」，這些「隱語」往往有一定的寓意，不像今天的謎語這樣單純，人們多用這些「隱語」來諷喻或勸諫。

　　楚莊王聽完，思考了一會兒回答道：「三年不飛，一飛沖天；三年不鳴，一鳴驚人。此非凡鳥，凡人莫知。」

　　伍參聽後，知道莊王心中有數，非常高興，就又乘機進言道：「還是大王的見識高，一猜就中。只是此鳥不飛不鳴，恐怕獵人會射暗箭哪！」楚莊王聞言身子一震，隨即就命他下去了。

　　伍參回去後就跟大夫蘇從討論，認為莊王不久即可覺悟。可沒想到幾個月過去了，楚莊王仍然一如既往，不僅沒有改過，還越發不成體統了。蘇從見狀越發不能忍耐，就闖進宮去對楚莊王說：「大王身為楚國國

君，繼位三年，不問朝政，如此下去，恐怕會像桀、紂一樣招致亡國滅身之禍啊！」莊王一聽，立刻豎起濃眉，擺出一副殘暴的樣子，抽出長劍指著蘇從的心窩說道：「你難道沒有聽見我的命令？竟敢辱罵我，是不是想死？」蘇從沉著無畏地答道：「我死了還能落個忠臣的美名，而大王卻落得個暴君之名。如果我的死能使大王振作起來，能使楚國強盛，我死而無憾！」說完，面不改色，請求莊王處死他。

楚莊王等這一刻可謂多年了，這時，他凝神注視了蘇從幾分鐘，突然扔下長劍，抱住他激動地說道：「好哇，蘇大夫，你正是我多年尋找的社稷棟樑之臣！」莊王說完，立即斥退那些驚恐莫名的舞姬妃子，拉著蘇從的手談論起國事來。兩人越談越投機，竟至廢寢忘食。

而聽君一席話，蘇從也驚異地發現，楚莊王雖然三年不理朝政，但對國內外大小事宜都非常關心，朝中大事及諸侯國的情勢也瞭若指掌，而且對於各種情況也都想好了對策。這不禁使得蘇從激動萬分。

原來，這正是莊王的韜光養晦之策。因他繼位時十分年輕，朝中諸事尚不明白，也不知該如何處置，況且人心複雜，尤其是若敖氏專權，不摸清底細他更不敢輕舉妄動。無奈之下，便想出了這麼一個掩人耳目的方法，靜觀其變。在這三年中，他默默考察了群臣的忠奸賢愚，也測試了人心。他頒布的那道「凡敢勸諫者，死」的命令，也是為了鑒別哪些是甘冒殺身之險而正直敢言的耿直之士，哪些是只會阿諛奉承只圖升官發財的小人。如今，三年過去了，他年齡已長，閱歷已豐，才幹已成，人心已明，也就露出了廬山真面目。

第二天，楚莊王便召集百官開會，重用了蘇從、伍參等一大批德才兼備的大臣，公布了一系列法令，還採取了削弱若敖氏的措施，並殺了一批罪大惡極的罪犯以安定人心。從此，這隻「三年不鳴」的「大鳥」開始勵精圖治，爭霸中原，一鳴驚人。

鋒芒畢露，咄咄逼人，固然能從氣勢上壓倒對方，從而取得勝利；但韜光養晦，暫時隱藏實力，減低對方對自己的提防與控制，特別是在自己處於劣勢時，借此討好矇騙敵手，以隱蔽和保護自己，發展壯大力量，

伺機待發，往往能取得出其不意的效果。所謂「世無可抵，則深隱而待時」，也即言當世道沒有可讓人利用的「釁」，不適合施展抵釁之術時，就深隱以等待時機。等到那恰當的時機一到來時，則「為之謀」，充分運用權術去大幹一場。楚莊王便是善於「深隱而待時」的典範，終於一鳴驚人，爭霸天下。因此，適時適當而「隱」，不僅是一種藝術，更是一種真正的人生大智慧。

☙ 商界活用

亞信「希臘模式」應對SARS

2003年春季，非典型性肺炎（以下簡稱SARS）的突然襲擊讓眾多企業都措手不及、拙於應付，但亞信卻是一個例外。亞信公司是第一家在美國納斯達克成功上市的中國高科技企業，它一直致力於資訊通信領域的研究開發與應用，曾被「世界經濟論壇」評為「全球500家高速成長企業」之一，並連續兩年入選《福布斯》。而在這次面對突發事件的危機管理中，亞信也給國內企業樹立了良好的榜樣，它所建立起來的一整套危機管理機制，給國內眾多企業提供了很好的借鑒。

處亂不驚、因變而變，危機預警機制的啟動是亞信沉著應對突發事件的第一步。而審時度勢、深刻精準的形勢判斷則是其重要前提。「SARS可能會影響公司的業務運營，公司所有高層必須密切關注疫情的發展，保持清醒頭腦，並二十四小時開機。」這是亞信面對SARS危機時的預警。

隨著疫情的迅猛發展，亞信又很快判斷出事態的嚴重性，危機管理機制正式啟動：建立SARS危機領導小組；軟體發展異地備份，發放藥品和防護用品，加強公司內部通訊建設，實行遠端辦公；對客戶進行信心承諾，保證非常狀態下的完全正常服務。

這種被亞信形容為「希臘模式」的危機管理機制，不僅是亞信應對SARS危機的機制，而且是應對所有危機的通用規則。

所謂的「希臘模式」，是指該機制的整體結構類似於希臘建築：上層

的三角形屋頂是管理團隊和管理層次，下面支撐的柱子是所應對的危機類型，而這些「柱子」都坐落在一個強大的統一管理的平臺之上。管理團隊和管理層次設置的具體方案要根據危機的類型——也就是屋頂下的「柱子」而定。

在此模型之下，亞信把危機分為三類：第一類是戰爭、地震，疫病之類的災難危機，由行政部門指揮處理；第二類是業務危機，比如產品品質問題和流程出錯等，由業務部門進行協調；第三類是公共關係危機，由市場部門主導解決。

一般情況下，危機會牽一髮而動全身，關係到企業的方方面面，為確保危機機制的有效性，所有問題的解決都應建立在一個統一管理的平臺之上，這個平臺就是「希臘式」建築的底座，是各個部門與危機之間的對應與協調；統一管理又要求建立起「一把手工程」，明確處於「屋頂」上的「一把手」的責任與權力，以保證整個機制靈活高效運行。因此，亞信一旦啟動應急方案，一個對高層管理人員形成約束的檔，也會自動生效，例如，幾個高層管理人員不能同時出差、二十四小時開機、建立規定工作序列等等。

危機管理機制中的應急方案並不是啟動之後便完事大吉了，整個危機管理的流程必須形成一個閉環系統，這就是啟動、執行和監督。方案的啟動完全取決於決策層對形勢的判斷，判斷正確可能減少企業損失，判斷失誤又可能帶來災難。而方案的執行則與方案設計的周詳程度有很大關係，這就要求對危機的判斷與考慮要建立在樹型思考模式之上，不應該局限在單點

希臘帕台農神廟

之上，一些細節都要連帶考慮，對於很多問題的考慮要有連帶性，如同樹枝生長一樣。例如，對於SARS問題的考慮：一旦員工出現感染病例，公司就可能需要第二辦公地點，亞信將會選擇離公司最近的友誼賓館；一些關鍵業務點無法完全實現遠端辦公，例如亞信的服務支援人員，如果疫情嚴重，就要考慮租用交通工具接送員工上班，而班車的路線、租賃與考察也必須包括在方案裏。

「事之危也，聖人知之，獨保其用。因化說事，通達計謀，以識細微。」對企業來說，當危機初露端倪，一切應急方案越周詳越好，並且在執行過程中要不斷根據實際情況的變化，做出相應的調整與修正。此外，一切都要儘量透明，以保證資訊通暢。如果在某些環節上不透明，隱藏的資訊無法得到處理，一旦問題爆發，足以讓整個組織陷於被動，也即「經起秋毫之末，揮之於太山之本」。所以，要想危機「可抵而卻，可抵而息」，我們就要學會在新形勢、新挑戰之下靈活地利用抵巇之術。

洛克菲勒「奇襲」制勝

洛克菲勒可謂是美國企業家中的「拿破崙」。當他想獨霸美國石油市場時，泰德華脫油管公司自然就成為了他的眼中釘。尤其讓他寢食難安的是泰德華脫油管公司從石油產地鋪了一條油管直達大湖湖濱的威廉湯姆油庫，這無疑給洛克菲勒帶來了很大的威脅，他下定決心要解除這個難題。

洛克菲勒也想鋪設一條與之平行的油管，可是油管必須通過巴容縣的縣境，而巴容縣則屬於泰德華脫公司的勢力範圍。泰德華脫公司也不是省油的燈，早就促使縣議會通過一個了議案，聲明除了已經鋪設好的油管外，不許其他油管路經該縣縣境。

這倒給洛克菲勒出了一個不小的難題，他苦思冥想了許久，終於想到了一招妙計。

在一個沒有月亮的黑漆漆的夜晚，巴容縣東北角突然來了一群大漢，

洛克菲勒

他們手拿鐵鍬單鎬，只顧一個勁兒地挖土掘溝，很快便掘出一條溝來，接著又立刻把油管埋入溝內，並迅速填平。還沒等天亮，他們就已經全部完工了。

第二天，人們才發現美孚石油已經在巴容縣安置了一段油管，縣當局準備控告洛克菲勒。這一事件驚動了報界，記者們紛紛來採訪。洛克菲勒胸有成竹地召開了記者招待會，在會上，他說道：「縣議會的議案是這樣規定的：除了已經鋪設好的油管外，不准其他油管過縣境。希望大家能到現場去參觀一下，以判定我們公司的油管到底是不是『已經鋪設好的』。」

縣議會自知議案措辭不嚴密，被洛克菲勒乘機鑽了這個漏洞，無可奈何之下，這場官司只好不了了之。

在這個案例中，洛克菲勒創造了一個經典的「抵巇術」運用範例。鬼谷子認為，天地萬物自生成那一刻起就必定存在「巇」，要認真地觀察，找到合適的「巇」，運用計謀去「抵」它，就會不斷地有所收穫。而根據「巇」（即「隙」，可引伸為缺陷、漏洞、弱點、矛盾等）的不同產生情況，人們可以採用不同的「抵」（即「擊」）法，而求得不同的效果：「可抵而塞，可抵而卻，可抵而息，可抵而匿，可抵而得」，這裏，洛克菲勒明顯的是「抵而得」了。此外，需要強調的是，「抵巇術」要求膽大心細，首先要敢於「抵巇」，其次要認準真「巇」之所在，假若「抵」錯了地方，那就很難得到理想的結果了。

日本汽車乘隙出擊

在20世紀50年代，日本和美國的汽車生產和技術水準之間差距極大，

美國人是根本瞧不起日本貨的，而這「汽車王國」的統治者們，也絲毫不擔心日本汽車的競爭。可是，20多年後，國際汽車市場上的力量對比卻發生了顯著的變化：日本汽車工業蓬勃發展，雄視世界，不僅美國市場的佔有份額日益增加，同時也向全球發起了進攻。

日本人向美國人發動汽車戰是在20世紀60年代。當時，日本人在調查研究中發現，美國人對汽車的需求已經發生了變化：過去美國人偏愛大型的、豪華的汽車，但由於美國汽車越來越多，城市交通越來越擁擠，大型汽車轉彎及停放都深感不便，再加上油價上漲，人們越發感到用大型汽車不合算，因此，美國人的喜好已經越來越偏向於小型汽車，即那種價廉、耐用、耗油少、維修方便的小汽車，同時要求容易駕駛、好停車、行駛平穩、腿部活動空間要大等等。豐田汽車應運而生，它正是根據美國人已然轉變的了喜歡和需要，製成的一種小巧、價廉、維修方便、速度更快、乘坐更舒適的美式小汽車。

這種經過改良的小汽車由於正好符合美國顧客的所喜所需，因此迅速在美國市場上樹立起物美價廉的良好形象，終於成功打進了美國市場。但日本汽車公司並不僅僅滿足於此，而是不斷調整、不斷改進，提高品質，滿足顧客所喜所需，因而不斷擴大著其市場佔有率。

正由於美國汽車業盲目自大，認為自己製造的汽車「頂呱呱」，既無須了解美國顧客之所愛與所惡的變化，也沒有為了滿足美國顧客需求而改進自己的汽車技術，這就給日本汽車商進軍美國市場留下了一個大大的空隙。而日本汽車業敢於跟先入為主的美國汽車業叫板，並能「反客為主」，後發制人，關鍵在於他們利用了對方的弱點——麻痺大意，抓準了小汽車市場這個空隙，乘隙出擊，生產出質高價低的小型節油車，從而如入無人之境，勝券在握。

4100萬美元的貸款

　　克萊斯勒汽車公司是美國汽車行業的「三頭馬車」之一，坐擁近70億美元的雄厚資本，是美國第十大製造企業。但自進入20世紀70年代以來，該公司卻厄運連連，在1970至1978年的短短九年時間裏，竟有四年虧損，其中1978年虧損額率高達2.04億美元。在此存亡之際，艾柯卡出任該公司的總經理。為了維持公司最低限度的生產活動，經過仔細認真的考慮，艾柯卡請求政府給予緊急經濟援助，提供貸款擔保。

　　但這一請求立即引起了美國社會的軒然大波，社會輿論幾乎眾口一辭：克萊斯勒公司趕緊破產倒閉吧！按照企業自由競爭原則，政府是絕對不應該給予經濟援助的。不過最使艾柯卡感到頭痛的還是國會為此而舉行的聽證會，那簡直就是在接受審判。委員會成員坐在半圓形的高出地面近十英尺的會議桌上俯視著證人，而證人則必須仰著頭去看詢問者，這首先在心理上就處於劣勢地位。更糟糕的是，那些電視攝影機的強烈燈光老照著證人的眼睛。在這種聽證會上，一切都是即席式的，問題突如其來，經常包含多種含義。助手們經常給議員遞條子，而艾柯卡只能孤軍作戰，獨自應付一切。

　　1979年10月18日，艾柯卡第一次出席由眾議院銀行、財政和城市事務委員會下設的經濟穩定小組委員會舉行的聽證會。全體委員都參加了，這本身就很能說明問題。因為一般情況下，大多數委員是不參加的，他們還有許多別的會議在同時進行，而聽證會往往由國會的助理們承擔。

　　艾柯卡一開始便很簡單地提出了自己的證詞：「我相信諸位都明白，我今天在這裏決不僅僅是代表我一個人說話。我代表著成千上萬靠克萊斯勒公司為生的人們，事情就是這麼簡單。我們有14萬職工和他們的家屬，4700家汽車商及所屬的15萬職工，1.9萬家供應商和其他僱用的25萬人，還有這些人的全部家屬。」

　　對於克萊斯勒公司到底想向政府提出什麼要求，人們其實並不清楚。所以，艾柯卡在聽證會上再三表明，我們絕不是要求施捨，也不是索取禮物。他提醒國會，克萊斯勒公司正在申請一項貸款的保證，公司將償還每

一塊錢，而且都是有利息的。

艾柯卡在開場白中，向委員會闡明了七個重點：

第一，形成克萊斯勒公司困難局面的因素有四個，即管理不良、過多的死框框（政府的規定）、能源危機和國家經濟蕭條。整套管理制度公司已經徹底改革，而後幾個因素卻不是公司所能左右得了的。

第二，公司已經採取了迅速果斷的措施。公司已將不賺錢的資產賣掉，並已籌集到一筆可觀的資金；一年內減少固定成本6億美元；降低了公司1700位高級職員的薪水；取消了一切加薪制度；暫緩實施職工認股計畫；減少股利；公司已經從公司的供應商、往來銀行、汽車推銷商、廣大職工乃至州政府和地方政府那裏得到新的、同時也是很重要的繼續支持公司的承諾。

第三，為了繼續盈利，公司將維持小汽車和輕型卡車的全線生產。公司不能靠單一產品生存，也不能只生產微型汽車。生產一輛小汽車大概可以盈利700美元，他無法維繫公司的運轉，更不能與低工資、靠有利的稅法保護的日本汽車業競爭。

第四，克萊斯勒公司無法承受宣告破產的結局。

第五，目前沒有一家美國或外國公司願意與克萊斯勒公司合併，除非公司得到一項貸款的保證，否則沒有人會理睬克萊斯勒公司。

第六，克萊斯勒有許多有利條件。除了聲譽很高的大型車外，還生產美國三大汽車公司中最省油的汽車——每加侖油跑25英里；汽車種類也比通用公司、福特公司、豐田公司、日產公司或本田公司更多。

第七，特別需要強調的是，克萊斯勒公司在今後的5年計畫裏規劃很健全，並且是基於保守的設想上的，克萊斯勒公司相信自己將會改善市場佔有率，很快就能開始賺錢。

後來在聽證會過程中，艾柯卡又將上述各點做了進一步的闡述。

然而，議員們是不會輕易被說服的。他們無休止地提問，無休止地責難，有時十分尖銳。

在一次聽證會上，參議員、銀行業務委員會主席威廉·普洛斯邁質問道：

「如果保證貸款案通過的話，那麼政府對克萊斯勒將介入更深，這與你長久以來鼓吹得十分動聽的主張（指企業的自由競爭）不是自相矛盾嗎？」

「您說得一點也不錯，」艾柯卡回答道：「我這一輩子一直都是自由企業的擁護者，我是極不情願來這裏的。但我們公司目前進退維谷，除非我能取得聯邦政府的某種保證貸款，否則我根本沒有辦法拯救克萊斯勒。」

他繼續侃侃而談：「我這並不是在說謊，其實在座的參議員們比我還清楚，克萊斯勒的貸款申請並非首開先例。事實上，你們的帳冊上目前已有了4090億元的保證貸款，因此務必請你們通融一下，不要到此為止，請你們也全力為克萊斯勒爭取4100萬美元的貸款，因為克萊斯勒公司乃是美國的第十大公司，它直接關係到60萬人的工作機會。」

艾柯卡隨後詳細分析了目前的形勢，指出日本汽車正乘虛而入，如果克萊斯勒公司倒閉了，它的幾十萬職員就得成為日本的雇工。而根據財政部的調查材料，若真的走到這一步，國家在第一年裏就得為所有失業人員花費27億美元的保險金和福利金。

所以最後他向國會議員們說：「各位有個選擇：你們是願意現在就付出27億呢？還是只將它的一部分做為保證貸換，日後還可全數收回？」持反對意見的國會議員們無言以對，貸款申請終獲通過。

最終，克萊斯勒起死回生了，又開始重振昔日雄風。這首先要歸功於艾柯卡的雄辯，歸功於他爭取到的4100萬美元的保證貸款。而這確實是一場困難重重的談判，談判的各方面環境都對艾柯卡極為不利，談判對手也是盛氣凌人，然而，這又是一次成功地創造了奇蹟的談判。

《鬼谷子·抵巇》篇中說道：「物有自然，事有合離。有近而不可見，有遠而可知。近而不可見者，不察其辭也……」意思是近在眼前卻難以看透，是因為沒有掌握其自身獨具的特徵，沒有仔細考慮其言辭。聽證會上艾柯卡所引述的材料，參議員們不一定不知道，只是他們沒有認真去分析這些材料。艾柯卡所做的一切只不過是將參議員們本該知道的一切再反覆申明告訴他們，並讓他們真正明白他們所知道的，艾柯卡成功的奧妙

就在這裏，即「察之以捭闔，能用此道，聖人也。」而他提出的那七個重點以及相關對策，也無一不是對公司和當前形勢下所存之「巇」的頗具針對性的「抵」，且恰到好處，產生了強大的說服力。

大嘴巴有大麻煩

身處職場，我們每天和同事、領導之間難免有話要說。至於說什麼、怎麼說，什麼話能說、什麼話不能說，則都應該有所講究。可以這樣說，在職場上說話也是一門藝術。但很多時候，有些人就是吃虧在沒能管住自己的嘴巴，從而使自己在為人處世方面造成了缺憾，留下了所謂的「巇」。

大學畢業後，崔欣應聘到一家汽車銷售公司工作，與她同在一個部門的還有其他三位年輕靓麗的女孩，與之相比，崔欣年紀最小，不但缺乏工作經歷，為人處世方面也沒半點經驗。

俗話說得好，「三個女人一台戲」，崔欣的加入讓這台戲更加熱鬧了。四個女孩子每天約著一起吃午飯、一起下班，這不禁讓崔欣覺得自己身處在一個溫暖的小團體裏。可是沒過多久，崔欣就覺察到了在這表面的團結背後，多多少少還是存在有的一些矛盾的。

有一次，李梅在單獨約崔欣吃飯時就跟她講：「別看蕭桐這個人表面上對你嘻嘻哈哈的，其實她特別喜歡在背後給老闆打小報告，今後你要注意別和她走得太近了。上次我跟她聊了些公司經理在用人方面的失誤，誰知道第二天她就把我的話告訴經理了，讓我難堪死了。」崔欣聽了很驚訝，同時也不由自主地開始提防起蕭桐來。

過了幾天，另一個女孩劉玲和崔欣去泡吧，喝了幾杯酒之後，劉玲就對崔欣說起了自己求學時的坎坷經歷，讓崔欣覺得她與自己同病相憐，好像一下子就把兩人的心拉得很近了，崔欣便想也沒想，就跟劉玲談起了李梅對自己說的祕密，並叮囑道：「這個祕密是我聽李梅說的，你千萬不要

告訴別人啊！只因我倆關係好，我才告訴你的，想讓你以後跟蕭桐打交道時注意點兒，有什麼話最好不要當她的面說。」

可是沒過幾天，崔欣卻被公司開除了，原因就是經理發現她在公司散播謠言，不但影響上下級關係，還影響了公司團隊的關係。當崔欣沮喪地從經理辦公室出來時，她看到了劉玲、李梅、蕭桐三個人依然在辦公室裏有說有笑的……

相信有不少人都像崔欣一樣，習慣性地想到什麼就說什麼，卻很少仔細認真地去想一想所說的話是否合情合理。尤其熱中於打聽一些小道消息，但卻不會想到這些小道消息很有可能是某些人故意放出來的，如果你跟著人云亦云，像崔欣那樣，實際上是被人當作工具給利用了，不但害人而且害己。而且，「大嘴巴」在任何企業單位中都是不受歡迎的，因為沒有人願意信任「大嘴巴」，更別期望他會嚴守企業祕密了。

國人都喜歡在聊天的時候議論別人，但在公司裏，不管和領導或同事都切記不要在背後隨便議論他人，這是一種不明智的行為。職場上，我們經常會碰到這樣一些人，他們無論在什麼環境中工作，總是嫌自己的工作不好，怨氣沖天、牢騷滿腹，遇見人就大倒苦水，不是覺得自己的工作掙錢少，就是老闆不公平。也許你自己把發牢騷、倒苦水看做是與同事們真心交流的一種方式，但是過度的牢騷怨言，就會讓同事們覺得既然你對目前的工作如此不滿，為何不乾脆跳槽另謀高就呢？也可能會有些居心叵測的人，或許是嫉妒你，由於你說話不注意，就算是無心的、沒有惡意的，可能他就會在領導面前添油加醋，甚至是自己杜撰來挑起是非，從而給你的工作生活帶來很大的不快與困擾。

職場中要是到處充滿著流言蜚語，不管是說別人的還是針對自己，都是一種極具殺傷力和破壞力的傷害，同時也是一種讓人很鬱悶的傷害，處在這種傷害中的人會很委屈、很無奈。所以，從自身做起，不要讓自己捲入這種煩惱中，要是你真的非常熱衷於傳播一些挑撥離間的流言，至少你不要指望其他同事都能熱衷於傾聽。經常性地搬弄是非，會讓其他同事對你產生一種避之唯恐不及的感覺。

因此，我們既不要讓自己的嘴巴出現「讒」，也不要用它來製造「讒」。每個人都要儘量地避免這種問題，就是堅決不要在背後談論他人。如果我們遇到了別人在談論他人是非，應該給予善意的提醒，在聽到同事議論領導或其他同事的時候也要適當地、及時地加以制止，遏制「是非」的傳播，更不要由自己把「是非」傳到別人那裏。如此不僅能營造一個健康、快樂的工作氛圍，也能不斷地提高自身的修養。

沒有缺點的人別來我麾下

在美國的南北戰爭時期，格蘭特將軍被林肯總統任命為總司令。當有人提醒總統說格蘭特將軍嗜酒貪杯時，林肯卻這樣回答：「如果我知道他喜歡喝什麼牌子的酒，我倒應該送他幾桶，讓其他將軍也嘗嘗。」

林肯總統並非不知道酗酒貪杯會誤事，但他更知道的是：在北軍的所有將領中，只有格蘭特善於運籌帷幄，而他以往的輝煌戰績也說明了他自己確實能決勝千里。歷史已經證明了，對格蘭特的任命，正是南北戰爭的轉捩點。這是一個很成功的用人例子，因為林肯看中格蘭特將軍的，正是他經過考驗的能打勝仗的能力，而不是他嗜酒之「讒」，即不求他是個「完人」。

至於林肯總統是怎麼懂得這一用人訣竅的，可以說那還是對手教給他的呢！在林肯選用格蘭特以前，已經先後任用了三四個將軍，這幾位將軍的主要特點，就是他們沒有明顯的缺點。結果，儘管北軍在人力和物力上佔有絕對的優勢，但從1861年到1864年的三年間，戰績卻毫無突破。與此截然相反的是，南軍首領李將軍卻不拘一格用人才，其手下的每一位將領，從傑克遜往下，幾乎每一個人都有非常明顯的缺點。李將軍認為，這些缺點不礙大局，同時，他們每個人也都各有所長，自己所用的正是他們的特長，而且能使這些特長變得更有效。據說，李將軍手下的一位將領，經常不按照命令行事，往往使李將軍的預定計畫通盤改變。李將軍每次都

忍了，但終於有一次，他實在忍不住了便大發雷霆。當他平息下來後，他的一位助手問道：「你為什麼不將他革職呢？」李將軍聞言非常驚愕地轉過身來看著這位助手，說：「你問得真奇怪！他發揮得不錯啊！」結果，林肯任用的「沒棱沒角」的將軍們，一次又一次地敗給了李將軍任用的有「一技之長」的將領們。

如果誰要想在一個組織中任用沒有任何缺點的人，那麼最終只能造就出一個平平庸庸的組織。想要找各方面都好、只有優點沒有缺點的人（不管叫他們「完人」也好，「個性成熟者」也好，「調教極好的人」也好，「通才」也好），其結果只能是找到平庸的人，或者是無能的人。萬事萬物皆有「巇」，所謂強人也總有較深的缺點，有高峰必有深谷，誰也不能在十項全能中都強。因此，一位管理者如果只重視別人不能幹什麼，而不是重視別人能幹什麼，以回避缺點來選用人而不以發揮長處來選用人，那麼他本人就是一個弱者，他可能看到了別人的長處卻把它當成對自己的威脅。但是事實上，從來沒有哪位管理者因為他的部下很有能力、很有才而遭殃的。美國鋼鐵工業之父卡內基的墓誌銘這樣寫道：「一位知道選用比他本人能力更強的人來為他工作的人，安息在此。」

所以，從上面這個案例中，我們可以體會出「抵巇」之術的另一妙用：對別人之「巇」，除了利用之、攻破之以外，還可以「抵而匿」，用其長而略其短，從而不至於因小「巇」而埋沒、浪費人才。

公司被「挪活」了

日本有一家中型企業的機械貿易商店在大阪設有分公司，但奇怪的是，無論派誰去那擔任經理，都無法使其舊貌換新顏，被大家視為一個赤字局面無法改變的分公司。這種局面使得總公司的董事長頗感頭痛，他日思夜想，到底可以派誰去改變它呢？幾經考察，最後他決定任命佐藤加一為大阪分公司經理。

佐藤心不甘情不願地來到大阪上任了。果然不出所料，他一到這裏就發現整個分公司都籠罩在一團死氣沉沉的氛圍中，巡迴拜訪時客戶也是怨聲載道。雖然分公司是營業單位，但早晨出勤者卻寥寥無幾，賒帳滯銷的數字更是驚人。佐藤經理深為如何解開這個死局而發愁。

經過三個月的周密調查與研究，佐藤經理終於振作了起來，召開了一次全體員工大會，並提出了「三年銷售額翻番」的奮鬥目標。這要放在以前是想都不敢想的，現在雖然把它提了出來，可到底能否實現仍然是個未知數。但佐藤經理接著當眾宣布，若能完成這一目標，就把分公司從這個環境陰暗、交通不便的地方，遷到大阪市中心的梅田去。

這一宏偉目標頒布後，分公司的面貌煥然一新，湧現出了不少驚人的變化。員工們的出勤率明顯提高了，而且就如何儘快扭轉公司面貌的問題，員工們連續幾天一直討論到深夜，會議氣氛十分活躍；公司銷售額也開始顯著增長。終於，奇蹟出現了，三年的目標只用了兩年就完成了，大家也如願以償地把公司遷到了梅田。

當全體員工歡聚一堂喜慶勝利、舉杯暢飲時，佐藤經理聽一些老資格的幹部說：「在新經理上任前，我們大家就因經營不佳而感到面上無光，也曾想方設法要改變這種局面，並盼望能儘快換個新環境，徹底改換掉這裏的沉悶空氣。然而，根據以往的慣例，一個長年虧損的公司即使提出遷移，也沒有獲准的希望。大家陷入了這麼一種窘境之中，心裏感到很茫然。而恰好就在這時，經理您宣布說達到了一定的目標後就搬遷，於是昔日的沉悶空氣為之一掃而光，大家終於以自己的實際行動兌現了諾言。」

領導者更替交換時，是使組織煥發活力、集中智慧和力量的最佳時機，因此，在調到一個新崗位上時，領導者必須考慮如何使組織奮發圖強充滿生機，怎樣才能掌握大家的潛在欲望。要做好這一切，最好是在一上任時，如果時間允許的話，能夠對全體職工逐一進行個別談話，要了解他們的工作內容、工作障礙及對各種問題的意見和希望，必要時，可以包括個人性質的問題。在此基礎上，實際、深入地了解大家的工作情況，從而找出妨礙積極性發揮的問題，並思考採取相應的措施，制定出切實可行的

目標。這樣，大家才會振奮精神、恢復生機和活力、煥發昂揚的鬥志。

而佐藤經理之所以能夠完成別人無法實現的目標，關鍵也就在於他能審時度勢，找出了分公司存在的真「巇」，進而摸清了大家想搬遷這一共同願望，並以之為驅動力，終於帶領大家改變了公司的面貌，抵巇成功。因此，能否從具體問題出發制定出全體員工心悅誠服並願努力為之奮鬥的富有魅力的共同目標，使組織充滿活力、迸發出奮發圖強的精神，是檢驗一個領導者是否合格的重要標誌。

∞ 處世活用

張飛之死

常言道：「人固有一死，或輕於鴻毛，或重於泰山。」三國群雄中的猛將張飛給大家留下了非常深刻的印象，可他的死卻一點也不壯烈，不由得不讓人扼腕痛惜。

張飛可謂是三國時期蜀國的一員名將，他武藝高強，驍勇善戰，力大無比，當陽橋上一聲大吼，就喝斷了橋樑，嚇退數萬追兵，而於百萬軍中取上將首級的英勇，以及探囊取物的機智，更是讓軍中上下嘆服不已！

但是，如此勇猛的張飛卻有一個致命的缺點，那就是對待部下過於嚴苛，小有過失便重加懲罰。那些將士們每日都提心吊膽地過日子，生怕自己一個不小心就栽到了張飛的手上。有的情有可原受到了處罰倒也口服心服，但是日子久了難免有疏忽與執法不公的時候，碰上這種情況就只能忍氣吞聲了，心中自然是又氣又怕。

關羽死後，張飛為自己好兄弟的不幸離去而痛不欲生，旦夕號泣，還常常拉著部將們一起借酒澆愁。平日裏他就特別嚴厲，喝醉之後，心情更是惡劣，稍有一點兒不順心就對身邊的人大加鞭撻，有的甚至被鞭打至死，軍中上下敢怒不敢言。

後來張飛為了給關羽報仇，主動請兵去討伐東吳。出征那天，劉備苦口婆心地勸他：「我知道你脾氣不好，又喜歡喝酒，醉了之後什麼也不知

道，動不動就隨便打人，事後，還要將那些人留在自己的身邊。現在你官高位重、權勢在手，就算被你打了罵了，別人也拿你沒辦法，只好忍氣吞聲。但是三十年河東、三十年河西，說不定哪天你這制人者就該受制於人了，到那個時候你就大禍臨頭了。賢弟一定要改改這個壞毛病！」

「他們那等下人如何能制得了我？」張飛將劉備的話當耳旁風。

「你若是長此以往，肯定會不得人心的！」劉備警告道。

張飛隨口敷衍了幾句，半點也沒有往心裏去。回到軍中之後，他命令手下在三天之內製辦白旗白甲，三軍將士共同為關羽掛孝，舉軍伐吳。其帳下兩位末將范彊和張達一聽只有三日的限期，便估算了一下，回稟道：「三天時間恐怕太少，請將軍寬限幾日。」

張飛聽了勃然大怒，厲聲呵斥道：「我說三日就三日！」

二人再三估量覺得實在是辦不到，連忙陳述理由：「我們說的是實情，三天實在是太倉促了⋯⋯」

「難不成我說的就是虛情了？你們竟敢違抗我的命令！來人！」張飛不等兩人分辯完，便大發雷霆下令將二人綁在樹上，各鞭打五十，並嚴令道：「三天之內一定要備齊，若超過時限，三日後便將你二人的首級一併懸於此！」

這兩個末將被打得皮開肉綻，怒火中燒，回到營中便商量對策。范彊說道：「此人性烈如火，到時要是備不齊，咱倆的小命就保不住了！」張達也說：「就算這次咱們備齊了保住了性命，也是暫時的，日後恐怕還要死在他的亂鞭之下。與其讓他殺了我們，倒不如我們殺了他！」兩個人計議已定，就暗暗等待時機。

當晚張飛又在帳中同部將飲酒，喝得酩酊大醉，臥於帳中，不一會兒就鼾聲如雷。就這樣，范彊、張達二人半夜裏各懷短刀，潛入帳中，瞅準了機會將張飛刺死了。

一代名將，就這麼窩窩囊囊地死在自己手下名不見經傳的末將手裏。

俗話說：「亡羊補牢，猶未為晚。」反之，如果知錯不改，任其發展下去，必將貽害終生。所謂錯誤、缺點、漏洞等，也就是「巇」，事

有「巇」便難以達到理想的結果；人有「巇」便會給別人以可乘之機，容易被人利用，甚至威脅到自己的生命，張飛之死不就說明這一點了嗎？可見，只有做到防微杜漸、懸崖勒馬，善於「抵巇」，才不會因區區小事而鑄成無法挽回的大錯。

齊貌辨巧解芥蒂

戰國時期，齊威王的小兒子靖郭君田嬰對齊貌辨非常欣賞。而齊貌辨為人不拘小節，經常得罪一些人，所以田嬰的許多門客都不喜歡他。還有些人因嫉恨他曾諷刺過自己，便經常在田嬰面前說齊貌辨的壞話。甚至連田嬰的兒子孟嘗君田文也私底下勸諫父親，希望他不要如此偏愛齊貌辨。

田嬰聽了非常生氣，他說道：「只要能讓齊貌辨先生滿意，即使是犧牲了你們這幫人，毀壞了我們的家，我也會沒有任何怨言地去做！」

為了表明自己的態度與決心，田嬰讓齊貌辨居住到上等的館舍裏，每天以豐厚的美食進獻，並命令自己寵愛的家童親自為他趕車。眾人都無法理解田嬰的做法，於是很多門客都陸續離開了田府。

過了幾年，齊威王去世了，由他的大兒子即位，是為齊宣王。田嬰和他哥哥宣王的關係由於種種原因而變得生疏，齊宣王老覺得田嬰留在齊國遲早會對自己不利，便想找機會除掉他。田嬰見此，迫不得已之下只好辭去相位，離開了都城，和齊貌辨一起回到自己的封地薛邑去居住。

住了沒多久，齊貌辨就去向田嬰辭行，對田嬰說道：「這裏哪比得上都城啊！難道您願意在這住上一輩子？」

田嬰回答道：「我怎會情願呢？但是又該如何回去呢？」

齊貌辨便請求田嬰允許他去謁見宣王，田嬰聽了惶恐不安地勸他道：「大王不喜歡我，您去了一定會被殺掉的。」

齊貌辨不聽田嬰的勸阻，臨走時託人向他說道：「我本來就沒打算活著回來！」

齊貌辨來到了齊都，齊宣王聽說後，就蓄怒以待。當齊貌辨見到宣王還未來得及叩拜，宣王就問道：「聽說你就是靖郭君言聽計從、十分欣賞的那個人？」

齊貌辨平靜地回答道：「十分欣賞是有的，言聽計從卻未必。」

齊宣王冷哼一聲：「你說他不聽信於你，有何證據？」

「大王您剛被立為太子時，我曾對靖郭君說：『太子的長相並非仁人，兩腮過於肥厚，雙目斜視，看人時眼神兇狠，這種人日後肯定會傷害你的。你不如廢掉太子，另立衛姬生的郊師那小孩吧。』而靖郭君卻流著淚說道：『不行！我不忍心這麼做。』如果當初他按我的意見做了，也就不會落到如今的境地了。這是他不聽信我的一件事情；我們這次剛到薛地的時候，楚國的昭陽請求用幾倍於薛的土地來換取薛地，我又建議道：『一定要答應！』靖郭君卻說：『薛邑之封是我從先王那裏接受來的，儘管當今大王與我的關係不好，可如果失掉了薛邑，你讓我如何對先王交代呢？況且薛邑有先王的宗廟，我又怎麼能把先王的宗廟交給楚國呢？我不可以背叛先王和現在的齊國。』於是堅決不換。這是他不聽信我的第二件事。」

宣王聽完了這番話，長長地歎息了一聲，面色平和下來，對齊貌辨說道：「原來靖郭君對我的感情居然如此之深啊！我年少無知，一定要請他原諒我對他的不敬之處，你願意替我去請靖郭君回來嗎？」

齊貌辨答應：「遵命。」

於是宣王賜給田嬰新的衣冠和威王的寶劍，讓齊貌辨帶給田嬰。田嬰回到齊都時，宣王親自去城郊迎接他，兩兄弟見面後都流下了眼淚。之後，宣王請求田嬰出任相國，田嬰推辭不幹，最後不得已才接受了。過了七天，他又以有病為由堅辭，三天後才被宣王批准。

雖然許多門客與齊貌辨有「巇」，在田嬰面前用言語詆毀他，但田嬰真可謂能發現人才、了解人才，所以不為所動，反而進一步深化了與齊貌辨的感情。當宣王繼位後，兄弟之間產生的「巇」迫使田嬰遠離都城，回到自己的封地。此時，便到了齊貌辨補「巇」報恩的時候了，正如篇中所說：「世無可抵，則深隱而待時；時有可抵，則為之謀。」

更令人歡賞的是齊貌辨那補「巇」的獨特方法，他反其道而行之，不像別人那樣去簡單直接地陳說利弊，或是使用陰謀詭計，而是表面上在講自己曾經欲勸田嬰暗害宣王之事，實際上卻是在讚頌田嬰對宣王的仁義德行。也恰恰是這種反常的補救方法，使得齊宣王深受感動，並收回成命，兄弟倆和好如初。

而齊貌辨反道「抵而塞之」，用置之死地而後生之計補「巇」成功，也使自己擺脫了困境。他巧言善辯，不惜將自己置於危險境地，轉而將田嬰捧於大仁大義之位，此種做法看似反常，但在某些特定的情況下往往能出奇制勝，取得理想的效果。

乘虛而入的「第三者」

在一夫一妻制的現代社會裏，不論是丈夫或是妻子，如果有誰在外面有了不正當的男女關係，我們就稱之為有了「外遇」，也就是如今大家都耳熟能詳的「第三者（小三）」插足事件。原本是好好兒的天生一對、地造一雙，為什麼「第三者」能夠插足進來呢？大量的事實證明：所謂的「第三者」之所以能夠成功，往往是由於被插足者內部——夫妻之間出現了「巇」，即有了感情的裂痕與危機。而一旦某個家庭被「第三者」插足，則往往面臨著崩潰的結局。

因此，及時地體察、發現並彌補夫妻之間的「裂縫」、「抵而塞之」，不給「第三者」機會讓其趁勢「抵而得之」，才是維繫夫妻平穩關係、維護家庭完滿和諧與幸福的有效策略。

有這樣一對夫妻，本來是恩恩愛愛的，但由於小倆口在贍養某一方父母的問題上產生了分歧，以致爆發了激烈的爭吵。丈夫一氣之下摔門而去，想到外面透透氣，借此轉換一下心境。當他在街上東遊西逛時，不巧卻碰到了一位自己上中學時的女同學。這位女同學見他一副愁眉苦臉的樣子，便關切地問他碰到了什麼難題。難得有人肯傾聽，他就把與妻子爭吵

的前因後果和盤托出、一吐為快。女同學一邊聽一邊好言好語地勸解和安慰他，最後還約他有時間就多見見面，可以好好聊聊。

就這樣，每逢與妻子發生了不愉快的口角，他就會出來約這位女同學談心，而且越來越覺得還是老同學善解人意、體貼自己，相比之下自己的妻子就差遠了，不僅粗心大意還蠻不講理。如此一來二去的，日子久了，兩人就自然而然地好上了。即便是後來他的妻子在贍養父母的問題上做出了讓步，他仍然置之不理，無意回頭，而且回到家裏還隔三差五地故意尋釁挑起事端，無理吵鬧，甚至毒打妻子，逼迫妻子同意離婚。於是，一個好端端的家庭，就由於「第三者」的涉足而弄得烏煙瘴氣、不像樣子，隨時面臨崩潰的危險。

上述事例說明，「第三者」往往是在夫妻之間產生隔閡、感情有了危機時，才得以乘虛而入的。常言道：「籬笆紮得緊，野狗鑽不進。」防止「第三者」插足破壞夫妻之間的正常關係，避免家庭崩潰悲劇的最有效措施，就在於夫妻雙方都要善於「抵巇」，保持和促進感情的融洽，不留「巇」，不給「第三者」以「抵而得之」的機會。

正視自己的缺點

鬼谷子有云：「自天地之合離，終始必有巇隙，不可不察也。」即言萬事萬物都會出現裂縫、漏洞或矛盾，要塞縫隙於始見，防患於未然，及時採取措施加以彌補，由內因而起就要堵塞，由外因而起就要消除外部隱患。作為萬物之靈的人也一樣，「金無足赤，人無完人」，我們每個人自身都會存在「巇」，即各種各樣的弱點、缺點等。如果你不逃避現實，而是敢於承認、正視自己的缺點，向自我挑戰去努力彌補、抵塞、克服它，那麼，成功就近在咫尺了。

小剛在一次偶然的會議中碰見了一個女孩芸，她溫柔的語氣引起了他的注意，小剛覺得她是個嫻靜而多才多藝的女孩子。儘管她相貌平平，不十

分漂亮，卻使小剛陷入了單相思。可小剛想想自己：身材一般，相貌普通，才智平平，嘴巴又笨拙，憑什麼去追求這樣的女孩子呢？經過一段時間的內心煎熬，小剛終於給她寄去了一封情書。自從信發出後，他就無時無刻不在期盼著她的回音。但一個多月過去了仍然杳無回音，小剛的心猶如被澆上了一瓢冰水。就在他快絕望的時候，老天有眼，小剛終於打探到了她的電話號碼。為了撥這第一通電話，小剛不知道在房子裏徘徊了多久，反覆設想著該怎樣和一個女孩子自然地交談。電話打過去終於有人接了，她的聲音出現在話筒裏，溫柔依舊，而小剛預備的「臺詞」此刻竟然亂成了一團。怎麼辦呢？小剛還是硬著頭皮逼自己要至少跟她聊上五分鐘。最後五分鐘過去了，他們都還沒有放下話筒，而聊的不也外乎是生活、工作上的一些瑣事。就這樣，每個週末他們都通過電話來拉近彼此的距離，漸漸去了解對方。後來，小剛終於把她約了出來，度過了一段美好的時光，一場甜蜜的戀愛也就此正式上演。

其實只要我們認真地想一想，就會發現：首先，影響一個人成功的重要缺點，就是不敢與人交往。這或許是因為自卑心理，可在現代社會這就成為了阻礙一個人發展的關鍵。作為一個現代人，一定要樹立自信，要敢於和陌生人接觸、交談。為了能適應與不熟識的各類人打交道，在進入社會之初就應多參加各種人才交流會，從中接觸到各種各樣的人，了解熟悉各行人士的種種心理，那麼自卑心理就會逐漸消失，自信心也就自然而然地增強了。

還有，不敢在熟人面前現醜也是一種不好的習慣。人的許多毛病或不良習慣可能是從小養成的，而也許正是它們讓我們與成功絕緣。害怕現醜，就永遠沒有機會爭取成功。有個職員某次被逼著去參加卡拉OK大賽，連他自己也沒有想到竟然差點兒拿了獎。也可能這一次在眾目睽睽之下的表演失敗了，但是正是這大膽的第一步，讓我們以後敢於邁出第二步、第三步⋯⋯其實，沒什麼大不了的，醜媳婦總得見公婆，走出第一步，你就有自信了。

最後也是最重要的，就是要敢於正視自己的缺點，千萬不要因為有

缺點而自卑，大家都一樣，每個人都會有缺點，這個世界上十全十美的人是不存在的，關鍵在於你的態度以及你所採取的行動。但有些人面對自己的缺點，總是想方設法遮掩，害怕別人笑話。其實，這樣做反而會使人覺得你偽飾、不真實，也就沒有人肯真心與你交往。正確的做法是坦然面對自己的缺點，不刻意掩飾，而是勇於承認缺點，敢於挑戰自我加以「抵巇」，在這一過程中不斷地建立自信，這樣才會贏得別人的尊重與人際交往中的真情實意，成功也就在不遠處向你招手了！

　　「飛」，即飛揚，褒獎；「箝」，是指箝制、控制。所謂「飛箝」，陶弘景注釋曰：「飛，謂作聲譽以飛揚之；箝，謂牽持緘來令不得脫也。言取人之道，先作聲譽以飛揚之，彼必露情竭志而無隱，然後因其所好，牽持緘令不得轉移。」所以，本篇主要講述的是通過言辭控制人的權術。而只有對某個人摸透了，才能掌控他、使用他，這就需要「以飛箝之辭鉤其所好」，即知道怎樣運用褒揚之詞有意識地去給予肯定和讚許，以博得對方的歡心，取得信任，待其情志暴露無遺時，進而鉗制、掌控對方，使之按照我們自己的意圖行事。由此可知，「飛」是為了「箝」。

　　而且，鉤箝之辭也不限於一種，因人而異，因事而宜，乍同乍異，變化無窮。對於那些不會輕易為我方花言巧語所打動的人，則要採取多種多樣的手段：「或先征之，而後重累；或先重以累，而後毀之。或以重累為毀；或以毀為重累。」諸如此類，不一而足。如若還不為我所說動，則可以用錢財、美色等來引誘，用權勢來相惑，用刺探到的隱私來脅迫。

　　此外，運用飛箝術的目的是多種多樣的，不但可以考察個人品行的好壞、能力的高低，還可以辨別事物的虛實與對錯，也可以引誘對方說出我們想要探聽的實情，構建良好的人際關係，以及分析天時地利等外界環境為自己做決策創造良好的條件。

　　總之，掌握了運用飛箝術的方法，明白了飛箝術的目的，便可以對萬事運籌帷幄，自身也可來去自如，這便是飛箝術的最高境界。

　　飛箝術即便在今天也有廣泛的應用價值。當你打算說服某人幹某事或贊同你的意見時，不能一味地指責對方，而應該恰到好處地讚揚對方的成就或名譽，以此來誘發其自尊心和驕傲心，這時要他不發言都不行了。而對方一旦開口說話，我們就不難從中了解其真實情志，然後再設法誘導馴服之。所以，飛箝術要使其發言而又控制其發言，使其自由遐想而又控制其遐想。

如果做到了這點，也就達到了將鬼谷子的飛箝術古為今用的目的。

一

　　凡度權量能，所以征遠來近❶。立勢而制事，必先察同異，別是非之語，見內外之辭，知有無之數，決安危之計，定親疏之事，然後乃權量之❷。其有隱括，乃可征，乃可求，乃可用❸。引鉤箝之辭，飛而箝之❹。鉤箝之語，其說辭也，乍同乍異。其不可善者：或先征之，而後重累❺；或先重以累，而後毀之❻。或以重累為毀；或以毀為重累。其用，或稱財貨、琦瑋、珠玉、璧帛、采色以事之，或量能立勢以鉤之，或伺候見澗而箝之，其事用抵巇❼。

【注釋】

❶ 度權量能：估量別人的智慧謀略與才能。征遠來近：徵召遠近的人才、賢者，使之都來歸附，為己所用。

❷ 立勢而制事：製造有利形勢，幹一番大事業。是非之語：這裏指與自己觀點的同異。內外之辭：即正反、真偽之語。有無之數：數，道術，術數。即指有無權謀韜略。親疏之事：指在人才的使用上確定哪些人可以親近重用，哪些人必須疏遠黜斥。

❸ 隱括：即檃栝，亦作檃括，本指矯正竹木以成器，這裏指對我們有所匡正補益，訂正，修正。

❹ 鉤箝：鉤持、引誘對方心中實情並加以鉗制。飛：飛譽，褒揚。

❺ 不可善者：指運用鉤箝之詞也不能說動、改變的人或事物。征：徵召。重累：累，憂患，危難。即以憂患脅迫。

❻ 毀：詆諆，造輿論。

❼ 事之：對待他，考驗他，這裏有收買之意。立勢：此指立去就之勢。澗：此指漏洞、裂縫，即缺點、把柄。

【譯文】

凡是審度人的權謀智慧，衡量人的才幹，都是為了徵召遠近的賢人志士來為己所用。要想創造有利形勢，幹一番大事業，必須先考察自己所擁有的人才隊伍，看他們的觀點與自己的觀點是否一致，他們是否說的是真心話，是否具有高超的權謀與韜略，還要決斷關係國家安危的計謀，排比自己隊伍裏親疏遠近的關係，以決定可重用的人物，安排好這些之後再權衡形勢來謀圖大事。對於那些可以匡正裨補我們決策的人，便加以徵召，加以聘請，加以任用。可以對他們使用鉤持鉗制之類的言辭，大加飛揚讚譽而探知其情志並鉗制住他們，使他們為我所用。鉤持鉗制之類的語言是一種遊說辭令，時而相同，時而相異，大開大合，不妨用捭闔之術來駕馭。對於那些用鉤鉗之辭也不能說動、控制的人，就用「重累術」來制伏他；或者先把他徵召來，而後用憂患、危難之事反覆試探、脅迫他；或者先反覆試探、脅迫他而後再造輿論來詆毀他。或者用脅迫術來加以詆毀；或者用詆毀術來加以脅迫。總之，在飛箝術的具體運用上，或者用財物、寶石、珠玉、璧帛、美色等來引誘收買；或者依據他的才能擺出或收留或不收留的樣子來控制；或者暗中訪察其言語、行為中的漏洞來威脅他，這時便要配合運用抵巇之術了。

二

將欲用之於天下，必度權量能，見天時之盛衰，制地形之廣狹、岨嶮之難易，人民貨財之多少，諸侯之交孰親孰疏、孰愛孰憎❶。心意之慮懷，審其意，知其所好惡，乃就說其所重，以飛箝之辭鉤其所好，乃以箝求之❷。用之於人，則量智能、權材力、料氣勢，為之樞機，以迎之、隨之，以箝和之，以意宣之，此飛箝之綴也❸。用之於人，則空往而實來，綴而不失，以究其辭❹。可箝而從，可箝而橫，可引而東，可引而西，可引而南，可引而北，可引而反，可引而覆，雖覆能復，不失其度❺。

【注釋】

❶ 用之於天下：指施展政治抱負，對君主使用飛箝之術，加以控制。岨峻：山川險要之處。諸侯之交孰親孰疏、孰愛孰憎：指外交局勢。

❷ 心意之慮懷：指君主關注、掛慮的問題。所重：所重視的問題。以箝求之：以飛箝之術鉗制住君主以求取他執行自己的決策。

❸ 人：此指君主以外的其他人。氣勢：指人的氣度。樞機：指關鍵和重點，即上文所言的財貨、寶石等喜好。迎：迎合。隨：附和。和：指雙方協調、調和。宣：宣導，開導，啟發。綴：綴合，連結。

❹ 空往而實來：用讚譽的、好聽的空話，使對方打開心扉，套出對方的實情，使之歸附於己。綴而不失：與對方連結而不分離，這裏指牢牢地控制住對方。究：探查到底。

❺ 從：同「縱」，指合縱。橫：指連橫。引：導引。反：一反舊策略，拋開舊盟友。覆：恢復舊方針，與舊盟友言歸於好。複：恢復。度：一定的準則。

【譯文】

若要將飛箝之術用於治理天下，一定要先審度君主的權謀，衡量他的才幹，觀察天時是否宜於我們的行動，掌握地形的寬窄、山川的險阻和平易，是否對我們有利，看人民財富的多寡，在與諸侯之間的外交上，看與誰親近、與誰疏遠，與誰友好、與誰敵對。要摸准君主的心意和願望，了解他的好惡，然後針對他所重視和關心的問題進行遊說，並用飛箝之辭鉤知他的喜好所在，再用「箝」的方法控制住他，讓他按照我們的決策去辦。若要對君主以外的人用飛箝術，就要先衡量對方的智慧和才能，權衡他的實力，審度他的氣度儀表，抓住他的喜好弱點去迎合他、隨順他，用飛箝之術協調他與我們的差距，用我們的意圖去開導、啟發他，這就是飛箝之術控制人的妙用。總之，對人使用飛箝之術時，要先用讚揚、稱頌的空話去讚譽對方，使其昏昏然引我們為知己，對我們敞開心扉、吐露實情，然後利用的對方弱點把對方牢牢控制住，以探究其言辭，摸準其心意。如此一來，我們就可以鉗制住對方，想使他合縱就合縱，想使他連橫

就連橫；可使他向東，可使他向西，可使他向南，可使他向北；也可以使他一反舊策，或恢復舊策，即便是恢復了舊策還能再讓他執行新策。無論怎樣做，也脫離不了我們既定的準則。

CR**以史為鑑**

無鹽女貌醜有良謀

戰國時期，齊國的國君齊宣王曾經一度荒廢國政，耽溺於女色，親小人而遠賢臣，眼看齊國在他的統治下日漸走向衰落。

正當滿朝文武百官拿齊宣王無計可施時，一名奇女子挺身而出，巧言進諫，從而挽救了齊國的危亂之局，她就是歷史上有名的醜女鍾離春，又叫鍾無豔，齊國無鹽邑人。其父曾做過齊軍基層軍官，無鹽女受父親的影響，自幼不愛針線，喜耍槍棒，並習《易》術。雖出身寒微但聰穎好學，有濟世匡時之才。

這一天，齊王又在後宮大肆宴樂，突然門衛來報：「稟大王，有一醜女求見。」齊王漫不經心地問道：「那醜女有何事啊？」「回大王，她自稱無鹽女，願到後宮當嬪妃，侍奉大王。」「啊？」齊王十分意外地抬起了頭，「寡人後宮佳麗無數，美女如雲，個個都是萬中挑一，醜女何德何能來充我後宮？哈哈……」

在場的一眾官員也陪著齊王大笑，唯獨上大夫淳于髡沒有發笑，他對齊王說道：「一個醜女竟主動提出要進宮為妃，是否有什麼來頭？大王不妨宣她進宮，看個究竟，她若真是無禮取鬧，再罰她也不遲。」齊王聽從了淳于髡的建議，宣無鹽女入宮覲見。

無鹽女在堂下剛剛站定，在場諸人便不由得暗暗發笑。只見她稀疏的黃髮高挽頭頂，大額頭，深眼窩，高鼻梁，紫唇掩不住兩顆大門牙，確實醜得不成樣子。齊王一見，也不由得心生厭惡，正要揮手讓她退出去，淳于髡發話了：「無鹽姑娘有何德何能要來充大王後宮呢？」無鹽女定睛細察此人，見他士帽寬衣博帶，心中對他的身分便猜出了八九分，開言問道：「先

生又有何等資格來代表大王問話？」「本人乃上大夫淳于髡。」「哦，原來是曾以隱語諫王的淳于大夫。民女不才，也想以隱語來匡君諫主。」淳于髡一聽無鹽女也要以隱語諫君，十分感興趣地說道：「本大夫領教了！」宣王也來了興致，說道：「那麼，就將你的隱語之術為我表演一下。」

無鹽女點了點頭，只見她揚眉切齒，兩臂向前揮舞了四下之後，猛拍膝蓋，喊道：「危險了！危險了！」一連四聲。

齊王面對她的表演，茫然

齊宣后鍾無鹽

不知所謂，眾人也各把目光投向了淳于髡。淳于髡會意，試探著說道：「遠望邊邑，切齒佞臣蔽君……咳，還是請姑娘自己給大家解釋一下吧！」無鹽頓首道：「大王赦我一死，我才敢言。」

宣王說：「赦你無罪。」

無鹽正色道：「揚眉舉目是替大王觀察烽火臺的變化，切齒是替大王懲罰不聽勸諫的人，揮手是替大王趕走阿諛進讒之徒，拍膝是替大王拆除專供遊樂的漸台。」

「那麼你的四句『危險了』又是什麼意思？」齊宣王接著問。

無鹽從容不迫地回答道：「秦國重用商鞅，實行變法，國勢日漸強大，不久將出兵函谷關，與齊交戰。大王內無忠諫之士謀政，外無良將把守疆疆，國家處境危急，你毫無察覺，這是第一個危險。大王連年大興土木，高築漸台，聚集金玉珠寶，百姓日漸窮困，怨聲載道，這是第二危險。忠義之士，避居林泉；奸詐之徒，立於朝堂，想規勸你的見不到你，

你每天聽到的都是阿諛奉承之聲，這是第三個危險。大王每天沉浸於酒色之中，只圖眼前享樂，不顧他日之患，這是第四個危險。有此四大危險，國家可謂危如累卵，所以今日我冒死進言，倘蒙聽納，雖死無憾。」

齊宣王聽罷，覺得這位醜女出言不凡，敢言文武百官所不敢言、不能言，不禁深受觸動，慨歎道：「假如沒有無鹽之言，寡人不得聞其過也。」遂以車載無鹽進宮，要立她為王后。無鹽擺手道：「大王不採納我的勸告，怎能容納我這個醜女？」於是宣王便立即按照無鹽女的勸告，停建台，罷女樂，退諂諛，廣招天下忠諫之士，以田嬰為相國，以孟軻為上賓，齊國從此大治。

從這個經典的故事中我們不難看出，一開始無鹽女就以其貌醜而會說出奇制勝，博得齊宣王的召見。繼而用隱語來捭闔之，其意若隱若顯，引人深思。待接觸到問題的實質時，又靈活運用抵巇術，指出國家目前存在著的四大危險，強調必須抓緊治理，才能轉危為安。以此來說服打動了齊宣王，從而使進諫獲得了成功，這正是對飛箝術出神入化的運用：或用捭闔術駕馭鉤持箝制之類的言辭，或用抵巇術為國謀劃、抵塞漏洞，最終取得極強的說服效果，箝制住對方，達成了目標。

楚莊王寬容得良將

西元前606年，楚莊王率領大軍一舉平定了鬥越椒的反叛之後，擺下了慶功宴，興高采烈地招待群臣，慶祝征戰的勝利，並論功行賞，還美其名曰「太平宴」。

滿朝文武百官都受邀前來，席中觥籌交錯，熱鬧非常。直至日薄西山，夜幕漸漸降臨，大家似乎還沒有盡興。楚莊王便下令點上燭火，繼續開懷暢飲，並召來自己的寵妃許姬為在座的各位賓客斟酒助興。本來大家都已經喝得差不多了，一見有如此美人向自己頻頻敬酒，興致又高漲起來，不覺又喝了半多個時辰。

突然，一陣爽快的穿堂風吹來，宴席上的燭火全都熄滅了。也許是酒醉壯膽，也許是微醺中一時惑於許姬燦若桃花的笑顏，竟然有一人趁著漆黑，拉住許姬去撫摸她的手。許姬又羞又怒，慌亂掙扎，不料卻抓住了那個人的帽纓，便奮力一拉，將它扯斷了。她手握那根帽纓，急急忙忙走回楚王身邊，湊到大王耳邊委屈地訴說道：「請大王為臣妾做主！我奉大王旨意為下面的百官敬酒，可是不想卻有人不識好歹，竟乘著燭滅之際對我無禮。」

楚莊王聽後，略微沉吟了一下。許姬又羞又急，催促道：「臣妾於慌亂中抓斷了他的帽纓，現在還在我手上，只要點上燭火，是誰幹的就一目了然！」說罷，便要掌燈者立即點燈。楚莊王趕緊喝止，高聲對下面的群臣說：「且慢！今日慶功大家歡聚一堂實屬難得，寡人要與你們喝個痛快。現在命令你們統統折斷帽纓，將官帽放置一旁，毫無顧忌地開懷暢飲！」

眾大臣見大王難得有這樣的好心情，都投其所好，紛紛照辦。等到重新點燭掌燈，大家都暫且拋下了自己做官的形象，拉開架式，肆意狂歡。

這下子許姬可覺得委屈了，她迷惑不解地問楚莊王：「臣妾可是大王您的人啊！碰上這種事情，您非但不管不問，反而還替非禮我的人遮醜，您這不是留下口實讓別人輕視、恥笑您嗎？以後您還怎麼嚴上下之禮呢？臣妾心中委實不服！」

楚莊王笑著好言勸慰道：「雖然這個人對你不敬，但那也只是酒醉後稍露的狂態，並非惡意而為。再說我請他們來飲酒，邀來百人之歡，慶祝天下太平，

簪花仕女圖

又怎能就此掃別人的興呢？按你所說的確實可以查出那個人是誰，但是如果今日這樣揭了他的短，日後教他怎麼在朝廷立足呢？我不就失去了一個得力助手嗎？現在這樣不是很好嗎？我相信你依然貞潔，宴會也取得了預期的效果，而那個人現在肯定也如釋重負，對你我感激不盡呢，以後必會對我更加效力的。」

許姬聽了，覺得楚莊王考慮周全，說得很有道理，也就沒有再追究下去了。

兩年後，楚國率領軍隊討伐鄭國。主帥襄老手下有一員副將叫唐狡，毛遂自薦，願意親自率領百餘人在前面開路。他驍勇善戰，每戰必勝，出師先捷，很快楚軍就得以順利進軍。

莊王聽到這些好消息後，召見襄老，要當面嘉獎他的戰績。襄老誠實地回稟道：「您要賞就重賞副將唐狡吧！要不是他冒死在前方打通層層關口，我們也不會這樣順利。」

當唐狡被召到楚莊王面前時，只見他靦腆地說道：「昔日大王饒我一命，微臣唯有以死相報，不敢討賞！」

楚莊王疑惑地問道：「我何曾對你有不殺之恩？」

「您還記得兩年前的『絕纓會』上，有人對許姬不敬的事嗎？那個人就是我呀！」

楚莊王揣摩到了那位臣子只是酒後失態，並非惡意之舉，如點燈查辦，就會失去一個得力助手，於是便以寬容之心巧妙地加以處理，這就為以後唐狡在討伐鄭國時立下戰功奠定了基礎。

楚莊王以寬容贏得臣下之心，使其竭誠為己所用，這是積極意義上的以「纖」鉤箝之。可見，智慧不僅僅是表現在運籌帷幄上，而且也體現在簡簡單單的行動中。楚莊王慶功宴上一個簡單的舉動，不但保全了許姬的名聲，而且得到一名誓死為他賣命的大將，贏得了一場戰爭。

齊桓公不計私仇用管仲

管仲，名夷吾，是春秋初期齊國著名的政治家、改革家。他「相桓公，霸諸侯，一匡天下」。然而，他之所以能取得如此成就，是與鮑叔牙知人讓賢的高風亮節、齊桓公不記前仇的寬宏氣量分不開的。

管仲與鮑叔牙年輕時就是好朋友，彼此都很了解。西元前687年，齊襄公不理朝政，荒淫無道，以致民怨沸騰，國家大亂。為了避難，鮑叔牙隨公子小白流亡莒國，而管仲則隨公子糾逃往魯國。不久，公孫無知殺襄公自立，後在雍林被殺，齊國君位一時空缺。

公子糾和小白聽到這個消息都急於回國爭奪君位。管仲認為，莒國離齊國的都城要近一些，如果小白先到，爭奪君位就沒希望了。於是管仲帶了一支精兵，埋伏在莒國通往齊國的必經之路上。不久，有一隊車馬急馳而來。管仲估計是小白來了，忙駕車上前參見，乘小白答禮而無防備的時候照小白射去一箭。小白「哎呀」一聲，倒在了車上。管仲見大功告成，便策馬飛馳而去，並以為小白必死無疑，就放下心來，帶領公子糾不緊不慢地向齊國進發。其實，這一箭恰巧射在了小白的衣帶鉤上，小白知道管仲箭法厲害，急中生智，應聲而倒，還咬破舌頭，口吐鮮血，裝死騙過了管仲。待管仲離開後，他急忙同鮑叔牙抄近路返齊，晝夜兼程，搶先趕回齊國都城，登上了君位，是為齊桓公。

齊桓公即位後遂命鮑叔牙為統帥，以討伐公子糾為名向魯國進發。魯莊公在齊國大軍壓境的情況下，只好按齊國提出的要求，殺了公子糾，將管仲囚禁引渡回齊國。因鮑叔牙輔佐有功，桓公準備拜他為相，但鮑叔牙推辭不受，並極力舉薦管仲。他說：「我有五點不如管仲：對民寬和，使民富裕，不如他；治國嚴謹，不失國家主權，不如他；團結人民，使百姓心悅誠服，不如他；制定禮儀，使人人都能遵守，不如他；臨陣指揮，使將士勇往直前不如他。」鮑叔牙懇切地指出：「主上如要建立霸業，非管仲的輔佐不可。」桓公本來要報管仲一箭之仇，但聽了鮑叔牙之言後，決定起用管仲，並在堂阜這個地方親自給管仲解開了鐐銬。

管仲受任為大夫，主持國家政務。但他出身貧賤，朝中貴族豪門和功

臣宿將很多，他怕不能服眾，便把這個顧慮告訴桓公，於是桓公封他為上卿（百官之首）。過了一段時間，國家並沒有什麼太大的改變，桓公問他原因，管仲回答：「手中無錢不好辦事，所以不能使國家富起來。」於是桓公把稅收賜給他使用。又過了一段時間，國家還是沒有明顯的好轉，桓公又問原因，管仲說：「我不是你的近親，對公族的一些事情不好處理。」於是桓公尊稱他為仲父，且號令全國不准直呼管仲的名字。

管仲有了號令百官、掌握財政、處置貴族這三個特權，便無後顧之憂，放手大膽地主持起國政來。

管仲的才幹之所以能得到充分的發揮，為齊國強盛做出貢獻，就是因為鮑叔牙對他的了解、信任和推崇。管仲曾說過：「我以前貧困的時候，曾與鮑叔牙合夥做生意，每次分紅我總要多分一些，但鮑叔牙不認為我貪財，他知道我家裏窮。」又說：「我幫鮑叔牙辦事，但往往沒有把事情辦好，鮑叔牙不認為我愚蠢，他知道是沒有碰上好機會。我曾三次做官，而三次被撤職，鮑叔牙不認為我沒有才幹，他知道我是沒有遇上大顯身手的時機。」管仲回想起自己走過的道路，萬分感激地說道：「生者者父母，知我者鮑子也。」

在管仲為齊的上卿以後，鮑叔牙一直心甘情願地在他手下工作，接受他的領導。所以，天下稱讚管仲才能者少，而稱讚鮑叔牙讓賢者多。

飛箝術其實是一種制人之術，「制人」又可分為兩種：一是識人為己所用，這是國君與謀臣必須掌握的基本功；另一種就是利用對方的弱點將其剷除，掃清前進道路上的障礙。在此鮑叔牙、齊桓公便是運用了前一種——「度權量能」，識人為己所用。而且，齊桓公不因一箭之仇而心懷怨恨，其胸襟實在寬廣，同時又能聽取鮑叔牙的意見將管仲封為相國，更是難能可貴。飛箝術強調「或量能立勢以鉤之，或伺候見澗而箝之」，這不正是對飛箝術的靈活運用嗎？後來管仲一心一意輔佐齊桓公，改革變法，勵精圖治，最終使齊桓公成為春秋首霸。

ᘓ商界活用

詹森投其所好拉廣告

詹森是美國《黑檀》月刊的主編,有一次,他想要拉到森尼斯公司的廣告。但當時,該公司的首腦麥唐納卻是個極其精明能幹的人。

一開始,詹森就先寫了一封信給麥唐納,要求和他能見個面,並談談森尼斯公司的廣告在黑人社會中的重要性。

麥唐納當即回信一口拒絕了:「來信已經收到,不過我不能見您。我並不主管廣告。」

詹森可沒那麼容易就打退堂鼓,他又寫了封信給麥克納,問:「我可不可以拜訪您,談談在黑人社會進行廣告宣傳的政策。」

麥唐納這次回信道:「我決定見您。不過,要是您想談讓我在您的刊物上登廣告的事,我立刻就結束會見。」

詹森在這次見面前翻閱了一下美國名人錄,發現麥唐納是一位探險家,曾到過北極,時間是在漢森和比爾准將於1909年到達北極後的幾年間。漢森是黑人,並曾就自己的經歷寫過一本書。

詹森本能地覺察到這是個可以利用的條件。

於是,他找到了漢森,請他在自己買的書上簽名,以便送給麥唐納。此外,他又想起漢森絕對是己方寫篇文章的好題材,由此,他從還未出版的《黑檀》月刊中抽去一篇文章,而代之以介紹漢森的一篇文章。

當詹森走進他的辦公室時,麥唐納的第一句話就是:「看到那邊那雙雪鞋了嗎?那是漢森給我的。我把他當作朋友,你看過他寫的那一本書嗎?」

「看過,」詹森回答:「湊巧我這裏有一本。他還特地在這本書上簽了名。」

麥唐納接過來翻著那本書,顯得非常高興。接著,他又說:「您出版一份黑人雜誌,在我看來,黑人雜誌上就該有一篇介紹像漢森這樣的人的文章才對。」

詹森對他的意見表示贊同,並將一份7月份的雜誌遞給他。然後告訴他說,創辦這份雜誌的目的,就是為了宣傳像漢森這樣克服一切障礙而達到最高理想的人。

這時，麥唐納合上雜誌說：「現在，我看不出我們有什麼理由，不在您的雜誌上登廣告。」詹森最終如願以償。

「心意之慮懷，審其意，知其所好惡，乃就說其所重，以飛箝之辭鉤其所好，乃以箝求之」，當洞悉、摸準了對方的真實情志後，便離成功不遠了。詹森知道每個人都有樂意顯示自己輝煌戰績的心理，便在初戰受挫的情況下，重整旗鼓，根據麥唐納的喜好和經歷，改變了接近麥唐納的方法，攻心求同，終於使麥唐納主動答應了在自己的雜誌上刊登廣告。

機智的墨菲

約翰・墨菲是一位經驗老到的汽車銷售人員，此刻，他正在向可能的買主奈特介紹一輛賽車。

墨菲：「奈特先生，這輛賽車可是非常舒適的。」奈特沒有做出回答。

墨菲：「（意識到自己的口誤）請坐到汽車駕駛座上試一試吧！（奈特坐進駕駛室）您坐在裏面感覺舒適嗎？」

奈特：「舒服極了！」

墨菲：「您覺得座位調得如何？您坐在方向盤後舒服嗎？」

奈特：「行，挺舒服的。不過，駕駛室太小了。」

墨菲，「還小？您在開玩笑吧？」

奈特：「我說的完全是實話。我感覺在裏邊坐著有點兒憋氣。」

墨菲：「但汽車前座的空間有二英尺啊！」

奈特：「不管怎麼樣，我還是覺得有點兒憋氣。」

墨菲：「（意識到自己的錯誤，就停止了反駁）當然了，這輛車確實比不上大型車寬敞。但正如您剛才所說的那樣，坐在裏面還是很舒服的。您可能已經注意到這輛車的裝潢還是相當不錯的，使用的材料是皮革。還有比皮革這種材料更好的嗎？（他沒有提出具體理由來進一步證實，為什麼使用皮革材料來進行裝潢）」

奈特：「我不懂什麼皮革不皮革的。但我覺得皮革夏天太熱了，冬天又太冷。（看來奈特向來不喜歡皮革）」

墨菲：「（自己本來可以，也應該在事前了解清楚顧客對各種材料做的外套，有什麼看法的。不過，這僅僅是一個無關大局的細節問題。因此，他決定避開它）對，那僅僅是個人喜好問題。其實，我明白您的意思，在炎熱的夏天，皮革確實有點熱。但在這個國家，夏天從來都不是太熱的。應該這樣看待問題才是，您說呢？不管怎麼說，皮革肯定要比塑膠涼爽得多了。您同意這個看法嗎？」

奈特：「那或許有可能。但有些時候，我要在夏天開車去其他國家。」

墨菲：「（他本來可以進一步指出，他不可能把車開到赤道去。另外，開車到國外的時間相對來說是短暫的。但他覺得這樣談下去會扯得太遠，並且會引起爭執）好吧，我們來談一談其他問題吧！您準備用這輛車來幹什麼呢？（墨菲又回到汽車的主要用途上，並打算用它來證明這種汽車的前座空間還是足夠的）」

奈特：「我準備開車去上班或者到我們的鄉村別墅去。」

墨菲：「路程遠嗎？」

奈特：「不是特別遠。」

墨菲：「家裏人口多嗎？」

奈特：「我們有兩個小孩，都在念書。」

墨菲：「那麼說，您是想要一輛節省汽油的車了，對嗎？（墨菲為了繞開汽車大小問題，又換了一個新話題。不過，他還遠遠沒有脫離危險區，因為他又轉到了汽油價格這樣一個人人關心的中心話題上）您知道汽油現在的價格嗎？」

奈特：「價格還可以吧。但關於節油的種種說法都是靠不住的，事實上，每一輛汽車所耗費的汽油量總是會比說明書上介紹的多得多。」

墨菲：「當然了，耗油量的大小還取決於您怎麼使用您的汽車。」

奈特：「（很生氣）您這話是什麼意思？」

墨菲：「車開快了，就要經常更換擋，這樣耗油量就大一些。」

奈特：「在很多情況下，宣傳說明書上所說的都是不可靠的，這不是事實。說明書上說，行駛20至30英里才耗費1加侖汽油。我們就按照說明書購買了一輛汽車。結果呢？還沒有行駛15英里，就耗費了1加侖的汽油。（宣傳歸宣傳，事實歸事實。）我的好朋友對我說……（接著，他講了一個很長的故事）」

墨菲：「（控制住自己）好吧，我們可以在試車的時候，檢查一下這輛車的耗油情況。奈特先生，您可以親自開車，好嗎？」

奈特：「好的。（他們開動了汽車）」

墨菲：「您的夫人也會開車嗎？（他準備把這輛車便於操作這一點作為推銷的要點）」

奈特：「她準備去上駕駛課。」

墨菲：「（接過新話題）我們有自己的駕駛學校，如果您需要的話，我可以幫助您夫人聯繫上課的事宜。」

奈持：「不用了。」

墨菲：「（剛準備有所表示，但及時地控制住了自己）不管怎麼說，對您夫人來說，開小車要比開大車容易。您說呢？」

奈特：「我想是的。（奈特隨之又想出了一條反對的理由）像這樣一輛小車怎麼會那麼貴呢？」

墨菲：「（從這一問題，墨菲意識到車的大小問題並不很重要。所以，他不準備更多地討論車輛大小問題。如果反駁奈特的這一看法，並且指出汽車的價格不高的話，那麼他們就可能發生爭論。所以，他決定不直接討論價格問題）奈特先生，您開車是很有經驗的，嗯？」

奈特：「我想還可以吧！」

墨菲：「那麼，依您看，車的哪一方面最重要呢？（通過承認對方有經驗，這就造成了一種融洽的氣氛，並且以提問的方式把話題轉向一些更重要的問題上）」

奈特：「唔，當然是車開起來穩不穩，車速和車的品質最重要了。噢，還有價格問題。」

墨菲：「（謹慎地糾正對方的看法）當然也要節省，是吧？」

奈特：「當然了。」

墨菲：「所以，應該是穩、速度和節省。奈特先生，就速度而言，您以為哪一方面是最重要的，是最高速度指數，還是變速器？

奈特：「當然是變速器重要了。不管怎麼說，人們一般不會使用最高速度去開車啊！」

墨菲：「（現在他終於了解到顧客對什麼東西最感興趣了）您說對了，這些才是最重要的。在決定一輛車的價值的時候，它們的作用是很重要的。在這一點上，我們的看法是一致的。」

奈特：「是的。」

至此，墨菲已然知道了自己應該怎樣進行洽談，應該避免哪些問題。他從上述幾個方面解釋了這輛車的價值，並且間接地反駁了奈特先生認為車的售價太高的看法。在第三次業務洽談時，墨菲終於把這輛車銷售給奈特了。

《飛箱》篇中說到，要想說服某人達到自己的目的，就要先衡量對方的智慧和才能，權衡他的實力，審度他的氣度儀表，抓住他的喜好弱點去迎合他、隨順他，用飛箱之術協調他與我們的差距，用我們的意圖去開導、啟發他，這就是飛箱之術控制人的妙用。所以，不管對方怎樣與你針鋒相對，不管他怎麼一個勁兒地想與你吵架，你也不要爭論。因為爭論並不等於說服，它很少能使人真正心悅誠服。而說服的關鍵就在於通過一系列的迎合、隨順、褒揚，努力協調雙方的差距，引導、掌控對方一步步靠近己方的意圖，進而讓對方經過自身的思想鬥爭做出決定，最終接受己方提出的種種交易條件。

伊斯曼的辦公室

喬治·伊斯曼是著名的柯達公司的創始人，當他成為美國巨富之後，不忘回報社會，非常熱心於公益事業，捐贈鉅款要在羅徹斯特建造一座音

樂廳、一座紀念館，和一座戲院。

為了能承接到這批建築物內的座椅，製造商們紛紛「八仙過海，各顯神通」，展開了激烈的競爭。但是，無一例外的，來找伊斯曼談生意的商人們都乘興而來，敗興而歸，毫無所獲。

正是在這樣的情況下，美國優美公司的經理亞當森前來會見伊斯曼，希望能夠得到這筆價值9萬美元的生意。

伊斯曼的祕書在引導亞當森去見伊斯曼之前，一再叮囑亞當森：「我知道您急於想得到這批訂貨，但我不妨現在就告訴您，如果您佔用了伊斯曼先生超過五分鐘的時間，您就完了。而且他是一個非常嚴厲的大忙人，所以請您進去以後要快快地陳述您的來意。」亞當森微笑著點頭稱是。

亞當森被引進伊斯曼的辦公室後，看見伊斯曼正埋首於桌上的一堆文件，於是便靜靜地站在那兒仔細地打量起這間辦公室來。

過了一會兒，伊斯曼才抬起頭來，發現了亞當森，便問道：「先生有何見教？」

祕書對亞當森做了簡單的介紹之後，便退了出去。這時，亞當森並沒有馬上談生意，而是饒有興致地說道：「伊斯曼先生，在我們等您的時候，我仔細地觀察了您的這間辦公室。雖然我本人長期從事室內的木工裝修，但卻從沒見過裝修得這麼精緻的辦公室！」

伊斯曼聞言回答道：「哎呀，您這一說倒提醒了我差不多給忘記了的事情。這間辦公室是我親自設計的，當初剛建好的時候，我喜歡極了。但是後來一忙，一連幾個星期都沒有機會來好好欣賞一下這個房間。」

亞當森走到牆邊，用手在木板上略一擦過，便說道：「我想這是英國橡木，對嗎？義大利的橡木質地不是這樣的。」

「是的，」伊斯曼見狀高興得站起身來回答道：「那是從英國進口的橡木，是我的一位專門研究室內細木的朋友專程去英國為我訂的貨。」

伊斯曼心情好極了，便帶著亞當森仔細地參觀起自己的辦公室來。

他把辦公室內所有的裝飾一件件地向亞當森做介紹，從木質談到比例，又從比例扯到顏色，接著又從工藝談到價格，然後還詳細介紹了他設

計的經過。此時，亞當森微笑著認真聆聽，顯得饒有興致。

亞當森看到伊斯曼談興正濃，便好奇地詢問起他的經歷。伊斯曼便向他講述了自己苦難的青少年時代的生活，母子倆如何在貧困中掙扎的情景，自己發明柯達相機的經過，以及自己打算為社會所做的巨額的捐贈……亞當森由衷地讚揚了他的功德心。

本來祕書警告過亞當森會談不要超過五分鐘。結果，亞當森和伊斯曼談了一個小時，又一個小時，一直談到了中午。

最後，伊斯曼對亞當森說：「上次我在日本買了幾張椅子，放在我家的走廊裏，由於風吹日曬，都脫了漆。昨天我上街買了油漆，打算自己把它們重新油漆好。您有興趣看看我的油漆表演嗎？要不乾脆這樣好了，您到我家裏和我一起吃午飯，再看看我的手藝。」

午飯以後，伊斯曼便動手把椅子一一漆好，並深感自豪。直到亞當森告別的時候，兩人都未談及生意。

最後，也許大家都猜到了，亞當森不但得到了大批的訂單，而且和伊斯曼結下了終生的友誼。

亞當森成功的訣竅，還是那個道理──「心意之慮懷，審其意，知其所好惡，乃就說其所重，以飛箝之辭鉤其所好，乃以箝求之。」正由於他了解其談判對象，才能從伊斯曼的辦公室入手，有的放矢地、巧妙而真誠地讚揚了伊斯曼的成就，使伊斯曼的自尊心得到了極大的滿足，並在進一步的接觸中將自己視為知己，這筆生意當然非亞當森莫屬了，何況還因此收穫了終生的友誼，不能不說是極大的成功。

○§ 職場活用

面試時的奇難之題

美國的比爾‧傑斯尼公司要招聘一名推銷管理人員，一位名叫伊萬的年輕人前來應聘。

面試時，總經理比爾對伊萬說道：「我遇到這樣一件事情：我向紐約

一家大飯店租用了大舞廳，準備舉辦一系列文化講座。但在講座就要開始的前兩天，飯店經理卻通知我，我必須付出比預定租金高三倍的租金才行。當我接到這個通知時，入場券都已經印好散發出去了，而且所有的通告也都已經公布。但我確實不想付這筆突然增加的租金，請問，如果你處在我的位置，現在應如何去說服那位飯店經理呢？」

認真傾聽了比爾的問話，伊萬低頭沉思了片刻，然後回答道：「我會親自去拜訪飯店經理，跟他談判。我會這樣跟他說：『先生，收到你的通知，我有點吃驚。但是我一點兒也不怪你，換成我是你，我也可能發出一封類似的通知。你身為飯店的經理，有責任盡可能地增加收入。如果你不盡心這樣做，你有可能丟掉現在的職位。現在，我們不妨拿出一張紙來，把你這樣做之後可能得到的利弊列出來，如果你堅持要增加租金的話。』」

說著，伊萬不慌不忙地拿出一張紙，在中間劃了一條線，一邊寫著「利」，另一邊寫著「弊」。

他在「利」這邊的下面寫下了這些字：「舞廳空下來。」並接著解釋說：「你有把舞廳租給別人開舞會或開大會的好處，這的確是一個很大的好處，因為像這類活動，與租給人家當講座場相比，能增加不少收入。如果我把你的舞廳佔用20個晚上來辦講座，對你而言，當然是一筆不小的損失。

「現在，我們來考慮不利的方面。第一，你不但不能從這兒增加收入，反而會減少你的收入。事實上，你將一點收入也沒有，因為我無法支付你所要求的租金，我只好被逼到別的地方去開辦這些講座。

「你還有一個壞處。這些課程會吸引不少受過教育的、修養高的群眾到你的飯店裏來，這對你無疑是一個很好的宣傳，不是嗎？事實上，就算你花費5000美元在報上登廣告的話，也無法像我的這些課程那樣可以吸引這麼多的人來看看你的飯店。這對一家飯店來講，不是價值很大嗎？

「最後，先生，請你好好考慮你可能得到的利弊，然後告訴我你最後的決定。」

「我答應你的要求。」總經理比爾聽完，立即笑著回答了伊萬。他很

高興自己找到了一個人才。

在這個事例中，伊萬就是嫻熟掌握了飛箝之術，他把握住了飯店經理「求財」的心理，並以列表這一對比分明的方法，正反分析，比較利弊，很好地回答了這道奇難之題。

此外，我們還可以看出總經理比爾通過巧妙地設置一個難題、一個模擬困境，給予伊萬一個刺激，並觀察到了伊萬傑出的反應能力，其原理與鬼谷子反應術相類。

職場「飛箝術」

在日本，有兩名大學生畢業後成立了一家「奉承恭維公司」，專門提供「奉承恭維服務」。他們用盡一切美麗動聽的言辭來稱讚他人，讓對方心花怒放，而後收費，一分鐘100日元。據說，生意還相當火爆。

「馬屁」的名號雖不雅，但卻是語言中的鑽石，熠熠生輝。我們要學會讚美別人，尤其是上司。也許，並不是所有的人都喜歡馬屁，但——不可否認的是，所有的人都不會完全拒絕馬屁。

「我就最看不上那些溜鬚拍馬的人了，盡耍嘴皮子！」自打進入職場，阿宏就一直在這個問題上耿耿於懷——辦公室裏吃勁兒的活兒都是他幹的，可老闆卻偏偏青睞另一個「能力低下」的傢伙。「不就因為他會拍馬屁嗎？」阿宏憤憤不平。

而東尼卻恰好相反，作為外企中層，他正在體驗被下屬讚美的奇妙感覺。前些天的一次會議發言之後，他手底下的那幫小丫頭美眉一下子圍攏過來：「老大，你講得太棒了！」「就是，真給咱部門有面子！」「下回有機會教我們兩招啊！」……東尼連連擺手，儘管嘴上說著「哪裡哪裡」，心裏還是忍不住樂開了花。

或許你不喜歡拍馬屁，但是你的上司卻喜歡有人拍馬屁。在這種情況下，需要改變的只有你。在一個公司裏上班，下屬拍上司的「馬屁」，實

在是一件很正常的事。過去人們相互之間「拍馬屁」，也就跟街坊鄰里見面時互相道安問好一樣，是一種人與人之間的交流溝通方式。作為白領，誰敢說自己從來沒有拍過上司的「馬屁」？在職場上打拼，不可能完全不「拍馬屁」，只不過大多數時候你「拍馬屁」是出於玩笑與善意，沒有什麼「不可告人」的企圖，對方也就一笑了之罷了！

因此，對於身處職場的白領來說，自己得反省一下，應該將「拍馬屁」當做是一種正常的交流溝通方式來對待，掙脫那種陳腐過時的意識形態的枷鎖。作為白領，你的提升也許並不一定需要去「拍馬屁」，但是，「拍馬屁」會助你提升得更快，大大降低你經營人際關係的「成本」。

對於大多數白領來說，在職場上打拼是在為了生存而奮鬥。為了多加點薪水，為了晉升得快一點，你給自己的上司說幾句好聽的話，這有什麼錯？特別是對於職場新人來說，你的上司在某種程度上將決定你一生有什麼出息和有多大出息！我們並不是生活在一個水晶般純淨無瑕的世界裏，生存都不容易，就算你再驕傲、再有本事，也極有可能就像電視劇裏唱的那樣，人家「說你行你就行，不行也行；說你不行你就不行，你行也不行」。

在現代職場上，作為白領，與上司相處，很多時候雙方都需要適度地「哄一哄」，而這「哄」無非就是嘴甜一點。你的這種恭維無傷大雅，只不過是融洽一下氣氛，增加上司對自己的好感和了解。在職場上，包括你的上司在內，有幾個人不愛聽甜言蜜語呢？換位思考一下，如果你是上司，你會希望你的下屬整天對自己風言風語，讓自己難堪嗎？這一點，在中國的職場上是這樣，在歐美乃至世界的職場上也是這樣。比如，歐美人在相互交流時，常把「Great」、「Excellent」、「Wonderful」等詞掛在嘴邊，表示自己對對方的欽佩和賞識，這是真的嗎？不一定，他們這麼說無非是想讓對方心裏舒服一點，讓彼此距離更近一點，關係更融洽一點。可以說，會「拍馬屁」是現代職場白領必備的職業素養之一。

之所以現代社會需要「拍馬屁」，而且還成為人際交往中最佳的交流溝通方式，是因為在每一個人的內心深處都渴望得到別人的肯定和尊重，你的讚美正好使對方的這種較高層次的需求得到滿足，更是對方自我價值

實現的一種重要方式。任何人都不會嫌棄別人對自己的讚美過多，所以，在人際交往中千萬不要吝嗇你的讚美之詞，它不僅使你活得輕鬆，而且經常能化腐朽為神奇，幫你扭轉局面。

而尋找別人的長處來誇獎，也並不是什麼難事。每個人都有一定的長處，懂得欣賞別人，也能使別人了解你的品味。誇獎對方同時是一種表達自謙的方式，有經驗的白領總能夠在合適的場合合適的時間裏用合適的方式來「拍馬屁」，只有那些自以為是的人總愛找出別人的缺點加以批評，或者找出不在場的人的缺點來取悅在場的人。雖然背後說人壞話有時會管點用，但有一天也可能會淪為別人的笑料，因為它又挑起了一場是非。

如果非要說拍上司的「馬屁」會對你的人格和尊嚴造成傷害，那只能說你的心靈稍微有那麼一點脆弱和狹隘，或者本質上你是個自大狂。而自大狂在現代職場中往往是不會受到歡迎的。至於有些人「拍馬屁」經常遭人非議，這也許一方面是被人妒忌，另一方面則是「拍馬屁」的水準問題了。如果你拍馬屁拍到馬腿上去了，不僅被同事笑話，上司自然也不會高興。其實，尊重上司，對上司的指示百分之百執行，這是對的，同事也都能理解；同事們討厭的是那種在大庭廣眾之下對上司獻殷勤的行徑。如果「馬屁」拍得含蓄一點、有水準一點，說三道四的人也就會少許多了。

「拍馬屁」這件事聽上去雖然不那麼體面，實際上卻是建立職場溝通管道的有效方式之一，也是飛箝術在現代職場上的用武之地。拋開對這三個字的成見，無論是上司、平級還是下屬，試著多去讚美對方，你的職場人際關係或許就此會變得很和諧，很輕鬆。

拆除心理的屏障

在面對推銷員或推銷活動時，顧客們往往會懷著很深的戒備心理，認為你是衝著他的腰包來的。遇到這種情況，就要設法打破對方的心理屏障，先在感情上靠近、征服對方，然後推銷才會變得順暢、容易起來。

「空中巴士」公司的推銷員貝爾那‧拉弟埃被譽為「推銷突擊隊員」。「空中巴士」公司成立於20世紀70年代，是法國、德國和英國合資經營的飛機製造公司。由於當時正處於世界經濟衰退期，各國的大型航空公司都不景氣，對這個剛剛起步的新公司來說，打開局面更是談何容易？尤其是飛機的外銷工作，迫切需要一位經驗豐富的推銷人才，否則，將很難打入競爭異常激烈的國際市場。

他們找到了拉弟埃，派給他的第一項任務便是出使印度。這是一件非常棘手的工作，因為這筆交易已經由印度政府初審，但還未被批准，能否挽回危機、把這盤棋重新走活，那就要全看特派員的本領了。

拉弟埃稍事準備後即飛赴新德里，負責接待的是印航主席拉爾少將。

面對尊敬的談判對手，拉弟埃說的第一句話是——「正因為您，才使我有機會在我生日的這一天，又回到了我的出生地。」他還談到，當年他出生在印度時，他父親正作為法國企業要人被派駐印度，就是說同印度屬於「世交」。這個開場白使拉爾少將大為感動，遂決定親自設午宴招待客人。

好的開頭預示著成功的一半，這使拉弟埃充滿了必勝的信心。在接下來的「閒聊」中，他從公事包裏取出一幀照片，呈遞給主人。

「少將先生，您看這照片上是誰？」

「啊，這不是聖雄甘地嗎？」──聖雄甘地，印度人民衷心崇敬的偉人。

「請您再看看，旁邊這小孩是誰？」

少將認不出來。

「那就是我呀，我那時才三歲半，在隨父母離開貴國回歐洲的途中，有幸和聖雄甘地坐在同一條船上。」

這筆生意最終成交了，這得力於拉弟埃諳熟推銷技巧，通過肯定、褒揚對方國家的偉人來縮短與對手的心理距離，從而談判成功。正如拉爾少將感慨的那樣：「帶著聖雄甘地的照片來兜售飛機，我實在無法回絕了。」

無獨有偶，還有一位推銷員，有一天向一位雜貨店老闆推銷洗衣粉，但這位老大爺生性孤僻，又頑固保守。

這位推銷員本來想好了一大堆話，正要開口，那位老大爺便大喝一

聲：「你來幹什麼？」

如此場面使得推銷員心驚肉跳，但他仍鼓足勇氣反問道：「先生，你猜我今天是來幹什麼的？」

「你不說我也知道，還不就是向我推銷你們那些破玩意兒！」老大爺毫不客氣地回敬他。

推銷員聽罷卻哈哈大笑：「您老人家聰明一世，糊塗一時！我今天可不是來向您推銷的，而是求您向我推銷的。」

老頭一聽，愣住了：「你要我向你推銷什麼？」

推銷員回答道：「我聽說您是這一地區最會做生意的，洗衣粉銷量也最大，我今天是特地來討教一下您老的推銷方法的。」

老大爺活了大半輩子，還從來沒有被別人登門求教過，心中自然是萬分高興，於是便興致勃勃、熱情高漲地向推銷員大談特談起生意經來，直到推銷員起身告辭才意猶未盡地收腔。

剛送推銷員走到門口，老大爺像忽然想起什麼似的大聲喊道：「喂，請等一等，聽說你們公司的洗衣粉很受歡迎，給我訂30箱。」

在這兩個推銷案例中，兩位推銷員幾乎在推銷過程中絲毫沒有提及推銷的事，但最後都成功地做成了生意，採用的便是飛箝術。本來這兩個案例在別人看來都是很難推銷成功的，可兩位推銷員卻避開了主要矛盾，先「引鉤箝之辭，飛而箝之」，同客戶進行感情溝通，找到共同語言，拆除了客戶的心理屏障。前者是利用了「攀老鄉」這一感情化的武器，後者則抓住了老年人的特點，投其所好，博得老人的歡心。在這裏，無論是攀「老鄉」關係，還是請教推銷方法，都是「審其意，知其所好惡，乃就說其所重，以飛箝之辭鉤其所好，乃以箝求之」，其真正目的還是為了推銷產品，但這樣無疑會事半功倍。

CB 處世活用

你會「戴高帽子」嗎

　　所謂「飛箝」的祕訣，便是巧妙運用褒揚之辭來達成箝制對方心理目的的一種語言謀略，也就是要精心研究他人的好惡，待其情志暴露無遺時，再去箝制對方，它是歷代縱橫家進言的不二法門。

　　林肯有一次在寫給家人的信的開頭便說：「每個人都喜歡聽到人家的讚美。」心理學家威廉・詹姆斯也認為——「人性中最深切的稟質，那就是被人賞識的渴望。」美國著名的文學家馬克・吐溫在談到被人戴上「高帽子」的感受時，也曾幽默地說道：「鄙人在接受了人家愉快的稱讚之後，能夠光憑著這份喜悅的心情不吃不喝生活兩三個月。」因此，當你在說服他人時，不要老是一味地駁斥對方，而是應該適當地說些讚揚對方名譽或成就的話，以便徹底地誘導對方發言。只要能引起對方的興趣，使其敞開心懷，就不難了解其情志何在了，如此才能真正地說服對方。

　　從一般人的心態來看，都不會反對別人給自己戴高帽子的，因為這多半會滿足自己潛意識裏的自尊心和虛榮心，使自我價值得到體現。然而，要使被戴者感覺到這頂「高帽子」不大不小正合適，卻也不是一件簡單的事。下面這個故事或許能給我們一些有益的啟示。

　　眾所皆知，歷史上赫赫有名的包公是位剛正不阿的「包青天」，但據說這位包老爺同常人一樣，也有喜歡被人「戴高帽子」的弱點。

　　傳言包公做了開封的知府後，欲挑選一名稱職的文人，來做自己的助手，也就是師爺（祕書）。

　　包公選師爺的告示貼出來之後，四面八方的文人學士紛紛前來應試。考試的第一個題目是筆試，由包公親自出題、親自閱卷，最後從參加應試的上千人裏挑出了十來個很有文才的儒生。第二個題目是面試，包公要同他們一個一個單獨會面，隨口出題，當面應答。

　　而包老爺面試的題目出得也很別緻，前面九個人一個一個地進去後，包公指著自己的臉龐對他們問道：「你看我長得怎麼樣？」那些人抬頭一看包公的面容，不禁嚇了一跳：頭和臉都黑得如煙薰火燎了一般，乍一看，簡直就像一個黑色的罈子放在肩膀上；兩隻眼睛鼓而圓，一瞪起來，

白眼珠多、黑眼珠少。他們都在心裏琢磨著，如果把他的模樣照實講出來，那包老爺一定會火冒三丈的，更甭提當師爺了，不挨他的狗頭鍘都算好的了。人說當官的都愛聽恭維話，我們何不奉承他一番，討個喜歡呢？於是，便一個個地都恭維他長得眼如朗星，眉似彎月，面色白裏透紅，一臉清

包公祠

官相貌。包公聽著他們胡說八道，那臉黑得簡直要滴下墨汁來，將他們一個個痛快地打發走了。

　　輪到第十個應試者了，包老爺也請他看著自己的臉龐，提出同樣的問題。那個應試者仔細朝包公打量了一番，才不緊不慢地回答道：「老爺的容貌嘛……」「怎麼樣啊？」「臉形如罐子，面色似鍋底，不僅說不上美，簡直要說是醜陋無比。尤其是那兩眼一瞪，還真有幾分嚇人哪！」包公一聽，故意把黑臉一沉，喝道：「嘿，放肆！你怎麼這樣說起老爺來？難道不怕老爺我怪罪嗎？」那個應試者不慌不忙地答道：「老爺，您先別生氣。小的深信，只有誠實的人才最可靠。老爺的臉面明明是黑的，難道小的說一聲『美』就白了麼？老爺既然如此不喜歡聽老實話，那以後還怎麼秉公斷案、做個清官呢？」包公聽了連連點頭稱是，但又接著問道：「你說的倒也在理。不過，我聽人說：容貌醜陋，其心必奸。此話可否當真？」應試者又答道：「此言也不一定正確。看一個人奸否在心而不在貌。只要包老爺有顆忠君愛民的心，就是長得再黑，也會是一個清官。難道老爺沒見過白臉奸臣嗎？」包公聽完，心中大喜，大聲喊道：「小子，就選你了。」

　　其實這第十個應試者被選中的訣竅無他，還是「戴高帽子」這一招。只不過，這位老兄比起前九個來，戴得更精更熟罷了。由此可見，「高帽

子」要想戴得合適那可是大有講究的。

日本著名的心理學家多湖輝，曾經在一本書裏舉了這麼一個例子——

有一次，一位雜誌社的記者前去採訪當時一名享有很高地位的財經界人士。話匣子一打開，就先稱讚對方經營的手段如何高明，繼而就想打聽一些成功的訣竅。但由於是初次採訪，不能很快到達問題的實質。

這時，那位記者將話鋒一轉：「聽說閣下在業餘時間裏很喜歡釣魚，在釣魚方面堪稱行家裏手。在下平時也喜歡釣釣魚，不知閣下可不可以傳授一點這方面的經驗？」那大人物聞聽此言，笑顏逐開，便興致盎然地「侃」起釣魚經來，結果主客盡歡，以後記者在採訪中自然是方便了不少。

從這位大人物的心態來看，因為所處的地位，高帽已被人「戴」了不少，繼續「戴」下去就會有不舒服的感覺。那位聰明的記者非常了解此類大人物的心理，便選擇從他的業餘愛好釣魚入手，大人物出乎意外地感到舒暢，這位記者再戰時自然也就容易得手了。

地不分東西南北，時不分古往今來，人們大都難逃喜歡被人稱讚的心理定勢，而不願聽貶抑、反對之語，尤其是那些身居高位、權傾一方的大人物。因此，鬼谷子諄諄告誡道：你要別人接受你的主張、達到自己的某種目的，就必須先要毫不吝嗇地贊同、恭維對方，取悅於對方，然後才能箝制他、駕馭他。

處世有道，投其所好

凡與人相處，要想談得有味，談得投機，談得其樂融融，雙方必須得有共同感興趣的話題。可能有人會這樣想：假若素昧平生，初次見面，又何來共同感興趣的話題呢？其實不儘然。只要善於尋找，何愁沒有共同語言？一位小學教師和一名泥瓦匠，兩者乍看之下似乎毫無共同話題，但是，如果這個泥瓦匠是一位小學生的家長，那麼，兩者可以就如何教育孩子的問題各抒己見，交流看法；如果這位小學教師正要蓋房或修房，那麼，兩者可以就

如何購買建築材料、選擇裝修方案來進行資訊溝通、相互探討。只要雙方肯留意、試探，就不難發現彼此有對某一問題的相同觀點，某一方面共同的興趣愛好，某一類大家關心的事情……所以說，有些人在初識者面前感到拘謹難堪，那只不過是沒有發掘出共同感興趣的話題而已！

　　毫無疑問，與素不相識的陌生人見面，雙方都免不了存在戒備心理甚至敵意，而這種心理狀態會束縛住雙方。所以，人際交往中，尤其是初次交往，儘量讓對方放鬆心情，消除其心理障礙，是首先要解決的問題。「酒逢知己千杯少，話不投機半句多」，在初交時，如果不能打開對方的心扉，一切努力都會變成泡影。可要想衝破對方的「警戒線」，就要讓對方感覺到你是可以信任的。那麼，怎樣才能讓對方信任你？換言之，也就是怎樣才能把你對對方的尊重和信任傳達給他呢？

　　最基本的手段便是「心意之慮懷，審其意，知其所好惡，乃就說其所重，以飛箝之辭鉤其所好，乃以箝求之」，即以同情共感的態度來了解、肯定對方的煩惱與要求。這就是心理學中所說的「共鳴」，也叫「移情」。

　　面對一個陌生人，你只要主動地面對，同他聊天，努力探尋他感興趣的話題與之交談，就可以贏得對方的好感，就能拉近彼此之間的距離。

　　人與人之間交往，基本上是從交談開始的。許多事就在不經意的交談中找到雙方的共同點，在思想和心理上產生一種共鳴，達成一種共識，從而獲得別人的認同。因而，交談是交流情感、引發共鳴的最好方法，是交朋友的有效手段。

　　怎樣開始交談才能取得最佳效果呢？人們常說：「到什麼山唱什麼歌，見什麼人說什麼話。」就是說，只有「投其所好」，才能「媚人之心」。而投其所好媚人心，一定要講究對象。社會上的人，由於年齡、性別、性格、脾氣、習慣等各不相同，他們的地位、身分、文化程度、語言也不盡一樣，因此要根據不同的對象，靈活運用，區別對待，並掌握好分寸，才能「對症下藥」，激發共鳴。對有興趣愛好的人，當你談起有關其愛好方面的事情時，他定會興致盎然，同時無形中也會對你產生好感。因此，如果你能從此入手，發現對方的愛好，就會為「對症下藥」打下良好的基礎。但

一定要考慮對方興趣愛好上的差異，一旦你發現對方的特殊愛好，就等於打開了「投其所好媚人心」的大門，剩下的事情就水到渠成了。

而「投其所好媚人心」的實質就是《飛箝》篇中強調的，說話做事要有的放矢，其關鍵在於摸透對方內心的想法。比如，多方面蒐集資訊，歸納出對方心裏的想法，再選擇一個主要話題，並圍繞這個話題做好充分準備，以便隨機應變，投其所好。

用讚美贏得人心的處世藝術

如何「飛」才能更好地「箝」，也即如何用讚美來贏得人心，的確是一門奇妙的處世藝術，值得每一個人細心體味。

首先，讚美要因時因人而異。

即便是因為相同的事由，我們也不應該用同樣的方式來稱讚所有的人。不要期望能找到任何時間、任何場合下，對任何人都適用的「讚美萬金油」，以免給對方留下「這個人對誰都講那麼一套」的壞印象。

在聚會中，你千萬不要搬出前不久剛稱讚過其中某一位的話，來再次恭維其他人。還是仔細想一想，每位同伴與其他人相比到底有什麼突出之處，這樣就能因人制宜，恰到好處地讚美別人。

另外還要注意的是，不要突然大肆讚美。你對別人的讚美應該是和你們眼下談的話題有所聯繫的，請留意你在何時用什麼事當作引子開始稱讚對方。對方提及的一個話題，講述的一個經歷，或是所列舉的某個數字，或是向你解釋的一種原因，都可以用來當作引子。

要是他沒有給你這樣的機會，你就自己「譜」一段適合的「讚賞前奏」，不致使對方感覺這讚揚來得太突然。不妨用這些謙恭有禮的話來開頭：

「恕我冒昧，我想告訴您……」

「我常常在想，我是不是可以說說我對您的一些看法……」

而且這種「前奏」還有兩個功用：一是喚起聽話者的注意，二是使你

的稱讚顯得更加誠懇親切。

此外，讚美別人，不單單就是花言巧語、甜言蜜語，重要的是根據對方的文化修養、性格特徵、心理需求、所處背景、角色關係、語言習慣，乃至職業特點、性別年齡、個人經歷等不同因素，恰如其分地讚美對方。

1889年，清廷任命張之洞為湖廣總督。上任伊始，適逢新春佳節，撫軍譚繼洵為了討好張之洞，設宴招待張之洞。不料席間譚繼洵與張之洞因長江的寬度爭論不休，譚繼洵說五里三，張之洞認為是七里三，兩人各執己見，互不相讓。眼見氣氛緊張，席間誰也不敢出來相勸。這時列末座的江夏知事陳樹屏說：「水漲七里三，水落五里三，制台、中丞所說得都對。」這句話一說出來，兩人都撫掌大笑，並賞了陳樹屏20錠大銀。陳樹屏巧妙且得體的言詞，既解了圍，又使雙方都有面子。這種讚賞就充分考慮了聽者的心理和當時的境況。

具體而言，要想做到說讚美式的話因人而異，必須考慮以下幾點：

一、聽者的知識文化水準。知識文化水準不同，對話的接受能力就不一樣。比如要表述對社會嫉賢妒能現象的認識，聽者為知識份子，可以說「木秀於林，風必摧之；堆高於岸，流必湍之；行高於眾，人必非之」。而對知識水準一般的聽眾，用「槍打出頭鳥」、「出頭的椽子先爛」這樣的俗語，對方會更容易接受，講話才會有效果，讚美人同樣如此。

二、聽者的個性。如若對方性格外向，透明度高，可以多讚美他，他會很自然地接受；而如果對方比較內向、敏感、較莊重，你過多地讚美他，可能會使其認為你很輕浮、淺薄。因此，在讚揚對方時要注意這一點。

三、聽者的心理特點和情感需求。交談雙方各有所求，要迎合對方的需求講讚美的話。一個不喜歡淑女型、個性鮮明、男孩子氣十足的女子，你誇她長裙搖曳，婀娜多姿，美麗迷人，她也許不會感激你，還有可能罵你多管閒事。如果了解她的心理，誇她短髮看起來既顯得精神又有活力，她一定會很受用。

19世紀的維也納，上層婦女都喜歡戴一種筒高簷寬的帽子。她們進劇

院看戲，仍然戴著帽子，擋住了後排人的視線，對劇院要求女客脫帽的規定她們也不予理睬。劇院經理某一日忽然靈機一動，就在臺上說道：「女士們請注意，本劇院要求觀眾一般都要脫帽看戲，但是，年老一些的女士——請聽清楚——年老一些的女士，可以不必脫帽。」此話一出，全場的女性全部自覺把帽子脫了下來：誰願意承認自己年老呀！這位聰明的經理正是利用了婦女們愛美愛年輕的心理特點和感情需求，使原先頭痛的問題迎刃而解。

四、聽者的性別特徵。與不同性別的人講話，應選擇不同的方式。

五、聽者的年齡階段。你若想打聽對方的年齡，不同年齡要採取不同的問法。對小孩子可以直接問：「今年幾歲了？」對老年人則要說：「今年高壽？」對年齡相近的異性不可直接問，要試探著說：「你好像沒我大？」對年紀稍大的女性，年齡更是個「雷區」，問得不好就會惹人厭。對一個40歲的中年女子，你開口道：「快50了吧？」對方一定氣憤不已；你小心地問：「30出頭了吧？」她一定會心花怒放，笑顏逐開。

六、聽者的心境特點。俗話說：入門休問枯榮事，觀看容顏便得知。在誇讚別人時，要學會察言觀色。一個為事業廢寢忘食的年輕人，便可以稱他「以事業為重，有上進心」；一個因為債務焦頭爛額，每天在軌頭寸的企業家，你誇他「事業有成，春風得意」，對方也許會認為你是在講「風涼話」，這種讚美便會起到適得其反的效果。

此外，還要考慮不同職業、不同宗教信仰等其他因素。正如列寧所說：「對馬車夫講話應該不同於水手，對水手應該不同於對排字工講話。」

其次，讚美也要注意誤區。

讚美是發自內心的對別人的優點、長處等表現出的一種認可，讚美在日常生活中和處理人際關係時，有著它獨特的魅力與神奇的功效。

然而，世界上任何事物都有它消極的一面。對讚美而言，它本身並不存在消極影響，其惟一目的是為了讓被讚美者覺得自己還行而感到開心、喜悅。但是，如果你對讚美把握得不好，往往會陷入讚美的誤區，因而產生消極的後果。

讚美的誤區主要體現在以下幾個方面——

一、過於誇大、空洞的讚美等於奉承。本來許多人只是做了一件很平凡的事，而且大多數人都能做到，這時某些人帶著取悅於人的目的開始了他們的讚美：什麼「這件事只有你才能辦得那麼好，要是別人肯定是做不來的」，或「啊，簡直是我的偶像，從來沒有人能把這事處理得這麼完美」。其實，這就已經帶上了很濃的奉承意味。讚美和奉承是兩種不同性質的稱讚。讚美是真誠的，無所求的；奉承則是虛假的，有目的的。從下面的例子我們就能體會出這兩者的區別。

有一次，卡耐基在郵局中排隊等候著要發一封掛號信。他發現那位管掛號的職員對自己的工作很煩惱：稱量信封、遞郵票、找零錢、開收據，同樣單調的工作，單調的語言，年復一年。卡耐基覺得應說點能讓這位職員高興的話，恰好他頓然發現了一樣值得他讚美的東西。

當職員稱量他的信時，他熱忱地說：「我真願意我有你這麼一頭烏黑亮麗的頭髮。」

職員抬起頭，很驚訝的樣子，臉上微笑發光。「現在不如從前好了。」職員說。但卡耐基還是確切地說：「雖然稍減從前的光亮，但仍極出色。」

職員非常喜悅，並說：「許多人都曾讚美我的頭髮。」

後來，一個人問卡耐基：「你要從他那裏得到什麼呢？」

卡耐基說：「假如我們這樣卑賤自私，不能給出一點快樂，不能給人一點真誠的欣賞，而要從對方勒索相當的報酬——這將證明我們的氣量比酸蘋果還要小，我們將遇到我們絕對應得的失敗。不錯，我的確要從他那裏得到些什麼，我要得到些無價的東西，而我得到了。我得到了我為他做了些事而他不能報答我什麼的感覺。」

從卡耐基讚美郵局職員的目的和真誠上我們確定了這不是奉承。但如果他是為了能不排隊而讚美郵局職員好讓自己先寄信，你還能說這不是奉承嗎？

二、讚美要分場合、看對象，語言要得體。如果你隨心所欲，認為那些優美的詞只要套在別人身上就是讚美，你就犯了「張冠李戴」的錯誤，

而且效果往往適得其反。在公共場合中，愛慕虛榮的女性喜歡引人注目，性格內向的男士喜歡沒沒無聞。如果你在那時讚美前者溫柔賢慧、靜如處子，這樣當時可能很受用，但當舞會、酒席開始後，她們想活潑一番時卻被你的幾句讚詞死死禁錮。這時，不恨死你才怪呢！如果你讚美後者多才多藝、性格活潑等，當眾要他露個臉、來一段，他結結巴巴，脹紅了臉也吐不出半個字時可能真想生吃了你。也許你能保證不說「80歲的老太太仍是一朵鮮花」，但你是否能保證不犯上述類似的錯誤呢？讚美時多了解別人一分，不要只圖一時的口舌之快。

三、讚美切忌喜大忘小。許多人認為讚美別人主要是從他的突出方面來談，其他的細枝末節，可讚亦可不讚。不妨認真想想：別人閃光的一面是最容易被發現的，也是別人稱讚得最多的，可以說已經聽得麻木了，你再跑上去湊熱鬧，也肯定收效甚微。反倒是那些平時人們不太注重的細節受到讚揚更令被讚者高興。讚美一個微小的行為、一點微小的進步……這些往往更容易給人留下深刻的印象。

所以，讓我們一起學會讚美、走出讚美的誤區，用讚美給人以向上的動力，用讚美來贏得人心。

忤合第六

「忤」，是忤逆、反忤、相背的意思，「合」則是趨合、順應、相向的意思。所謂「忤合術」講的就是關於分合與向背的問題，是一種辯證處世技術。本篇主要論述這種辯證處世技術的基本原理，以及怎樣靈活運用這種處世技術，強調要善於把握兩者間相互轉化的態勢，只要順勢而行，把握時機，便可縱橫自如。

本篇首先論述了實行「忤合術」的必要性，因為事物和各國的情況千差萬別，主張也就各不相同，或者相互契合，或者相互抵觸，而且「世無常貴，事無常師」，所以對待不同事物或同一事物的不同階段，就要用不同的方法來選擇自己背離或親近的對象。接著講了如何實行「忤合術」，那就是要周密了解情況，認真謀劃，然後行動，行動時不妨結合運用飛箝術。最後列舉了歷史上成功運用「忤合術」的典型範例，並闡明了實行「忤合術」的主觀條件。

總之，無論是謀臣還是說客，只要能夠了解自身的情況和對方的能力，從實際情況出發制定決策，反覆試探而後確定實施措施，做到像伊尹、呂尚那樣明瞭天下政治情勢，利用最佳時況去制定「成於事」的妙計，或離於此，合於彼；或合於此，離於彼，察知天命所歸，善於「背向」，便可成功施展「忤合術」，使自己「乃可以進，乃可以退，乃可以縱，乃可以橫」，最終「協四海，包諸侯」，為天下帝王師，做個不在位的「君王」。

一

凡趨合倍反，計有適合❶。化轉環屬，各有形勢❷。反覆相求，因事為制❸。是以聖人居天地之間，立身、御世、施教、揚聲、明名也❹；必

因事物之會，觀天時之宜，因知所多所少，以此先知之，與之轉化❺。世無常貴，事無常師❻。聖人常為，無不為；所聽，無不聽❼。成於事而合於計謀，與之為主❽。合於彼而離於此，計謀不兩忠，必有反忤❾。反於是，忤於彼；忤於此，反於彼。

【注釋】

❶ 趨合：趨，小跑。指快步湊上前去迎合，相當於「合」。倍反：倍，同「背」。反，同「返」。指背逆，轉過身返回來，相當於「忤」。適合：適應現實而合於實際情況。

❷ 化轉環屬：屬，連。事物發展變化像圓環一樣連接循環。形勢：具體背景和現實狀況以及態勢。

❸ 因：依據，憑藉。制：制事立計。

❹ 立身：安身立命。御世：處世，處理天下各種事務與關係。施教：實施教化，教化百姓。揚聲：顯揚名聲。明名：確立事物名分。

❺ 會：時機，機會。所多所少：此指對自己的相應決策進行損益。轉化：轉變以順應變化。

❻ 世無常貴：世上沒有能夠保持永久富貴的人。此句包含了深刻的辯證觀點。

❼ 本句意謂聖人常有所為，因而無所不為；聖人常聽天下，因而無所不聽。

❽ 成於事：做事情有成效，能成功。合於計謀：指與自己的謀劃暗合。

❾ 不兩忠：不能同時忠於兩方。

❿ 反忤：反，同「返」。即合與背。

【譯文】

無論是湊上前去迎合人，還是轉過身來離開他，都必須有適合當時現實情況的妙計。事物的發展變化，既像圓圈一樣循環連接，又在每一發展階段上各有自己的特點和現實背景，形成各種各樣的發展態勢。應該反覆探求事物的連續性和獨立性，抓住不同事物的特點，依據實際情況制定相

應的策略。所以，聖智之人生活在天地之間，立身處世，治理天下，教化百姓，傳揚名聲，確定事物的名分；必定依據事物之間相互聯繫的不同時機，抓準最適宜的天時，明白哪些地方有餘，哪些地方不足，並據此來損益變化自己的決策，用忤合的道理去事先了解，讓策略方針隨著事態的變化而轉化。世上沒有永恆富貴之人，做事也沒有永遠固定的樣式。聖人每件具體事情都參與，因而無所不為；對什麼事情都打聽，因而無所不聽。我們明白了世間事物的變化原理和聖人的做法，因而對於那些可成就大事而且與我們決策相合的君主，就可以代他主持國家大計。這些計謀如果合乎這一方的利益，就必定背叛那一方的利益，不可能同時忠於雙方，必然忠於或違背某一方。合乎這一方的意願，就要違背另一方；違背這一方的，才可能合乎另一方。

其術也，用之於天下，必量天下而與之❶；用之於國，必量國而與之；用之於家，必量家而與之；用之於身，必量身材能氣勢而與之❷。大小進退，其用一也❸。必先謀慮計定，而後行之以飛箝之術❹。

【注釋】

❶ 與：施予，實施。
❷ 身：個人。材能：才智和能力。氣勢：氣度。
❸ 一：基本規律一樣。
❹ 謀慮：謀劃，思慮。

【譯文】

如若要將反忤之術應用於天下，必要衡量天下情勢，然後再來制定實施；要把它應用到某個諸侯國，必要依據諸侯國的情況來制定實施；要把它應用到大夫封地，必要衡量封地內的實際情況來制定實施；要把它應用到一個人身上，必要衡量這個人的才智、能力、氣度來制定實施措施。無

忤合第六

一九三

論範圍大小，不管有進攻之計還是退卻之策，反忤術的應用都有其一定的基本規律。必須先深謀遠慮，制定好實施措施，再用飛箝術來作為補充手段，從而實現它。

三

　　古之善背向者，乃協四海，包諸侯，忤合之地而化轉之，然後求合❶。故伊尹五就湯、五就桀，而不能所明，然後合於湯❷。呂尚三就文王、三入殷，而不能有所明，然後合於文王❸。此知天命之箝，故歸之不疑也❹。非至聖達奧，不能御世❺；非勞心苦思，不能原事❻；不悉心見情，不能成名❼；材質不惠，不能用兵❽；忠實無真，不能知人❾。故忤合之道，己必自度材能知睿，量長短遠近孰不如，乃可以進，乃可以退，乃可以縱，乃可以橫❿。

【注釋】

❶ 背向：即忤合。背，背離，即「忤」。向，趨向，即「合」。協：合同。包：包舉。忤合之地而化轉之：置之於忤合之境而能加以轉化、運用。

❷ 伊尹：商朝的開國名相。本名摯，是商湯妻子的陪嫁奴隸。他因為陳述政治見解而被商湯賞識提拔，輔佐湯討伐夏桀，建立商朝，尊為阿衡（宰相）。湯死後，又輔助湯的孫子太甲，把天下治理得很好。傳說伊尹曾經五次遊說夏桀，五次遊說商湯，然後才選定自己的君主，忠誠地輔佐商湯。湯：商朝的開國之君，推行善政。桀：夏末暴君，名履癸，被商湯消滅。明：明於人，使別人知曉自己的能力而重用。

❸ 呂尚：周朝開國功臣，姜姓，呂氏，號太公望，即民間盛傳的姜子牙（姜太公）。相傳周文王出獵，在渭水邊遇見正在釣魚的呂尚，交談十分投機，便同乘一輛車回到都城，任命他做軍師。周武王即位，尊為師尚父，輔佐武王討伐紂王，建立周王朝。後被封於齊地，成齊國的始祖。本篇說他曾經三次進入商朝的都城，三次進入周的地盤，不被商朝賞識，最後才選擇周文王作為自己的君主。文王：姓姬名昌，

周武王父，他為武王滅商奠定了基礎。

❹ 天命之箱：即天命所歸。古人認為朝代興衰是天意，天意歸誰，誰便
　　興盛。

❺ 達奧：窮達、通曉深奧玄祕的事理。

❻ 原：追溯、考究淵源。

❼ 悉心：盡心，用上全部精力。

❽ 材質：才質和能力。惠：同「慧」，聰慧。

❾ 忠實無真，不能知人：指一味忠誠真心對人，就不會有知人之明，不
　　能真正了解別人。

❿ 知睿：知，同「智」，智慧。指聰明才智。孰：誰。

【譯文】

　　古代那些善於實施忤合之術的人，能夠協同四海，包舉天下諸侯，對
他們實施忤合之術，並且依據實際情況的變化來改換實施措施，然後用此
來求得合於明主。所以，伊尹曾經五次歸附商湯、五次歸附夏桀以探求天
命之所歸，最終合於商湯而受到賞識、重用；呂尚曾三次依附周文王、三
次依附殷紂王來探求天命之所歸，最終合於周文王而被拜為軍師。這是因
為他們最終都能認識到天命所歸的明主，所以毫不遲疑地歸附他們。如果
不能像聖人那樣洞悉深奧隱曲的世理，就不能立身處世、治理天下；不能
費盡心神地去思索，就不能追溯、究察事物的本源；不能用盡心力去考察
事物真情實況，就不能成就名業；個人才能氣質不佳，穎悟聰慧不夠，就
不能籌畫軍事謀略；一味忠誠真心地對人，就不能真正了解別人。所以，
實施忤合之術，自己一定要估計一下自己的才能智慧，衡量一下自己的優
劣短長，看哪些方面自己不如別人，這樣，才能隨心所欲，可以入政，可
以退隱，也可以從事縱橫捭闔的政治角逐。

❀以史為鑒

張良功成身退明哲保身

「漢初三傑」之一的張良是我國歷史上名揚史冊的一位大謀略家，其「明修棧道，暗渡陳倉」一計，對楚漢戰爭的天下時局造成了深遠的影響，為劉邦取得天下走出了關鍵性的一步。他深謀遠慮，而且出謀必勝，漢高祖劉邦極為賞識和佩服他，讚譽他「運籌帷幄之中，決勝於千里之外」，封其為留候。

張良字子房，出身名門望族，其祖及父五世為相韓國。韓被秦滅後，他圖謀復韓，曾指派刺客持一百二十斤重的大鐵錘擊殺秦始皇，未中，因此獲罪逃亡在下邳（今江蘇睢寧北）藏匿。陳勝、吳廣起義後，張良立即聚眾回應，投奔項羽之叔項梁，並勸說項梁立韓國貴族後裔成為韓王，實現了自己復韓的理想；後韓王因投靠劉邦為項羽所殺，張良復歸劉邦，成為劉邦的主要謀臣，他為劉邦取得楚漢戰爭的勝利立下了不朽功績，是漢代立國的大功臣。

張良善謀國，也善謀身。他既胸懷宏圖大志、敢作敢為（如刺殺秦始皇），又謙虛謹慎，懂得適可而止。這一點可從劉邦稱帝後張良對劉邦給他論功行封的態度上充分反映出來。劉邦敬重張良的勞苦功高、忠誠漢室，因此在論功行封的會議上，劉邦讓他自己選擇齊國三萬戶的食邑。

春泉小隱圖

張良對此辭讓不受，說：「自己在韓國滅亡之後淪為一介布衣，一介布衣能得封萬戶，位在列侯，應該滿足。」他謙虛地請求劉邦封給他留地（今江蘇沛縣，只有萬戶），因為那是君臣二人首次相遇的地方。劉邦深為感動，便同意了他的請求。在業成功垂之後，張良不僅不居功自傲，還能自謙相讓，實在難能可貴！

張良謀國有遠慮，謀身知近憂。儘管劉邦待他不薄，但他深知劉邦的為人。在陸續目睹彭越、韓信等有功之臣的悲慘結局之後，張良聯想到戰國時范蠡、文種在輔佐勾踐滅吳興越後的不同選擇與結果。他深悟「敵國破，謀臣亡」的哲理，不願步文種、彭越、韓信的後塵，而是要明哲保身。於是他主動向劉邦提出告退，「忤」之而專事修道養身。呂后感德張良，極力相勸，他才仍食人間煙火，沒有輕身成仙，但他對於國政大事已不再積極過問了。

張良先投奔項梁圖謀復韓，「合」之，後韓王為項羽所殺，就投奔劉邦，「忤」項「合」劉。劉邦稱帝之後，國家大局已定，彭越、韓信等開國功臣紛紛遭遇「飛鳥盡，良弓藏」的結局，張良又主動辭退，「忤」劉而修道，終於得以功成身退，明哲保身。適時地實行忤合術，正是張良成功的關鍵所在。

劉秀忍辱負重報兄仇

光武帝劉秀在兩漢之際的硝煙彌漫中崛起於群雄之間，恢復漢室，建立東漢。在中興漢室的輝煌成就之後，做為偉大的一代開國皇帝，劉秀經歷了常人難以想像的艱辛痛苦，其中兄長劉縯的死，可說是影響他至深的一件事。

西漢末年，王莽篡權，統治腐朽，天下大亂。各地農民紛紛起義，南陽蔡陽（今湖北省棗陽西南）人劉縯、劉秀兄弟乘此機會起兵，以重建漢朝為旗幟，四處招兵買馬。兩兄弟後來率領自己的隊伍加入了綠林軍。他們的同族人

劉玄，起初參加平林兵，被推為更始將軍，後來也與綠林軍合併。

西元23年，劉玄稱帝，年號更始。隨著王莽統治的滅亡，他遷都長安，很快就背叛綠林軍起義，調轉矛頭殺戮農民軍。劉秀的兄長劉縯，就在這時被劉玄殺害。

劉玄知道，劉秀肯定不會放過自己，一定會找他報殺兄之仇，所以他心裏一直希望劉秀儘快替兄報仇，他便可以找到理由除掉劉秀。可是劉秀並未如他所願，不僅沒有找劉玄算賬，還在表面上保持不動聲

漢光武帝劉秀

色。當他朝見劉玄時，表情一如平時，低聲相應，從來沒有提過有關兄長劉縯的一句話。他不穿孝服，不舉喪事，言談飲食也猶如平日。因此，劉玄一直找不到任何藉口除掉劉秀。

劉秀心中當然清楚，他的哥哥本是有功之臣，只因爭權被殺，雖然他白天平淡如常，但夜晚卻常常淚流不止，內心裏一直憤憤不平，深為兄長之死而難過，發誓一定要完成兄長未竟的事業。可是劉秀明白目前他只是劉玄的屬臣，如果不能克制自己，以自己現有的實力，根本不是劉玄的對手。如果貿然行事，很可能會失敗被殺，落得與兄長一樣的下場，那樣就更沒有什麼大業可圖了！又何談為兄報仇？

同時，劉秀也知道自己是有功之臣，在昆陽大戰中，他親率13人突圍求援，為劉玄建立奇功，劉玄清楚這一點，一定不會貿然殺掉他。此時如果劉秀重提那段歷史，或許會討好劉玄，增強他對自己的信任，但劉秀隻

字不提。劉玄見劉秀如此寬宏大量，深感慚愧，於是下令任命劉秀為破虜大將軍，加封琥信侯。

得到劉玄重用之後，劉秀乘機擴充自己的軍事實力。西元23年，劉秀到河北一帶活動，廢除王莽苛政，釋放囚徒，深得民心，接著，他以恢復漢家天下為號召，取得當地官僚、地主的支持，勢力越來越強。他同時鎮壓並收編銅馬等農民起義軍，力量不斷壯大。劉秀覺得實現自己宏圖大志的時機已到，便果斷與劉玄決裂，起兵討伐劉玄。最終，劉秀擊敗劉玄，替兄長報了仇，也取得了天下，建立東漢王朝。

「材質不惠，不能用兵」，就是說為人要有聰明靈活、明於事理的素質，才能夠抓住關鍵，不拘小節，成就大事。俗話說：識時務者為俊傑。劉秀深知自己勢單力孤，如果立即向劉玄報殺兄之仇，只會性命難保，於是便忍辱負重，坐待有利時機。與臥薪嘗膽的勾踐一樣，劉秀深諳「大丈夫能屈能伸」之理，參透時勢，隱「忤」求「合」，這才得以保全性命，贏得了積蓄力量的時間，從而最終殺掉劉玄，報了兄仇，登上帝位。

荀彧審時度勢投靠明主

漢末天下，群雄並起，曹操以「周公吐哺，天下歸心」之志廣聚賢能，並予以重用。看過《三國演義》的都知道，曹操惜才，而且常常眼紅別家的人才，對武將如趙雲、關羽等多次手下留情，對謀士如徐庶等則以計賺之，所以曹營中多中途加入的別家人才。曹操手下著名的謀士荀彧即在此列。

荀彧出身名門望族，祖父荀淑曾任朗陵縣令，父親荀緄曾做過濟南相，叔父荀爽後來宮至司空。在這樣的家世背景下，荀彧自幼便受到良好的教育。他少年時代就出類拔萃，年紀雖小，卻是學富五車，才高八斗，再加上品行端正，深得鄉鄰讚譽。南陽何頤善於識別人才，一見荀彧，連聲稱奇，說他不同凡響，將來必定能成為王佐之才。

西元189年，荀彧被推舉為孝廉，送至京城洛陽，經過考試，被授予守宮令之職，開始了他的政治生涯。董卓作亂之後，荀彧知道天下即將大亂，擔心自己和親屬的安全，他便棄官返回故鄉潁川。此時，同郡人冀州（今河北臨漳縣）牧韓馥，因仰慕荀彧，派人前來接荀彧及眾鄉親到冀州。由於潁川鄉親難捨故土，大都不願前往，荀彧便耐心動員本宗族的人遷往冀州。

荀彧率本族人到冀州後，宗族中飽學之士均被委以重任，他自己也深得韓馥信賴。後來，袁紹奪取冀州，滅了韓馥，荀彧及其弟弟荀堪，以及同郡人辛評、郭圖等都受到袁紹禮遇，並被袁紹委以重任。

雖久聞袁紹大名，但荀彧很快發現袁紹外寬內忌，不善於用人，治軍不嚴，多謀寡斷，他預料袁紹終難成就大事。良禽擇木而棲，智者擇主而事，荀彧覺得冀州並非久居之地，於是暗暗打算另覓明主，更換門庭。

不久，還是奮武將軍的曹操領軍擊敗黑山農民起義軍白繞部，被朝廷任命為東郡（今河南濮陽市）太守。荀彧知道曹操有雄才大略，通曉兵法，思賢若渴，多謀善斷，雖然目前實力不強，但斷定他日後終成大業，於是便把自己匡扶漢室的希望寄託在曹操身上。荀彧毅然離開袁紹，於西元191年前往東郡投靠曹操。曹操見荀彧來投奔他，十分高興。兩人一番談話，荀彧深受賞識，曹操把他比做漢高祖劉邦的謀士張良。當時荀彧才29歲，被拜為奮武司馬，幫助曹操管理軍務，並參與軍事策劃。

西元202年，曹操在熟諳袁紹的荀彧輔助之下，於官渡之戰中以少勝多，打敗袁紹，成為中國北方的實際統治者。官渡一役，驗證了荀彧對袁紹的評斷，也證明了他自己的識人之明與選擇正確。

良禽擇木而棲，智者擇主而事。荀彧雖得袁紹器重，但發現袁紹外寬內忌、不善於用人，預料其難成大事，跟隨他只能任自己一腔抱負付之東流。而曹操有雄才大略，善於用人，是能成大事的英主。於是荀彧適時地運用忤合術，毅然離袁投曹，最終獲得了自己的用武之地。由此可見，能適時地運用忤合術來審時度勢，投靠明主，對一個人的一生，其影響不可謂不深遠。

立木為信與烽火戲諸侯

戰國時期，商鞅在秦孝公的支持下在秦國主持變法。

當時處於戰爭頻繁、人心惶惶之際，為了樹立威信，推進改革，商鞅下令在都城南門外立一根三丈長的木頭，並當眾許下諾言：誰能把這根木頭搬到北門，賞金十兩。圍觀的人都不相信如此輕而易舉的事能得到如此高的賞賜，結果沒有一個人肯出手一試。於是，商鞅將賞金提高到五十金。人群開始半信半疑，反正只是搬根木頭，就算拿不到賞金，也不會丟了命，不如試一下。於是終於有個人站起來，將木頭扛到了北門。商鞅立即賞給他五十金，人群譁然。商鞅這一舉動，從此在秦國百姓心中樹立了威信，而接下來商鞅的變法也很快在秦國推廣開來。新法使秦國漸漸強盛，最終為秦始皇統一中國奠定了基礎。

在商鞅變法四百多年前，同樣在他「立木為信」的地方，也曾發生過一場因誠信失靈而導致的亡國悲劇，這便是令人啼笑皆非的「烽火戲諸侯」。

西周末年，周幽王十分寵愛褒姒，為博取美人一笑，周幽王下令在都城附近20多座烽火臺上點起烽火（烽火是邊關報警的信號，只有在外敵入

烽火臺

侵須召諸侯來救援的時候才能點燃），引來各方諸侯齊集城下。夜幕下，當諸侯率領將士們舉著火把匆匆趕到，發現都城並沒有敵情，一時不知所措。褒姒看到平日威儀赫赫的諸侯們手足無措的樣子，終於開心一笑。弄明白這是君王為博美人一笑而使出的花招後，諸侯們憤然離去。

五年後，酉夷太戎大舉攻周，幽王烽火再燃，卻遲遲沒有等來諸侯們的救援。最終，幽王被逼自刎，身死國滅，而他所愛的褒姒也被俘虜了。

商鞅「立木取信」，一諾千金，化「忤」為「合」，贏得眾人信任，結果變法成功，國強勢壯；周幽王以帝王之尊，卻行無信之事，與諸侯們玩「狼來了」的遊戲，「合」轉為「忤」，失卻天下人心，最終自取其辱，身死國亡。兩相比較，可見，「誠信」在忤合之術中起著十分重要的作用，無論對個人的發展還是對國家的興衰存亡都有著關鍵性的影響。

CX 商界活用

退貨贏得眾客戶

上海一家鞋廠與日本某株式會社做成了一筆布鞋生意，價值達1600萬日元。但由於日方市場預測失誤，加上運期長，布鞋抵日後已錯過銷售季節，只能大量積壓。日方請求退貨，按慣例這顯然是行不通的，中方完全有理由拒絕，可結果是中方竟然接受了退貨。

消息傳開，有關部門譁然，不少人表示不理解，然而中方同意退貨的考慮還是頗有道理的。

首先，貨退回後，在國內銷售並不賠錢，「出口轉內銷」還是具有一定吸引力的，而且日方支付所有退貨運雜費用，中方沒受任何損失。其次，這批貨雖退回，但日方承諾可用同等價值的一批暢銷貨替代，等於重新做成一筆買賣。再次，日方表示以後再購同類貨物首先考慮該廠，中方藉以穩定了貿易夥伴。第四，日方如不退貨會社就要破產，其不利影響必然波及並損害中方的利益。

日方對中方的接受退貨十分感謝與欽佩，鞋廠很快又保質保量地出口了

一批替代貨品，使雙方均營利且名聲大振。中方的名聲也由此傳播開去，日本幾家客戶紛紛來人來函洽談。鞋廠於是身價倍增，產品供不應求。而日本這家株式會社還要求充當中方在日本銷售的總代理，包銷合同一訂就是好幾年，並主動向中方提供國際市場的有關資訊，兩家合作得很好。

「反覆相求，因事為制」是指在制定策略時，應該根據實際情況的變化，反覆尋求最佳的計策，並且制定不同的措施去適應不斷變化的情況。「故同情而相親者，其俱成者也」，意謂思想與情志相同的人做事之後仍能夠保持親密關係，是因為他們都取得了成功，都獲得了利益。相反，使一方遭受損失，必然導致關係疏遠，結果己方也會蒙受損失。

所以，在商業往來中，只要摒棄「你敗我勝，你輸我贏」的鬥爭心理，雙方都遵循互惠互利原則，就可以找到一條共同受益、長期合作的途徑。在以上這一事例中，中方正是基於這些考慮，認為接受退貨乃是雙方的利益所在，深謀遠慮，以退為進，才做出了正確的抉擇，表面上「忤」於己方利益，實際上從長遠來看，卻是深「合」商戰取勝之道的。

介紹顧客給對手

俗話說：「商場如戰場」，人們歷來都這樣認為：同行是冤家，是要拼得你死我活的。其實，「同行是冤家」這句話並不是絕對的。現代商業經濟提出了「博奕」論，企業之間除了競爭，一定條件下的多方合作能夠最大限度地為各方創造利潤，反之，若出現不正當競爭行為，則牽一髮而動全身，對各企業只會有害而無利。因此，企業在處理與競爭對手的關係時，應靈活運用「忤合術」，盡量主動地創造良好的競爭氛圍。

紐約梅瑞公司是美國最大的百貨公司，在它的購物大廳裏，有一個小小的諮詢服務亭，其中有一項服務內容很不尋常，令人備感奇怪。如果你在梅瑞公司沒有買到自己想要的商品，服務亭會指引你去另一家有這種商品的商店，也就是說，它把顧客介紹到自己的競爭對手那裏。

梅瑞公司的這種做法顯示了做為一個大企業的商業魄力。它之所以把自己的顧客介紹到競爭對手那裏去，除了滿足顧客需求以便招徠更多顧客外，主要是向競爭對手表示一種友誼，以此協調彼此的競爭關係。這種一反常態的做法，取得了意想不到的效果，它使梅瑞公司既獲得了顧客的普遍好感，又爭取了許多競爭對手的友誼與回報。因此，它的生意日趨興隆也就不足為怪了。

　　在商戰中不能拘泥於某種既定的策略，取勝的關鍵在於依據現實環境，依據對方的謀略，制定一種控制對方的措施，這樣才能改變競形勢，變被動為主動，創造更有利於自己的形勢。「事無常師」，世間萬物一直處在千變萬化中，做事沒有可以永遠師法的榜樣，所以「聖人常為，無不為；所聽，無不聽」。聖人所常做的事就是「無所不做」，所常聽的事就是「無所不聽」，這樣做或者那樣做的唯一依據就是不斷改變的現實環境。

　　梅瑞公司在自己沒有顧客所需商品的弱勢競爭形勢之下，並沒有一味地遵循既定策略，引進追加所缺商品或是隱瞞商業資訊，而是主動將顧客介紹到自己的競爭對手那裏去，以更優良誠懇的服務態度贏得顧客的滿意，並獲得對手的友誼與回報，在有限的條件之下，「忤」中求「合」，變被動為主動，化弱勢為優勢，在商場「博奕」中創造了雙贏的局面。

☙職場活用

回頭草也香甜

　　好馬不吃回頭草，這是一種骨氣。但這並不是說回頭草不好吃。在職場上，死咬骨氣不肯低頭的硬漢子注定不能成就大事。職場需要你具備能屈能伸的能力，在某些時候要學會吃「回頭草」，雖然說「此處不留爺，自有留爺處」，但一個人有能力並不代表在前進的道路上可以所向披靡，吃「回頭草」不是沒有出息，有時候反而是一種智慧。

　　這裏有一個關於「回頭草」的小故事。兩匹馬在草原上走了很久，終於找到很小一塊水草茂盛的地方，於是開始大吃大嚼起來。甲馬吃得很

快，很快就到了乙馬的前頭。乙馬見狀，為了不落後，也加緊了腳步，趕上前去吃草，卻把很多草踩得不成樣子。這樣的好草畢竟不多，很快的，牠們就吃完了。

乙馬舔著嘴巴說：「草這樣少，我們去遠處尋找吧。」

甲馬說：「不行，時間不早了。」說完就回頭去吃剛剛吃過的草。

乙馬大驚：「你怎麼吃回頭草？好馬是不可以吃回頭草的！」

甲馬卻氣定神閑地回答：「在這個時候，回頭草也是香甜的。」

乙馬堅持不吃，說這是做馬的原則。甲馬笑笑，沒有理牠，仔細地在走過的地方吃掉了仍然還是很好的草。第二天，主人準備遷徙，馬兒又必須忍受漂泊的生活。甲馬由於第一天吃下很多的草，堅持下來不難，而乙馬慢慢地瘦了下來。

好馬不吃回頭草，這只是一種生活態度，吃回頭草的馬不一定就不是好馬，有勇氣吃回頭草的馬不可謂不勇敢。懂得適時適地地吃回頭草的，必是精於忤合之道、善於變通、能夠適應生存環境的聰明的馬。職場上也是一樣，不要堅持一時的所謂的「骨氣」，過分堅持了就會變成傲氣。吃回頭草是善於「忤合」的審時度勢者的智慧做法。

黃蕊在A公司做總經理的祕書已經半年多了，長期以來，她忍受著總經理的壞脾氣。憑著良好的人際交往能力和熟練的業務能力，她暗中慢慢開始聯繫公司，準備找合適的機會辭職走人。終於在總經理的又一次無故刁難與大發脾氣後，黃蕊一氣之下離開了A公司。

辭職當天，黃蕊就正式進入了自己事先聯繫好的B公司，繼續擔任祕書。但是，沒想到的是，在這家公司工作了兩個多月後，她只領到一點少得可憐的工資，那些替公司出去辦事往來的車費與食宿都得自己掏腰包。

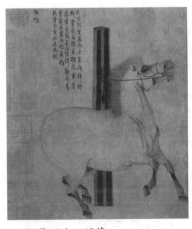

好馬可吃回頭草

經過旁敲側擊，她才終於打探到：這是一家毫無財力的「空殼公司」。此時，黃蕊才意識到自己上當受騙了。

有一天，公司老總安排黃蕊等新來的應徵人員，裝扮成工作人員，在辦事處裏裝模作樣地工作，以糊弄銀行前來考察的人員，期望從他們那裏騙取貸款。這樣一來，矛盾終於達到了頂點，大家徹底看清了這家公司的真相，於是一哄而散。空空的辦事處裏只留下了暴跳如雷的老闆。黃蕊更是後悔不已，當初自己怎麼不仔細調查一下這個公司？白白浪費了自己的時間和精力。

黃蕊在家裏待了一個多月，仍然沒有找到合適的工作，她十分渴望這時能夠有人來拉自己一把。好不容易在報紙上看到一個公司招聘祕書，她滿懷希望地找了那家公司，發現那只不過是一個小型公司。應聘的時候，黃蕊看到這家公司也在裝派頭，不由反感起來，待在這樣的公司還不如不找工作呢！於是還沒有等人家發話，她就說：「哦，對不起，我不適合。」然後就逃了出去。

接下來，黃蕊還是馬不停蹄地找工作，但是總是沒有合適的。她不由得懷念最初的A公司，雖說總經理不是很好，但是公司是好公司，那樣的大公司才是自己實現夢想的大舞臺。但是，她還是不想回去。給那樣的總經理做祕書，除非有足夠的耐性和手腕，不然早晚會被人家炒了魷魚。於是只得在家裏百無聊賴地歇著。

後來，一個偶然的機會，她從先前公司的老同事那裏得知，A公司原先的總經理調走了，接替她的新任祕書已經三個多月了仍不能適應工作。得知這一消息的瞬間，黃蕊再次萌生了重回公司的想法，她感到，自己是因為前任總經理而辭職，現在前任總經理已經走人，那麼，自己何不再去尋回自己所喜愛的工作呢？

於是接下來，黃蕊利用兩個晚上的時間，分別拜訪了公司的兩位副總，向他們講述了自己幾個月來的遭遇，坦誠地向他們承認了自己當初離開公司的衝動。二人看到黃蕊這樣的誠懇，而且對公司又比較熟悉，人也挺能幹的。況且前任總經理的脾性大家都知道，也是挺討厭的。黃蕊是祕

書，前任總經理當然事事拿她開刀了。因此，這不能怪黃蕊。於是，兩位副總商量了一下，決定替黃蕊向公司新任總經理進言。

兩天後，黃蕊去見了公司新任總經理，新任總經理答應給她三個月的試用期。黃蕊異常激動，回到公司後，更加賣力工作。她為自己制定了階段性目標，更加注重對職業技能的培訓，如此一來，黃蕊的表現重新令眾人折服，不到兩個月，公司就取消對她的試用，黃蕊終於走上了為理想而努力工作的正軌。

在職場中，從先前的工作單位辭職後，如果一切並不如意，而此時仍有機會讓自己重獲成功的只有先前的工作單位，而且這個成功是自己所能接受和渴望的，那麼就應該拋掉一切顧忌，毫不猶豫地回過頭去，用自己的實際行動證實自己是一匹好馬，從而讓公司領導對自己委以重任，進而開創一片屬於自己的馳騁天地。這是懂得變通與審時度勢的聰明人的智慧，也是職場上的「忤合」之道。

玫琳凱風行天下的「三明治」法

玫琳凱是一位十分傑出的女性，1963年，她創辦了「玫琳凱化妝品公司」。當時，她的公司占地面積僅160平方米，職工只有9名。這樣一個小小的公司，要想在美國站穩腳跟，在競爭激烈的商場上生存下去，就必須有自己的一套經營方法。

玫琳凱想了這樣一個絕招。凡是被她招進公司的職員，進公司的第一天，就被贈予一塊大理石，上面刻著玫琳凱化妝品公司的「金科玉律」：「你希望別人怎麼對待你，你也要那樣去對待別人。」她規定，到這個公司來工作的人，都可以享有自由平等。被聘請的美容師可以在紐約工作，也可以在波士頓工作，當然也可以到佛羅里達或匹茲堡招募新手，並負責培訓。但不管他在哪裡，都必須為公司出力，為公司推銷產品，當然，他或她也可以從公司提取傭金。

當時許多人擔心玫琳凱的辦法能否行得通，但經營實踐證明，她確確實實成功了。在她獨特的經營管理下，玫琳凱化妝品公司由原來的9個人，發展到今天具有20萬名員工的國際性大公司，年銷售額高達3億多美元，成為美國年銷售額最大的化妝品公司之一。

　　在這個大公司裏，20萬名美容師每個人都有發展的機會。他們在各地就像一家家獨立經營的企業一樣，可以直接和顧客談生意，制訂自己的奮鬥目標，在銷售、報酬分配、招聘新員工等問題上，每個人都享有很大的自主權。現在，無論是美國經營界還是其他國家的經銷商，都承認玫琳凱的這種管理方式是一種極大調動和發揮職工熱忱的成功模式。

　　玫琳凱的最大特點就是重視發揮員工的積極性。公司創辦之初，她招徠了各種人才，用高薪招聘了律師、會計、供銷員和製造商等人才。她採取的就是讓這些人才，在各地都能獨立自由地活動並各展其能的方法。她不願意把他們團聚在一起，捆綁得死死的、緊緊的。她認為，如果那樣，這些人才的積極性、創造性就發揮不出來。人們把她的管理方式稱為「三明治」方式。

　　「三明治」管理方法，並不是說對部下放任自流，對他們的錯誤和不足之處不予以任何批評。在玫琳凱看來，部下有錯，管理人員批評他是應該的，但如何批評，則必須講究技巧。如果不講究技巧，肯定會使批評適得其反，成為一種破壞性行為。玫琳凱認為，不管你批評什麼，都必須找出對方的長處來讚揚，批評前和批評後都要這樣做，這就是「三明治」方式的基本原則。這一基本原則根源於玫琳凱公司的「金科玉律」：「你希望別人怎麼對待你，你也要那樣去對待別人。」因為人們沒有不希望得到別人肯定與讚揚的。玫琳凱正是嚴守了這個基本原則，從而獲得了職工的支持和愛戴。

　　玫琳凱的「三明治」方式，其要訣是以批評來維護自己的大公司。而她的批評是別具一格的，即首先以真誠的鼓勵開道，並以適當的批判指明部下的缺點，約束部下，最後，再次指出部下的優點和長處，以沖淡批評的對立氣氛，而保留了批評的內容。

這種方法十分符合鬼谷子忤合術的理論。管理者在管理企業時，必然與部下有時合，有時不合（即批評）。何時合、何時不合應因勢而定，但有不合必應有合，批評了那裏，要表揚這裏，批評了這裏，要表揚那裏。應批評得法，而不應不敢批評。

企業的發展與成功取決於它的管理制度與所用之人才，企業制定制度並不是為了用各種制度和規定將人管得死死的，而是為了更好地用人。有了好的管理方式，企業才能更為合理地開發利用人力資源，充分挖掘其潛力，發揮其主動性和創造性。玫琳凱的成功告訴我們，用人貴在一個「用」字，放而不亂、管而不緊是企業生存、發展和制勝的重要法寶。

人往高處走

現代社會是個價值多元化的社會，現代人既沒有古人所謂的「愚忠」，也不同於蘇秦之類汲汲於名利之徒那樣僅為了高官厚祿。「水往低處流，人往高處走。」這是現代社會人才流動的一個不可逆轉的大趨勢。一個有理想有抱負的人才，他輾轉奔波，更多地是想尋得一位能夠賞識自己、發揮自己所長的上司。「雁過留聲，人過留名」，人的一生何其短暫，在一個沒有自己用武之地的崗位上庸庸碌碌一生，豈不辜負了這大好華年？

「千里馬常有，而伯樂不常有。」究竟什麼樣的上司才可謂自己的伯樂？什麼樣的企業可以讓自己為之盡忠職守？在什麼樣的情況下自己應該另謀出路？這些問題，無論古今，都是引人深思的。下面有一些古代流行的格言，已被千萬人奉為圭臬，雖然不一定適用於當代所有人，亦可資借鑒：

假如君王採取了我的計謀，必然會成功，反之則必然失敗，這時屈居幕僚的我就應主動離去。（出於《孫子·計篇》）

身為與君王同族的大臣，每當君王出現重大過失時要竭力勸諫。如果屢諫不聽時就應另立一君王事奉，這時和君王不同姓的大臣也應默然主動

地離去。（出於《孟子・萬章下》）

　　先秦的遊說之士，大多只是君主門下的一名食客，他們與諸侯各君王的關係還不像後世的關羽同劉備那樣，是如同兄弟般穩固的君臣關係，他們可以來去自由，僅憑己願。當君主不認同自己的學說，也不肯採納自己的獻策時，他們就會在陷入困境之前掛冠而去，另外訪求可能賞識自己的獻策和學說的君王，以求成功成名，光宗耀祖，如蘇秦。這點頗合鬼谷子忤合之術。傳說蘇秦是鬼谷子的學生，他的遊說生涯是很得鬼谷子忤合術精粹的。

　　而在當代，「忤合」之術在各企業間也在精彩重演。一些優秀的企業家往往易被其他公司當作不可多得的人才挖掘去。從中國儒家傳統的觀念出發，優秀人才的這種跳槽是遭人非議的不義行為，但實際上，被爭奪被挖掘似乎常常成為人才證明自己才幹的證據，這些被挖掘而去的人才也常以此自誇。這就給人造成一個印象：一個企業家或者一般公司職員為他們的老闆盡忠守職，也不過是為了能在該公司創下可以提高自己職位的業績，然後在有朝一日能另謀高就罷了。一個在企業界有較高地位的主管，似乎等於是商人有立身出世的正途。

　　以「終生僱用」和「論資排輩」為基礎的東方管理模式中或許較少出現上述現象，但這不等於沒有發生或不會發生。由於企業的技術革新和不斷採用新的規章制度，僅僅是重用現任公司的職員還解決不了問題，這樣也就理所當然地要從公司的外部或在其他公司裏挖掘一些新的技術人才。這樣一來，無論是在指導思想上，還是從人才流動的實際步驟上，都有與以往的傳統相背離的傾向。然而就人們長期形成的傳統觀念而言，像伊尹和呂尚那樣五進五出、三進三出而反覆去就的人似乎並不可信賴，老闆們需要的還是像關公那樣既有本事又能效忠於自己的人才。因此，如何具體實施「忤合」之術，似乎無論從理論上或是從實際步驟中都有重新探討的必要。

　　在日本，曾經流行這樣一句話──「公司要想真正地穩住一個員工，就必須經過三進三出的考驗。」這是什麼意思呢？原來當一個職工認為現在的工作不理想時，為了找到一個更好的工作他會離開現在的公司；然

後，幾經周折，並沒有找到自己心中那樣理想的工作，於是他不得不又回到原來的公司；工作一段時期之後，他又會因為對公司工作產生厭倦而離職。如此這般地進進出出，三番五次地向老闆表示歉意，最後終於才恍然大悟，認為除了這家公司以外別無他途，於是終於能夠靜下心來在這家公司好好地工作。這也等於是在不知不覺中運用了「忤合」之術。

批評的藝術

人類的語言是基於不同個體之間溝通與交流發展而來的，說話是一種表達，如何更好地表達自己，如何最有效地與人溝通並獲得理解，這樣的言語可上升為一種藝術，比如文學作品，比如辯論。批評是為了讓被批評者了解其缺陷並取得進步的一種表達，富有藝術的批評方式可以更有效地達到這一目的。

關於這個問題，美國著名管理學家卡爾・海耶爾在他的名著《管理者的「聖經」》中提到的一個案例，做了很好的說明——

保羅的上司喬正衝著保羅發火：「大聲哭吧，保羅，你清楚事情的嚴重性！當我把那毛頭小夥子交給你教他開始工作時，原指望你會關照他，並按規定「將規則告訴新手」。在這裏，你已經是位老手了，用不著我提醒吧？但現在我只好拿這份損失報告去對老闆解釋。瞧你幹的好事！」

保羅無言以對，他知道這是自己的過錯。整個上午他都在自責，他應該對那位新來的小夥子交代清楚，但他當時正忙於另一件工作，難以脫身。他不知是否有人聽到了上司剛才對他發脾氣？他曾經認為，自己有希望被上級看中，去填補助理管理人的空缺，可是，現在……他是多麼不願意喪失這個機會呀！結果，他無法集中精力在手上的工作，不是這一欄加錯就是那一格加錯了！由於心不在焉又引起了許多其他疏忽，只好再檢查一遍。同時，在心底深處保羅也在怨恨著上級：只知道挖苦和刻薄別人，讓你自己來試試，恐怕還不是一個樣？而對那位新工友，他同樣沒有愉悅的印象：要不是這小子，我能

一下子失去這麼多東西，還挨上一頓批嗎？

在另一部門裏，發生了幾乎同樣的事情，只是場面不同：哈里的上司佛雷德‧斯伍，正在與他討論新來的小夥子出差錯的事。「瞧，哈里，」佛雷德說：「你是我們這裏最出色的工人之一，因此，我才將這小夥子交給你。但怎麼搞的，你忘了要將規則告訴新手的規定了嗎？」「我想告訴你，當時我正忙著完成另一件工作，」哈里說：「你知道我忘了小夥子是新手。造成了損失我很抱歉，我能做點什麼呢？」「我事先應該核查一下你的工作量，」佛雷德回答說：「沒這樣做是我的錯。可是哈里，你仍然要負一部分責任。這是個教訓，下次再碰到這種情況，我們倆人都不應該將此視為理所當然，無論是你的工作量還是關於新工人的技術水準都一樣。現在由我來負責處理損失報告，無須連累任何人。」哈里明白了他的意思，暗自告誡自己千萬不可再犯同樣的錯誤。佛雷德出面就那份報告去向老闆做出交代，這使哈里如釋重負：這樣一來，中午休息以前，我就能十分輕鬆地完成手頭的緊急工作了。

事後，哈里非常感激佛雷德替自己攬了責任，對他佈置的工作都完成得十分賣力，以作報答。而佛雷德也因此對哈里的印象越來越好，終於提升他做助理管理人，培養了一個人才。

相同的情況，不同的批評方式，最終導致了兩種結果：在上司的雷霆之怒下，保羅憂心自責，工作屢屢犯錯，對上司的刻薄寡恩懷恨在心，對新同事也有所遷怒；而哈里則在上司的和風細雨般的批評，與自我批評中汲取教訓，內心無咎地努力工作，不斷進步。

佛雷德在批評哈里時，也不忘指出──「你是我們這裏最出色的工人之一」。讓哈里釋然和努力的很重要的一個原因即是來自上司的肯定與稱讚。鬼谷子忤合術強調忤合相隨，他說：「必有反忤。反於是，忤於彼；忤於此，反於彼。」認為在一個方面有所相離，則在另一個方面應有所相合，同樣，在一個方面有所相合則應在另一個方面有所相離。一味地求合，或一味地相離，都是不符合鬼谷思想的，也在現實中行不通的。像喬那樣的批評方法，永遠只會造成領導和部下的對立。此外，身為領導，應

懂得保護屬下，勇於承擔責任。把即使不是自己的責任也承擔過來，能加強部下自責心理，有利於其改正，並使部下產生感激心理，工作無思想負擔且更加賣力。所以，身為領導，在批評部下時，永遠不要忘了說：「當然，我負有很大責任。」

ﻉ8 處世活用

張英退避三尺化干戈

清代中期曾有一位著名宰相叫張英，他是安徽桐城人，素來注重修身養性，很得人們的敬仰與尊重。張英對父母十分孝敬，他在朝廷為官，把母親張老夫人安頓在家鄉，常常回家探望。

有一次，張英回家看望母親時發覺家裏的房子呈現破敗之象，就命令下人起屋造房。安排下一切後，他又回到了京城。

張老夫人的鄰居有一位姓葉的侍郎。很巧的是，這時侍郎家也正打算擴建房屋，並想佔用兩家中間的一塊地方。而張家也想利用那塊地方做迴廊。於是，兩家不可避免地發生了爭執。張家開始挖地基時，葉家就派人在後面用土填上；葉家打算動工，拿尺子去量那塊地，張家就一哄而上把工具奪走……兩家爭吵過多次，有幾次險些動武，雙方都不肯讓步。

張老夫人一怒之下，便命人給張英寫信，希望他馬上回家處理這件事情。張英看完來信，不急不怒，寫下一首短詩：「千里家書只為牆，再讓三尺又何妨？萬里長城今猶在，不見當年秦始皇。」封好後派人迅速送回家中。

張老夫人滿以為兒子會回來為自家爭奪那塊地皮，沒想到左等右等只盼回了一封回書。張母看完信後，平心靜氣地回想兩家爭地之事，頓時恍然大悟。為了三尺地，既傷了兩家的和氣又氣壞了自己的身體，這樣太不值得了。老夫人想明白了，立即主動把牆退後三尺。鄰居見狀，深感慚愧，也把牆退後三尺，並且登門道歉。這樣一來，以前兩家爭奪的三尺地

反而形成了一條六尺寬的巷子。

當地人紛紛傳頌這件事情，引為美談，並且給這條巷子取了一個特別的名字——六尺巷。有人還據此做了一首打油詩：「爭一爭，行不通；讓一讓，六尺巷。」

「忍一時風平浪靜，退一步海闊天空」，張英以寬廣的胸懷化解了鄰里之間的矛盾，融洽了雙方關係，從而更有利於事情的圓滿解決。這只是一件生活小事，張英在此並沒有運用什麼高超的計謀，僅是以「寬容」與「謙讓」化解爭端，以聖人般的高尚品德去化「忤」求「合」。古有「小不忍則亂大謀」之言，可見「忍」字一訣是一個人為人處世、建功立業的基本要素，張英的「再讓三尺又何妨」對我們的啟發正在於此。

忠誠是處世的保障

社會的穩定需要依靠誠信，個人的信譽則由其人品決定。一個人的人品，尤其在職場中展現出的人品，最主要的是忠誠。明基電通董事長李焜耀說過：「打造個人品牌價值的第一步，要從培養工作忠誠度開始。」

李焜耀作為明基電通董事長，25年沒換過公司，跳槽經驗值是零。「25年都待在同一家公司？」「沒錯，」李焜耀打趣地說：「如果沒被炒魷魚，我還想從一而終！」李焜耀回憶起25年來的心路歷程，感慨萬千地說：「如果不了解自己品牌價值座標在哪兒，就算跳槽到再大的公司，或是自己出去創業，都不會成功的。」

當今社會的就業環境發生了巨大變化，一個人未必終生只為一個老闆一家公司服務，但這並不等於忠誠已經無關緊要。恰恰相反，在就業環境越來越開放、資訊越來越發達的情況下，很多公司和老闆更加看重人的忠誠的操守。

要創立個人品牌，就必須對公司和老闆懷抱一顆忠誠之心。我們沒有必要遵循「文死諫，武死戰」式的封建愚忠，但也要做到「在其位，謀其

事」、「食君之祿，忠君之事」。關公對劉備的忠誠，眾所皆知，但他雖然不肯歸降曹操，身居曹營時卻也主動請戰殺顏良、誅文醜，盡到了一個人的責任。如果見利忘義、賣主求榮，或者一離開原來的公司和老闆，就將他們貶得一文不值，這樣的人，即使是有點才能，又有哪個公司和老闆敢用？

如果一個人缺乏忠誠度，頻繁地跳槽，直接受損的是企業，但從更深層次的角度來考慮，其實是對他個人的傷害更深。我們會經常發現，很多人工作一不如意就跳槽，人際關係不行跳槽，看到可以多賺幾個錢的工作還跳槽，甚至沒有任何原因也跳槽。然而，這種以跳槽為工作的人，他們往往失去自我，失去積極努力的工作精神，碰到困難就退縮，遇到麻煩繞開走。對於這樣的員工，老闆還會提拔他們以期望為公司創造效益嗎？答案當然是否定的。

當然，那些頻頻跳槽或整天把跳槽掛在嘴邊的人，我們也不能過分指責，只是一個人為人處世，應該更多一點踏實，少一點浮躁，能夠審時度勢，不要身在曹營心在漢，更不要為了跳槽而跳槽。誰都知道，熊掌和魚兩者不可兼得，在分不清哪是熊掌，哪是魚的情況下，牢牢抓住一樣是最好的辦法。

中國傳統文化中，往往是「疑人不用，用人不疑」，對於「貳臣」歷來是心存芥蒂的。公司與老闆絕大多數看重員工的忠誠度，如果一個人頻繁跳槽，那麼他即使聘用你，也會時時擔心你到他們公司後「後院失火」。一旦老闆對你產生了疑心，你就很難有出頭機會。相對於這些「潛規則」，一些硬性制度的用意可謂「昭然若揭」，比如很多公司規定，為了防止員工流動過於頻繁，有很多的收入和福利，要等工作一定年限後，才能讓員工拿到。如果你要提前離開公司，很多此類預期收入也就泡了湯。所以，一旦你決定了要從事某種職業，或者你正在從事某種職業，就要立即打起精神，不斷地勉勵自己、訓練自己、控制自己，對公司、對老闆、對職業多一分忠誠，少一點背叛。即使你可能由於優雅的風度、豐富的知識，或者其他美德，贏得他人的尊敬，但是一旦你有「欺騙」被拆穿，所有的優點都會煙消雲散。只有真誠地袒露自己的心靈，才能真正做

到誠實無欺，贏得別人的尊重和信賴。

　　人是群居的社會性動物，一個人生活在世界上，總要與各式各樣的人相遇、交往。即使是一個自由職業者，也會和各種團隊、組織發生往來，在這個過程中，忠誠是最基本的素質。所以說，立身處世，以誠信為本。如果你缺乏忠誠，只知道「忤」，而不注重「合」，那麼，組織不會聘用你，團隊不會讓你加盟，搭檔不願意與你共事，朋友不願意與你往來，親人不願給你信任，你的人生最終會越來越不如意。

要守信用，也要懂得變通

　　中國古代有一個叫做──「尾生抱柱」的故事：因為守信等待朋友的約會，在洪水來臨之時，尾生死抱住橋柱不離去，最終死在洪水裏。一個人立身處世，誠信固然重要，但如果為此白白犧牲自己的生命，那卻是不值得的。人，要守信用，也要懂得變通。只是在守信與變通之間，常常令人感到為難。究竟要怎樣才能「忤」中求「合」？也即如何做才算是既解決了事情，又沒有違背諾言呢？

　　有一位老人在臨死前將他的律師、醫生和牧師全叫到床前，並分送給每個人一個裝有兩萬五千美元現金的信封。老人希望自己死後，他們能遵照自己的交代，將這些錢放到棺木裏，讓他能有足夠的錢長眠於天堂。

　　老人去世之後，在入殮時，律師、醫生和牧師三個人都將信封放在老人的棺材中，並祝他們的委託人能夠安息。

　　幾個月之後，這三個人在一場宴會中相遇。牧師一臉歉疚地說，在他的信封裏，其實只放了一千美元，他認為與其全部浪費在棺材裏，不如將其中一部分捐給福利機構。醫生被牧師的誠實所打動，也坦白說自己把錢捐給了一個醫療慈善機構，信封裏只裝了八百美元。醫生也認為，與其把錢無謂地浪費掉，還不如用在其他有意義的事情上。這時，律師卻對他們的作為，露出不以為然的表情。他慢條斯理地說道：「無疑的，我是惟一

對死去的老朋友最守信用的人，我必須讓你們知道，我真的在信封裏放入了全部的金額，因為我在這個信封中，放了一張面額兩萬五千美元，寫了我的大名的私人支票。」

非常有意思的小故事，誰才是真正信守諾言的人呢？

律師把金錢放進自己的口袋，並把兩萬五千美元以支票取代，毫無疑問，他才是最聰明，也是最守信用的人，因為他「真的」一點也沒有違背對朋友的承諾。

也許有人對律師將金錢據為己有的行徑不能認同，不過在「金錢生不帶來，死不帶去」的現實生活中，我們既要遵守對死者的承諾，也要讓他的遺願更具意義地完成。對律師而言，他的價值認定就在這一念之間，雖然做法或許有瑕疵，卻也沒什麼大錯。

「世無常貴，事無常師」，做事之時應該審時度勢，讓策略方針隨著事態的變化而轉化。沒有永遠固定的模式，我們要懂得適時適地的變通，善於「忤」中求「合」。正如上述故事告訴我們的：諾言需要堅守，同時更要懂得靈活變通地堅守。

揣篇第七

　　「揣」，就是指揣測、探求、推斷等。《四庫全書》本的題解云：「揣者，測而探之也。」本篇主要論述了遊說之士如何揣測、把握遊說對象的客觀條件與主觀思想。從而對遊說對象做出準確的判斷，有的放矢，最終達到自己的目的。

　　縱觀全文，本篇可分為四段。首段開宗明義，並列提出「揣」的兩項內容：「量權」與「揣情」。

　　第二段即對「量權」加以論述說明。所謂「量權」，是針對天下國家而言，即衡量某個國家的權勢與實力，包括疆域、人口、財富、天時、地形、人才、人心、外交、內政等多方面的情況。

　　接下來的第三段，則重點論述「揣情」。「揣情」的對象是君主，即揣測君主內心的真情實感。具體說來，這部分論述了揣情的方法：一是把握「揣情」的時機，順著對方的性情去「揣摩」，君主大喜、大懼的時候是最好的時機；二是採用旁敲側擊的手段去「揣摩」，對有一定控制力的遊說對象，先不要急於與其進行直接的溝通，不妨另闢蹊徑，通過其身邊的人來間接了解；三是察言觀色，見微知著，從對象的外在表現探測其內心深藏的思想感情。

　　最後一段總結全文，而重點闡述「揣情」的重要性與難度。相比較而言，「量權」是衡量有形可見的客觀事物，而「揣情」則是揣測無形的深藏於內心的主觀心理，故「最難守司」；同時，「揣情」是否準確，直接關係到遊說的成敗。由此，也難怪《太平禦覽》引用本篇時即稱之為《揣情》，這不是沒有道理的。不過，稱為《揣篇》，兼顧兩個方面，則更顯周全一些。本段最後還提出了以「揣情」為基礎的「飾言」問題，即遊說的語言必須富有文采。

　　總而言之，本篇強調的是「計國事者，則當審權量；說人主，則

當審揣情」的解決問題的步驟和方法，為後人處理問題、制定決策提供了有益的方法論借鑒。

一

古之善用天下者，必量天下之權，而揣諸侯之情❶。量權不審，不知強弱輕重之稱❷；揣情不審，不知隱匿變化之動靜❸。

【注釋】

❶ 善用：善於使用，此指善於處理天下大事。量：衡量。權：此指政治情勢變化。

❷ 審：縝密謹慎。稱：相當，相符，這裏指與實際情況相符的有關資訊。

❸ 動靜：指不斷變化的動態資訊。

【譯文】

古代那些善於處理天下糾紛進而操縱天下局勢的人，必定能夠準確把握天下形勢的變化，善於揣測諸侯國君主的心志。如果不能縝密細緻地把握天下形勢的變化，就無法了解各諸侯國之間強弱輕重的差別。如果不能準確揣測諸侯國君主的心志，就不能真正掌握那些隱密微暗的資訊和瞬息萬變的世情。

二

何謂量權？曰：度於大小，謀於眾寡❶；稱貨財有無之數，料人民多少、饒乏，有餘不足幾何❷？辨地形之險易，孰利孰害？謀慮孰長孰短？揆君臣之親疏，孰賢孰不肖❸？與賓客之智慧，孰多孰少❹？觀天時之禍福，孰吉孰凶？諸侯之交，孰用孰不用❺？百姓之心，去就變化，孰安孰危，孰好孰憎，反側孰辯❻？能知此者，是謂量權。

【注釋】

❶ 小大：指國土、疆域。眾寡：指人口、國民。

❷ 稱：此指衡量。料：估計，估算。饒乏：富足困乏。幾何：多少。

❸ 揆：推測、揣度。

❹ 賓客：此指所養的門客。

❺ 交：交際，引伸為聯盟。用：可用，指可以危難相濟。

❻ 反側：反過來覆過去。此指民心向背。辯：同「便」，這裏指對哪一方有利。

【譯文】

什麼叫做量權呢？就是要測量國土的大小，考慮國民的多少；要衡量國家經濟實力的強弱，估算國民戶數的多少，其財力、貧富情況怎樣；要考察一國的地理形勢，看是利於自己固守還是利於對方進攻；要考察國家是否擁有真正的能謀善斷之士；要推斷君臣之間關係如何，君主是否英明，臣子是否賢能；要推斷客卿、門客中有多少智識之士；要觀測天命禍福，哪一方吉利，哪一方兇險；要考察諸侯間的結盟關係，看是否真能危難相濟；要考察民心向背是如何變化的，是否能籠絡住民心，百姓愛誰恨誰，民心的變化對誰有利。能夠了解到這些，才叫做「量權」，即能夠把握天下形勢的變化。

三

揣情者，必以其甚喜之時，往而極其欲也❶；其有欲也，不能隱其情。必以其甚懼之時，往而極其惡也❷；其有惡也，不能隱其情。情欲必出其變❸。感動而不知其變者，乃且錯其人，勿與語，而更問其所親，知其所安❹。夫情變於內者，形見於外，故常必以其見者而知其隱者，此所謂測深揣情❺。

【注釋】

❶ 其：此指君主。極：盡，盡力使其欲望全部表露出來。

❷ 惡：指厭惡、害怕之事物。

❸ 變：此指變化中的情態。

❹ 感動：感情發生變動，即上述「甚喜」、「甚懼」。錯：同「措」，放置一旁，放開。其所親：他所親近的人。安：此指心意所在。

❺ 見：同「現」。測深：探測內心深處。

【譯文】

揣情的時機，一定要選在人主極端高興、喜悅的時候，前去見他，極力引導、刺激他盡情吐露自己的欲望。在他吐露欲望的時候，就隱瞞不住其真情實感。或者選在人主十分恐懼、厭惡的時候，去極力引導、刺激他傾吐出厭惡、害怕之事。在他傾吐出這些真心話的時候，其真實情懷就難以隱瞞。人的情感欲望必定是在其情感發生極端變化的時候不自覺地表露出來的。若碰到那種在情感發生極端變化時也不表露出真情實感的人，就暫且撤開不再與他深談，而轉向去詢問他所親近的人，了解其意圖所在。內心情感發生劇烈變化，一般會通過人的外在形貌表現出來的。所以，通常情況下，我們都是依據對方外在表現的變化去揣測他內在隱藏著的真情實意，這就叫做探測人的內心深處從而揣度人的情志。

四

故計國事者，則當審權量**❶**；說人主，則當審揣情。謀慮情欲，必出於此**❷**。乃可貴，乃可賤；乃可重，乃可輕；乃可利，乃可害；乃可成，乃可敗，其數一也**❸**。故雖有先王之道、聖智之謀，非揣情隱匿，無所索之**❹**。此謀之大本也，而說之法也**❺**。常有事於人，人莫能先，先事而生，此最難為**❻**。故曰：揣情最難守司，言必時其謀慮**❼**。故觀蛣飛蠕動，無不有利害，可以生事變**❽**。生事者，幾之勢也**❾**。此揣情飾言，成

文章而後論之也❿。

【注釋】

❶ 計：合計，謀劃。

❷ 謀慮：計謀打算。

❸ 數：數術，法術，這裏指方法，對策。

❹ 先王之道：指古代聖君賢王治理國家的成功經驗。索：尋求，得到。

❺ 本：根本。法：普遍的法則。

❻ 有事：指策劃、實施某一行動。先：事先察覺。生：指預測揣情，獲得
　相關資訊。

❼ 守司：掌控，把握。時：窺伺，暗中審察。

❽ 蜎飛蠕動：蚊子飛行，蟲子爬動。蜎，孑孓，此指蚊子。這裏泛指昆
　蟲的飛動。

❾ 幾之勢：事端剛起時的形勢。幾，幾微，隱微，不起眼，指事物剛剛
　萌發時的微弱態勢。

❿ 飾言：修飾言辭。文章：文采。此指言辭富於條理且具有煽動力。

【譯文】

　　所以說，那些籌措國家大事的人，應當詳盡地審察形勢，掌握資訊；
而那些遊說君主的人，則應當注重周詳地揣度君主的心志欲望，了解君主
的心性品行。可以說，決策措施的籌畫也好，君主真情的探測也好，都是
用的這種揣情術。謀士們可能富貴，也可能貧賤；可能受尊敬，也可能被
輕視；可能獲得利益，也可能遭到損害；可能成全他人，也可能敗壞他
人，其關鍵就在於能否掌握這種揣情術。因此，即便有古代賢王的治世經
驗，有聖智之士的周密策劃，如果不用揣情之術，揣度不到實情，便不能
真正探求出這些經驗中隱藏著的無窮奧祕。可見，揣情術真是謀略的根
本，是遊說的法則！常常是這樣的，某些重大變故就要在某個人身上發生
了，但這個人並不能預先測知。在事情發生前便能測知到將要發生的事件
進程，這是最難辦到的。所以說，揣情術的精髓是最難掌握的，我們必須
學會從對方的言辭中窺探其決策和謀劃。即便是蚊子的飛動和蟲子的蠕

動，無不藏有利害關係，都是趨利避害的有目的的行為。能在變化中握有主動權的人，都善於把握事物初起時的幽微態勢並撥動之。這就要求我們掌握揣情術，且要善於修飾言辭，使之富有文采、條理通順、有煽動性，然後再採取有目的的行動進行遊說。

ᏚᏚ 以史為鑒

李膺體察民情智籌糧草

西元501年，蕭衍於襄陽起兵討伐南齊，立蕭寶融為帝。不久，即聯合鄧元起攻下郢州，並讓鄧元起代替原益州刺史劉季連任益州刺史。

劉季連本是南齊皇帝蕭寶卷任命的，蕭衍起兵伐南齊時，他猶疑不定，難以取捨。當他得知自己將被取代時，便徵召士兵，對外宣稱要堅守益州。

鄧元起得知這一消息後，立即進兵巴西（今四川綿陽），當地太守禾士略聞風喪膽，急忙開城投降，唯鄧元起馬首是瞻。於是，鄧元起開始招兵買馬，短期內便增至三萬人。可是由於四川自古乃兵家必爭之地，戰亂頻繁，人們大多四散逃亡，田地也無人耕種，任其荒蕪，這三萬人馬的糧草供應竟成了一個急需解決的大問題。鄧元起對此一籌莫展。

這時有人給他出主意道：「蜀地政局不穩，征戰連年，很少有人想在這裏獲取東西。大家都認為這裏的百姓已所剩無幾，即使有，也都是些傷殘帶病的，發揮不了半點作用。可實際上卻並非如此，老百姓們往往趁著政局混亂、管理鬆懈的時機，在戶籍上假裝殘疾，以欺騙官府、逃避賦稅，這種情況在巴西郡尤為嚴重。如果您現在就下令核實戶籍，把那些假裝殘疾的人予以重罰，籌集糧草這點事，幾天便可解決。」

鄧元起聽了覺得也不無道理，就準備派人核查戶籍，以籌備糧草。

涪縣（今四川綿陽）縣令李膺知道了這個消息後，連忙拜見鄧元起，勸說道：「請大人先不要這樣做，我對巴西的情況很熟悉，大人不妨聽我一言，之後再做決定，您看如何？」

鄧元起見李膺相貌堂堂，正氣凜然，便下令先不要核查戶籍，看看這位涪縣縣令有什麼高見。李膺不慌不忙，娓娓道來：「劉季連擁兵誓守益州，又派出手下猛將準備來討伐大人，現在大人您可謂是前有強敵，後無增援。如今又處在糧草短缺的危險境地，巴西人民剛剛依附於您，驚魂甫定，正在觀望您的德政如何。這時候如果核查戶籍，對隱瞞的人施加重罰，勢必會引發他們的不滿，忍無可忍之下便會乘機作亂。如此一來，對您可是有百害而無一利。萬一老百姓與您離心離德，您就算後悔都來不及了。孟子說過：『為淵驅魚者，獺也；為叢驅雀者，鸇也；為湯武驅民者，桀與紂也。』大人您應該不會不懂這個道理吧？」

　　鄧元起聽了很高興地說：「我差點誤信小人之言啊！既然你能把這件事情分析得如此透徹，又對巴西之地很了解，那糧草之事，就交給你去辦吧！」

　　於是李膺便答應鄧元起，五天之內為他籌備齊糧草。李膺接手此事後，命人把當地的富戶都找來，並對他們說道：「如今形勢是朝不保夕，誰也不能預料到第二天還能不能活！難道你們不想過太平日子嗎？現在鄧元起將軍領兵接任益州刺史，而原益州刺史劉季連卻陳兵造反。鄧元起將軍一心要為民造福，卻因糧草短缺不能實現。我勸各位從長遠處著想，幫鄧滅劉，到時天下太平了，我們巴西人民也可沾沾光；如果死守財物，說不定哪天就會被亂兵搶奪一空啊！」

　　眾富戶聽了，略加思索，便都連聲答道：「正應如此，正應如此。」

　　不到三天，李膺便將糧草如數交給了鄧元起。

　　「稱貨財有無之數，料人民多少、饒乏，有餘不足幾何」，說的就是在制定相關決策時要考慮到百姓錢財的多少、民眾的反應如何，即要會「量權」。在戰亂頻繁的年代，百姓深受其害，所以才假裝殘疾以逃避徵兵和納稅，這是他們謀求生存的最後一道防線，如果將它也打破了，後果不堪設想。李膺深明此理，所以考慮到實際情況，不向窮苦百姓籌糧，卻將目標轉到富戶身上。且善於「揣情」，抓住富戶們雖然愛錢，但更想保命的心理，循循善誘，簡簡單單一席話就讓他們心甘情願地「放血」了。

李林甫口蜜腹劍逐忠良

所謂「測深揣情」，從某個角度來說，可以算得上是一種間諜戰術，韓非子在《八姦》一文中稱之為「在旁」的姦術。什麼叫做「在旁」呢？也就是指那些專門供君主取樂的滑稽演員和侏儒、君主身旁的親信和侍從，君主還沒有下命令他們就連連應承，君主還沒派遣他們就唯唯是諾，君主的意圖還沒表達出來他們就察言觀色，曲意逢迎，以預先揣測到君主的心思。這些人與君主一起進退，與君主同應同時，同一腔調、同一步調行事，以改變君主的心意。做人臣的對在宮廷裏服侍的近臣奉上金銀玉器，珍貴玩物，又在宮廷外幫他們幹一些違法亂紀的事，以此讓他們去影響君王，這就叫做「在旁」。這無疑是從君王身邊的人中探得真情的一種權術。或許當初鬼谷子並無此歹意，但後世的陰謀家們卻將這種姦詐的權術玩得得心應手，無論是從理論上還是在實踐中，都將之推到了一個新的高度。唐玄宗時那位史稱「口蜜腹劍」的姦臣李林甫，就是這樣一位頗會「測深揣情」、「巧伺上意」的陰謀家。

李林甫本是唐高祖的堂弟長平王叔良的曾孫，因其善音律，初為負責宮廷宿衛、儀仗的低級官吏，後靠著一套曲意逢迎的本領，爬上了宰相的高位。當了宰相後，他在與人接觸中總裝出一副平易近人的樣子，使人以為他是一位忠臣。實際上，他卻滿肚子壞水，隨時可能暗箭傷人。正如司馬光在《資治通鑒》中所描寫的——「李林甫為相，凡才望功業出己右，及威望所厚、勢位將逼己者，必百計去之。尤忌文學之士。或陽與之善，啖以甘言，而陰陷之。世謂李林甫口有蜜、腹有劍。」

唐玄宗

由於李林甫善於討好在玄宗跟前服侍的宦官和後宮裏的妃子，得以掌握玄宗的一舉一動，因此，每次上朝奏事，都十分符合玄宗的意圖，故深受唐玄宗

的寵愛。不久，李林甫也得以由吏部侍郎升為黃門侍郎、禮部尚書。唐玄宗還想任命李林甫為宰相，為此還專門徵求過中書令張九齡的意見，張九齡才能卓著，為官清正，他明確表示反對，因而得罪了李林甫。這時唐玄宗做皇帝已有多年，因政績卓著，國家繁盛，便漸漸懈怠下來，生活上也逐漸奢侈腐化，懶於處理政事。李林甫善於窺測唐玄宗的意圖，日夜想著如何陷害中傷張九齡。張九齡因為個性耿直，遇到事情，只要是認為不對，就要向唐玄宗爭論，所以並不為唐玄宗所歡迎，何況還有李林甫的蓄意陷害中傷呢？

當時玄宗的武惠妃愛傾後宮，所生壽王、盛王特別受寵愛，而太子瑛被疏遠了。李林甫遂在玄宗面前誣告太子等有怨言，並結黨營私，圖謀不軌。玄宗大怒，欲廢掉太子，與張九齡商量。張九齡認為，太子乃國本，生長於宮中，受陛下的親教，並沒有過失，皇上不能因自己的喜怒而廢掉他。玄宗聽後，大為不悅。李林甫當時在場一言未發，後來卻在玄宗寵愛的宦官面前挑撥道：「皇家之事，何須與別人商量？」言外之意，是說張九齡太專斷。李林甫自己又乘機在玄宗面前說了一大堆張九齡的壞話。

西元736年，玄宗欲晉升朔方節度使牛仙客。張九齡上奏說：「邊將訓練兵馬，儲蓄軍實，這是分內的工作，陛下獎賞他是應該的，而欲賜以食邑，那就不合適了。」玄宗聽罷默然，李林甫當時也未發言，退朝後卻把此話告訴了牛仙客。第二天，牛仙客面見玄宗，流淚放棄官爵。玄宗仍想加封牛仙客，張九齡據理力爭。玄宗非常生氣地說：「任何事情總是由你決定嗎？」張九齡回答，這是自己的分內事，而且牛仙客本是小吏出身，目不識丁而提擢為宰相，是不合適的。李林甫後來暗中向玄宗進言說：「天子用人，有何不可？張九齡不過是一個文官，拘泥古義，不識大體，成不了大器。」玄宗因此對張九齡更加心存芥蒂了。

張九齡與中書侍郎嚴挺關係密切，嚴挺的前妻離婚後又嫁蔚州刺史王元琰。恰好王元琰被指控有罪，玄宗命嚴挺等究查，嚴挺免了王元琰之罪。玄宗認為嚴挺與王元琰有私情，張九齡則認為嚴王二人無私情。玄宗把以前的事與此事聯繫起來，認為張九齡結黨，最後罷免了他的宰相職務。

李林甫口蜜腹劍，望風希指，揣度到皇帝的喜怒，不放過每一次陷害張九齡的時機，最終達到了自己的目的，代替張九齡出任中書令。這可以說是精於「揣」術的一個經典反面教材，給當權者在知人善用方面敲響了警鐘。

劉伯溫巧言解夢免殺戮

明朝開國皇帝朱元璋好不容易得了天下之後，卻由於深知打江山難、守江山更難的道理，經常為之憂心忡忡，生怕自己的皇位旦夕之間便成泡影。

正所謂「日有所思，夜有所夢」，這天晚上，朱元璋做了一個非常奇怪的夢。夢裏，許多俘虜被捆綁得牢牢實實的，排成一隊隊擠向又矮又小的牢房。他們憤怒的目光死死盯著朱元璋，把他看得毛骨悚然，一下子就從夢中驚醒了，嚇得滿頭大汗。這之後，他心裏就疙疙瘩瘩的，總覺得那些憤怒的眼睛無時無刻不在盯著自己，尤其擔心會有人謀反。第二天，朱元璋就下旨，命令監獄主管把牢裏的俘虜全給殺了。

軍師劉伯溫聞訊後大吃一驚，擔心朱元璋如此濫殺無辜，定會引來怨恨，導致民心盡失。因此他急忙趕來，小心試探著問道：「皇上突然大開殺戒，不知究竟為了何事？」

朱元璋心有餘悸，便將昨晚的夢境講與劉伯溫聽，最後說道：「俗話說：『夢反為吉，夢正為凶』，那小牢房不正表示我的土地將越來越小，而俘虜往裏面擠，不正表示他們都要跑掉了嗎？顯然他們一直對我心懷敵意，不如現在就殺了他們，以絕後患。」

劉伯溫一聽，原來是因為這樣一個夢才引發了皇上的殺人之心，自己先前的憂慮便一掃而空了。當然，他也知道打消朱元璋的念頭不是一件簡單的事情，究其原因，歸根結柢還是在於他對自己的江山太過緊張了。於是針對皇上的心病，劉伯溫想出了一個對策。

他特意顯出滿臉欣慰之情，對朱元璋說道：「恭喜皇上！賀喜皇

上！」

「現在我正煩著呢！那些俘虜們的眼睛時不時地在我的腦海裏閃現，何喜之有啊？」朱元璋揮揮手，不耐煩地問道。

「皇上的夢乃大吉大利之夢也！」劉伯溫不為所動，仍然必恭必敬地回答。

朱元璋聽了覺得奇怪：「何以見得？難道我剛才對自己的夢解得沒有道理嗎？那你再給我解釋解釋！」

劉伯溫巧言解釋道：「正因為：『夢正為凶，夢反為吉』，所以那些硬擠入牢房的囚犯，正是安居樂業、對您極力擁護的百姓；那些又窄又小的牢房正預示著您的江山將越來越穩固，而且還會不斷地擴大；俘虜們被牢牢實實地押綁，則表示那些還不服從您的民族必將歸順於您。無論從哪個方面看，這個夢實在是太吉利了。皇上還有什麼值得擔心的呢！」

朱元璋聽了頻頻點頭，不禁龍顏大悅，馬上收回了成命。

劉伯溫順勢而諫，抓住的正好是朱元璋於噩夢中驚醒後的恐懼情緒，在那種狀態之下，皇帝根本無法掩飾住自己對坐穩江山的恐懼、憂慮之情。所以劉伯溫才能正確地揣測到其意，明白了其欲殺俘虜的深層原因。而後對症下藥，巧言圓夢，最終使得朱元璋的情緒穩定了下來，並高興地接納了自己的勸諫，收回了成命，從而憑著一席話輕鬆化解了一場無妄的殺戮。

阿醜以戲喻人諫憲宗

話說在明憲宗時期，宮中有個唱戲的小太監，名叫阿醜。他機智靈活，詼諧幽默，常常引得看戲的皇親國戚們捧腹大笑。雖然他只不過是一個為皇族演戲解悶的小丑角，但卻秉性耿直、嫉惡如仇。

憲宗當時被欺上瞞下的太監汪直所蒙蔽，親小人而遠賢臣，對汪直信任有加，並任命他為西廠的總管。汪直掌握了大權之後，不分晝夜地刺探官

民的動向，還常常假公濟私，牽強附會，胡亂定罪，被他冤枉投進大獄的人不計其數。一時之間惹得民怨沸騰，朝廷中許多大臣也都敢怒不敢言。

並且，皇上不僅覺得汪直對自己忠心耿耿，極力重用，還愛屋及烏，對攀附巴結汪直的左都御史王越和遼東巡撫陳鉞兩人也寵愛有加。這兩個官員倚仗汪直的權勢專橫跋扈、刻薄寡恩，不擇手段地排擠與他們意見有分歧的朝臣，陷害了不少正直剛烈的大臣。由於這三個人的沆瀣一氣，上至朝廷官員，下至黎民百姓，人心惶惶，國家一片烏煙瘴氣。

在這種局面下，有許多一心為國的正直大臣們迎難而上，堅持向明憲宗進諫，揭露汪直三人的專橫，陳說他們權勢過重的危害以及朝野共憤的嚴重後果。可是皇上對此卻充耳不聞，反而認定是其他大臣對自己的忠臣心生嫉妒、蓄意誹謗。因此只要有大臣前來勸諫，他都厲聲呵斥或者斷然拒見。

阿醜早就對汪直等人義憤填膺了，可見到諸大臣直諫不行，反而碰了一鼻子灰時，他便對形勢細加揣度，下定決心要尋到機會對憲宗進行巧妙的勸諫。於是，他費盡心思編排了兩齣戲目，等著皇上前來觀看。

這天，憲宗正為大臣們不斷地上奏彈劾汪直的事情煩躁不已，為了散心就前來看阿醜演戲。阿醜見機會來了，便興致勃勃地表演起了第一齣戲。轉眼間他就從一個小太監變成了一個窮形盡相的酗酒者，這個醉鬼跌跌撞撞地四處遊蕩，指天劃地地放聲謾罵。接著另外一個戲子上臺了，他扮演的是一位路人。只見這位路人慌忙上前，攙扶著醉鬼，勸說道：「某官到了，你還在這兒遊蕩，是大不敬啊！」那醉鬼卻置若罔聞，依然我行我素。路人又對他說：「御駕到了！我們趕快讓道吧！」醉鬼還是謾罵不止，不理不睬。最後，路人又說：「宮中汪大人到了。」醉鬼立即慌了手腳，酒也醒了大半，緊張地環顧四周。這時，那位路人好奇地問道：「皇帝你尚且不怕，難道還怕汪太監？」醉鬼慌忙捂住路人的嘴巴，低聲說道：「快別多嘴！汪太監可不好惹，我當然怕他！」憲宗看到這裏不禁緊鎖眉頭，若有所思，一會兒就離開了。

第二天，皇上又來看戲，並且點名要看阿醜的戲。阿醜按照自己的計畫又把排練好的第二齣戲搬上了戲臺。

這一次，阿醜竟然裝扮成了汪直，穿著西廠總管的官服，挺胸凸肚，雙手各拿一把鋒利的斧頭。只見這位「汪直」在路上態如螃蟹，張牙舞爪地四處橫行。此時又有過路人來問：「你走個路還拿兩把斧子，不知有何用處？」「汪直」立即露出不屑一顧的表情說：「你何以連鉞都不認識？這哪兒是斧！這分明是鉞！」過路人又問：「就算是鉞，你持鉞何故呢？」「汪直」得意揚揚地笑道：「我今日能大行其道全仗著這倆鉞呢，它們可不是一般的鉞呢！」過路人便好奇地追問道：「不知它們有何特殊之處？您這兩鉞有何響亮的名號？」「汪直」哈哈大笑：「你可真是孤陋寡聞，連王越、陳鉞都不知道麼？」憲宗聽後也哈哈大笑，心中卻暗暗譏笑自己：你也是孤陋寡聞啊！看罷戲，憲宗立即下詔撤去汪直、王越和陳鉞的官職，並將他們謫貶外地。

這個故事中的阿醜，善於審時度勢，揣測君主心意，對於明憲宗這種有先入之見、偏聽偏信的遊說對象，不是直言進諫，而是巧妙地採用了旁敲側擊的方法，通過事先排練好的有的放矢的兩齣戲，觸動了一度親小人遠賢臣的明憲宗，委婉地給了他一個意味深長的警告，並最終扳倒了奸臣。

◌ʒ 商界活用

買紙尿褲是為了誰

我們經常會提到產品或服務與顧客需求之間的矛盾，但是，這種觀念更注重的是供求之間數量的矛盾，而在現代市場消費與行銷中，還須顧及到品質上或價值上的矛盾，甚至在很多時候，這後一種矛盾往往成為問題關鍵。隨著社會的進步，人們消費物品已經實現了從最初的耐用到耐用與美觀並重、同時也兼顧心理感覺的轉變。因此，我們必須正視這一轉變，細心揣度市場與消費者的多方面需求，才能在「整體行銷」時代立於商場不敗之地。

而市場行銷觀念的產生，使人們對產品的認識更加深刻和廣泛，由此形成了關於產品的廣義概念，即：產品是指能滿足人們各種需要的所有市

場供給品，也就是指能夠提供給市場，用於滿足人們某種欲望和需要的任何物品，包括實物、服務、場所、主意、思想、計策等。廣義的產品具有兩方面的特點：

其一，並非只具有物質實體的才是產品，凡是能滿足人們某種需要的勞務或服務也是產品，如運輸、儲存、安裝、修配、設計、通訊、諮詢、保險、金融服務等等；

其二，對企業而言，產品不僅是物質實體，還包括隨同物品出售所提供的系列服務。也就是說，廣義的產品是實體與服務的統一，即：產品❸實體＋服務。

廣義的產品概念已遠遠超越了傳統產品的有形事物的範圍，而深入到了具有交換價值的一切交換中。市場行銷的產品就是在廣義產品的基礎上所形成的產品整體。正確把握產品整體的概念，對促進企業的發展活動具有積極的指導作用。

下面是一則成功揣度、協調產品與心理需求矛盾的案例。

可以毫不誇張地說，紙尿褲的發明給現代母親帶來了福音，它給全球的媽媽們提供了很大的方便。但是紙尿褲在美國上市初期，卻遲遲無法打開市場。後來經過調查研究，才發現是「說錯話了」。

原來，剛開始時，紙尿褲上市的訴求重點一直是在強調紙尿褲的方便性，指出它可以讓媽媽們在照顧小寶寶時更加地輕鬆愉快。雖然當時的家庭主婦發自內心地歡迎此類產品的出現，但還是有一種罪惡感使得她們猶豫不斷，遲遲不敢下手購買。因為她們害怕一旦被婆婆發現，便可能會認為自己奢侈浪費；同時也擔心親朋好友們知道以後，會認為自己是個偷懶的媽媽，未能盡心盡力完成照顧下一代的責任。

基於這些發現，廠商設身處地想方設法消除了這一疑慮。他們轉而將訴求的重點擺在了紙尿褲能夠帶給嬰兒們舒爽健康的屁股，以提供給媽媽們一個理直氣壯的購買理由。這項「產品利益」的轉變引起了消費者的廣泛共鳴，紙尿褲市場才開始蓬勃發展起來，且勢不可擋，火遍全球。

然而，現實中並不是所有的人都能夠這樣細心揣度，見人所未見，從而對症下藥，運籌帷幄，制勝千里的。

「死對頭」竟是親兄弟

在美國西部的某座城市裏，有兩家相鄰的店面，一家叫做美國廉價商店，另一家則稱紐約廉價商店，都是專賣廉價商品的。

俗話說「同行是冤家」，這兩家的店主也是死對頭，從開張之日起，就一直以各自的商店為大本營，展開著激烈的銷售「大戰」。

一天，紐約廉價商店的櫥窗中打出一幅廣告，上面大書：出售亞麻布被單，瑕微疵小，價格低廉，每床僅售6.50美元。附近居民們看到這則消息，紛紛奔相走告，趨之若鶩。

但同往常一樣，好景不長，隔壁的美國廉價商店的櫥窗裏，就赫然出現了這樣一則廣告——我店的被單與隔壁的相比，就猶如羅密歐與茱麗葉的親密關係一般！注意價格：每床5.95美元！

如此一來，那些本來都擁向紐約廉價商店的人們，看到隔壁賣得比這邊更便宜，馬上便放棄了這邊的交易，轉而一窩蜂擠向美國廉價商店，不消片刻，店裏的床單就被這蜂擁而至的人們搶購一空。

像這樣的競爭在這兩家商店之間可以說從未間斷過。忽而東風壓倒西風，忽而西風壓倒東風，無休無止。而當地的居民們也總在盼望著他們之間的競爭，因為這無疑會讓顧客坐收漁翁之利，用更少的錢就可以買到相較而言十分「便宜」的商品。

還有更誇張的呢！除了利用廣告互相壓價競爭外，兩家商店的老闆還常常「現身說法」，站在自家的商店門口，相互指責對罵，甚至拳腳相加，場面可謂十分的熱鬧，頗具觀賞性。但最終總會有一方敗下陣來，如此才能停止這場激烈的「戰鬥」。這時圍觀在旁、等待已久的市民們就好像運動員在比賽場上聽到起跑槍聲一般擁向那取得勝利的一方的商店，將店內的商品一搶而空，不論能買到什麼樣的商品，他們都感到很愜意。

就這樣，兩家商店的矛盾在當地最為著名、最為緊張，也最為持久。而附近的居民們也從中獲得了不小的利益，買到了各種物美價廉的商品。於是，習慣成自然，他們每天都在盼望著這兩家商店的「戰鬥」再起，好使自己從中獲得利益與樂趣，這甚至已經成為了他們生活中不可缺少的一部分。

一晃幾十年過去了，兩家商店的主人也老了。突然有一天，美國廉價商店的老闆不見蹤影了，鋪面也上了鎖，因為一個巴掌拍不響，所以再也看不到他們相互競爭的精彩場面了。大家突然之間感到很茫然，總覺得心裏好像缺了點什麼，每天都在盼望出現奇蹟：鋪面又開張了，兩家店主人又開始「戰鬥」。但奇蹟始終沒有出現。

　　如此過了一段寂寥的時間，紐約廉價商店的老闆也將自己的店面拍賣了，隨後人也搬走了，杳如黃鶴。從此，附近的居民再也沒有見到過這兩個帶給他們刺激和利益的怪人。

　　有一天，商店的新主人前來清點財產時，卻發現了一樁令人費解的事情：這兩家商店間有一條隱祕的通道相連，樓上還有一道門連接著兩家老闆的臥室。

　　這是怎麼回事呢？大家都有些驚訝，猜不透昔日「死對頭」的臥室為什麼會相通。

　　經過有心人的查訪，最後得出了一個讓人譁然的答案：這兩個「死對頭」原來竟是一對親兄弟，他們平時的競爭、咒罵、威脅、互相攻擊都是特意精心演給大家看的。所有的「戰鬥」都是騙局，因為在他們兩個人的「戰鬥」中，不論哪一方勝利了，也只不過是由勝利方把失敗方的貨物一齊更快地賣掉罷了！

　　幾十年如一日，他們揣摩透了人們的求廉心理並善加利用，通過不間斷的熱鬧「戰鬥」蒙蔽了當地的消費者，使之完全聚焦在兄弟倆的店面中，從而不顯山、不露水地獲得了豐厚的利潤。

❻職場活用

永遠給老闆臺階下

　　幾乎每個公司都會標榜制度高於一切、文化高於一切。但人終究是血肉動物，人的情緒是無法完全控制的，所以領導的喜怒與愛好有時候能決定員工的命運。這也是職場的鐵律，就算是懵懂的職場新人，也害怕得罪

自己的老闆。老闆不是完美的，也不是萬能的，總有可能做錯事。所以，聰明的員工就善於「測深揣情」，知道要經常背著一個梯子——永遠給老闆臺階下。

某公司裏新招了一批職員，老闆抽時間與大家見個面。

「范曄（華）。」

全場一片寂靜，沒人應答。

老闆又念了一遍。

這時一個員工站了起來，怯生生地說：「我叫范曄（葉），不叫范曄（華）。」

人群中發出一陣低低的笑聲。老闆的臉色有些不自然。

「報告經理，我是打字員，是我把字打錯了。對不起！」一個精幹的小夥子站了起來，說道。

「太馬虎了，下次注意。」老闆揮了揮手，繼續念了下去。

這位「打字員」真是個善解人意的「補牆高手」，一下子就將上司的錯，一把都攬到了自己的身上。一週之後，他就被提升為企劃部經理。

從個人感情上講，每個上司都希望，也喜歡有一個能為自己工作上「拾遺補缺」的下屬。如果你能夠與上司結為知己，在適當的時候，為上司填補一些工作上的漏洞，維護上司的威信，對自己的事業及前程當然大有好處。

相反，如果在上司需要幫忙的時候，你沒有及時救駕，那麼你就會被記上一筆了。這時候面對上司的大為光火，你一定不要覺得太委屈，只能怪你自己不諳揣情之道。

小李是某公司總經理辦公室的祕書，這天上午她與同事小宋從外面辦完事回來，剛進門，辦公室主任就朝小宋大罵：「你這個管檔案的是幹什麼吃的？趕緊把某某檔給我找出來！」見小宋想爭辯，主任的火氣更大了，根本不給她辯解的餘地：「廢物！飯桶！養你這種祕書有什麼用？」

從小到大，小宋什麼時候受過這樣的委屈與辱罵？她眼淚滂沱地衝進了洗手間。小李在小宋之前負責過檔案管理，所以，她一邊找檔，一邊問

主任：「發生了什麼事？」原來，就在十來分鐘之前，公司老總來電話，讓人馬上把上個月與德國方面簽的幾份投資意向書送過去。當時辦公室只有主任一個人在，他平時哪管檔案這類具體的芝麻綠豆小事？所以找了一陣也沒找到，惹得老總在電話裏大發雷霆：「你這個主任究竟是怎麼當的？連個檔放在什麼地方都不知道！你一天到晚到底是在幹什麼？」

小李趕緊把那幾份檔找了出來遞給主任。主任將檔送完回來後，臉色變得更加難看了，原來他到老總辦公室後，老總的氣雖然消了不少，但仍然把主任數落了一通。當小李把給他沏的茶遞給他時，他沒好氣地說：「這個水怎麼那麼燙？你這個祕書是怎麼當的？」見主任又把氣往自己身上撒，小李感到莫名其妙。她知道這個時候不能惹主任，便躲得遠遠的了。

辦公室主任為什麼又生小李的氣呢？就是因為他覺得自己需要幫助的時候，小李卻在袖手旁觀，甚至可以說是麻木不仁，絲毫不懂得找個臺階給他下。

如果僅僅當了回老闆的莫名出氣筒，那還算僥倖。很多時候，不懂得揣度「上意」可是要丟飯碗的。某食品加工廠研究部的主管，就是因為不懂為上司「補牆」而自毀前程的。數年前，該主管從某名牌大學畢業後被分到這家保健品廠。由於其學歷高、辦事俐索，很快就從車間的技術員調到了研發部門。沒幾年，又從一名普通研發人員晉升為研究部主管。沒想到他被一帆風順沖昏了頭，竟在關鍵時刻辦了一件傻事。有一次，研發部經過認真的研究、認證，出臺了一套改革方案，可由於在設計工藝流程時出了差錯，致使整套方案全部「泡湯」，浪費了大量的人力財力。

上司追究責任時，這位主管卻說：「這套工藝流程是在劉總主持下完成的，其他人只是具體辦事。」他說這番話時，其手下有個職員一字不漏地記在了心底。

翌日，劉總就把他叫到了自己的辦公室……沒過多久，他便被莫名其妙地免去了主管的頭銜，調到公司其他部門去坐冷板凳了。

金無足赤，人無完人，上司也不例外。工作千頭萬緒，用人管人千難萬難，疏忽和漏洞在所難免。這時候，作為下屬就應該「以其見者而知其隱」，

「測深揣情」，主動出擊，幫助上司更改差錯，甚至往自己身上攬些責任。無論什麼類型的上司都會喜歡給自己補牆的人，如果你不但不給老闆臺階下，還在關鍵時刻來個「落井下石」，那麼你就要小心你的前程了。

主意由誰來拿

在《人才培養百原則》一書中，日本管理專家富山芳雄講了這樣一個他親身經歷的故事——

富山芳雄年輕時曾在某公司工作。有一次，公司在他負責的事務方面要上一個專案。這可是一個全新的項目，完全沒有可供參考和借鑑的經驗。富山芳雄非常興奮，他絞盡腦汁認真思考了一個方案，並且從各個方面進行分析研究，還考慮到了相應對策的利弊。最終他拿定了主意，認為這個方案切實可行，十分理想。

可是，這天，科長卻把他叫進了辦公室，向他佈置了關於那個專案的工作。而且科長已經有了一個方案，並不厭其煩地向富山談了那個方案，甚至連任何一個細節都不給他留下補充的餘地。富山聽完了科長的講述後異常驚訝，因為科長的設想與他的完全一致，甚至連具體步驟都毫無區別。富山那時的心情，就像自己苦思冥想的發明成果被人竊走了一樣不是滋味。於是他當即反駁說：「這個方案確實值得考慮，但也存在著一些缺點和問題。假如不從這個角度再進一步研究的話，要想實施是不可能的。」

科長默默地聽完之後，說道：「那麼，對存在著的這些問題和缺點你仔細斟酌一下吧！」可實際上，科長的指示完全與富山自己所要做的一模一樣。

富山後來回憶說：「即使去做同樣一件事情，僅僅受人指示去做和自己主動提出想去做是大不相同的。只受人指示去做，從某種意義上說會讓人缺乏成就感；而自己去做則會興趣濃厚，完全是一種自我實現的精神狀

態。上面談到的這件事，假若我搶先一步向科長彙報自己實施這方案的具體辦法，科長恐怕會表示同意並照我的彙報方案去進行。顯然，我也會興致勃勃、滿懷興趣與熱情地去幹。可現在的問題是科長先提出了方案，所以使我感到興致索然，心裏很不是滋味。老實說，在這個方案付諸實施的過程中，我肯定是很難以極大的熱情和幹勁去做的。」

那麼，該如何使部下有幹勁、工作得饒有興致呢？

其中絕對不可忽視的一條重要原則是：要做到儘量少給部下以很詳盡的指示，不妨讓部下先拿出意見。而現實生活中，往往卻是這種情況居多：在新上任的科長、股長當中，不少人是「新官上任三把火」，辦事急躁，一切工作總想搶先一步下達指示，弄得部下老感覺好像被領導驅使一般，心情不爽，態度也消極。

善於誘導部下對不同問題提出不同解決辦法的領導，其部下的積極性肯定會得到極大的提高，能力也會日益增強。然而，一個領導者能否施展領導藝術，使部下敢於、善於開口講話、做事，很大程度上取決於這個領導者是不是站在部下的立場上，來揣度其心理，並予以適度的實現空間。

此外，在個人關係方面也要儘量做到同部下親密無間。應該學會充分利用旅遊或聚餐等多種形式，與部下一起暢飲、一起娛樂……注意千萬不要使自己在部下的眼裏留下整天都是匆匆忙忙的印象。假若整天都這樣表現得匆匆忙忙的，部下就是有事也不敢去隨便打擾了。所以，作為領導者不妨經常主動地深入到部下中去，比如，主動向他們打招呼：「喂，怎麼樣？」「這件事你覺得怎麼辦才好？」

同樣一件事，最好讓部下先拿出意見，千萬不要輕易剝奪部下發表自己看法、建議的權利。假若富山芳雄講到的這位科長，能略通些鬼谷子的揣情術的話，他也許就會問上一句：「富山，關於這個項目，你有什麼方案嗎？」真能這樣，那一切就都好辦了。

◌₰處世活用

如何看清人的本質

　　春秋時期，楚國的太子建因為在眾王子爭權奪利的鬥爭中不幸失敗，終被其他王子取而代之。為了防止建東山再起，前來尋仇，新任太子便祕密派人將建殺死在鄭國。建的家人也死的死、逃的逃。建的兒子勝，為了防止新太子斬草除根，便跑到吳國隱居起來，表現出一副與世無爭的態度，讓人覺得他已經澹泊名利，沒有絲毫野心。

　　楚國的令尹子西對勝有一定的了解，認為勝還是個值得一用的人才，於是便想將他召回來為國效力。大臣沈子高聽說事此，便前去勸阻子西。沈子高見了子西，問道：「聽說您想要召回勝，有這回事嗎？」子西說：「是啊！」沈子高又問：「那您準備怎麼用他呢？」子西又答道：「我聽說勝這個人為人耿直剛強，而且我也曾經和他接觸過，對他有一定的了解。我覺得他是個人才，一定可以為國效力。」

　　沈子高連忙阻止道：「不行啊！我聽說勝這個人心胸狹窄，為人狡詐，其父親是被廢黜後祕密謀殺的，他自己又是那樣一個性格孤傲急躁的人，一定不會忘記父親被殺的宿怨的。現在是他沒有報仇的機會，以後一旦得了機會，他肯定會報仇的。」子西卻堅持說：「不會的，殺勝的父親的人，現在已經不再人世了，他還怎麼報仇？」

　　沈子高繼續勸說道：「雖然現在造成勝的舊怨的人已不在人世了，但是，如果他回來後不能得到寵愛與重用，他內心必然會不舒服，從而使他憤怒的情緒更加激烈；如果他得到了寵愛與重用，他就會貪得無厭，尋機報仇；而一旦我們國內出了什麼事情，他一定不會老老實實待在邊境，而會趁著內亂，伺機尋釁鬧事。」即使說到這份兒上，子西仍不以為然。

　　沈子高最後說道：「我聽人說，國家將要滅亡，必然會用小人。而現在賞識小人的，不就是您嗎？再說，人誰沒有災病呢？智者不過是能早日將它除掉罷了。勝的父親被殺的宿怨，是國家的一大隱患。如今我們本該是關上城門，防止他回來報仇。而像您這樣公然把他召回，這不是引狼入室嗎？我看您離死期也沒有多長時間了。」

　　子西聽了此話很不高興，認為沈子高這是危言聳聽，污蔑好人。難道

自己連人都看不清嗎？他越想越覺得沈子高是無病呻吟，於是，毅然把勝接回了國，對他讚賞有加，並且讓他掌管了與吳國接壤的邊防軍隊，還封他為白公。勝當時對子西感激涕零，跪下來發誓要一生效忠於子西，一定會為子西鞠躬盡瘁的。說得子西心裏暖洋洋的，禁不住兩眼濕潤，趕緊把勝攙扶起來，還賜給他很多牛羊、珠寶之類的封賞。

白公勝自從控制了邊防軍隊後，就加緊操練，使自己部隊的戰鬥力大大提升。子西看著勝為自己這樣賣命，就更加地歡喜，不斷地給他獎賞。後來，勝帶領自己的部隊打敗了吳國軍隊，子西大喜，勝借機要求回到都城向楚王敬獻戰利品。楚王同意了，還為他準備了盛大的慶功宴。勝就趁著這個機會，帶著自己的部隊發動了叛亂，並在朝堂上親手殺死了子西和楚王，為自己的父親報了仇。這些全被沈子高言中了，子西可謂是自食惡果！

看一個人不能簡簡單單地憑其外表，而應深入分析他的性格，看到他的內心。外表的東西有很多都是假象，只有內心深處的東西才是真實的。「夫情變於內者，形見於外」，我們要學會「以其見者而知其隱者，此所謂測深揣情」。在我們的生活中，尤其是在交友的過程中，千萬不可以貌取人。子西堅決要勝回國就是因為他只看到了勝外表的剛強耿直，而沒有看到沈子高所看到的勝的心胸狹窄、為人狡猾等。本來勝的父親被殺，他心中就充滿了怨恨，只是不表現出來罷了。對於這樣一個心胸狹窄、處心積慮的人來說，一定不會忘記殺父之仇，一定會伺機報復的。子西要勝回國，明顯是自己給自己找麻煩。

所以，看事物要看其本質，有時本質的東西是不容易被發掘出來的，但是，只要你有一顆善於發現觀察、善於揣度分析的心，你就一定能透過重重迷霧而直達本質。

曹操斬楊修

三國時期，太尉楊彪之子楊修，是位遠近聞名的才子。他博學能文，

反應機智，聰穎過人，曾在曹操的丞相府擔任主簿一職。

不過，也正是因為楊修出身名門，又精通詩文，所以不免恃才傲物，鋒芒畢露，喜好鬥智逞才。他很善於揣度曹操的心思。有一次，曹操命人修造了一所花園，竣工之後，他去視察，覺得不錯，只是臨走時在花園門上寫了一個「活」字。大家都不明白是什麼意思，楊修對園人說：「『門』裏添一『活』字，就是『闊』，丞相是嫌花園門太寬了。」眾人聽了都覺有理，於是便把門改窄了一些，果然等曹操再次來參觀時，發現這一改動後，連聲稱好。

又有一次，有人給曹操送了一盒酥來。曹操在盒上寫了「一合酥」三個字，便放在了案頭。楊修進來後看見了，竟拿勺匙，同大家分著吃了。曹操問他為什麼這樣做，楊修答道：「盒子上明明寫著『一人一口酥』，我們怎麼能夠違反丞相的命令呢？」曹操聽了，表面上呵呵大笑，實際上心裏卻對他的這種自以為是與詭辯有些反感。

曹操怕遭暗殺，常常吩咐左右侍從：「我經常在夢中殺人。我睡著時，你們千萬莫靠近我。」某次，他午睡時被子掉在地下了，一個近侍忙走近前拾起來給他蓋上，不料曹操跳起來一劍殺了那個近侍，又上床去睡。半晌，他起床後，假裝吃驚地問道：「什麼人殺了我的近侍？」左右如實回答。他放聲痛哭，命人厚葬。

大家也都以為曹操真的是在做夢時殺人，楊修卻在下葬時指著那個冤死鬼歎氣道：「丞相並沒有做夢，你才在夢裏頭哩！」曹操知道了，對他更加忌諱。

曹操想考驗曹丕、曹植的才幹，下令他們都各自出城門，暗中卻命人吩咐門吏不准放行。曹丕先到，門吏阻擋，他只得退回。曹植便問楊修怎麼辦，楊修說：「君奉王命出城，如果有人阻擋，就可以抗王命為由殺了他！」曹植

曹操

依言到了城門，門吏又上前阻攔。曹植大聲叱責道：「我奉了魏王之命出城門，誰敢阻擋？」便拔劍殺了門吏。

曹操聽了認為曹植果斷、有才幹，想立他為世子。但親近曹丕的人卻告訴曹操：「這都是楊修教的！」曹操非常惱怒，有被愚弄的感覺。從此，他連帶著也不喜歡曹植了，更恨楊修。

後來曹操與蜀軍在褒、斜一界作戰，因馬超堅守，久攻不下，曹操收兵於斜谷界口駐紮。他進退兩難，但又不願就這樣輕易退兵。一天晚上，庖官給他送來了雞湯，他正喝著時，部將夏侯淵走進帳來，詢問當晚夜間巡邏的口令。曹操看著碗裏的雞骨頭，隨口說道：「雞肋！雞肋！」

楊修聽了，便回去吩咐隨行的軍士各人收拾行裝，準備回去。夏侯淵便問原因，楊修解釋道：「雞肋雞肋，食之無味，扔了又可惜。如今我軍前進不能取勝，後退怕人恥笑，滯留此地無用，不如早點回去。主公也不想在此戀戰了，我想明天他就會下令班師，所以早做準備，免得臨時慌亂。」

正好曹操睡不著，到各營巡察，見大家都在準備行裝，便問夏侯淵何故。夏侯淵如實回稟：「楊主簿已先猜知大王想回去的心意。」曹操把楊修叫來詢問，楊以雞肋之意答對。曹操聽了無明火起，說道：「你怎麼敢胡亂造謠擾我軍心！」便喝令刀斧手將他推出斬首。楊修死時才34歲。

楊修之死，果真是由於犯了軍法嗎？顯然不是。他千不該、萬不該的就是在該糊塗時卻鋒芒畢露。人生在世，善於揣度，明察世事，洞悉人心，的確可以減少行動的盲目性，避開人生道路上的暗礁險灘，使你走得更加穩健。然而人們總是希望自己能看透別人而不想自己被別人看透，這是一種人們自我保護的本能。

從某種角度來說，不分情況而揣度、刺探別人的祕密是一種侵犯行為，一旦對方察覺，輕者引起反感，重則招至災禍：「殺人滅口」的舉動正是這種情形的極端表現。曹操殺楊修，哪裡是因為他動搖軍心，實在是恐於他太善於「測深揣情」，屢犯其心中最隱祕的禁區。

也許，在這個身邊隱藏著各種祕密的世界上，做到心中明察秋毫，臉上卻似乎渾然不覺，才是真正的智者，才算「揣」到了為人處世的大道。

培養自己的觀察力

大偵探福爾摩斯的故事，早已聞名遐邇，廣為流傳，膾炙人口。那些形形色色、離奇古怪的複雜案件，一經福爾摩斯的偵察分析，蛛絲馬跡即刻顯現出其非凡意義，很快就真相大白了。在作家柯南·道爾的筆下，福爾摩斯完全是一位學識淵博、觀察力非凡、善於揣度人心尤其是罪犯心理的神奇偵探。

話說有一次，福爾摩斯同他的助手華生同時鑒別一塊剛剛得到的懷錶。華生的鑒別僅僅停留在懷錶的指標、刻度的設計和造型上，不能發現一絲別的有價值的線索。而福爾摩

福爾摩斯半身像

斯僅僅憑藉手中的放大鏡，看到了表殼背面的兩個字母、四個數字和鑰匙孔周圍佈滿的上千條錯亂的劃痕，再經過縝密的分析推理，便得出如下令人嘆服的結論：那兩個字母表示主人的姓氏；四個數字是倫敦的當鋪的當票號碼，表明懷錶的主人常常淪落至窮困潦倒的境地；而鑰匙孔周圍佈滿的上千條錯亂的劃痕，則說明懷錶的主人在把鑰匙插進孔去給表上弦的時候，手腕總是在顫抖，因而這個人多半是個嗜酒成性的醉漢……福爾摩斯在案件的偵破過程中，並沒有顧及這隻懷錶的新舊程度和價值，而是緊緊抓住那些與案件有本質聯繫的細節，進行深入細緻的觀察，從而收穫頗多。

其實觀察不僅僅是用眼睛看看就行了，而是一種有目的、有計畫、有步驟的知覺，它是通過眼睛看、耳朵聽、鼻子聞、嘴巴嘗、手摸等去有目的地認識周圍事物的心理過程。在這當中，視覺起著重要的作用，有90%的外界資訊是通過視覺這個管道進入人腦的。因此，也可以把「觀察」理

解為「觀看」與「考察」。

　　一個人的觀察能力與他的知識、經驗以及職業興趣有著密切關係。對於同一塊懷錶，福爾摩斯之所以能夠比華生理解得更深，一下子就能抓住了那些不大明顯，然而卻是本質的特徵，正是因為他有著不同的知識和經驗。

　　人的觀察能力是可以培養的，那麼怎樣培養自己的觀察能力呢？

　　第一，要有明確的觀察任務。在確定任務時，可以把總任務分解為一系列細小的和逐步解決的任務。這樣可以避免知覺的偶然性和自發性，提高觀察的積極主動性。

　　第二，觀察的成功與否主要依賴是否具備一定的知識、經驗和技能。俗話說：「誰知道的最多，誰看到的就最多。」一位富有學識的考古學家，能夠在一片殘缺不全的烏龜殼（甲骨）上，發現不少重要而有趣的東西，而一個門外漢卻懵然不覺，毫無所獲。

　　第三，觀察應當有順序、有系統地進行，這樣才能看到事物各個部分之間的聯繫、關係，而不至於遺漏某些重要的特徵。

　　第四，要設法使更多的感覺器官參與認識事物的活動。這樣一來，不僅可以獲得關於事物的全方位的感性知識，而且得到的印象也更深刻。

　　第五，觀察時應當做好紀錄。這不僅對於蒐集和進一步整理分析所觀察到的事實是十分必要和有益的，而且也是促進準確觀察的寶貴方法。

　　我們在生活中每天都需要與人進行交流，掌握準確觀察人的方法，凡事細加揣度，能讓你進一步把握好人際交往中的微妙關係，你也就可以在芸芸眾生中脫穎而出，成為人際交往中備受歡迎與關注的核心人物。

摩篇第八

《摩篇》，《太平禦覽》卷四百六十二作《摩意篇》，可以說是《揣篇》的姊妹篇，是「揣情」的繼續。關於「揣」與「摩」的關係，鬼谷子開篇點題：「摩者，揣之術也。內符者，揣之主也。」可見，「摩意」之術是揣情的一種方法，而且還是一種最基本的方法。

《揣》、《摩》兩篇，既有聯繫又有區別，而從兩者的區別來看：揣著重在揣測對方的主客觀情況，由表及裏、由外到內，通過對方的外在表現去瞭解其心理變化，只是合乎實際的邏輯推理，處於靜態的觀察階段；摩則著重在觸摩、接觸，在接觸中積極主動地運用諸多攻心戰術去引誘對方表露自己的真情實感，並將之加以分析、總結、推敲、檢驗，從中了解對方的性格特點等重要消息，從而把握對方的心理、嗜好、欲望、意圖、決策等，以期幫助自己制定更有效的說服策略。所以，不妨說《摩篇》講述的就是攻心戰術的具體運用。

本篇首先從揣情與摩意的關係入手，論述了摩意的基本特徵和對於「成事」的至關重要的作用。在此基礎上，接著論證了摩意的基本原理，講述了摩意的種種手法和技術。強調善於摩者，必須「謀之於陰」而「成之於陽」，要隱祕而有耐心。而在具體運用摩的各種方法時，要善於變化，因人而異。最後提到摩之術成功的關鍵是要「摩之以其類」，並善於把握「時」（時機）。

《鬼谷子》強調的摩意，在先秦預測術發展史上具有重要意義，它使預測術的發展重點，從搜集政治、經濟、軍事等外在資訊加以分析預測而擴展到對中心決策人物的內在心態等進行分析預測的更為廣泛、深刻的範圍。這是戰國時期人文思潮的出現帶來的重人觀念和注重人事人為思想發展的結果。後代面相術士奉鬼谷子為祖師，也主要是因此術而為之。

一

摩者,揣之術也❶。內符者,揣之主也❷。用之有道,其道必隱❸。微摩之,以其所欲,測而探之,內符必應❹。其所應也,必有為之❺。故微而去之,是謂塞窌匿端,隱貌逃情,而人不知,故能成其事而無患❻。摩之在此,符應在彼,從而用之,事無不可❼。

【注釋】

❶ 術:方法,手段。

❷ 內符:符於內,即見外符而知內情,指通過觀察對方的外在表現而準確地判斷出其內在的心理因素。主:主旨,目的。

❸ 道:方法,基本規律,一定的準則。隱:隱祕,指暗中行事。

❹ 微:微暗,暗地裏。

❺ 為之:此指會有所行動。

❻ 去:離開,指巧妙地保持一定的距離。塞窌匿端:堵起洞口,藏起頭緒。此指把自己摩意的手法和目的隱藏起來,琢磨透了別人還不讓別人察覺。窌,方形地窖。患:憂慮,禍患。

❼ 符應:符合回應。此指由於我們的摩意而發覺的對方相應的外在表現。

【譯文】

摩意,是與揣情緊密相連的一種預測手段。通過尋繹、琢磨那些外在表現而準確地判斷出其相符合的內在心理因素,是揣情的主旨。運用摩意術時要遵循一條基本原則,就是必須在暗中行事而不被人察覺。暗地裏對人實施摩意術,順著對方的欲望去探測他的內心世界,其內心想法一定會以相符合的形式反應出來,為我們所掌握。一旦反應出來,必然會有所作為。在我們掌握了外在資訊和內在心理之後,就要藏起這種摩意術,有意而微妙地保持距離,以免被對方察覺,這就是所謂的堵住洞口、藏起頭緒,或者叫做隱藏表象、掩飾真情,使別人不知道我們對他實施摩意術,並且已經從外到內都掌握了他,故對我們無所戒備,我們就可以在毫無阻力的情況下達到目的

而不留下後遺症。我們在這裏對對方實施摩意術，對方在那裏必然有所反應而被我們掌握其心志欲望等內在心理因素，然後我們把察得的這些資訊運用到決策中，使用到行動中，便沒什麼事情辦不成功的。

二

古之善摩者，如操鉤而臨深淵，餌而投之，必得魚焉❶。故曰：主事日成而人不知，主兵日勝而人不畏也❷。聖人謀之於陰，故曰神❸；成之於陽，故曰明❹。所謂主事日成者，積德也，而民安之，不知其所以利❺；積善也，而民道之，不知其所以然，而天下比之神明也❻。主兵日勝者，常戰於不爭、不費，而民不知所以服，不知所以畏，而天下比之神明❼。

【注釋】

❶ 鉤：釣鉤。餌：魚餌，誘餌。此處指把魚餌別在魚鉤上。
❷ 主事：此指主持國家政治、經濟大事。主兵：指揮戰爭。
❸ 陰：隱蔽，暗中，背地裏。神：神妙。
❹ 陽：公開。明：事情辦成了，功業彰顯出來。
❺ 積德：積累德行，此指對民眾有好處的德政措施一個接著一個。安：安心。
❻ 積善：積累善事。此指「戰於不爭」，消弭戰禍。道之：順著這條路走。道，遵循。
❼ 戰於不爭：以不爭為戰，即用計謀權術消弭戰禍。不費：不耗費資財，指沒有戰爭開支。

【譯文】

古代那些擅長使用摩意術的人，就像漁翁拿著釣鉤坐在深淵邊上，裝上釣餌，投入水中，必定能釣上魚來一樣。所以說，這種人主持國家政治、經濟大事，就會一天比一天取得更大的成效而不被人察覺；主持國家軍事大事，就會一天比一天取得更大的勝利而不被人發覺故而不畏懼我

們。聖智之人便是這樣在隱祕中謀劃決策，所以被稱作「神」；成事在明處，功績人人能看到，所以叫作「明」。所謂主持政治、經濟大事一天比一天取得更大的成效，就是積累德政，讓人民安於德政環境中，日以為常而不知為什麼獲取了利益和好處；就是積累善行，而人民便順從我們造就的這條道路天天走下去，卻並不知道長久處在這種和平安定環境中的原因，因此，天下人都把這樣的聖智之士比做「神明」。所謂主持軍事大事一天比一天取得更大的勝利，是說經常把戰爭消滅在萌芽狀態，不戰而勝，使國家不用花費戰爭開支，使人民不知不覺地順服、不知不覺地畏懼還不知道為什麼順服、為什麼畏懼，因此，天下人都把這樣的聖智之士比做「神明」。

其摩者，有以平，有以正，有以喜，有以怒，有以名，有以行，有以廉，有以信，有以利，有以卑❶。平者，靜也❷。正者，宜也❸。喜者，悅也。怒者，動也❹。名者，發也❺。行者，成也❻。廉者，潔也。信者，期也❼。利者，求也❽。卑者，諂也❾。故聖人所以獨用者，眾人皆有之，然無成功者，其用之非也❿。

【注釋】

❶ 平：平和。正：正面，直率。喜：使之歡喜。怒：激怒。卑：謙卑。此指用平和態度對待欲摩意者。

❷ 靜：此指以靜為特徵。

❸ 宜：適宜，相宜。此指中正平和。

❹ 動：動怒。

❺ 發：發揚，張揚。

❻ 成：成全，使之成功。

❼ 期：與人相約，此指承諾必行。

❽ 求：貪求。

❾ 詔：詔諛。

❿ 故聖人……有之：意謂聖智之士所使用的摩意之術，都是取之於眾人，從眾人身上總結出來的。

⓫ 用之非：即用之非其道，用得不恰當，沒用到關鍵處。

【譯文】

在運用摩意之術時，要根據不同的對象採用不同的方法：有用平和態度的，有用正言相告的，有用討好方式的，有用憤怒激將的，有時利用名聲，有時採取行動，有時講廉潔，有時講誠實，有時講利益，有時講謙卑。平和就是讓對方平靜，正言就是直言相斥，歡喜就是讓對方喜悅，憤怒就是激怒對方，名譽是為了飛揚對方的名聲，採取行動是為了促成他，廉潔就是用清廉感化對方，使用信義是為了讓對方明智，講利益是為了讓他追求，講謙卑是為了迎合對方。上述手法，都是聖智之士十分明瞭並暗中使用的手段，都是從普通大眾身上吸取總結而來的。但眾人運用這些手段卻難以奏效，是因為他們用得不恰當，不能像聖智之士那樣用到點子上，該用什麼手段就用什麼手段。

四

故謀莫難於周密，說莫難於悉聽，事莫難於必成❶。此三者，唯聖人然後能任之❷。故謀必欲周密，必擇其所與通者說也❸。故曰：或結而無隙也❹。夫事成必合於數，故曰：道數與時相偶者也❺。說聽必合於情，故曰：情合者聽❻。故物歸類，抱薪趨火，燥者先燃❼；平地注水，濕者先濡❽。此物類相應，於勢譬猶是也❾。此言內符之應外摩也如是，故曰：摩之以其類，焉有不相應者❿？乃摩之以其欲，焉有不聽者？故曰獨行之道⓫。夫幾者不晚，成而不抱，久而化成⓬。

【注釋】

❶ 悉聽：使對方全部聽從。必成：一定成功。

❷ 三者：指謀周密、說悉聽、事必成。

❸ 通者：此指感情可以溝通、智謀層次相近的人。

❹ 隙：裂縫，隔閡。

❺ 數：術數，指揣摩之術。道數：即道術。時：天時，時機。偶：相合。

❻ 說聽：讓人聽從你的遊說。

❼ 歸類：歸向自己的同類。趨：此指扔向（火中）。

❽ 濕者：指濕潤的地方。濡：浸潤，沾濕。

❾ 物類相應：同類事、物互相應和、感應。勢：形勢，勢態，此指摩意的局勢。

❿ 摩之以其類：此指用相同的感情，設身處地地去琢磨別人。內符之應外摩：讓別人的內心情意應和你的摩意而表現出來。

⓫ 獨行之道：策士們獨自掌握的祕術，即上文所言「聖人所以獨用者」。

⓬ 幾：同「機」。此指通曉幾微，善於掌握時機。抱「通」保，此指居功為己有。化成：化天下，此指達到政治目的。

【譯文】

所以說，謀劃決策最難達到的在於周密無隙，遊說別人最難達到的是讓別人完全聽從，做事最難達到的是一定要取得成功。這三種境界，只有那些掌握了摩意等權術的聖人們才能夠達到。所以說，要使謀劃一定周密，必須選擇那些可以溝通的、智謀水準與自己相近的人一起謀劃，這就叫做雙方互補、密合無間而做出了沒有漏洞的決策；要想做事成功，一定要運用權術，這就叫做基本原理、權術與時機三者相合而成事；要想遊說時讓別人完全聽從你的意見，就要揣摩準了別人的思想情意，這就叫做兩情相合便言聽計從。故而人們常說，世界上的事物都歸向自己的同類，抱起柴草扔進火中，乾燥的先被點燃；在平坦的地面倒水，濕潤的地方先把水吸引過去。我們運用摩意術時也是這樣，要想讓別人的內心情意應和你的摩意而表現出來，你也要持有與其一樣的情感立場。所以說，用以類相從的態度去摩意，哪有對方不相應和的呢？順從他的心志欲望去琢磨他、

遊說他，哪有不聽從的呢？這就是我們策士所獨有的不二法門。總之，見到了事物的幾微跡象便毫不遲疑地採取行動，不坐失良機；功成事就之後也不居功自喜，久而久之，我們定能實現自己的政治追求，達到出神入化的地步。

紀曉嵐巧言對答乾隆帝

清代最有意思的一對君臣就是乾隆皇帝與他的翰林院大學士紀曉嵐，這兩人的故事在民間廣泛流傳。紀曉嵐能言善辯、才智過人，有「鐵齒銅牙」之美譽，因此後世尤以紀曉嵐巧言對答乾隆帝的故事為多。

話說有一天，紀曉嵐陪乾隆在御花園裏散步。乾隆忽然問紀曉嵐：「紀愛卿，忠和孝到底應該怎麼解釋呀？」

紀曉嵐不假思索就回答道：「君要臣死，臣不得不死，此為忠；父要子亡，子不得不亡，此為孝。」

乾隆一聽，頓起捉弄之心：「那朕現在以君王的身分，要你立刻去死！」

「這……」紀曉嵐一下子慌亂了。不過他腦子一轉立刻想出個好主意，便恭順地說：「臣遵旨！」

乾隆好奇，問：「那你打算怎樣死？」

「跳河。」紀曉嵐顯得又害怕、又緊張地小心回答。

乾隆更加好奇了，一揮手，說：「好！你現在就去跳吧！」等紀曉嵐走後，他便在

鐵齒銅牙紀曉嵐

花園裏踱著步，心想著紀曉嵐究竟會如何擺脫這道難關。

不一會兒，紀曉嵐跑了回來。乾隆故意板起臉來問道：「紀愛卿，你怎麼還沒有去死呢？」

紀曉嵐說：「我剛剛走到河邊時，不料碰到了屈原大夫，他卻不讓我跳河尋死。」

乾隆感到奇怪了：「你這話是什麼意思？」

「剛才我站在河邊，正想跳下去。河裏突然湧起了一個大漩渦，好像是有東西要從水裏冒出來一樣。我一看，竟是投江自沉的楚國忠臣屈原。」紀曉嵐一板一眼，說得彷彿真的似的。

「真的嗎？那他對你說了些什麼呢？」乾隆明知他故弄玄虛，但仍想看看他如何作答。

紀曉嵐不慌不忙地答道：「屈原指著我問為什麼要跳河，我就把剛才皇上要臣盡忠的事情告訴了他，他說：『這就不對了！當年楚王是昏君，我不得不跳河。可是我看當今皇上是個聖明之人，不應該再有忠臣要跳河啊！你應該趕緊去問問皇上，他是不是也是昏君？如果他自認是，那時我們再做伴也不遲！』因此臣只得跑回來了。」

乾隆聽完，忍不住哈哈大笑：「好一個巧舌如簧的傢伙！連屈原大夫都搬出來了，朕算服你了。」

在這個故事裏，紀曉嵐以其機智的辯才擺脫了乾隆帝故意設下的困境，最終以昏君明君之辯贏得乾隆帝一笑，其中也有對乾隆帝的奉承與溜鬚拍馬。一般的阿諛奉承都會顯得卑賤和刻露（畢露），而紀曉嵐卻不是這樣，他雖是拍馬屁的，卻是這個局的贏家，其關鍵就在於紀曉嵐對乾隆帝心意的揣摩得當。

鬼谷子說到，善於運用「摩術」的人，就如同拿著魚竿在水邊垂釣一般，只要運用得當，必有魚兒上鉤。乾隆本想以「君叫臣死，臣不得不死」來為難紀曉嵐，紀曉嵐卻將計就計，以屈原的昏君明君之辯為餌下了鉤。如果乾隆確實讓其投河，就證明了他的昏庸；如果就此作罷，那為難紀曉嵐的計謀就以失敗告終。權衡利弊，乾隆也只能暗自認輸。

蔡澤說范雎退隱薦賢

蔡澤是戰國時期一位有名的說客，他曾到諸侯各國遊說，但一直未受重用。正在他躊躇滿志卻無人識才的時候，他得知了另一說客范雎的消息。范雎投奔秦國之後受到秦王重用，然而由於用人不當，良將自刎，叛將投敵，致使秦國內外交困，因此秦王對范雎頗有微詞，而面臨失寵的范雎則整天心事重重。蔡澤了解到這些情況後，冷靜地分析了形勢，覺得這正是他的出山良機。

蔡澤一到秦國，立刻放出風聲：「名士蔡澤，胸懷韜略，能言善辯，智慧無窮。只要一見秦王，就可以代范雎而取相國之位。」范雎聽聞風聲之後，非常氣惱，於是派人將蔡澤叫到家裏，問他是否有這回事，並要求解釋。

蔡澤對范雎說：「先生也是明白人，難道不知道其中的道理嗎？謀取富貴功名是人之常情，有誰不想益壽延年、永保功名呢？可是歷觀各代，有人成功，也有人失敗，成功的，名揚天下，失敗的，性命堪憂。想當年，秦孝公時商鞅變法革新，明法令，廢井田，開阡陌，勸民農桑，令士兵習武，結果秦國富強了，無敵於天下，這都是商鞅的功勞，可是商鞅自己呢？卻遭受車裂之刑。楚國吳起，勵精圖治，獎勵耕戰，裁撤冗官，使楚國一時強盛於天下，可他自己呢？最後卻中亂箭而亡。還有越國大夫文種，胸懷韜略，拯救越於危亡，輔佐勾踐雪恥奮起，終於稱霸諸侯，結果卻也落得個自刎廷前的下場。這三人都是蓋世奇才，為什麼結局如此悲慘？就是因為功成之後，不善於及時隱退的緣故。先生您覺得自己與這三人相比如何呢？」

范雎聽完這一席話後，心中氣惱早已平息，默默沉思，最後歎息著說：「我比不上他們。」蔡澤看著范雎說：「是啊，但您的聲名、財產和地位卻遠遠超過他們，我很為您擔心啊！」這正是范雎的心事所在，聽蔡澤如此一說，他忙側身求教：「先生認為我應如何避禍呢？」

蔡澤知道范雎已與秦王有隙，了解他擔心災禍隨時降臨的恐懼心情，於是說：「常言道：『樂極生悲。』先生您大功告成，聲名已出，正可

謂如日中天，在這種情形下，就應該學陶朱公范蠡，功成身退，以得善終。不然的話，只怕商鞅、吳起、文種的悲慘下場也會降臨到您的頭上！」范雎深為認同，連連點頭稱是。蔡澤接著說：「前車之轍，後車之鑒，識時務者為俊傑。先生何不趁聲名正盛之時歸隱山中，以終天年，讓位於賢能之士呢？這樣先生既得薦賢之名，也保住了自己的功

清仿漢銅鏡

名，何樂而不為呢？」范雎畢竟還是留戀名位，對於蔡澤所指出的道路，他很不情願，但是為了保全自己，卻也別無選擇，只好說：「感謝先生賜教，我聽從您的忠告。」於是將蔡澤留在府中，給予厚待。

　　不久，范雎在秦王面前大力舉薦蔡澤，使蔡澤成為秦王的上賓並得到重用。之後，范雎又藉故請退，秦王多次挽留未成，只好准許所請，任用蔡澤為相國。

　　日本人中井積德說：「『摩』在揣度之後，如以手摩撫弄之也。既能通曉彼人之情懷，而以我之言動搖上下之，以導入於吾彀中也。或揚之，或抑之，皆有激發，即所謂『摩』也。」蔡澤正是憑著對范雎處境的深入了解，揣摩透了范雎的心理，以歷史上功成身未退的商鞅等人的悲慘下場說中范雎的痛處，動搖了他留戀名位的決心，才能以三寸不爛之舌說服范雎退隱薦賢，並最終取其位而代之。

管仲看透齊桓公

　　齊桓公是春秋五霸中開創霸業的第一人，而齊桓公的霸業征途上不可不提的是他的輔佐者管仲。如同紀曉嵐與乾隆帝一樣，管仲與齊桓公之間也是極有故事的一對君臣。紀曉嵐得名於其辯才，管仲的才能則在於他對齊桓公的見微知著，並適時調整策略予以輔佐。

一日，齊桓公與大臣們在朝堂上商議討伐衛國的事情，退朝回宮後，就有一個衛國國王的妃子前來拜見他，這妃子態度十分恭敬地替衛國國君請罪。齊桓公心中納悶，自己又沒把攻打衛國的消息透露給她，她是怎麼知道我的心思的呢？於是就問她：「你為什麼這樣一心為你們國的國君請罪呢？」那妃子答道：「我剛剛看到您下朝回來，一副趾高氣揚的樣子，我就猜想您一定是要討伐某個國家，所以才表現出如此的盛氣凌人。而我衛國是個小國，又與多個國家接壤，各國都想攻打我們，齊國當然也不例外。當您見到我的時候，臉色就變了，這又進一步證明了您有攻打我國之心啊！」齊桓公聽後很佩服這小妃子的眼力和智慧。

第二天上朝時，齊桓公見到管仲，親自給他作揖，然後把他拉到後堂，請他坐下。管仲一看齊桓公這樣的舉動，就知道他有事要說。於是管仲問他：「君王放棄攻打衛國的打算了嗎？」齊桓公驚訝地問：「仲父，您是怎麼知道的？」管仲拱手回答：「君王的拱手禮很恭敬，說話緩慢，見到我好像面有愧色，我就知道您已改變主意了。」

又有一次，齊桓公與管仲謀劃討伐莒國的事情，計謀還未商定，國內卻開始有所流傳。齊桓公十分奇怪，將此事問管仲，管仲說：「國中一定有聖人在啊！」齊桓公感歎地說：「哦，白天我僱來幹活的人中，有一個手拿柘杵舂米，眼睛向上看的人，我想您所說的聖人大概是他。」

於是，就讓主管再召那個人進來。管仲看了那人一眼，便對齊桓公說：「這人一定是聖人了。」接著就吩咐迎賓隊按照當時迎接智慧的人的禮儀迎接這個人。管仲問他：「你說過我齊國要討伐莒國的事嗎？」他回答說：「是的。」管仲故意顯得很生氣，又問：「我從來就沒宣布要打莒國，你為什麼擅自說我要打莒國？」他從容地回答說：「君子善於謀劃，小人善於揣摩，這是我自己猜到的。」管仲問：「我沒說攻打莒國，你是怎麼臆斷的？」他回答說：「我聽說君子有三種主要表情：悠然欣賞的樣子是慶典的表情；憂鬱清冷的樣子是服喪的表情；紅光滿面的樣子是打仗的表情。白天我看君王在臺上坐著的時候，紅光滿面，精神煥發，這是打仗的表示。君王唏噓長出氣卻沒有出聲，看口型應該是說莒國，君王舉起

管仲

手遠指，也應該是指向莒國的方向。我私下認為小諸侯國中不服君王的只有莒國，因此，我就這樣說了。」

齊桓公的一舉一動，好像都能被一般人看透，由攻打衛國和莒國這兩件事的謀劃看來，春秋五霸之一的齊桓公似乎是浪得虛名。而輔助桓公成就霸業的管仲的功勞，就不可謂不大了。其實，管仲輔佐齊桓公的方法是最淺易的方法，因為桓公本人是這樣一個容易被看穿的人，所以管仲總能見微知著，由桓公的舉動細節間揣摩判斷出君王的心意，並適時改變應對策略。同時，善於從他人的表情變化猜測對方的心理，這也是管仲的智慧。

「它可以在水中寫字！」

廣告是企業促銷策略中運用最廣泛的一種方式。在現代生活中，生產者需要借助廣告大量推銷商品，消費者需要通過廣告來了解市場和商品資訊，以便有選擇地購買商品。廣告不僅起到傳遞資訊，溝通供需雙方的作用，而且在激發需求和開拓市場方面展現出極大的影響力。它是開拓市場的先鋒，是提高商品知名度和市場佔有率的重要途徑，一個企業如果能針對自己的產品設計出一條廣告語並讓消費者記住它，必能收到事半功倍的效果。

圓珠筆的暢行天下就源於一句廣告語：它可以在水中寫字！

1945年6月，美國人雷諾去阿根廷旅行時，看見一種用小圓球代替筆尖的筆，這就是今天的圓珠筆（當時稱原子筆）。這種筆是1880年由勞德

發明的，並取得了專利，到1945年時專利期限已屆滿，人人可以製造。但當時圓珠筆在美國卻不見出售，而且大多數人對此一無所知。

雷諾一見這種筆，就認定它將是一種能橫掃全國的低成本、高利潤產品，決心創立自己的品牌。他一回到芝加哥，就跟一位熟識的工程師合作，一起設計新品牌的原子筆。兩人日以繼夜地研究，最終設計出了一種利用地心吸力輸送墨水的原子筆。完成原子筆樣品不久後的一個下著雨的晚上，雷諾坐在酒吧間裏，在一份弄濕了的報紙上用原子筆信筆亂塗，忽然發現這筆居然可以在潮濕的紙面上寫字，這是鋼筆絕對無法辦到的。他興奮極了，從此誕生了雷諾筆的偉大口號：「它可以在水中寫字！」這句口號後來被證明價值數百萬美元。

當時雷諾只有一支樣品筆可以用來促銷，他親自帶著這支筆來到紐約金貝爾百貨公司拜訪，向主管人當場表演並說明這種筆可以在水中寫字。金貝爾百貨公司立即一次性訂購了2500支，並同意新筆上市的第一天，採用雷諾的口號做廣告：「這種筆可以在水中寫字！也可以在高海拔地區寫字！」它的售價為12.5美元，而製造成本其實只需0.8美元。

「它可以在水中寫字！」這句促銷口號取得了巨大成功。1945年10月29日，金貝爾百貨公司開始銷售雷諾原子筆，顧客反應空前熱烈，百貨公司被迫召請50位員警來維持秩序，因為有5000名顧客爭著擠進店內購買這種「原子時代的奇妙筆」。6個月後，雷諾為生產原子筆最初投入的2.6萬美元，已經產生了155.8608萬美元的稅後盈餘。這是個令人咋舌的業績！

「它可以在水中寫字！」這句廣告語所帶來的轟動不亞於原子彈在廣島爆炸。因為它不僅鮮明、突出、簡要地說明了雷諾原子筆的特點，而且迎合了美國人求新尚奇的心理。

《鬼谷子‧摩篇第八》中的思想精華便是如何以最小的力激起對方最大的反應。雷諾正是抓住了人們的好奇本性，突出原子筆所具備的其他書寫工具沒有的功能，以一句簡單的口號激起了人們強烈的購買欲望，才最終獲得了成功。

「香餌釣魚」善炒作

一句能讓人們記住並頗感興趣的廣告語是廣告宣傳的基本要素之一，它能使企業產品的行銷事半功倍，但真正保證企業行銷大獲成功的還是針對產品本身的具體行銷手段。「香餌釣魚」在今天的廣告宣傳中就是司空見慣的謀略，如吃蜜餞可以吃到港幣，一杯可樂可以使萬元鈔票唾手可得等，不過商場瞬息萬變，這一謀略的成功也有賴於企業行銷人才的才能。「世界紅茶大王」──英國的立頓，就是一位以高明的行銷才能而譽滿天下的人物。

有一年冬季，一位乳酪製造商請立頓替他在耶誕節前的商品特賣期銷售乳酪。經過思考，立頓制定了「投李索桃」的策略，他準備以50：1的比率在乳酪裏裝入一塊金幣，以金幣為餌吸引顧客。因為在歐美曾流行這樣一種說法：誰若在耶誕節前後所吃的糖果中吃到了一枚六便士的金幣，他將大吉終年，萬事如意。此前，他用氣球在空中廣發傳單，大肆宣傳，接著在蜂擁而至的人群面前當眾裝入金幣。這50：1的金幣使整個蘇格蘭沸騰了。當地的報紙對於這樣一個奇特的消息自然大登特評，甚至有劇團以此為題材進行表演。他們都成為了立頓的免費宣傳員。

在金幣的誘惑下，等到了銷售日，凡是賣立頓乳酪的商店門前都是人山人海。成千上萬的消費者湧進店內爭相購買乳酪，使其乳酪銷售量劇增，這令立頓的同行們嫉妒不已。於是就有眼紅的人偷偷到蘇格蘭當局告發立頓，說他的經營做法有賭博嫌疑。當局派員警干涉，新聞機構也馬上跟蹤進行全方位報導。

對此，立頓毫不慌張，仍然我行我素，他仍然大力銷售其乳酪，並根據當局干涉的內容發布了這樣一則有針對性的廣告：親愛的顧客，感謝大家喜愛立頓乳酪，但如發現乳酪中有金幣，請您將金幣送回，謝謝合作。蘇格蘭當局的員警認為店主已有悔改之意，即已著手收回金幣，便不再加以干涉。而購買乳酪的消費者呢？當然沒有退還金幣，反而在乳酪中含有金幣的聲浪中更加踴躍地購買。

一招不靈，眼紅立頓的同行們並未罷手，他們進一步聯合起來，以食

用不安全為理由要求警方取締立頓的危險行為。在警方的再度調查下，立頓又在報刊上登出一大頁廣告：根據警方的命令，敬請各位食用者在食用立頓乳酪時，一定要注意裏面有個金幣，不要匆忙，應十分謹慎小心，以免誤吞金幣造成危險。這則公告表面上是應付員警和同行們的說明，實際上又是更生動具體的廣告宣傳，無形中再度掀起了購買立頓乳酪的熱潮。

據經營專家們推測，立頓的氣球廣告、當局的員警的干涉、同行的抗議以及後兩次的廣告說明，都是立頓的行銷炒作。這次行銷炒得一波三折，富有戲劇性，堪稱炒事之典範。

《鬼谷子・摩篇第八》中說「操鉤而臨深淵，餌而投之，必得魚焉」。立頓深知釣魚時要投入香餌。無餌者門可羅雀，有餌者門庭若市，有無誘餌在市場銷售中是有天壤之別的。立頓利用金幣的強大吸引力使乳酪的銷量突飛猛進，犧牲一點金幣，換回的卻是「日進斗金」的收益。真是「釣者露餌面藏鉤，故魚不見鉤而可得」。加之同行們的圍追堵截、當局員警的積極干涉、新聞機構的全方位報導，都渲染了乳酪銷售的空前盛況。立頓陽奉陰違，遊刃有餘地進行大肆炒作，終使其推銷的乳酪聲名鵲起。可見恰當地使用「香餌釣魚」的手段，確實可以做到「主事日成而人不知，主兵日勝而人不畏也。」

「本田」智奪美國大市場

廣告在企業產品行銷中的巨大影響力是眾所皆知的，然而在市場鋪天蓋地的廣告中如何才能脫穎而出，引得消費者的青睞呢？有一招叫做「出奇制勝」，即是在廣告中採用獨特的角度，新穎奇特的手法突出自己的產品。致勝的關鍵是在廣告策劃中抓住消費者的心理，廣告只有投消費者所好，才能使消費者俯首稱臣。

1983年以前，美國摩托車市場上幾乎是清一色的大型摩托車，小型摩托車上市不久，問津者寥寥無幾，年銷售量不過數千輛。世界各國的小型摩托

車商都非常垂涎美國這個巨大的消費市場，無奈美國人對小型摩托反應冷淡，這使得那些外國車商如日本的「雅馬哈（山葉）」和「本田」等一時無從下手。

當時本田公司早在1982、1983和1984年這三年間，曾經不惜血本為自己的小型摩托車做過好幾次頗有聲勢的廣告，可惜奏效不大。究其原因，問題出在它的廣告主體上。

本田公司想當然地推論：既然美國年輕人崇拜的偶象多是年輕的棒球明星或者搖滾樂歌星，那麼，讓這些明星出場做小型摩托車的廣告，一定會產生巨大的「示範效應」，使美國青年成為本田小型摩托車的主顧。於是它的廣告畫面上出現的不是棒球明星就是搖滾樂歌星。使本田「明星廣告」無法奏效的事實是：美國大型摩托的主顧早已包括了年輕人，早已有美國摩托車商請青年體育或文藝明星做廣告捧場。

總而言之，讓大明星出場遊說，把產品定位為「青年人愛騎的時髦貨」的戰術概念，早已被美國大型摩托車商領先一步佔領了。本田廣告避虛就實，正面進攻，自然吃力不討好。

聰明的「本田」適時地轉換思考問題的角度。據了解，西方人尤其是西方青年的獵奇心很重，喜歡追求新奇而怪誕的東西，那麼，就把本田公司的小型摩托隱喻為「以小見怪」的新奇產品吧。於是，在1985年初的美國電視螢光幕上，出現了一則構思新異獨特的「怪誕」廣告：在黝黑的背景襯托下，一行筆跡怪異的文字以極快的速度閃現出來：「我是誰？狗能思考嗎？我生得醜陋嗎？……」這些問題乍一過目，令人莫名其妙，略一思索，又覺奇特有趣，強烈吸引了好奇心重的西方觀眾。這則廣告同時還伴有稀奇古怪的聲響作烘托：玻璃的碰撞破碎聲，炸彈的爆炸聲，以及頑童的竊竊私笑聲等。在一番圖文聲響並茂的資訊轟炸了觀眾思維之後，廣告亮出具有畫龍點睛之效的畫外音：「最新式的本田50型小型摩托，雖非完美無缺，實乃無可挑剔。」

美國市場上歷來風行大型號的摩托車，小「本田」矮小玲瓏，此為「怪」者一也；美國人人高馬大，匹配矮小玲瓏的小「本田」，此為「怪」者二也；奇招迭出，懸念橫生的廣告為矮小玲瓏的「本田」摩托蒙

上了一層神祕色彩，此為「怪」者三也。小「本田」此番馬到成功，終於獵取了「求異」心理濃重的美國消費者群。有資料表明，1985年初，「本田」廣告面世以後，美國市場上小型摩托車的年銷量由原先的幾千輛一下子擴大到12.5萬輛。「怪異」的廣告宣傳終於算是功德圓滿。

《鬼谷子‧摩篇第八》中指出：「抱薪趨火，燥者先燃；平地注水，濕者先濡。」正由於「本田」公司廣告滿足了美國人好奇的心理，才促使其小型摩托在美國市場上大行其道。它不僅為自己叩開了市場之門，而且為整個小型摩托車業帶來了劃時代的生機。儘管當初有人懷疑小型摩托車在美國是否有前途，因為相對於身材高大的美國人來說，日本人慣用的小型摩托車實在太不相稱了。但是通過「奇特」的廣告宣傳手段，使在市區上班、家住郊區的人都購買了這種「奇特」的交通工具，取得了「奇特」的效果。一前一後兩種不同的廣告手段，導致了不同的市場效應。

「死線」不死

「死線」，是對談判截止期限的形象稱謂。談判家對時間策劃的運籌帷幄，當然少不了對「死線」的精心安排。在他們的精心策劃下，「死線」不死，往往成了向對方「要脅」的一個極其重要的棋子。

荷伯是美國著名的談判家，年輕時也曾有過經驗不足導致對方得利的談判經歷。有一次，在他的再三請求之後，上司終於同意派他去東京和日本人談一椿生意。出發時荷伯暗自發誓：「一定要把這椿買賣做好。」只可惜結果並不盡如人意。

飛機在東京著陸，荷伯快步走下舷梯。舷梯下兩位日本代表熱情地迎上去，向荷伯躬身敬禮，荷伯心裏很是受用。兩位日本人幫荷伯順利地通過了海關，陪他坐上一輛大型豪華轎車。荷伯舒舒服服地靠在錦絨座背上，日本代表卻筆直地坐在兩個摺疊椅上，荷伯心裏很是感激。

汽車行駛途中，其中一位代表問荷伯：「你是否關心你返回去的搭機

時間？我們可以安排汽車送你到機場。」荷伯心想：多麼體諒人呀！他從口袋裏掏出返程機票給他們看，以便讓他們知道什麼時間開車送自己去機場。

日本人並未立即開始談判，而是先讓荷伯領略一下日本的文化。荷伯的遊覽花了一週多時間，從天皇的宮殿到京都的神社，他們甚至給他安排了一次坐禪英語課，以便讓他學習日本的宗教。每晚有4個半小時，日本人都陪著荷伯進餐和欣賞文藝節目。而每當他要求談判時，他們總是說：「有的是時間；先別急！」

直到第12天，談判總算開始了，不過却匆匆地提前結束，以便能去打高爾夫球。

第13天接著談判，結果又提前結束，因為要舉行告別宴會。

第14天早上，也就是荷伯即將離開日本的當天早上，雙方才恢復了認真的談判。正當他們的談判深入到問題的核心時，轎車開來接荷伯去機場。於是他們全部擠進車裏，繼續商談條款。

在汽車到達飛機場的那一刻，雙方才最後達成協定。顯而易見，這匆忙之中簽訂的協議，自然是對日本人有利的。

日本人之所以這麼有把握，是因為他們通過返程機票知道了荷伯的截止期，而荷伯却不知道對方的截止期。談判的「死線」落入日本代表掌控中，也因此荷伯失去了對談判時間的策劃先機，最終只得簽訂了有利於日本人的協議。

《鬼谷子》中指出：要善於揣摩，以達到知己知彼。由於日本人正確地預料到荷伯不會讓自己空手而去，所以他們採取了拖延戰術，一直到荷伯就要走的前幾天才開始正式的談判，並且一直避免涉入主題，或是一涉入主題，就以禮貌的邀請中止了談判，即使談及主題也一直不做讓步。這樣掌握了對方的「死線」，使日本人以有利於己方的合同和年輕的荷伯最終達成了交易。

C୨ 職場活用

對方更在乎你的反應

　　哲學大師海德格爾有句名言：「語言是人類詩意棲居的地方，做個會說話的人。」俗話也說：「一句話說得讓人跳，一句話說得讓人笑」，「話不投機半句多」。我們每天都在與人對話，同樣的目的，說什麼、怎樣說，常常會帶來不一樣的結果。尤其當你身在職場，無論是在外奔走還是駐守辦公，每天必定要與形形色色的人交流對話。那麼你是否是個會說話的人呢？

　　麥克來公司日子不長，上司還沒有交給他什麼具體業務，所以，他顯得有些清閒。這天，麥克座位旁邊的愛瑪因事情太多，沒有及時上交市場調研報告，被上司批評。於是，麥克就向愛瑪說自己可以幫幫她，沒想到愛瑪竟一下子拉長了臉，問他是不是想憐憫她或嘲笑她，甚至想搶她的飯碗。麥克一下子懵了，他無法理解自己的一片好心為什麼竟被人當做了驢肝肺？他拼命地想問題是出在哪裡？

　　其實，麥克所遇到的問題大多職場中人都曾遭遇過。之所以好意會被誤解，問題關鍵就出在主動伸出援助之手的人，在說話時往往只注意了自己的「好意」，而沒有注意接受「好意」的人，將會產生什麼感受？像麥克這樣，當他問愛瑪需不需要幫忙時，儘管他本意是想減輕愛瑪的壓力，但是他沒有注意尋問對方的時間和地點是否恰當；殊不知，愛瑪剛剛挨過上司的批評，自尊心受到了傷害，同時自信心也受到了打擊，在這種脆弱的自尊還沒有恢復的狀態下，人很容易變得多疑而敏感，因此，她把麥克的好心幫忙當做了憐憫甚至別有用心。由於提出幫助的時機不對，結果導致愛瑪不僅沒有感受到麥克的好意，反而將麥克的好意誤解為惡意了。

　　許多職場新人都像麥克這樣，在與別人交流之後，自己的意思不僅不被理解，有時反而被人家誤會，於是常常怪別人是「小心眼」。其實，這往往是由於他們自己只顧及了表達自己的想法造成的。

　　當你與同事交流時，你的語言也將在無意中反映出你的情緒和情感。對於這種或無意或有意流露出的情緒與情感，對方必然會做出相應的反應，也即是說，你所說的每一句話，都在有意和無意之間調節著雙方的關

松溪吹簫圖

係。這一點在職場中表現得尤為明顯。在職場中，有些人總是嫌自己的上司或同事說話枯燥乏味，但是在指責他人的同時，他們是否想過他們自己也常常在說著沒有意義的乏味話呢，或者他們所說的話有沒有被別人真正地理解呢？人們常說職場人際關係複雜，其實在很大程度上，它的複雜是由人與人相互交流時說話隨意，或者說話不謹慎小心積累起來的。

一個職場新人，不管他是否是名牌大學生，在步入職場那一刻，他就要重新學習如何說話。為了與同事建立和諧自然的人際關係，作為職場中人，就應該從平時的說話做起。早晨上班時對同事說聲「早安」，下班時說聲「明天見」，這樣簡單的兩句話，也許對於我們自己來說並沒有多大意義，可是它們對同事而言感受卻大不相同。當你每天興致盎然地向他們招呼「早安」、「明天見」時，他們是可以從中感受到你的教養與工作熱情的，因而他們也將願意在各方面給你更多的幫助與支持。

在人際交流與溝通中，無論你回答什麼，對方更在乎的是你對他的態度和反應。因此，作為職場中人，要時刻注意自己與同事對話時的態度與反應。比如，中午有同事見你正忙於加班，抽不開身下樓打飯，想幫你帶份飯，便問你想吃什麼，你回答一句「隨便」。從你的本意來說，你是不想太麻煩對方，然而這句「隨便」，再加上說話的表情和聲調，都極有可能讓對方感到你的「漠不關心的態度」，這也極可能導致他下次再也不願幫助你了。

鬼谷子說：「故物歸類，抱薪趨火，燥者先燃；平地注水，濕者先濡。此物類相應，於勢譬猶是也。」世界上的事物都歸向自己的同類，抱起柴草扔進火中，乾燥的先被點燃；在平坦的地面倒水，濕潤的地方先把水吸引過去。因此要想讓別人的內心情意應和你的期望而表現出來，你也要持有與其一樣的情感立場。在與人交流的時候，對方永遠更加在乎你對他的態度與反應，所以如果你用以類相從的態度去揣摩對方，順從他的心意去回應說服他，那麼自然會在職場中無往而不利。

對上司要多一分理解，多一點尊重

人的一生，可以用這樣一句簡單的話來概括：「我與各種各樣的人相遇，有時生氣，有時歡笑。」世間存在著形形色色的人，彼此相遇、相交或相離，不一樣的人就有不一樣的態度、不一樣的地位與要求，對於不同的人如果用錯了相處的方式，就會惹起生氣，如果處世得當，那麼就有歡笑，皆大歡喜。因此人際交往是撲朔迷離、五光十色、錯綜複雜的。職場是一個彙聚各色人等的人際交往領域，人與人之間的交流就更為頻繁而複雜，面對朝夕相處的領導、同事，如何在職場中贏得好人緣是成功處世的關鍵。

工作中，每個人都有自己的老闆與上司要面對，而且上司也有各式各樣類型的。有的上司最喜歡別人給他戴高帽子，喜歡下屬的阿諛奉承，只要聽了讚美之詞就會眉開眼笑。與這樣的上司相處，時常說一些讚美他的話也無妨，只要你的讚美是善意的而不是虛偽或違心的，在讚美奉承之時顯得自然而然而不會矯揉造作，那麼你的上司將會很高興與你相處。有的上司脾氣火爆，生性易怒，常常會在別人不明原因的情況下大發雷霆，使下屬不知所措，無以應對。

面對這樣的上司，當他對你大發脾氣的時候，你就得注意了，千萬克制好自己，不要跟著著急上火，更不要在他怒氣未消時試圖解釋，最好先承受著，經過冷靜思考找出上司發脾氣的原因，然後告訴他自己以後一定會注意並按他的要求去做，這樣當你離開辦公室的時候，上司極有可能已經息怒了，你們的相處將會持續穩定地向良好狀態發展。

有的上司熱衷於以家長自居，會把下屬看成是自己的家人，他會時常因為一些雞毛蒜皮的小事，對下屬發火、生氣。如果是這樣的上司，做為下屬的你就可以像家人對待家長的態度那樣，在小事上不必與其計較，在涉及到原則性的大事上，不可脾氣暴躁，更不能耍小孩子脾氣，一定要態度誠懇地與他協商。

上司還有其他很多種，他們既有特定的思維方式和行為特徵，又有特定的權力和責任。身在職場中，如果想要謀求發展，就必須了解上司們的

想法與做法，了解他們的一言一行，並採取相應的恰當的方式與之相處。

上司也是人，這是沒有任何可以值得懷疑的。他們和我們一樣都是有血有肉、有情有意的人，只是他們比一般的人多了一些權力罷了！上司是有能力、有智慧、有魄力的人，他與一般雇員之間存在著明顯的距離，這種距離主要表現在各自所處的位置不同，思維方式不同，做事的方法和考慮問題的角度不同。因為上司在公司中扮演著舉足輕重的角色，他承擔著更多的責任，處理著各方面的問題等，這一點我們應該認識到。

除此而外，我們也必須認識到，一個真正的上司所具備的不只是一個頭銜，他身在其位並不是一種形式，他要面臨的是工作，即管理事務。上司並不是為了他們的自我成功而存在，在工作中，在面對他們所管理的下屬面前，他們會把自我發展與自己的進步聯繫起來，並把這種管理視為一種挑戰、一種機會、一種需要，和一種責任。

人的一生有三分之一的時間是在工作中度過，在這樣多的時間裏，如果能夠保持輕鬆愉快的心情，那麼在這八小時以外的私人生活裏我們將大大受益。試想當一個人與他的上司關係惡劣，總是經受著憎惡與怨恨心情的折磨，那他的整個生活都將受到這種不良情緒的影響而顯得一團糟。因此，當你身在職場，做為下屬，你應該尊重上司的意見，不管這意見是正確或是錯誤，即使上司的決策是錯誤的，也不要當面反駁，最好的方法是不對此表示任何態度，盡力去做。當你按照上司的意圖去做，結果並不理想，這時你再向上司彙報，讓他知道一切是由於決策失誤而造成的後果，而不是你的工作能力出了問題。

所以，與上司相處，就應該對他的心志願望多加揣摩，這樣之後就可以對他多一分理解，多一點尊重，逐漸消除他對你的戒備，進而才能讓上司信任你、提拔你。

誠懇的價值

很多時候，那看似複雜難解的困境，只需要你有一種「將心比心」的誠懇態度，即可化解僵局。

沃爾‧斯特里特公司的男鞋推銷員去拜訪他的販賣商。在推銷過程中，這位販賣商抱怨道：「知道嗎？最近兩個月，我們定貨的發送情況簡直糟透了。」這一抱怨對於推銷員來說無疑是一個巨大的威脅，推銷談判有陷入僵局的危險。

推銷員的回答很鎮定：「是的，我知道是這樣，不過我可以向您保證，這個問題很快就能得到解決。」他接著又說：「您知道，我們只是個小型鞋廠，所以，幾個月前當生意蕭條並有9萬雙鞋的存貨時，老闆就關閉了工廠。如果您訂的貨不夠多，在工廠重新開工和有新鞋出廠之前，您就可能缺貨。最糟糕的是，老闆發現由於關閉工廠他損失了不少生產能手，這些人都去別處幹活了，所以，在生意好轉之後，他一直難以讓工廠重新運轉。他現在知道了，他過早停工是錯誤的，但我相信我們老闆是不會把現在賺到的錢盤存起來而不投入生產的。」

販賣商笑了，對推銷員說：「我得感謝你，你讓我在這星期頭一次聽到了如此坦率的回答。我的夥計們會告訴你，我們本週一直在與一個購物中心談判租賃櫃檯的事，但他們滿嘴瞎話，使我們厭煩透了。謝謝你給我們帶來了新鮮空氣。」

不消說，這個推銷員正是用他的誠懇態度贏得了客戶的極大信任，結果不但做成了這筆生意，還為以後的長期合作打下了良好的基礎。

這是一個關於行銷的時代，生意的往來越來越信賴於人際關係，人們總是願意同他所熟識和信任的人做買賣。而獲得信任最重要的途徑，就是待人誠懇。在商務談判出現僵局的時候，如果談判者能從談判對手的角度去考慮問題，想人之所想，急人之所急，對談判對手坦誠以待，對方也必然會做出相應的讓步，僵持不下的局面也就隨之消失。談判高手善於用誠懇去征服對手的心，他們將誠懇稱為每次談判的基礎和繼續合作的條件。

由於售出1.5萬輛汽車創造了商品銷售的最高紀錄而被載入金氏紀錄

的喬‧吉拉德，就是一個以誠懇為經商必備條件的精明人。他曾連續15年成為世界上售出汽車最多的人，其中6年平均售出汽車1300輛。

「你只要趕走一個顧客，就等於趕走了潛在的250個顧客。」這是喬的250定律，也是他的座右銘。他認為，在每位顧客的背後，都大約站著250個人，這是與他關係比較親近的人，如同事、鄰居、親戚、朋友等。如果一個推銷員在年初的一個星期裏見到50個人，其中只要有2個顧客對他的態度感到不愉快，到了年底，由於連鎖影響，就可能有500個人不願意和這個推銷員打交道，他們知道一件事：不要跟這位推銷員做生意。由此，喬得出結論：在任何情況下，都不能得罪哪怕是一個顧客。他將250定律牢記在心，時刻控制著自己的情緒，不因顧客的責難，或是不喜歡對方，或是心緒不佳而怠慢了顧客。

喬認為，誠懇是上策，這是推銷員所能遵循的最佳策略。他說：「任何一個頭腦清醒的人，都不會賣給對方一輛6汽缸的車，而告訴對方他買的車有8個汽缸。顧客只要一掀開車蓋，數數配電線，你就死定了。」因此他將誠懇貫穿在自己的整個推銷生涯中，貫穿於每一次生意洽談的始終。

喬說：「不論你推銷的是什麼東西，最有效的辦法就是讓顧客相信──真心相信──你喜歡他、關心他。」如果顧客對你有好感，你成交的希望就增加了。要使顧客相信你喜歡他、關心他，那你就必須了解顧客，蒐集顧客的各種有關資料。這是誠懇待人的基礎。剛開始工作時，喬把蒐集到的顧客的資料寫在紙上，塞進抽屜裏。後來，由於缺乏整理而忘記追蹤某一位顧客，他開始意識到自己動手建立顧客檔案的重要性。他去文具店買了筆記本和小小的卡片夾，把原來寫在紙上的資料全部做成紀錄，建立了他的顧客檔案。

喬的誠懇是非歧視性的，這集中表現在他滿天飛的名片上。許多人都使用名片，但喬的做法與眾不同：他到處遞名片，在餐館就餐付帳時，他把名片夾在帳單中；在運動場上，他將名片大把大把地拋向空中，名片漫天飛舞，飄散到運動場的每一個角落。喬確信，他這樣做，會使人們想要買汽車時，自然會想到那個拋撒名片的推銷員，想起名片上的名字：喬‧

吉拉德。

　　喬的誠懇還表現在他的售後活動上。他有一句名言：「我相信推銷活動真正的開始在於成交之後，而不是之前。」推銷是一個連續的過程，成交既是本次推銷活動的結束，又是下次推銷活動的開始。推銷員在成交之後繼續關心顧客，將會贏得老顧客，又能吸引新顧客，使生意越做越大。喬每月要給他的1萬多名顧客寄去一張賀卡。一月份祝賀新年；二月份紀念華盛頓誕辰日；三月份祝賀聖派翠克日……凡是在喬那裏買了汽車的人，都會收到喬的賀卡。正因為喬沒有忘記自己的顧客，顧客也才不會忘記喬‧吉拉德。

　　喬的誠懇獲得了回報，他也善於去獲取這種回報。在生意成交之後，喬總是把一疊名片和獵犬計畫的說明書交給顧客。說明書告訴顧客，如果他介紹別人來買車，成交之後，他會得到每輛車25美元的酬勞。幾天之後，喬會寄給顧客感謝卡和一疊名片，以後至少每年他都會收到喬的一封附有獵犬計畫的信件，提醒對方承諾仍然有效。如果喬發現顧客是一個領導人物，其他人會聽他的話，那麼喬會更加努力促成交易並設法使他成為「獵犬」。

　　實施獵犬計畫的關鍵是守信用，一定要付給顧客25美元。喬的原則是：寧可錯付50人，也不要漏掉一個該付的人。獵犬計畫使喬的收益很大。1976年，獵犬計畫為喬帶來了150筆生意，約占總交易額的1/3。喬出了1400美元的獵犬費用，收穫了7.5萬美元的傭金。

　　當然，誠懇並非一切直來直去，推銷中允許有善意的謊言。喬對此認識深刻，並且也深諳此道。如顧客和他的太太、兒子一起來看車，喬會對顧客說：「你這小孩真可愛。」而事實上，這個小孩並不屬於可愛的行列，但如果要想賺到錢，絕對需要這麼說。喬善於把握誠懇與奉承的關係，幾句讚美，可以使氣氛變得更愉快，沒有敵意，洽談也就會更順利。

　　喬‧吉拉德的巨大成功使我們更加清楚地了解到：誠懇的態度是一個人走向成功的必由之路，而誠懇的態度卻來自你對他人發自內心的關注與揣情摩意。

ᘓ 處世活用

明察秋毫之末

　　春秋戰國時期是中國歷史上一個革故鼎新的時代，各諸侯國改革家層出不窮，秦國有商鞅，鄭國則有子產。子產以出色的政治改革家身分聞名古今，他創立了按「丘」徵「賦」的制度，鑄「刑書」（即法律條文）於鼎，不毀鄉校，以聽取國人意見，給鄭國帶來了新的氣象。其實除此之外，子產還是一個明察秋毫、見微知著的斷案能手。

　　一天早晨，子產坐著車子出門，在經過一戶人家時，他聽到裏面傳出女人哭泣的聲音。子產忙令車夫把車停下，仔細傾聽這哭聲。車夫聽到哭聲，感歎說：「哎呀，這個婦人的哭聲好淒慘啊，是不是家裏人出了什麼事情了？」子產說：「你進去看一看，到底是怎麼回事。」

　　車夫忙下車，推開門，看見一個婦人正趴在床前不住哭嚎，床上躺著一個男人的屍體，臉是扭曲的，臉色也不正常，口角還有未擦乾淨的血跡，渾身呈現一種青紫色，顯然是被毒死的。那個婦人的哭聲很是淒慘，以至於車夫和其他來看的人也被感染了，都禁不住落下淚來。車夫見婦人傷心，忙勸她不要悲傷，趕快去報官，並向她表示自己的主人子產就是當地的地方官，一定會為她伸冤。

　　婦人聽了車夫的話，哭得更加傷心。她邊哭邊說：「我和我男人一起開了個包子鋪，日子雖然不十分富裕，但是也還過得去，不至於餓肚子。我男人雖然長相不太好，但是勤勞能幹，我們兩個的日子過得挺好。我男人的父母早死，就剩下他和他兄弟，他兄弟小的時候就送給了別人，可是前些日子我那小叔子回來了，說是他養父母已經死了，自己沒有親人了，就回來投靠我們。我們待他很好，讓他在我們的包子鋪幫忙。可是……可是……他竟然……竟然不滿意，嗚嗚……嗚嗚……」那婦人說著又哭得泣不成聲了，車夫忙安慰她。她繼續說道：「我那小叔子嫌我們不給他錢出去喝酒，就和我男人起了爭執，而且吵了好幾次，最後，他竟然拿我們辛辛苦苦存的錢跑了，還在我男人喝的酒裏面下了毒，嗚嗚……嗚嗚……」那婦人越說越傷心，甚至說不下去了。

　　車夫出來向子產報告，把婦人的話重複了一遍，子產只是點了點頭，

並不說話。等回到府中，那婦人前來報官，子產就讓人把她帶到堂前，讓她陳述事情經過。那婦人邊哭邊說地陳述了一遍，一副十分難過的樣子。子產聽完，卻大聲喝道：「大膽刁婦，還敢說謊，毒死你男人的不是別人，就是你！你的小叔子是不是也被你毒死了？」

那婦人被子產的話驚呆了，頓了一下，又連忙大聲說：「大人，冤枉啊，我怎麼會殺死我的丈夫和小叔子呢？請您明察啊！」說完又大哭起來。子產厲聲喝道：「好歹毒的婦人，你若再不說我就大刑伺候！」那婦人聽說要用刑，邊聲大喊：「冤枉啊！冤枉啊！」

子產身邊的侍衛看那婦人好像真的是受委屈的樣子，就對子產說：「大人，您看那婦人哭得那麼傷心，您有什麼根據懷疑那個婦人就是殺人兇手呢？」子產說道：「好吧，我現在就拿出證據，讓你們心服口服。」子產衝著那婦人說：「大膽刁婦，今天早上我經過你家門前時，聽到了你的哭聲，在旁人聽來你是哭得很傷心。可是，我仔細聽了一會，發現你的哭聲中卻帶著非常強烈的恐懼情緒。大凡一個人對其所親所愛的人，見其病而憂，臨其死而懼，其已死而哀。如今，你的丈夫已經死了，你不是悲哀，而是恐懼，這難道是符合常理的嗎？」侍衛們都點頭稱是，那婦人也被說得啞口無言，再也不敢有什麼爭辯，最後只好老實交代了自己的殺人罪行。

中國古語中形容人英明、善於察斷，叫做「明察秋毫之末」。「秋毫之末」是秋天鳥獸新長出的細毛的末端，它比針尖更細微，很多時候事情的本質區別往往存在於秋毫之末，只有眼尖地發現了這些蛛絲馬跡，才有可能發現事情的真相。子產之所以能推斷出兇殺案的真相，正是由於他沒有如同一般人那樣被婦人淒慘的哭聲所蒙蔽，而是發現了她的哭聲中所傳遞出的細微的情緒差異，從而發現端倪，找到了破案的關鍵切入口。

生活中，大多數事物所展現出來的形態往往並不是它最本質的東西，只有善於觀察，揣摩其真實情意，才能抓住本質，從而確定正確的解決之道。

善解人意

通常，男人對自己理想中的妻子都有這樣一種期待：她是一位通情達理、善解人意的「解語花」。善解人意，顧名思義就是體諒人、體貼人、換位思考。其實這並不僅僅只是女性需要具備的一種美德，男性同樣如此，它是人格魅力的一種體現。要做到善解人意，首要的是抱著與人為善的態度去體察人、理解人、諒解人。

《伊索寓言》中有這樣一個故事。一天，太陽與風爭論誰比較強。風說：「當然是我。你看下面那位穿著外套的老人，我打賭，我可以比你更快地叫他脫下外套。」說著，風便用力對著老人吹，希望把老人的外套吹下來，但是它越吹，老人把外套裹得越緊。後來，風吹累了，太陽便從後面走出來，暖洋洋地照在老人身上，沒多久，老人便開始擦汗，並且把外套脫下。結果當然是太陽贏了，最後太陽對風說道：「溫和、友善永遠強過激烈與狂暴。」

伊索是希臘的一個奴隸，他生活的年代比耶穌降生還早600年。伊索教給我們許多有關做人的真理，從太陽與風的這個寓言故事中，我們了解到為了改變別人的意願，溫和、友善和讚賞比咆哮、猛烈攻擊要奏效得多。

生活中我們有時會遇到這樣的情形：對方或許完全錯了，但他自己仍然不以為然。在這種情況下，直接去指責他，那是愚人的做法，我們要做的並不是指責他，而是去了解他。他為什麼會有那樣的想法與行為，其中必有原因，探尋出其中的原因，就能找到解決問題的鑰匙。在這種了解的過程中，你所要做的首先就是將自己放在他的位置上進行換位思考，想想：如果我處在他當時的困難情況下，我將有何感受，有何反應？這樣你就可以省去許多時間煩惱，設身處地的了解對方，理解並體諒他的想法做法，從而真正達到互相了解，這樣才能最終糾正他的錯誤，引導他走向進步。

俗話說：「善心即天堂」。只有懷抱善心的人，才能愛人、欣賞人、寬容人，他們深知，「人」字的結構是互相支撐，只有懂得相互接納，尊重他人的優勢和才華，也寬容他人的脾氣和個性，才能相互合作、相處融洽。對他人，我們應該更多地欣賞他美好的地方，而不是斤斤計較於他的

缺點，或者糾結於他與自己不合拍的地方。當我們不能理解一個人的時候，那就讓我們嘗試著去諒解；實在不能諒解，那就平靜地去接受。有人說：「人生最可貴的當兒便在那一撒手。」善解人意者就很具有這種「放人一馬」的涵養功夫。

缺少善心者，其「責人也重以周」，既很少關注他人的優勢和才華，對他人與自己迥異的脾氣個性更難寬容，總是費盡心思地挖掘他人的缺點與不足，對別人吹毛求疵，不要說諒解他人，連理解都難以做到，他又怎麼會善解人意？

1915年，小洛克菲勒還是科羅拉多州一個不起眼的小人物。當時發生了美國工業史上最激烈的罷工，並且持續達兩年之久。憤怒的礦工們要求科羅拉多燃料鋼鐵公司提高薪水，由於群情激憤，公司的財產遭受破壞，軍隊前來鎮壓，不少罷工工人被射殺。小洛克菲勒當時正負責管理這家公司。當時的情況，可說是民怨沸騰，而小洛克菲勒後來卻贏得了罷工者的信服。他是怎麼做到的呢？

小洛克菲勒花了好幾個星期結交朋友，並找罷工者代表談話。那次的談話可稱之為不朽，他不但平息了眾怒，還贏得了大家的讚賞與信服。談話的內容是這樣的——

這是我一生當中最值得紀念的日子，因為這是我第一次有幸能和這家大公司的員工代表見面，還有公司行政人員和管理人員。我可以告訴你們，我很高興站在這裏，有生之年都不會忘記這次聚會。假如這次聚會提早兩個星期舉行，那麼對你們來說，我只是個陌生人，我也只認得少數幾張面孔。由於上個星期以來，我有機會拜訪附近整個南區礦場的營地，私下和大部分代表交談過。我拜訪過你們的家庭，與你們的家人見過面，因而現在我不算是陌生人，可以說是朋友了。基於這份互助的友誼，我很高興有這個機會和大家討論我們的共同利益。由於這個會議是由資方和勞工代表所組成，承蒙你們的好意，我得以坐在這裏。雖然我並非股東或勞工，但我深感與你們關係密切。從某種意義上說，也代表了資方和勞工。

這是一次十分出色的演講！它可能是化敵為友的一種最佳的藝術表現

形式。假如小洛克菲勒不是以如此平易近人、善解人意的朋友交心式的談話方式，而是採用另一種方法——與礦工們爭得面紅耳赤，甚至用不堪入耳的話責罵他們，或擺出一副義正辭嚴的面孔指出他們的錯誤，用各種理由證明礦工的不是，可以想像結果又會是如何一番景況，相信只會招徠更多的怨憤和暴行。

善解人意，還體現在善於體察他人的心境，給人以及時雨一樣的幫助，讓溫馨、祥和、慰藉來濃化人生，溝通心靈。比如，對窘迫的人講一句解圍的話，對頹喪的人講一句鼓勵的話，對迷途的人講一句提醒的話，對自卑的人講一句振作的話，對苦痛的人講一句安慰的話……人生在世，與人為伍，許多人常歎知己者難求，既然如此，我們就多學著善解他人吧。在你善解他人時，他人也將善解你。如果你對別人指手畫腳，可能只會激起他們的逆反心理，導致事情走向你所希望結果的反面；若是你從對方的立場出發，將他的思路引導到你的思路上來，讓他站到你所搭建的舞臺上，這往往會讓你所思謀的事情獲得成功。

大智若愚，大巧若拙

很多人都有這樣的體驗：一旦見到平時高高在上的人將失敗與弱點暴露在自己面前時，自己對他們的緊張感頓時就會解除，轉而發自內心地想去接納對方。因為平易所以近人，而平凡人總是會有缺點而又不吝被人發現的。因此，在與人相處時，適度的「紆尊降貴，自貶聲譽」是必要的，歷必史上成大事之人多是大智若愚、大巧若拙的人，比如劉備。恃才傲物勢必惹人厭棄，高人一等的態度更加不討人喜歡，只有懂得適時裝瘋賣傻、自曝其短的人才能獲得周圍人的好感與親近。

一次，有位記者去採訪某個大政治家下屬的醜聞真相，這位大政治家明白記者的來意後，把興致勃勃準備開始提問的記者攔住：「時間多的是，慢慢來好了！」然後一屁股重重地坐下。由於這種態度，記者的開場

白便被抑制住了。

一會兒，咖啡送來了。政治家看來像是不敢熱飲的人，剛喝了一口咖啡便大叫起來：「燙死了！」連杯子也被打翻了。待收拾告一段落後，談了不一會兒，政治家又把香煙放顛倒了，他要在過濾嘴上點火。「先生，香煙放反了！」記者不由提醒。結果因為記者的注意，政治家慌慌張張，連煙灰缸也碰倒了。

在傳說中，只要大喝一聲便能令普通國會議員打哆嗦的大政治家，卻意外地在記者面前露出這些笨拙的姿態，這讓記者很快消除了對大政治家戒備的緊張心情，甚至使他產生這樣的感覺：大政治家是個十分親切和平易近人的人。其實，大政治家究竟是否平易近人我們並不能就此判斷，但顯然他的笨拙的姿態迷惑住了記者。

人們在看到眼前的威嚴者的醜態和弱點時，對這個人所抱的緊張感便會消失，相反還會產生接受這人的心理傾向。那麼如果反用這種傾向的話，也可借著故意顯露自己的醜態，使對方疏忽，甚至可能將對方拉攏過來成為自己人。厚黑學認為，運用好「投其所好」的技巧，必要時要「紆尊降貴，自貶聲譽」，這樣可以反襯出對方的高大，由此一來，再想在語言上打動他就不是什麼難事了。這是一種變相的吹捧和恭維，但必須有點「自甘墮落」的精神才可以使用。

有一位在一流企業擔任要職的幹部榮升為經理，在就職講話中他謙虛地對下屬們說：「我一向對數字感到頭痛，所以以後希望大家多多幫忙！」這一句話把為了迎接能幹的經理而戰戰兢兢的下屬們的緊張感一掃而空。結果在後來的工作中，情形卻是這樣：當下屬提出書面報告時，他一眼就看出了差錯，「這地方數字有錯嘛！」他的指正相當重要，最後下屬們都這樣評價他：「經理明明說他什麼都不懂，其實卻是相當不含糊呢！」於是短期內下屬對他的信賴感就增強了。

學生對一位新來的老師感到有些好奇和畏懼，為了消除學生的畏懼感，這位老師故意在課堂上說：「我的字寫得不好看，板書更差，小學時我的書法都不及格，因此我特別害怕在黑板上寫字。」他的話博得學生一

笑，一下子就縮短了師生之間的距離。有時，這位老師還會問學生：「我的領帶漂亮嗎？」學生們在心裏暗暗想：「這老師真有趣，連這些小事都這樣注意，可見他也是個凡人。」於是學生的心情一下子放鬆了，並對老師產生了親切之感，此後這位老師的教學就變得很順利了。

同樣，名教授在演講時在麥克風前故意打個噴嚏，或故意站不穩，表演一些小的失誤，都能緩和原來緊張的氣氛，消除聽眾們對有頭銜的大教授所產生的戒備心。在看到大教授的小小失誤之後，聽眾心裏會想：「同樣都是人，難免做出些不雅的事。」於是一種親切感便會自然而然產生了。

由此可見，為了解除人們的戒備心和緊張感，適當暴露自己的缺點、弱點，是有好處的。厚黑處世者，為了獲取對方的好感，常常會「裝憨賣傻」，即使受到污辱，臉上也絕對看不出一絲一毫的不滿，甚至還裝作滿心歡喜的樣子。李宗吾說：在這種「裝憨賣傻」的背後，其實隱藏著絕頂的聰明。安祿山並不是一個真正有雄才大略的英雄，他的謀逆以慘死結局，但就是這樣一個目光短淺的無賴之徒，竟然把大唐皇帝打得潰退千里，足見「裝憨賣傻」計謀的效力。

人生活在社會中，面對的是紛繁多變的世界，與之打交道的是形形色色的人物，要想立身於世，不得不精明些，但是，精明技巧要因人因地而異，有時候就不能顯得太聰明。人表現得過於精明，過於完美，常常會帶來麻煩，特別

東方朔

是身為下屬，尤其如此。聰明人運用「投其所好媚人心」時，有時要裝作糊塗，並表現出有人格的缺陷，這樣才能保全自己，達到目的。怎樣來表現自己的「不完美」呢？這也要因時而定，因人而定。一般來說，偉大的人都喜歡遲鈍的人，記住這一點是不會錯的。如果上司是一個雄才大略的人，自己太笨，則肯定是不會被重用的；但太聰明又可能犯忌。那麼怎樣確定他到底喜歡什麼？這時不妨聰明一些，但也不可顯得過於精明，只要不「聰明反被聰明誤」就可以了。

《孫子兵法‧始計篇》說「卑而驕之」，意思是對於卑視我方的敵人，則促使其更驕傲。在戰場上，面對危難時，使驕兵必敗的最好策略就是示弱取勝。同時在遇到確實比自己強大的對手時，要懂得示弱。人所共知，山外青山樓外樓，強中更有強中手，世事變幻，三十年河東，三十年河西，任何人都不會永遠處於一個絕對的優勢地位。如果對方的實力明顯強於你，那麼你沒有必要為了面子或意氣而與他競爭。因為一旦硬碰硬，固然也有打敗對方的可能，但毀了自己的可能性卻很大。

在生活中以上這些方法也很有用，無論交友還是尋找合作夥伴，精明外露、咄咄逼人者往往使人畏而遠之，而貌似傻氣的人往往容易引起別人的結交願望，因為與這樣的人打交道使人更放心。能幹的男人一般不喜歡女強人，也是這個道理。聰明人為了使自己不引人注意，不成為出頭鳥，會常常裝點糊塗，尤其是在一些無關大局的事情上，絕不會外露精明使自己成為眾矢之的。古人云：「示弱取勝，其大智也。」大智者，往往若愚。這也正如19世紀英國政治家查士德‧斐爾爵士對他的兒子所說的：「要比別人聰明——如果可能的話，卻不要告訴人家你比他聰明。」

鬼谷子對摩意有這樣的闡述——「用之有道，其道必隱。」這就是說運用摩意術時有一條基本原則，那就是必須在暗中行事而不被人察覺。當我們順著他人的欲望揣摩他的內心世界，他的內心想法就會以相應形式反應出來並為我們所掌握。這時我們要做的不是聰明外露，而是應該隱藏表像、掩飾真情，表現得大智若愚、大巧若拙一點，使別人不知道我們已經從外到內地全面掌握了他，只有這樣才能令其放鬆戒備，然後我們才有可能在毫無阻力的情況下達到目的，而不留下後患。

權篇第九

　　「權」，其本義為秤錘，引伸為衡量、變化。本篇的主旨即是論述如何反覆衡量遊說對象的特點，審時度勢，隨機應變地設置、修飾說辭、辯辭，以達到遊說的目的，是鬼谷子強調的遊說術的核心。

　　作者首先從「說」、「飾言」、「應對」、「成義」、「難言」等說辯中的五種不同情況入手，論述了「佞言」、「諛言」、「平言」、「戚言」、「靜言」等五種說辭的設辭要求和預期目的，強調要善於依據對方的意圖，有選擇地加以使用。接下來提出要充分發揮口、耳、目等器官在說辯中的作用，仔細觀察，謹慎小心，適時遊說；還要注意揚長避短，善於借用別人的優長去克敵制勝。最後，作者分析了說辯中的「病言」、「怨言」、「憂言」、「怒言」、「喜言」等五種忌辭，主張依據遊說對象的不同才智、性格，隨機應變，設置不同的說辭和辯辭，靈活採用不同的遊說態度和技巧。

　　《鬼谷子》是中國先秦時代最有系統性的修辭理論著作，本篇則比較透徹地從遊說角度討論了修辭問題。班固曾經論述道：「縱橫家者流，蓋出於行人之官。孔子曰：『誦《詩》三百，使於四方，不能專對，雖多，亦奚以為？』又曰：『使乎，使乎！』言其當權事制宜，受命而不受辭，此其所長也。及邪人為之，則上詐諼而棄其信。」他交代了縱橫策士們的源出和行人之官的看家本領——「當權事制宜，受命而不受辭」，即隨機應變，隨機變辭。本篇正是縱橫策士們繼承並發揚了「行人之官」權量局勢、隨機變辭的手段，認真研究遊說之術的理論結晶。

一

說者，說之也；說之者，資之也❶。飾言者，假之也❷；假之者，益損也❸。應對者，利辭也❹；利辭者，輕論也❺。成義者，明之也❻；明之者，符驗也❼。難言者，卻論也❽；卻論者，鉤幾也❾。佞言者，諂而干忠❿；諛言者，博而干智⓫；平言者，決而干勇⓬；戚言者，權而干信⓭；靜言者，反而干勝⓮。先意承欲者，諂也⓯；繁稱文辭者，博也；縱舍不疑者，決也⓰；策選進謀者，權也⓱；他分不足以窒非者，反也⓲。

【注釋】

❶ 資：幫助，借助。

❷ 飾言：修飾言辭。假：借，假借。

❸ 益損：增加或減少。

❹ 應對：指回答、回應別人的提問與詰難。利辭：便利、巧辯的言辭。

❺ 輕論：簡潔明快地論說。

❻ 成義：申述某種主張使之合於義理。明之：闡明，使對方明瞭。

❼ 符驗：用事例來加以驗證說明。

❽ 難言：詰難的話語。卻論：反駁、逼退對方的言論。

❾ 鉤幾：善於把握時機引誘對方說出隱祕之事。幾，同「機」。

❿ 佞言：諂佞之言。干：求取，博取。

⓫ 諛言：阿諛逢迎之言。

⓬ 平言：成事之言，平實可靠的言論。平，《爾雅·釋詁》：「成也。」

⓭ 戚言：親近之言。

⓮ 靜言：諍諫之言。靜，通「諍」。

⓯ 意：胸臆，此指別人的心意願望。

⓰ 縱舍：前進或止息。縱，深入。

⓱ 策選進謀：幫君主分析進獻計謀的優劣。

⓲ 他分不足：對方的缺陷。窒非：扼住、抓住對方的缺點、弱點不放。

【譯文】

　　遊說，就是說服別人。說服別人，是為了憑藉其力量做一番事業。修飾說辭、辯辭，必須借助於例證。而借助例證時，必須知道有所取捨和增減，以適合對方心理。應辯回答對方的疑問和詰難，必須讓便利的辭句脫口而出。而便利的辭句，就是簡潔明快地討論問題。申說主張的言辭，必須把義理闡述明白，使對方明瞭我們的本意。而要讓對方明瞭我們的本意，可以用事實來加以驗證說明。詰難的言辭，是為了駁斥對方的言論。而想要駁倒對方，必須善於掌握反詰的時機，引誘對方說出心中隱祕的意圖。（這是說辯的一般常識，下邊我們再來談說辯。）設置諂佞奸巧的說辭，要預先知道對方的難題並出謀劃策以解決它，從而博取忠心耿耿的名聲；阿諛奉迎的說辭，要博採事例來論證對方決策的可行性，從而博取智慧的美名；成就事業即論證自己主張可行的說辭，必須果決，讓對方覺得我們大勇善斷而信服；套近乎的說辭，要善於替對方權衡各種決策的優劣，以取信於對方；諍諫的說辭，要敢於且善於反駁對方，以博取勝利。摸準了對方的心願順著對方的欲望去遊說，就是諂佞；博採事例來做充分的論證，就是博證；進退果敢，該說則說，該止則止，就是決斷；替對方分析各方進獻的策略，就是權衡；抓住對方的說辯缺陷而攻擊對方言辭中的不足，就是善於反詰。

二

　　故口者，幾關也，所以開閉情意也❶。耳目者，心之佐助也，所以窺瞷奸邪❷。故曰：參調而應，利道而動❸。故繁言而不亂，翱翔而不迷，變易而不危者，睹要得理❹。故無目者不可示以五色，無耳者不可告以五音❺。故不可以往者，無所開之也；不可以來者，無所受之也❻。物有不通者，聖人故不事也❼。古人有言曰：「口可以食，不可以言。」言有諱忌也❽；「眾口鑠金。」言有曲故也❾。人之情，出言則欲聽，舉事則欲成❿。是故智者不用其所短，而用愚人之所長；不用其所拙，而用愚人

之所工，故不困也。言其有利者，從其所長也；言其有害者，避其所短也❶。故介蟲之捍也，必以堅厚❷；螫蟲之動也，必以毒螫❸。故禽獸知用其長，而談者亦知其用而用也❹。

【注釋】

❶ 幾關：幾微隱祕之情的關鎖。開閉情意：表達或控制真情實意。

❷ 心：古人以心代指大腦。佐助：輔助。窺：窺探。瞷：間隙。

❸ 參調而應：此指口、耳、目三種器官互相配合，協同工作。參，同「三」，指心、眼、耳三器官。利道：向有利於自己的方面引導。道，同「導」。

❹ 繁言：繁稱言辭，指用各種言辭從各方面進行論說。翱翔：飛鳥盤旋。此指說辯中忽東忽西，多方論說。變易：多次改換說辭。危：俞樾曰：「讀為〈詭〉。……言變易而不詭譎也。」睹要得理：觀測中抓住了要點，說辯中掌握了法則。

❺ 五色：青、赤、白、黑、黃五種顏色，這裏泛指各種外界事物。五音：宮、商、角、徵、羽五種音階，這裏泛指各種聲音。

❻ 不可以往：不值得前去（遊說）。開：開啟，開導。不可以來：不能使人前來（遊說）。受：接受。

❼ 通：通達，通竅。不事：不從事，不理會。

❽ 諱忌：避諱，指不能說、不敢說或不願意說的話。

❾ 眾口爍金：語出《國語·周語下》：「故諺曰：〈眾心成城，眾口鑠金。〉」韋昭注：「鑠，銷也。眾口所毀，雖金石猶可銷也。」指輿論威力大。曲故：因私心而故意歪曲事實真相。

❿ 欲聽：想要讓人接納、聽從。

⓫ 言其有利：討論怎樣對自己有利。害：此指避害。

⓬ 介蟲：帶有甲殼的動物。介，甲。捍：衛。堅厚：此指厚甲堅殼。

⓭ 螫蟲：指能用毒針來刺人的動物。螫，蜇。

⓮ 知其用：知道自己可以發揮的長處。

【譯文】

　　所以說，口是一個機關，是用來傾吐或遮蔽內心情意的。耳朵和眼睛，是大腦思維的輔助器官，能夠用以窺探事物的矛盾，發現奸邪的人或事。所以說，應該把這三者調動起來，互相配合，互相呼應，以引導說辯局勢朝著有利於自己的方面發展。因此，我們繁稱言辭而思路不亂，一會兒東一會兒西地說辯也能不迷失主旨，變換說辯手段但並非詭譎難知，其關鍵就在於抓住了對方問題的要害，在說辯中掌握了既定原則。而對沒有視力的人不可能顯示給他外界的各種事物，對沒有聽力的人無法讓他聽到外界的各種聲音。因此，像這樣的人主，是不值得我們前去遊說的，他或者思想很閉塞，所以無法開導；或者心胸狹隘，無法接受我們的意見。像這般不能通竅的人和事，就是那些聖智之士也不去理會。古人常說：「嘴巴可以用來吃飯，卻不能用來亂說話。」這是說，話語往往會觸犯忌諱。「眾口一辭，連金屬都可以被熔化掉。」這是因為人們說話往往由於私心而歪曲真相。人之常情是，說出話來總希望別人聽從，做一件事就盼望能夠取得成功。因此，聰明人絕不使用自己的短處，而去利用愚蠢者的長處；不使用自己不擅長之處，而去利用愚蠢者的工巧之處，這樣，他就不會陷於困境，做起事來永遠順利。我們常討論怎樣做對自己有利，就是要發揮自己的長處；討論怎樣才能避害，就是要避開自己的短處。所以，那些有甲殼的動物保護自己，一定憑藉自己堅厚的甲殼；那些有毒刺的動物進攻別人，一定是發揮自己毒刺的威力。可見，連禽獸都懂得利用自己的長處，我們遊說策士就更應該懂得如何使用自己該使用的優長了。

三

　　故曰辭言有五：曰病，曰怨，曰憂，曰怒，曰喜❶。病者，感衰氣而不神也❷；怨者，腸絕而無主也❸；憂者，閉塞而不泄也❹；怒者，妄動而不治也❺；喜者，宣散而無要也❻。此五者，精則用之，利則行之❼。故與智者言，依於博❽；與拙者言，依於辨❾；與辨者言，依於要❿；與

貴者言，依於勢❶；與富者言，依於高❷；與貧者言，依於利；與賤者言，依於謙；與勇者言，依於敢；與過者言，依於銳❸。此其術也，而人常反之。是故與智者言，將以此明之；與不智者言，將以此教之，而甚難為也。故言多類，事多變❹。故終日言不失其類，而事不亂❺；終日不變而不失其主，故智貴不妄❻。聽貴聰，智貴明，辭貴奇❼。

【注釋】

❶ 辭言：不被接受之言。辭，這裏是卻、拒絕之意。

❷ 衰氣：氣息衰弱，精神恍惚。

❸ 腸絕：形容極端悲痛。無主：沒有主見。

❹ 閉塞：此指精神抑鬱，情思不通。泄：此指暢達。

❺ 不治：指沒有條理。

❻ 要：扼要，有要點。

❼ 精：精通。利：有利。

❽ 依：憑藉。博：淵博，博聞多識。

❾ 辨：辨同異而使之條理化。

❿ 要：簡要，要領。

⓫ 勢：氣勢。

⓬ 高：通「豪」，豪氣。富者驕人，故以豪氣待之。

⓭ 銳：尖銳，銳利。此指一竿子插到底，明言利害。

⓮ 類：類別。

⓯ 不失其類：不偏離某類言辭的原則。事不亂：論事有條不紊。

⓰ 主：主旨，主題，基本主張。貴不妄：以不妄動、不混亂為可貴。

⓱ 聰：聽得真切。明：明白通達。奇：新奇巧妙。

【譯文】

所以說，說辯中的忌辭有五種，即病言、怨言、憂言、怒言、喜言。病言，就像病人氣力不足那樣說話沒精神。怨言，就像人傷心到極點而沒有主見。憂言，就像人心情鬱結，愁思不通那樣不暢達。怒言，就像人怒

火攻心胡亂發洩那樣沒有條理。喜言，就像人得意忘形、盡情訴說、不知所為那樣散漫而沒有要點。這五種言辭，要精通了才能適當應用，在情況有利時才能實行。一般說來，遊說有智識的人，要靠博識多見的言辭；遊說笨拙的人，要靠條理明辨的言辭；遊說明辨事理的人，要簡明扼要；遊說高貴的人，要有充沛的氣勢；遊說富人，要靠我們談話時豪氣沖天；遊說貧窮的人，要講究實際利益；遊說地位卑賤的人，要注意態度謙恭；遊說勇士，要果敢決斷；遊說有過失的人，要直率尖銳，把利害講得明明白白。這就是遊說的技巧。但是，人們常常違背它，反其道而行之。他們跟聰明人交談時，就用這些技巧去啟發他，跟蠢笨者談話時卻用這些方法去反覆教導他，這就很難達到遊說目的了。由此而觀之，說辭、辯辭有多種類型，事端也在瞬息萬變。整日說辯但不偏離各種言辭的原則，議論事件就會有條不紊。言語整天都隨著事物變化，卻能不失掉主旨，就在於智慧鎮靜不亂，這是很可貴的。耳朵聽事貴在聽得真切，頭腦思考貴在明辨通達，說辭、辯辭貴在新奇巧妙。

❰以史為鑑❱

解縉取悅朱元璋

朱元璋本為濠州鍾離人，他出身低微，家境貧寒，自幼在皇覺寺出家為僧，後來憑著時代的風雲際會以及自己的奮鬥，終於當上了皇帝。

有一天，朱元璋忽然心血來潮，要去皇覺寺參習。原來他幼年在皇覺寺做僧人時，曾信口做過幾首打油詩，便想去看看是否還寫在牆上，以重溫舊夢，重新體驗一下當年的感受。大才子解縉是當時文淵閣的侍讀大學士，其人文采風流，妙語如珠，所以這樣應景的事當然少不了要他陪王伴駕。

皇覺寺的方丈聽說當年的小沙彌已鯉魚跳龍門成了當今的聖上，而且還要光臨本寺，自然是誠惶誠恐，高興萬分，便趕緊吩咐下去，把寺廟裏裏外外打掃得乾乾淨淨，一塵不染，光可鑒人。這之後，才敢開門親自迎接聖駕。

朱元璋進了門也不說話，只是四處尋找當年所題之詩，但怎麼也找不到，就嚴肅地問方丈：「當年我題在寺院牆上的那些詩，現在怎麼一首也找不到了？」

方丈一聽，頓時嚇傻了眼，這才領會過來皇上之所以千里迢迢臨幸小廟，竟然是為了這個。可原來的題詩早已被擦洗乾淨了，但此刻又不能如實地回稟，急得他只知用手在空中四下瞎比手畫腳，卻說不出話來。還一個勁兒地用眼睛瞅解縉，希望他能夠幫自己擺脫窘境。

解縉和老和尚原本就是一對文友，空閒之餘常在一起吟詩作對，現在方丈有難，自然要幫他一把了。

解縉見朱元璋一臉茫然的樣子，就急忙出來打圓場：「陛下，方丈一見聖上的龍顏，就神情緊張，急得連話也說不出來了，他用手比畫是在作詩呢，聖上一下子不適應吧？」

「什麼，還有這等本事？」朱元璋頓時來了興致，「那他到底在比畫些什麼呀？你說給我聽聽。」

朱元璋

解縉隨口吟道：「聖上題詩不敢留……」

朱元璋攔住話頭驚問道：「為什麼？」

「詩題壁上鬼神愁。」

朱元璋一聽自己的詩有這麼大的威力，心中暗自得意，就揮揮手說：「那就擦掉得了。」

「掬來法水輕輕洗……」

「難道一點痕跡也沒留下嗎？」朱元璋似乎還是有點不甘心，仍然對當年自己的題詩念念不忘。

解縉不慌不忙地說：

「猶有龍光照斗牛。」

這番話說得朱元璋開懷大笑，即使知道解縉這是在奉承自己，也就作罷，不再追究什麼了。

還有一次，解縉陪朱元璋在御花園的池塘裏釣魚。解縉一向對垂釣很在行，一會兒工夫就釣了半簍。而朱元璋是戎馬出身，釣魚沉不住氣，頻頻拉鉤看有沒有魚。結果半天過去了，卻連半條魚也沒能釣著。

朱元璋看著解縉那邊左一條右一條，玩得不亦樂乎，當下就來氣了，便把釣竿一甩，起身就走。

解縉一看這下可壞了，這萬歲爺一旦動了怒，可不是鬧著玩的，所謂「伴君如伴虎」，要是把皇上惹惱了，自己可就是惹火上身了。為了平息皇上的不平之氣，他就對著朱元璋的背影輕鬆優閒地吟了一首打油詩：

> 數尺絲綸落水中，
>
> 金鉤一拋影無蹤。
>
> 凡魚不敢朝天子，
>
> 萬歲君王只釣龍。

朱元璋一聽，頓時一腔怒氣全跑到爪哇國去了，還連連誇讚解縉是一個奇才。

面對如狼似虎、喜怒無常的皇帝老兒，解縉運用的就是「諛言」，只不過他還善於在這「諛言」上包裹一件高雅、自然的外衣，從而在「私自塗掉皇上筆跡」和「釣技遠在皇帝之上」兩件事上，以爐火純青的「拍馬屁」法，舉重若輕，將這兩道難題立竿見影地給化解了。這足以表明他靈活機智、文思敏捷，善於把握進獻「諛言」的時機與方式，才得以讓朱元璋每一次都能轉怒為喜，這不可不說是運用「諛言」的高境界。

子貢見人說法變五國命運

見人說法，本是佛教用語，意思是要佛教徒見了人就要講解佛教的法術。此處我們借來說明遊說者在遊說他人時，要視對方的情況而採取行之

有效的遊說方法。故鬼谷子有言：「與智者言，依於博；與拙者言，依於辨；與辨者言，依於要；與貴者言，依於勢；與富者言，依於高；與貧者言，依於利；與賤者言，依於謙；與勇者言，依於敢；與過者言，依於銳。」確實是對遊說中語言技巧的經典總結。

春秋時，田常擔任齊國司尉（武裝部隊總司令），一朝大權在握，便想犯上作亂。但又顧慮到本國的高固、國佑、鮑叔牙、晏嬰等幾位大臣反對，於是，他想了一個計策，調動全國的武裝力量去攻伐弱小的魯國，打算在戰爭中相機行事。

年邁的孔子得知此事後，便著急地對他的弟子們說：「魯國是咱們的故土，那裏還有咱們的父老鄉親，現在齊國要征伐我國，你們為什麼不為國效勞，出面制止呢？」眾弟子聞言，便紛紛要求前往，先是子路，後是子張、子石，孔子都沒有同意。最後子貢要求前往，孔子便答應了。

子貢，姓端木，名賜，子貢為其字，是衛國人。他博聞淵識，很有辯才，還擅長做生意，家財萬貫。孔子深知他有縱橫捭闔之才能，必可不辱使命，才把拯救魯國的重任託付於他。

子貢先到了齊國，請求拜見田常。田常聽說孔子的高足要來求見，便准許入見。子貢一見田常，便叩拜進言：「司尉啊，您要征伐魯國，實在是犯了一個大錯誤！魯國哪裡是齊國的對手？魯國的城牆低矮而不牢固，魯國的土地狹小而不豐腴，魯國的國君愚蠢至極而不仁義，魯國

孔子講學圖

的大臣個個都自私而無用,魯國的軍民又都厭惡用兵打仗,這樣的國家和軍隊是不堪一擊的,您打它又有什麼意義?依我看,您還不如去攻伐吳國。吳國恰巧與魯國相反,吳國的城牆高大而牢固,吳國的土地寬廣而肥沃,吳國的國君明智而講仁義,吳國的大臣個個忠心耿耿又大有用處,吳國的將士都是經過精心挑選而又受過嚴格訓練的,這樣的國家才值得您去攻伐並且勝利後大有意義。」

田常一聽,臉色大變,憤怒地說:「先生,你不是弄糊塗了吧?你認為困難的,在一般人看來是容易的;而你認為容易的,在一般人看來是困難的。你這樣勸告本官,該不是別有用心吧?」

子貢臉不變色心不跳,不慌不忙地接著說道:「將軍請息怒,請聽我為您仔細道來。我聽說一句名言──『國內有憂患的時候,要去攻打強國;國外有憂患的時候,要去攻打弱國。』現在您如果想通過攻打弱小的魯國來擴大齊國的疆域,當然容易獲勝。然而,『戰勝以驕主,破國以尊臣』,打了勝仗之後的齊王一定會更加驕傲,而攻城掠地之後的大臣也必然會自以為是,這對首立戰功的您會有什麼好處呢?您不僅不能因為有了戰功而封爵加祿,反而會日益與齊王疏遠。您上使齊王驕橫,下使群臣放肆,那麼,想要成就大事就困難了。因為齊王驕傲就會放縱不羈,群臣驕傲就會互相爭鬥。這樣,您上與齊王有矛盾,下與群臣有摩擦,那麼,您在齊國的地位不就岌岌可危了嗎?所以我建議您不如去討伐吳國,因為吳國難以取勝,讓將士們大批戰死在疆場上,讓朝廷的大臣們紛紛奔赴前線。這樣,朝中沒有強臣與您抗衡,國內沒有下臣指責您的過錯,到那時,能夠制伏齊王而控制齊國的,除了您以外,還會有誰呢?」

田常一聽,恍然大悟,連聲叫好。但他又擔心地說:「可是,本官已放出風聲派兵到魯國去,如果離開魯國轉而去進攻吳國,難免會引起大臣們的懷疑。先生您看如何是好?」子貢說:「這有什麼難的呢!您現在先命令將士們原地待命,我馬上去見吳王,讓他派兵來救魯國,這樣,您再讓齊軍前去迎戰。」田常同意了。

子貢來到南邊的吳國,對吳王說:「臣聽說:『王者有德行而不絕後

於世，霸者有威嚴而不會遇強敵。」『兩邊各有千鈞的重量，但只要在一邊加上一銖的重量，秤桿就會向那一邊偏移。』現在力量強大的齊國，卻要奪取弱小的魯國，之後一定是與強大的吳國爭霸，臣私下為大王您擔憂啊！如果您能派兵去救魯國，那麼既可以借此扶助弱小的友好鄰國，又可以打敗殘暴的齊國，還可以懾服強大的晉國，還有什麼比這更好的利益嗎？您這樣做，名義是去救即將滅亡的魯國，實際上是削弱強大的齊國，使您在稱霸的道路上又少了一個強大的障礙。想必聰明的大王您對此是不會有什麼懷疑的吧！」

吳王說：「您的主意倒是不壞。只是寡人曾經和越王打過仗，並在會稽滅掉了越國，現在越國上下正在加緊訓練軍隊，有向寡人報復之意圖。等寡人討伐了越國以後，再按照先生您的意思去做吧！」

子貢又繼續勸道：「越國的力量不如魯國，強盛也不如齊國。大王您如果坐視齊國去進攻魯國而不救，那麼，等您打敗越國時，齊國已經把魯國給吞併了。況且您現在正好可以用救援弱國來樹立名聲，如果您進攻弱小的越國而畏懼強大的齊國，那就稱不上勇敢。勇敢的人從不迴避困難，仁義的人從不放棄盟約，聰明的人從不失掉時機。現在大王您暫時不進攻弱小的越國，可以向天下的諸侯顯示您的仁義；而為了拯救弱小的魯國去攻伐齊國，還可以威脅強大的晉國，這樣，諸侯就會相繼來朝拜大王您，您的霸業由此就可以成功了！不過，話又說回來了，如果大王您擔心越國威脅的話，臣請求到東邊面見越王，讓他派兵跟隨大王出征；這樣做實際上是挖空了越國的兵力，而名義上卻是追隨諸侯討伐不義的齊國了。」吳王一聽此話，非常高興，馬上便派子貢到越國去。

越王聽說子貢到來，立即派人清掃道路，並到郊外迎接子貢進城，還親自護送他到國賓館下榻，然後問他：「咱們這裏是蠻夷小國，大人為什麼紆尊光臨呀？」子貢客氣道：「大王過謙了！事情是這樣：現在魯國遭到齊國的進攻，在下奉孔子之命前來求救。在下已說服吳王去討伐齊國而拯救魯國，但他似乎有點擔心貴國的報復，聲稱：『等寡人打敗了越國再去救魯國。』看來，他攻伐越國是必然的了。再說，一個人如果沒有報復

別人之心而被別人懷疑，這是很愚蠢的；如果想報復別人而不小心讓人知道了，這是太大意了；如果事情還沒進行，卻先將風聲透漏了出去，那就危險了。這三種情況都是辦大事的禍患哪！」

越王勾踐跪在地上向子貢拜了兩拜，叩謝說道：「太感謝先生的指教了。寡人曾經自不量力，與吳王打仗，結果在會稽導致全軍覆滅。今天想起來還悔恨不已。現在寡人每天食不飽腹，寢不安寧，恨不能與吳王先戰而後死，這樣了結寡人平生之志願。」於是再向子貢求教。

子貢向越王分析說：「吳王這個人，為人兇狠殘暴，群臣都不堪忍受，國家也因為他連年發動戰爭而窮困凋敝，士兵們也極為不滿，百姓們也怨恨朝廷；而朝中奸臣當政。如果大王您現在真的派兵去幫助他攻打齊國，可以消除他的疑慮；那麼，他一定會放過貴國而去征討齊國。如果他打敗了，那是大王的福分，因為不用您動手，就達到了滅掉吳國的目的；如果他打勝了，那他一定會繼續同晉國爭霸，在下馬上去拜見晉王，請他協助大王您一齊討伐吳國，這樣，就一定能打敗吳王，實現您的夢想。」越王也非常高興，同意按照他的計策行事。同時贈送給子貢一百鎰（每鎰等於二十兩）黃金、一把寶劍、兩支長矛。子貢婉言謝絕，辭別越王又轉回到了吳國。

他再次拜見了吳王，並向吳王彙報說：「臣已恭恭敬敬地將大王的話轉告了越王，越王顯得十分害怕，說：『鄙人十分不幸，很小時就失去了父親，長大了又自不量力，得罪了吳王，導致越國的軍隊大敗，自己甘受其辱，棲身於會稽，國家也淪為廢墟荒原，幸而得到吳王的恩賜，才使鄙人沒有最後失去宗廟社稷而有供奉祖先之地。大王的恩德，鄙人至死也都難以忘懷，哪裡還敢圖謀不軌呢？』」吳王聽後，沉默不語。

過了幾天，越王派大夫文種前來叩見吳王，文種拜謝說：「東海役臣勾踐的使者文種，拜見大王，並問候各位大臣！現在聽說大王要復興大義，誅強救弱，征伐強暴的齊國，以安撫周天子的宗室，勾踐請求帶領敝國的三千名士兵，跟隨大王出征。勾踐本人願意親自披堅執銳，作為先鋒，首先迎受敵人的箭矢彈丸，所以，特派賤臣文種，向大王獻上祖先珍

藏的盔甲二十領，還有罕見的屈盧鐵矛和步光寶劍，作為大王的軍需之用。」吳王大喜，便將情況告訴了子貢，說：「越王準備親自跟隨寡人去進攻齊國，先生您認為可以嗎？」子貢說：「不可以！大王您帶走了越王的全部士兵，使越國成為了一個沒有戰鬥力的空國，還要讓人家的君王跟隨您去作戰，這是不仁義的。您可以接受他進貢的禮物，同意他的軍隊隨您出征，但應該謝絕越王跟隨您作戰。」吳王一聽，此話也有道理，便謝絕了越王的請求，集合全國九郡的大軍前去攻伐齊國。

　　子貢見吳國的軍隊已出發，便馬不停蹄地離開了吳國來到了晉國。他拜見了晉國君王，說：「臣聽說：『一個君王如果事先沒有周全的考慮，就無法應付突然的事變；如果事先沒有仔細分析彼此的軍事形勢，就不可能戰勝敵人。』現在吳國即將要與齊國打仗，如果齊國打敗了吳國，越國必然會隨之大亂；但如果吳國打敗了齊國，吳國的下一個戰略目標就是晉國了。」晉君聽了很害怕，便請教子貢：「先生認為應該如何對付？」子貢說：「大王可以修造武器，休養士卒，加強戒備，做好同吳國打仗的準備。」晉王深表認同，子貢這才離開晉國，回到了魯國。

　　結果，吳軍和齊軍在艾陵交戰，齊軍大敗，吳軍俘獲了齊軍七個將軍率領的士卒。但吳王並不收兵，又去進攻晉國。吳、晉兩軍在黃池相遇，隨即交戰，晉軍勇猛攻擊，吳軍大敗。越王聽說後，立刻渡江襲擊了吳國。吳王接到戰報後，馬上率師返回吳國，吳軍與越軍在五湖相遇，打了三仗，吳軍都遭到失敗。吳都城門最後失守，越軍包圍了吳王的宮殿，殺了吳王夫差和太宰嚭。越國滅亡吳國三年後，在諸侯中稱霸了三年。

　　所以，子貢此次出使四國，既保全了魯國，搞亂了齊國，又滅掉了吳國，鞏固了晉國，最後使越國稱霸一時，改變了五個國家的命運，而他所憑藉的只是自己一張利口，其手段不外乎以名利誘之。難怪子猶先生稱讚曰：子貢先生「真是縱橫之祖，全不似聖賢之風」。

莊子論劍諫文王

戰國時期，趙惠文王（西元前298~前266年在位）有一段時間非常喜好劍術，甚至到了癡迷的地步。他的王宮內供養有300多名劍客，晝夜在他面前表演擊劍。一年下來，劍客死傷的就有100多人。

樂在其中的趙惠文王並沒有認識到自己的這些過錯，依舊命令劍客相互爭鬥，以取悅自己。又過了數年，劍客的死傷更是不計其數。

同時，由於趙惠文王沉迷於劍術，荒廢了國事，眼見趙國一天天衰落了下來。

其他的諸侯國見到趙國的衰落，覺得有隙可乘，便都想落井下石，乘機吞併它。

太子悝看到自己的國家淪落到如此地步，便召集左右的人宣布：「有誰能夠說服國王，使他停止觀看擊劍，我便賞賜他千金。」

左右親信卻異口同聲地對太子悝說：「莊子可以使國王命令劍客停止擊劍。」

太子悝久聞莊子之名，又見左右一致推薦莊子，可謂英雄所見略同，便立即派人帶著千金去請莊子。

莊子辭金不受，和使者一起來到趙國。

太子喜不自省，親自出門迎接，以上賓之禮接待他。

莊子對太子說：「太子有什麼事指教於我呢？」

太子回答說：「聽說先生睿智聰明，才奉送千金。先生卻不肯接受，我怎麼敢有勞您呢？」

莊子說：「聽說太子請我的目的，就是想讓我勸國王放棄他的喜好。假使我向上勸諫大王，違背了大王，不能成功，下又不能迎合太子的旨意，就會被處死，那麼要千金有什麼用呢？如果我上能說服大王，下能迎合太子，那時我要求什麼，還有什麼不能得到呢？」

太子見莊子這麼說，也就不再提起奉送千金的事了。於是便對莊子說：「大王所接見的，都是劍客，您怎麼才能夠見到大王呢？」

莊子回答道：「我扮作劍客就可以了，因為我也會用劍。」

太子說：「國王所接見的劍客，都是帽子低垂，冠纓粗實，蓬頭垢面，穿著短小的衣服，怒目圓睜，出口相互謾罵，這樣國王才喜歡。如果您穿著一身儒服去見國王，恐怕不太妥當吧！」

莊子便對太子說：「那就請您準備好劍客的服裝。」

太子準備好服裝，莊子穿上後，便同太子一起去宮內見惠文王。

莊子昂首挺胸，走進殿門，見到惠文王並不下拜。

惠文王問道：「你有什麼話可以指教我？」

莊子說：「我聽說大王喜歡劍客，所以以劍術來與大王切磋。」

惠文王說：「你的劍法有何獨到之處，怎樣能夠制伏對手？」

莊子說：「我的劍法，十步以內便可擊敗對手，橫行千里不會受到阻攔。」

惠文王聽了，高興地說：「這麼說來，你是天下無敵了。」

莊子說：「用劍的方法應先示以虛空，給人以可乘之機，而後搶先出手，制伏對方。請大王允許我試一試。」

惠文王說：「先請先生到館舍休息，等我安排好擊劍比賽，再來請先生。」

隔天，惠文王讓選出的劍客持劍侍立於殿下，再派人請來莊子。

莊周夢蝶

惠文王對莊子說：「今天準備請你和劍客對劍。」

莊子回答說：「我已經盼望很久了。」

惠文王問道：「先生所用何劍？長短怎麼樣？」

莊子說：「我長劍、短劍都可以用。我有三種劍，任憑大王選用，請大王聽我說完，然後再試劍也不遲。」

惠文王說道：「那就先介紹一下你的三種劍吧！」

莊子回答說：「我的三種劍，乃是天子之劍、諸侯之劍、庶人之劍。」

惠文王聽了，好奇地問道：「天子之劍是怎麼回事？」

莊子說：「天子之劍，以燕國的燕羚石城作為劍端，齊國的泰山作為劍刃，晉國、衛國作為劍背，周朝、宋國作為劍口，韓國、魏國作為劍把；以四夷包裹，以四時相圍，以渤海環繞，以恒山為繫帶，以五行相制，以刑德來判斷，以陰陽為開合，以春夏來扶持，以秋冬來運作。這種劍，直之無前，舉之無上，案之無下，上可決斷浮雲，下可絕斷地維。這種劍一旦使用，便可以匡正諸侯，降服天下，這就是天子之劍。」

惠文王聽了，茫然若失，神情呆滯，過了一會兒才問道：「諸侯之劍，是怎麼回事？」

莊子說：「諸侯之劍，以智勇之士作為劍端，以清廉之士作為劍刃，以賢良之士作為劍背，以忠賢之士作為劍口，以豪傑之士作為劍把。這種劍，直之亦無前，舉之亦無上，案之亦無下，運之亦無旁，上效圓天以順應日、月、星三光，下效方地以順四時，中央和睦民意以安頓四鄉。此劍一用，如雷霆般震撼四方，四境之內，無不臣服而聽奉於王命，這就是諸侯之劍。」

惠文王聽了，又沉思了良久，接著問道：「那麼庶人之劍，又是怎麼回事？」

莊子回答說：「庶人之劍，低垂帽子，冠纓粗實，蓬頭垢面，穿著短小的上衣，怒目相視，相互謾罵。然後，你來我往，爭鬥不已，上斬頸項，下刺肝肺。這就是庶人之劍，就與鬥雞相似，一旦喪命，對國家沒有任何好處。如今，大王擁有天子之位，卻偏偏喜好庶人之劍，連我都替大

王感到不值得。」

惠文王聽罷，恍然大悟，親自牽著莊子的手步入殿堂，向莊子表示敬意。莊子對惠文王說：「大王請休息吧，關於三種劍我已經說完了。」

於是，從此以後，趙惠文王再也沒有觀看過鬥劍。

莊子在此用到了「與智者言，依於博」和「與過者言，依於銳」兩套言辭。趙惠文王並不是一個昏君，只是一時玩物喪志而已，所以他能夠從莊子的話中聽出三種劍各自的內涵是什麼。當他明白話中另有乾坤後，便毅然決然地放棄了曾經喜好迷戀的東西，重新理政，實在難能可貴。當然，這與莊子博學多識、洞悉萬象的能力以及循循善誘、言有盡而意無窮的口才是分不開的。

魯仲連義不帝秦

李白　靜夜思

唐代大詩人李白，頂著「詩仙」的盛譽，卻不止一次地坦言自己追慕的理想人格是魯仲連，那麼這個魯仲連到底是何方神聖，竟讓一代奇才嚮往若此呢？在《戰國策‧趙策三》中，有「魯仲連義不帝秦」的故事，從中我們可以窺一斑而見全豹。

當時，秦國圍攻趙國的首都邯鄲。趙國在「長平之戰」中被秦國坑殺了40萬精銳士兵，無力抵

抗，只好向魏國求救；魏國卻害怕秦國，不僅不發救兵，而且派將軍辛垣衍到邯鄲做說客，勸趙國屈服，尊奉秦國為帝。趙國當政大臣平原君一籌莫展，形勢十分危急。

而齊國的高士魯仲連恰好在邯鄲。他於是挺身而出，首先去遊說平原君，問平原君怎麼辦？平原君說自己也沒有任何應付的辦法。魯仲連就說：「我原來認為您是天下的賢能公子，現在才知道您也不是天下的賢能公子。辛垣衍在哪裡？我請求為您數落他，打發他離開。」

魯仲連見了辛垣衍之後，首先一言不發，辛垣衍只好先開口問道：「先生並不有求於平原君，為什麼住在這座危險的城裏而不離開呢？」魯仲連這才開口說話：「秦國是一個拋棄禮義而崇尚在戰爭中殺人的國家。它若是稱了帝統治了天下，我寧願跳進東海自殺，也不會當秦國的像奴隸一樣的百姓。我之所以留在這裏，是為了幫助趙國。」辛垣衍說：「那您打算如何幫助趙國呢？」魯仲連說：「齊國、楚國本來就會幫助趙國，我還要使魏國、燕國也來幫助。」辛垣衍說：「燕國且不說，我就是魏國人，先生怎麼能夠使魏國幫助趙國呢？」魯仲連說：「魏國不懂得秦國稱帝的危害，所以才按兵不動；只要懂了，就一定會幫助趙國抵抗秦國。秦國稱了帝，就會向魏國不斷索取，頤指氣使。」辛垣衍聽了無奈地說道：「您看到十個僕人侍奉一個主人的情況嗎？並不是僕人們的力量趕不上主人，而是害怕主人的緣故。」

魯仲連馬上說：「看來，魏國是把自己當作秦國的僕人了。那麼，我將要叫秦王把魏王烹煮掉或者剁成肉漿。」辛垣衍聞言很不高興地說：「先生說話太過分了！」魯仲連說：「鬼侯、鄂侯、周文王曾擔任紂王的三公。鬼侯把女兒獻給紂王，紂王認為她不美，就把鬼侯剁成肉醬；鄂侯極力勸阻，也被做成乾肉；文王為此歎氣，就被囚禁起來。魏國與秦國都是有萬輛兵車的大國，為什麼看到秦國打了一次勝仗，就屈服而稱臣呢？魏國一旦稱臣，秦國就會加強控制，派親信擔任魏國的大臣，派女子進入魏國的王宮。魏王還能夠安全嗎？將軍您還能保持目前的地位嗎？」辛垣衍終於表示佩服，離開了邯鄲。

秦軍聽到這個消息，馬上後撤了五十里。接著，魏國信陵君帶兵救

趙，解了邯鄲之圍。平原君擺宴慶賀，並且要封給魯仲連爵位，被他拒絕；贈送千金，又被他拒絕。魯仲連說：「為人排除患難而不求什麼私利，這才是士的可貴之處。不然，就成了惟利是圖的商人。」

魯仲連遊說平原君，體現了「與貴者言，依於勢；與富者言，依於高」的原則；而他遊說辛垣衍，則語言尖銳，步步進逼，表現出「與過者言，依於銳」的特點。這可以說是遊說策士們針對不同對象，而合理展開不同方法進行遊說的經典例證之一。

☙ 商界活用

「玩具王國」巧借「外腦」

「香港環球玩具集團」之所以能從一個小作坊，發展到如今的跨國大公司，與集團主席葉仲午推行的獨特戰略是分不開的。

葉仲午在創業時僅有資本一萬美元，那還是20世紀60年代中期的事了。靠著這點錢，他租借了14架縫紉機，僱用了十幾個人，縫製洋娃娃小襯衫。那時只根據客戶的訂貨單生產，一手交貨，一手取款，周轉迅速順利，到第一年年底就積累了20萬美元。兩年後，葉仲午成立了環球機制有限公司，開始製造鋅合金玩具。接著又在臺灣設立東圓木業有限公司，製造木製玩具，後來又開發了塑膠玩具產品。這是環球發展的第一階段。

葉仲午的玩具事業能夠順利發展，是因為他能認真研究兒童的心理和生理，不斷開拓富有時代氣息的新潮玩具。同時，他又將安全放在第一位。為了確保兒童身心健康，他不惜工本，在廠裏設立安全檢測站，按國際玩具安全標準對玩具進行嚴格的安全測試。由於「環球」的玩具安全可靠，從未出過事，所以深受兒童和家長的信任。

「環球」發展的第二階段是向國際市場進軍。在這一階段，葉仲午最了不起的壯舉是收購英國「火柴盒」玩具公司。這家公司已有39年歷史，印有「火柴盒」商標的玩具舉世聞名，其原有的銷售網路遍及歐美各國。葉仲午收購這家公司後，就可以利用它的名牌和原有銷售網推銷本廠玩

具。在這一階段，葉仲午還收購了美國的兩家玩具公司，利用那些公司的技術和設備，設計製造了外星球太空人、卡通人物等現代化玩具，並就地取材，既降低了成本，又提高了品質。環球逐漸成為從設計、製造到銷售一條龍的大型全能玩具廠。

環球公司發展的第三階段是成為全世界生產鋅合金玩具最大的公司之一。在美國、日本、澳大利亞等20多個國家都有工廠和銷售機構，成為世界性大工廠。1984年，環球集團的股票湧入紐約證券交易所，這是第一家在美國上市股票的香港公司，並博得了「開門紅」，僅第一天，環球股票就被預購了4倍，每股升值美金2元，「環球」公司確實成了「玩具王國」，葉仲午也隨之成為一個傳奇式的人物。

「玩具王國」集團主席葉仲午重視借助「外腦」的作用，多方面聘請專家、學者，共商企業戰略。在市場競爭中採取的戰術是你無我有、你有我優、你優我廉、你廉我轉。由於他能在每個環節上及時觀察世界玩具的流行趨勢，把設計和製造緊跟上去，所以總是能夠出奇制勝。當公司發展到一定規模時，他能及時地跨越國界，向各國進行探索、設計、開發和製造產品，並在那裏取得原材料，從而爭取到優勢，打開國際市場。

「智者不用其所短，而用愚人之所長」，所謂智者和愚者的劃分，只是一種綜合參數，而並非說智者所有方面都會優於、超過愚者。只有認識到這一點，才會在做事中善於去發現別人的工巧和優長之處，藉以為自己成就大事業服務。

另外，《鬼谷子·權篇》中說道：「是故智者不用其所短，而用愚人之所長；不用其所拙，而用愚人之所工，故不困也。」意思是說聰明人做事不用自己的短處而利用他人的善長，不用自己的愚拙而用他人的工巧，所以做什麼事都不會困窘。所以用長處，宣揚自己的長處，攻擊對方的短處，正是活用了鬼谷子闡述的這一思想。

赤玉酒「先聲奪人」

1899年，島井信治朗正值20歲，但已經開始了獨立創業，他最先從事的是葡萄酒的製造。他希望能製造出真正適合日本人口味的甜酒，經過不斷研究，終於成功地製造出赤玉（AKADAMA）葡萄酒。

這種葡萄酒有一個很時髦的名字，它不同於一般日本名字的酒──如蜂香鼠葡萄酒，而是以英文命名，這在當時來說可以算是較為特殊的命名方式了。

除此之外，信治朗為了促銷，真可說是花招百出，無所不用其極。除了在報上刊登廣告，他甚至於每天晚上騎著腳踏車到賣酒的店中詢問：

「請問你們這裏有沒有Port wine（赤玉）葡萄酒賣？」

「赤玉？沒有啊！」

「哦，實在是太可惜了！那種酒真好喝，等你們進貨，我再來吧！」

就這樣一遍又一遍、一家又一家地做著宣傳，不避寒暑、不怕困難。夏天，信治朗就準備30來個兩米長的燈籠，上面印有「Port wine赤玉」的字樣，僱來穿著壽屋制服的人背著它們到處走動打廣告。

還有更絕的！當時的藝妓為了避免提到「月經」兩字，通常用「太陽旗」來代替，信治朗便拿了些小費給她們，希望她們以後改用「赤玉」這個代替名詞。

甚至於發現火警時，他會派人提著印有「赤玉」的燈籠立即趕到火災現場，展開宣傳活動。真可謂奇招迭出，效果也是有目共睹。

此後，公司業績得到了飛躍性發展，大規模地出產赤玉酒。此時，他又創立了「赤玉歌劇團」，足跡遍及全國，表演方式也極為特殊，同時將印有以團員為模特兒的海報分送到各地。這個方式標新立異，收到了熱烈回應。大家爭著要海報，使赤玉聲名大噪。

信治朗將赤玉葡萄酒的經營步入正軌後，就開始製造威士忌酒，業績蒸蒸日上（至今「赤玉」仍是日本的第一品牌）。

廣告是宣傳企業、宣傳產品的突出手段。信治朗深知廣告的重要性，別出心裁地創造出各種各樣的廣告方式。當然，推銷「赤玉」先決條件是

品質好，如此奇招宣傳才可以一舉奏效。

顯然，信治朗這些「先聲奪人」的招數有了效果，「赤玉」的知名度大大提高了，信治郎也贏得了豐碩的成果。

其實，所謂「眾口鑠金」，換一個角度去解讀，便會發現其本質就是無中生有，口耳相傳，善於造勢，從而博得大眾的信任。此計在激烈的市場競爭中常常被採用，憑藉強大的廣告攻勢，無微不至，無孔不入，進行輪番轟炸，最終水到渠成地實現自己賺錢的真正目的。

多拍下屬「馬屁」

一般而言，拍馬屁者多是處於相對劣勢的地位。但在現代職場中，不僅下屬需要拍領導的馬屁，實際上，領導也要多拍拍下屬的馬屁。而這種所謂的「馬屁」，也即「諛言」，其實是一種有效的激勵手段。激勵是指一切協助達到滿足個人需要的欲望或動力，它包括過程、物質或態度。激勵員工是指管理人員通過一些刺激、推動的方法，協助員工達到公司及個人的預期目標。

許多經理認為，稱讚下屬太多，下屬可能因此變得驕傲自大，也會開始鬆懈。這其實是一種錯誤的觀念，身為一位合格的管理者，其最重要的工作之一，就是成為一個為下屬喝彩的領導人。這也就是說，一個管理者必須是第一個注意到下屬優秀表現的人，並且適時地稱讚他們。

在公司裏，無論他們是管理人員，還是一般員工，都希望自己的工作能得到肯定。誰也不願意自己辛辛苦苦地幹了半天，卻得不到領導的一絲肯定。假如一個員工老是得不到肯定的話，那麼他今後一定會失去對工作的興趣，失去對工作的主動性。領導如果了解了員工這一心態的話，可以隨時給員工以必要的鼓勵，達到鼓舞人心、激勵士氣的效果。

同樣，當下屬呈上的是最好的工作作品，而你卻視而不見，這樣很容易讓下屬感慨，覺得自己何必這麼辛苦工作、何必要求自己做這麼多、做

這麼完美？漸漸地，工作品質就會因此而不知不覺地下降。慢慢地，他們的工作表現也會變差。毫無疑問，任何人都是需要激勵、需要被別人承認的。因此，當某個人費盡心思做完一件事後，你至少應該對他說句：「嘿，幹得不錯。」

某公司，有位員工做了一項對產品的修正案，公司老總立刻對這個員工說：「這創意個非常好，我們的產品就依此修正。」隨後就投放了市場，很快就取得了很好的效益。這個員工從精神上得到了很大的鼓勵，而且滿足了他「自我實現」的需求。隨後在頒獎大會上，公司老總除了為這位員工頒發獎金和證書外，還給其父母、太太和孩子都買了不同的禮物，這位員工當場就感動得流下了眼淚。這位員工不僅得到了精神鼓勵，還有物質獎勵，可以設想他今後一定會為公司的發展而盡心盡力的。

對於員工，不論他們的想法多麼少，他們的建議多麼微不足道，領導只要發現，就要給予適當的鼓勵，即使是簡單的一句「謝謝」，員工也能感到你對他的關心。聽了這麼一句話，員工們的工作心態也會變得輕鬆些。

通常情況下，領導對員工的要求大致如下：工作是否達到了目標，對事業有無貢獻，是不是進步了，有沒有造成損失。有些領導硬將這幾點放在一塊兒作為評價的標準，未能同時達到的就不加以獎勵。但事實上，能同時達到這些標準的員工幾乎沒有。因此，作為領導應從鼓勵員工的願望出發，只要員工能達到其中的任何一項要求，就應當給予表揚獎勵。

某公司經理，時常到各工作場所巡視，一旦發現工作出色，或者在動腦筋設計新方案的員工，就會在全體員工集會時，當眾加以讚揚。

數年後，這個公司的一位退休人員說：「幾年前，我曾為公司設計出一種新產品，得到了經理的獎賞。當經理在開會提到這件事時，我很吃驚，也很感動，覺得死而無憾。多年來，默默為公司所做的努力，終於以這種形式被經理承認，我感到非常滿足。而且，在退休歡送會時，經理又再度提起這件事，我都禁不住要流下眼淚來了。」

通過這個小小的事例，可以看出，員工努力工作在得到承認後是何等的愉快，何等的激動。員工的努力工作如果能經常被讚賞的話，那麼員工

就能在很大程度上獲得精神上的滿足。

　　每個人都有一種渴望被認可的心理。因而每一個員工也都希望別人對自己的努力與成功表示讚揚，從而肯定自己的價值，滿足自己的心理需要。作為領導要充分認識到這一點，在激勵員工時，一定要讓員工心裏產生滿足感。讓員工知道自己得到了承認，受到了尊重，達到了自我實現的滿足感。同時，還可以促使其他員工奮起直追，去努力工作。此外，這種方法不僅不用花費多大的心血和資金，還簡單易行，起到的效果也比較理想，這就是領導善於對下屬運用「諛言」的豐厚回報。

言及莫論領導是非

　　很多職場上的人都有個通病，就是在公司午餐或者閒暇時，喜歡「交心」地議論上司的是非。一個不小心，這些議論或許就成為了別人的跳板；又或許，被某人聽了去，傳到上司耳中，以後讓上司怎麼看你？所謂「禍從口出」，不是沒道理的。

　　小史是一家文化傳播公司裏頗有才氣的策劃，平日裏有點兒恃才傲物，總是對老闆的創意不屑一顧，認為老闆的水準很差，所以不免經常在老闆背後跟同事們流露出對老闆創意的鄙棄。這些話很快就被同事傳到了老闆的耳中，於是老闆主動找他談話，誠懇地讓小史說出對自己的創意有什麼意見，對公司的業務有什麼建議。此時的小史卻支支吾吾地談不出什麼內容。如此一來，這位心胸還比較寬廣的老闆認為小史簡直就是一個兩面三刀的人，當面不講，卻在背地裏大放厥詞。因此老闆對小史的道德人品產生了懷疑，後來開始冷落小史，重要的策劃方案從此再也沒有交給小史來做，不久，小史就黯然地離開了公司。

　　背地跟同事們議論上司很容易讓上司認為你是個兩面三刀的人，人品有問題。在工作過程中，由於每個人考慮問題的角度以及處理問題的方式難免存在差異，對上司所做出的一些決定有看法，有意見，甚至醞釀成滿

腔的牢騷，有時也是在所難免的。但卻不能就此到處宣洩，否則經過幾個人的傳話，即使你說的是事實也會越傳越變味，等到上司聽到時，說不定已成了讓他生氣難堪的話了，進而難免會對你產生不好的看法。

「有時我們的認識是錯誤的，你認為他不如你行，只是你不了解他哪方面行而已。同事之間的相處要把握分寸，即使關係很好，相互勉勵和促進是沒問題的，如果只是宣洩和發牢騷，就太不明智了。」一位經理如是說。

古代有個姓富的人家，家裏沒有水井，很不方便，經常得跑到老遠的地方去打水，家裏甚至需要有一個人專門負責挑水的工作。因此，他便請人在家中打了一口井，這樣便省了一個人力。他非常高興有了一口井，逢人便說：「這下可好了，我家打了一口井，等於添了一個人。」有人聽了就添油加醋起來：「富家從打的那口井裏挖出個人來了。」

這話越傳越遠，全國都知道了，後來竟傳到了宋王的耳中，宋王覺得不可思議，就派人來富家詢問，富家的人很詫異地回答：「這是哪兒的話？我們是說挖了一口井，省了一個人的勞動，就像是添了一個人一樣，從來沒有說打井挖出一個人來啊！」

就像上面的例子一樣，如果你在同事間議論上司的話傳到上司耳中變成了所謂的「打井挖出一個人來」，那麼就算你再努力工作，有再好的成績，也很難得到上司的信任與賞識。況且，你完全暴露了自己的弱點，很容易被那些居心叵測的人所利用。這些因素都會對你的發展產生極為不利的影響。所以最好的方法就是在恰當的時候直接找上司，向其表達你自己的意見，當然最好要根據上司的性格和脾氣用其能接受的語言表述，這樣效果會更好些。作為上司，他感受到你的尊重和信任，對你也就多些信任。這比你處處發牢騷，風言風語好多了。所以議論上司不是一件該做的事情。

麗美就有過這方面的教訓。那還是幾年前的事了，當時她在某公司當文書，公司的幾個主管都比較喜歡她，也願意與她交談，或讓她替他們辦一些私事。公司的一位副總對她也極端信任，有時甚至把上級之間的一些事情也講給她聽。

她們部門有幾十個女同事，個別女同事為了升職就想方設法巴結副

總，副總對此十分反感。那時麗美還很年輕，聽到這些事覺得新鮮、好奇，所以後來在與一個十分要好的同事閒談時，就把副總講的事情說了。沒想到，她的那位朋友把她告訴自己的話一五一十地轉達給了副總，後來她這位朋友如願以償地升了職，而麗美則在副總找她做了一番貌似肯定實則否定的談話以後，離開了公司。

聽到同事在議論上司時，首先應以善意的態度勸告他們不要背後議論上司，不要隨意擴大議論的範圍，更不要以訛傳訛，有意無意地貶低或損害上司的形象；其次應儘量迴避對上司的議論，不得已做評價或說明時，也只宜點到為止，不要主動挑起話題，更不要添油加醋，以免引起不必要的猜測和誤解。在這個問題上，自己要有主見，要有一種不怕同事嘲弄、不怕孤立的精神。那種以為同事在議論上司時只有隨大流參與其中才能與同事搞好關係的認識，是大錯特錯的。

防人之心不可無，說話必須看對象。古人有言：「口可以食，不可以言。」這是說話語往往會觸犯忌諱。又說「眾口鑠金」，這是因為人們說話往往由於私心而歪曲真相。有的人本身就是上司面前的「紅人」，他們與上司者不分彼此，你在他面前非議上司，豈不是自投羅網？有的人自私自利，專門蒐集同事對上司的不滿，然後在上司面前請功邀賞，以達到個人的目的。對付這種人的辦法唯有裝聾作啞，不讓他抓住小辮子。總之，不論你是有意還是無意，在同事間隨便議論上司者最容易惹是生非，所以還是不隨便議論為上策。語言的力量是巨大的，也是可怕的，我們一定要注意趨利避害，不要一個不小心就成了流言蜚語的犧牲品。

⊙ 處世活用

毛遂自薦顯才能

西元前257年，秦軍大舉進攻趙國，不到一個月，就兵臨趙都邯鄲城下。經過長平之戰被坑殺40餘萬眾後，趙國元氣大傷，一蹶不振，國力十分虛弱。而此時，更是外無援兵，內乏糧草，面臨亡國的危險，邯鄲城內

人心惶惶。

趙王派公子平原君到楚國去搬救兵。平原君接到趙王命令後，立即召集門客說道：「趙國危在旦夕，趙王如今命令臣出使楚國求援，我欲帶20位智勇雙全、文武兼備的人共赴楚國完成這一重要使命。」說完，他就開始挑選同行的門客。挑來挑去，總共挑出了19人，還差一個人，卻再怎麼也挑不出合適的人選來了。

平原君為難起來。正在這時，從未被考慮過的人群中站出一個人來。此人其貌不揚，平時也很少見他言語。此人鎮定自若地走到平原君跟前，說：「公子若實在找不出合適的人選，在下不才，願濫竽充數，隨公子前往。」

因為所養門客眾多，平原君也不能一一認出，便問道：「你是誰，我以前怎麼從來不曾見過你？」

「在下毛遂。」那人回答。

平原君實在沒什麼印象，就問：「你來到我門下多久了？」

毛遂回答：「三年多了吧。」

平原君盯著毛遂看了看，隨即搖了搖頭說：「錐子放在布袋裏，很快就會露出鋒芒。你在我門下待了這麼長時間，我怎麼從未聽說過你呢？這次去楚國，責任重大，關係到趙國的生死存亡。你既然無突出才能，還是留下看家吧！」

毛遂依然很鎮靜地回答：「我雖然在公子門下待了三年多，但公子從未把我放到您的布袋裏。若公子把我放到布袋裏，我早就脫穎而出了。」

平原君聽了此言，覺得毛遂態度堅決，一時又找不出其他的合適人選，就對他說：「好吧，請你跟我們一起去楚國吧！」

其他門客都相視而笑，認為毛遂不會有什麼本事。

平原君他們簡單收拾了一下行裝就上路了。一路上，平時少言寡語的毛遂侃侃而談，縱論滔滔，天文地理，列國形勢，無所不知，說得頭頭是道，不禁令同行的眾人刮目相看。

到了楚國，平原君隻身前往楚王宮去面見楚王，這20位門客都留在客棧裏等候消息。

　　卻說平原君見了楚王，歷陳趙國的危急形勢以及楚國救趙的利害關係。可楚王心不在焉，表面上敷衍著，卻遲遲不明確表態是出兵還是不出兵。這次接見從早晨一直延續到黃昏，但平原君仍未取得任何實質性的進展。

　　客棧裏的門客們等得都有些心急了，便慫恿毛遂去了解一下情況。

　　毛遂來到王宮，徑直來到平原君跟前，氣呼呼地說：「趙楚兩國聯合抗秦的事，明白人用不了兩句話就可以談完，公子卻從早晨談到黃昏，是何道理？」

　　楚王見來了個毛頭小子，便問平原君：「這人是誰呀？」

　　平原君趕忙起身答道：「此乃臣的門客毛遂。」

　　楚王一聽，勃然大怒，呵斥道：「大膽狂徒，寡人正與你家主人談論軍國大事，你闖進來想幹什麼？還不趕緊退下！」

　　平原君連忙扯住毛遂，叫他離開宮殿，以免平添事端。

　　毛遂卻用力掙脫平原君，一個箭步跳到楚王面前，一手按住佩劍，兩眼直盯著楚王說：「大王敢對我大聲呵斥，不過是仰仗楚國兵多將廣。可現在，大王的性命就操在我手裏，即使大王有雄兵百萬也是遠水解不了近渴。我家主人在此，請大王放尊重些！」

　　楚王被毛遂的舉動唬得連大氣都不敢喘一口，抖著身子死死盯著毛遂按劍的手。

　　毛遂向四周掃了一眼，見楚王的衛兵都掣劍在手，氣氛緊張得讓人透不過氣來。毛遂面無懼色，繼續說道：「當年，商湯以七十里之地而王天下；文王也不過百里地盤，卻能號令諸侯。奪取天下不在將士多寡，而在於能順應形勢，壯大聲威。今楚國擁有方圓五千里的遼闊疆域，上百萬的鐵甲雄兵，稱霸天下，無可匹敵。可秦國只憑一個區區白起，幾萬人馬，竟一戰攻克鄢、郢，再戰火燒夷陵，三戰羞辱大王的先人，這種萬世的怨仇，連趙國都為楚國感到恥辱，難道大王就不知道羞愧嗎？今天，我家主人奉趙王之命，不畏艱險，千里迢迢來到楚國，與大王合縱結盟，共同抗擊秦國。大王不但不思報仇雪恨，反而推諉再三，怠慢來使，並當著我家主人的面呵斥我，真是豈有此理！」

楚王被毛遂一席話激得面紅耳赤，羞愧難當，態度驟然變化，對毛遂客客氣氣地說：「先生所言一針見血，寡人一時糊塗，險些錯失良機。今日願聽從先生勸導，共同抗秦。」

毛遂仍緊追不捨，問：「大王一言既出，駟馬難追，合縱之事就這麼定了？」

楚王回答：「確定無疑，決不反悔！」

毛遂當即招呼楚王左右：「請取雞、狗、馬血來！」

不一會兒，侍者拿來血和祭器。毛遂雙手將馬血捧給楚王，說：「請大王先飲。」

楚王舐了一口，毛遂又將狗血遞給平原君喝，然後自己把雞血一飲而盡。眾人高呼，盟誓完畢。

平原君等人辭別楚王，回國覆命。

楚國之行，令平原君感慨頗多，從此他不但把毛遂待為上賓，而且對身邊的人說：「天下才士，我見過成百上千，可從未見過像毛先生這樣膽識過人的。毛先生不鳴則已，一鳴驚人，他的三寸舌頭，真可以抵得上幾十萬大軍啊！」此後每逢大事，平原君都虛心向毛遂求教。毛遂也因此次使楚而一舉成名，此後深得平原君器重。

毛遂自薦的故事，眾人皆知，耳熟能詳。他在自薦的過程中針對平原君採用的是「與貴者言，依於勢；與富者言，依於高」的言辭，在氣勢上壓倒、征服了平原君。而在說服楚王的過程中，毛遂又採用了「與勇者言，依於敢；與過者言，依於銳」的言辭，所謂狹路相逢勇者勝，毛遂又壓倒了楚王，迫使他答應了合縱抗秦。如此善於審時度勢針對不同的對象採用不同的遊說方法，正是毛遂

竹石圖

自薦成功、出使有成的重要原因。

以竹為喻示子路

孔子的眾多弟子中，有個名叫子路的，常常跟隨孔子周遊列國，負責保護老師的安全。子路身材威猛、反應機敏，而且儀表堂堂、風度翩翩，只要有他陪伴在孔子身邊，無形中就會生發出一種震懾人心的力量，即使再兇狠狡猾的壞人也不敢對孔子妄作非為。所以可以說在他的保護之下，孔子從來沒有受過什麼迫害。

突然有一天，孔子問守衛在身邊的子路：「仲由，這麼長時間我也沒看出你有什麼喜好，你到底有些什麼嗜好啊？」

子路隨口答道：「我最喜歡的莫過於佩帶長劍！那樣將會為我的形象錦上添花，再沒有什麼比這更讓我開心的了。」

孔子聽了稍稍皺起眉頭，似乎有些不滿意，接著問道：「那學習呢？你難道沒有覺得學習是一件快樂的事嗎？」

子路茫然地反問：「學習？我從來沒有覺得那會有多大好處啊！」

孔子歎了一口氣，繼續不緊不慢地說道：「學習和知識的力量是巨大而無形的。你看看，一國之君需要諫臣的輔佐，才能讓國家興盛；普通人需要明事理的朋友提醒自己的過失，才能提升自身；為人處世也需要不斷向他人學習，聽取別人的意見，才能博採眾長。真正的君子喜好學習，集思廣益，因而足智多謀，做起事來就會順利；相反那些不善於學習的人，自以為是，詆毀仁德，對有學問的人心生抵觸，這無異推著自己往後退。可見，不學習就會落後呀！」

子路耐著性子聽完孔子講述的這番大道理，等老師話音剛落，就不以為然地反駁道：「我倒覺得並不是完全這樣的！您看，南山上的竹子沒有人扶植，不也一樣長得筆直嗎？而且用這種竹子做成的箭，也一樣能穿透皮革！可見，很多事情沒有學習和知識也照樣能運行得很好！」

孔子見子路還是沒有信服自己的觀點，而且還強詞奪理，覺得又好氣又好笑。於是他便接著子路的話說：「其他的暫且不說，要是能把竹箭修整一番，將後頭裝上羽毛，再把它的前頭削成尖頭，那它的穿透力不就更大了嗎？你說呢？」

子路一時啞口無言，孔子見狀，就趁熱打鐵，說道：「看一個人，不能僅僅看外表。有的人金玉其外，但是腹內空空；有的人相貌平平，卻滿腹珠璣。前者雖然悅目，但卻流於俗氣；後者賞心，也令人起敬。可見學習對一個人來說是多麼重要啊！」

子路這下是真的心悅誠服了，他對孔子保證道：「老師，弟子我一定牢記您的教誨！」

孔子勸說子路要有好學之心時所用的言辭就是「與辨者言，依於要」，而且符合「成義者，明之也；明之者，符驗也」的原則，當子路用自生自長的竹子做成的箭可穿透皮革作為例子來反駁時，孔子便抓住了這番言辭中的片面之處，以修整過的竹箭威力更大去反駁子路，從而使其理屈詞窮，啞口無言，並最終心悅誠服地認同了孔子的觀點。

一言興邦，一言喪邦

我們常常稱讚那些能言善辯的人「口齒伶俐」，這並非僅僅意味著吐字清晰、表達流暢，更在於思維的敏捷。頭腦遲鈍的人，恐怕很難有一副「伶牙俐齒」；而能言善辯者，一般都是「眉頭一皺，計上心頭」的機靈人。從這個角度講，口才的訓練實質上是思維的訓練。而好的口才不僅對個人，而且有時對一個國家都會產生很大的影響。

1939年10月11日，美國白宮裏進行了一次具有歷史意義的交談。美國經濟學家薩克斯受愛因斯坦等科學家的委託，說服羅斯福總統重視原子能的研究，搶在納粹德國之前製造出原子彈。他先向總統面呈了愛因斯坦的建議，接著讀了科學家們關於核裂變發現的備忘錄，可是羅斯福卻聽不懂

那些艱深生澀的科學論述，因而反映十分冷淡。

　　薩克斯心灰意冷地向總統告別。這時，羅斯福為了表示歉意，邀請他第二天來共進早餐，這無疑又給了薩克斯一次機會。這天晚上，他整夜在公園裏徘徊，苦苦思索著說服總統的辦法……

　　第二天早上7點鐘，薩克斯與羅斯福在餐桌前共進早餐。他還未開口，羅斯福就以攻為守：「你又有了什麼絕妙的想法？你究竟需要多少時間才能把話說完？」總統把餐刀遞給薩克斯時又說：「今天不許再談愛因斯坦的信，一句也不許談，明白嗎？」

　　「我想講一點歷史，」薩克斯看了總統一眼，見總統正含笑望著自己，他便說開了，「英法戰爭時期，在歐洲大陸上不可一世的拿破崙，在海上卻屢戰屢敗。這時，一位年輕的美國發明家富爾頓來到了這位法國皇帝面前，建議把法國戰艦的桅杆砍斷，撤去風帆，裝上蒸汽機，把木板換成鋼板。可是，拿破崙卻想，船沒有帆就不能走，木板換成鋼板就會沉沒。於是，他把富爾頓轟了出去。歷史學家們在評述這段歷史時認為，如果當時拿破崙採納了富爾頓的建議，19世紀的歷史就得重寫了。」薩克斯說完後，目光深沉地注視著總統。

　　羅斯福沉思了幾分鐘，然後取出一瓶拿破崙時代的法國白蘭地，把酒杯遞給薩克斯，說道：「你勝利了。」薩克斯頓時熱淚盈眶。

　　後來，負責實施製造美國首批原子彈計畫的總負責人格羅夫斯少將，在談論這次會談時說道：「總統為薩克斯的論證所打動，才決定成立一個鈾（造原子彈主要原料）顧問委員會。」

　　如果說薩克斯一番精彩的論證，促使美國成為第一顆原子彈的製造者的話，那麼，第二次世界大戰時日本首相鈴木的一句語義含混的言論，對於導致日本人民成為第一顆原子彈的受害者又起了引人注目的作用——

　　1945年7月26日，敦促日本投降的《波茨坦宣言》宣佈之後，日本天皇就明確地表示接受公告提出的投降條件。但是，因為接受投降的聲明還沒有送達日本內閣，所以，當時任內閣首相的鈴木接見新聞界人士時就說：「內閣對《波茨坦宣言》持沉默態度。」

問題就出在這「沉默」二字上。「沉默」在日本是多義詞，它有兩種解釋：一為「暫不予以評論」，一為「暫不予以理睬」。這兩個含義帶來的差別是很大的，更何況在那個異常敏感的時期。而在譯成英語時，很不幸又被翻譯成後一種含義，這就激怒了對方。

　　1945年8月6日8時15分，美國飛機向廣島投下了第一顆原子彈，頃刻間廣島市變成了一片廢墟，約有20萬人死於這一災難。不久又在日本長崎投下第二顆原子彈。蘇聯紅軍也開始了對日本的進攻……

　　日本一位著名的和平促進會的成員加瀨俊一曾經這樣批評鈴木的用語：「要不是這個災難性的差錯，日本也許可以躲過原子彈的襲擊和俄國人的進攻。」

　　上述兩例從正反兩方面說明了言辭的重要性，小小的「舌頭」，在關鍵時刻真可以起到「一言興邦、一言喪邦」的作用。

「謀」，即謀略、謀劃，在本篇中指施展謀略計策，其主旨是如何針對不同的人或事去設立和使用計謀，以達到自己的目的，也就是通常所說的「運籌帷幄之中，決勝千里之外」。

本篇可以說是《權》篇的姊妹篇，雖然人們往往「權」、「謀」並提。但兩者實際上各有側重，《權》篇主要討論的是仔細衡量遊說對象，隨機應變使遊說成功，更多地停留在分析總結階段，可以說是事前的思考與準備。而本篇則主要論述了計謀的產生、使用和特點，說明了如何出謀劃策以及實施計謀的問題，屬於實際應用階段。

文中首先說到「謀」產生的前提與規律，指出為別人謀劃事情要確立標準，周詳地了解各種情況及利害關係，然後認真地考慮計畫，講究節度。接著說到構思謀略要因人制宜，因事制宜，從微小處入手，積累漸進。然後提出遊說與謀略必須注重人際關係，注意隱祕、奇巧、周密和出其不意；最後便是計謀付諸實施的階段，在此過程中要根據外界環境的具體變化合理調整謀略，善於因順對方，「無為而貴智」，不露聲色，以達到「制人」而不「制於人」的目的。正所謂「變生事，事生謀，謀生計，計生議，議生說，說生進，進生退，退生制」，充分說明了這幾個環節是環環相扣的系統工程。

春秋戰國時代，是一個競於力的時代，更是一個競於計的時代。處在這一時代漩渦中任何一家諸子流派，無不熱中於社會政治鬥爭和軍事鬥爭，也都曾討論過計謀的策劃與運用，《鬼谷子》也不例外。但與《孫子兵法》側重於總體戰術戰略不同的是，它專攻戰略技巧，兩者相得益彰，為我們留下了珍貴的智慧財富。

一

凡謀有道，必得其所因，以求其情❶。審得其情，乃立三儀❷。三儀者，曰上，曰中，曰下。參以立焉，以生奇❸；奇不知其所壅，始於古之所從❹。故鄭人之取玉也，載司南之車，為其不惑也❺。夫度材、量能、揣情者，亦事之司南也。故同情而相親者，其俱成者也❻；同欲而相疏者，其偏成者也；同惡而相親者，其俱害者也；同惡而相疏者，其偏害者也。故相益則親，相損則疏，其數行也❼。此所以察異同之分，其類一也❽。故牆壞於有隙，木毀於有節，斯蓋其分也❾。故變生事，事生謀，謀生計，計生議，議生說，說生進，進生退，退生制，因以制於事❿。故百事一道，而百度一數也⓫。

【注釋】

❶ 道：原則，規律。所因：所緣發、所產生的原因。情：真實情況或思想感情。

❷ 三儀：三種境界。儀，法度，標準，等級。

❸ 參以立焉：經過參驗而確立。參，參照，參驗。生奇：產生奇計。

❹ 壅：壅塞，閉塞，阻擋。始於古之所從：遵從遠古之人即開始使用的方法。

❺ 取玉：指入山採玉。載：乘坐。司南之車：古人用磁石指南原理製成的確定方位的儀器。惑：迷失。

❻ 同情：思想、感情、欲望相同。相親：互相親近。俱成：共同成功，指雙方都有成效，都有收穫。

❼ 數：規則，道理。

❽ 類：類別，分類的標準。

❾ 節：竹木的枝幹交接處，節疤。分：職分，名分，引伸為自身規律，固有準則。

❿ 變：變化，運動。議：議論，商討。制：控制，制世策略。

⓫ 百事：各種事物。百度：各種法度，規則。度，節度，法度，規則。

【譯文】

　　凡是給人家出謀劃策，都要遵循一定的規律，即首先要追尋所面臨的事情的起因，進而探求事物發展過程特別是現在的各種情況。掌握了這些情況，才可以制定三種策略。這三種策略，就是上策、中策、下策。將這三種策略互相參驗，互補互取，就能產生出解決問題的奇策良謀來。真正的奇策良謀是順從事理、無所阻擋、無往而不勝的，從古代就已經開始被人們所依循。所以，鄭國人到山裏去採玉時，必定駕著能指示方向的司南車（指南針前身），為的是不迷失方向。而忖度稱量實施計謀之人的才幹能力，揣摩實情掌握各種相關因素，也是因事立計的「指南車」。情志相同的人做事之後能夠依舊保持親密關係，是因為他們都取得了成功，都獲取了利益；情志相同而事後卻關係疏遠了的人們，是因為他們中只有一方取得了成功，獲取了利益；共同想避免某種結局而事後仍能保持親密關係的人們，是因為他們同樣受到傷害，同樣遭受損失；共同想避免某種結局但事後關係疏遠了的人們，是因為他們中只有一方受到了傷害，遭受了損失。所以，共同獲取利益就能相互保持親密關係，其中一方遭受損失必然導致互相疏遠，任何事情的道理都是這樣。用這種道理去考察人們相親相疏的異同，其原因必定也是如此。所以說，牆從有裂縫處崩塌，樹木從有節的地方折斷，這大概就是所謂的自然規律吧！因而，新事物、新情況都是由舊事物的發展變化才產生出來的，為解決新情況、新問題才產生了謀略，由謀略再產生出實施計畫，實施計畫需要交給大家商討議論以聽取各方意見、考慮各方利益，在商討議論中必定產生新的說法、新的計畫，綜合新舊計畫來制定進退有節、迴旋有餘的實施措施，去處理問題、解決問題。可見，任何事情的處理方式都是這樣，任何規章制度的產生原則也皆是如此。

二

　　夫仁人輕貨，不可誘以利，可使出費❶；勇士輕難，不可懼以患，可

使據危❷；智者達於數，明於理，不可欺以不誠，可示以道理，可使立功：是三才也❸。故愚者易蔽也，不肖者易懼也，貪者易誘也，是因事而裁之❹。故為強者，積於弱也❺；為直者，積於曲也；有餘者，積於不足也：此其道術行也❻。故外親而內疏者說內，內親而外疏者說外❼。故因其疑以變之，因其見以然之，因其說以要之，因其勢以成之，因其惡以權之，因其患以斥之❽。摩而恐之，高而動之，微而證之，符而應之，擁而塞之，亂而惑之，是謂計謀❾。

【注釋】

❶ 輕貨：輕視財物。費：費用，錢財。

❷ 難：危險，患難，禍事。患：禍患，憂患。危：危難、險要之地。

❸ 數：機數，權術，規律。三才：三種類型的人才。指上述仁人、勇士、智者。

❹ 蔽：蒙蔽。裁：制裁，裁處，處理。

❺ 積：積累。

❻ 此其道術行也：這就是上邊所說的計謀的運用。

❼ 外：外表，表面。內：內心。

❽ 因：順應。然：承認，附和。要：抽繹出要點。惡：厭惡。權：權變，變通。斥：除，除去，捨棄。

❾ 恐：恫嚇。微：微暗。符：內符，由外在表像推測出的內心想法。擁：通「壅」，壅閉，堵塞。惑：迷惑。

【譯文】

　　仁人君子視財物如糞土，所以不可以用錢財去引誘他，但可以讓他捐出財貨。勇敢的鬥士不畏懼禍難，所以不可以用災患去嚇唬他，倒可以讓他擔當危險的責任。智慧之人通達機數，明於大道，不可以用詭詐去欺騙他，卻可以用大道理來曉諭他，讓他為我們做事，建立功業。以上是可以利用的三種人才。相反，愚蠢者可以用欺騙手段蒙蔽他，不肖之徒可以用恐嚇手段威脅他，貪婪者可以用金錢去利誘他，應該因人因事而使用不同

的裁處手段。弱者善用權術、善借人力就可以變為強者，隱曲的手法用熟練了就可以使人認作是直率的手段，積累不足可以變為有餘，這就是計謀權術的運用。所以，如果遊說對象外表上與我們親善而內心卻相當疏遠，我們就應當運用計謀去打動他的內心；如果遊說對象內心贊同我們而外表上裝作冷淡，我們就應當運用權術去做表面工作而改變其表面態度。要依據對方的疑慮改變我們的計謀，依據對方所見所聞來肯定某些東西，依據對方的言談來總結出實施遊說的要點，依據對方情勢的變化去成就事業，依據對方的好惡來權衡變通我們的計謀，依據對方的憂懼設法捨棄決策中的某些部分。琢磨透他的心意使之產生恐懼心理，分析形勢的高危使之受到震動，把他微暗中的活動擺在光天化日之下加以證實，由外表推測出他內心的想法而設計相應的對策對付他，隔絕他的視聽閉塞其耳目，打亂他的思維迷惑其理智，這就是所說的計謀。

三

　　計謀之用，公不如私，私不如結，結比而無隙者也❶。正不如奇，奇流而不止者也❷。故說人主者，必與之言奇；說人臣者，必與之言私❸。其身內、其言外者疏，其身外、其言深者危❹。無以人之所不欲而強之於人，無以人之所不知而教之於人❺。人之有好也，學而順之❻；人之有惡也，避而諱之，故陰道而陽取之❼。故去之者從之，從之者乘之❽。貌者不美又不惡，故至情托焉❾。

【注釋】

❶ 私：私室，引伸為私下裏。結比：結成盟黨，這裏指二人計議。比，並。

❷ 正：正常的，普通的，遵循常理、常規的。奇：奇妙的，出人意料的。奇流而不止：奇計一用，像流水般難以被阻止。

❸ 言奇：討論治國奇計。言私：討論切身利益。

❹ 疏：見疏，被疏遠。危：見危，遭受危難。

❺ 無：同「毋」，不要。教：教導，告訴。

❻ 好：愛好，喜欲，嗜欲。學：學習，仿效。順：順應。

❼ 惡：厭惡。諱：忌諱，避諱。陰道而陽取之：在隱祕中行事，在公開場合收穫。

❽ 去之：使之去，讓他離開。從：同「縱」，放縱。乘：利用，駕馭，制伏。

❾ 貌者……托焉：我們的外貌要表現得中正平和，見善不美，見惡不非，讓別人放心把最深的情意託付給我們，依靠我們。

【譯文】

說到策劃、實施計謀時，在大庭廣眾之下謀劃不如在私室中謀劃，在私室中謀劃不如二人密謀，結成鞏固的聯盟，如此一來便可以密而不漏，別人也就無機可乘了。此外還應注意，遵循常理的正計比不上出奇制勝的奇計。奇計，變化不定，能使對手無法預測，實施起來就像流水一般令人難以阻擋。因此，遊說人主時，要注意與他謀劃這樣的奇計；但遊說人臣時，首先申說的是其私人的切身利益。自身處於親近地位，但說話見外、不貼心，便會被疏遠；自身處於疏遠地位，但說話太重、過於密切、深入內情，便會招致危險。不要把別人不想做的事、不想解決的問題強加在他頭上，去遊說他；也不要把別人無法理解的道理勉強去告訴他，教導他。如果別人有什麼嗜欲，可以學習仿效，迎合著去做。如果別人有討厭的事，就要極力避開，為他隱諱。這就叫做暗地裏使手段而公開獲取利益。想要排斥某人，先放縱他，讓他做惡至極，然後抓住機會順理成章地制伏他、除掉他。自己要經常表現出中正平和、不善不惡的表情，喜怒不形於色，這樣別人就敢把真心交給你，把大事託付給你了，

四

可知者，可用也；不可知者，謀者所不用也。故曰：事貴制人，而不貴見制於人❶。制人者，握權也❷；見制於人者，制命也❸。故聖人之道

陰，愚人之道陽❹；智者事易，而不智者事難❺。以此觀之，亡不可以為存，而危不可以為安❻。然而無為而貴智矣❼。智用於眾人之所不能知，用於眾人之所不能見❽。既用，見可，擇事而為之，所以自為也❾；見不可，擇事而為之，所以為人也❿。故先王之道陰，言有之曰：「天地之化，在高在深⓫；聖人之制道，在隱與匿⓬。非獨忠、信、仁、義也，中正而已矣⓭。」道理達於此義者，則可與語⓮。由能得此，則可以轂遠近之誘⓯。

【注釋】

❶ 制人：控制別人。見：被。

❷ 握權：掌握了權變的主動權。

❸ 制命：此指被控制了命運。

❹ 陰：隱蔽，不露聲色。陽：公開，大肆宣揚。

❺ 事易：即易事，容易侍奉。事難：即難事，難以侍奉。

❻ 不可以為存：不能夠設法讓它存在。

❼ 無為而貴智：順應自然而推崇智謀。無為，此指無為而處世，因為智者道陰，暗中用計，表面無為。

❽ 眾人：普通人，大多數人。

❾ 見可：看到可以（進行）。自為：自己做。

❿ 為人：讓他人去做。

⓫ 言有之：俗話說，常言道。化：化生（萬物）。

⓬ 隱與匿：隱藏不露。

⓭ 中正：中正平和。

⓮ 道理達於此義者：能夠通達這種道理的。與下文「由能得此」意義相近。

⓯ 轂遠近之誘：轂，有聚束義。即悅近來遠，讓天下歸服。

【譯文】

對於能夠徹底了解、掌握的人，才可以使用他；對於不能了解、掌握

的人，善於謀劃的人是不用他的。所以說，辦事貴在能控制別人，而千萬不可被別人所控制。控制住別人，你就掌握了權變的主動權；被別人控制，你的命運就掌握在別人手中了。因此，聖智之人運用謀略總是暗中著力、不露聲色，愚蠢的人才在明處咋咋呼呼、大肆張揚。因而跟聰明的人行事容易，跟不聰明的人成事困難。由此可見，注定要滅亡的事物是難以挽回失敗而讓它繼續存在的，危急的局勢也很難使之轉危為安，因而必須順應自然規律看重智慧謀略。用智，就要用在一般人所看不到和不能理解的地方。運用計謀時，看到可以成功，就選取一些事自己去做；看到不可行，就選取一些事讓別人去做。所以先賢智聖的謀略及治國之道都是隱藏不露的。常言道：「天地化生萬物，表現在高深莫測；聖人處世的訣竅與法則，在於隱藏不露。不在於僅僅表面上講求忠、信、仁、義，只要內心中正、合乎不偏不倚的正道就可以了。」能夠通達這種道理的人，才值得跟他談論謀略。能夠掌握這種道理的人，才可以和他設計各種計謀，以悅近來遠，讓天下歸服。

諸葛亮錦囊妙計氣周瑜

《三國演義》中的諸葛亮，已然成了國人心目中智慧的化身，他無疑是一個善於運用謀略的絕頂高手。在劉備東吳迎親、諸葛亮面授趙雲三個錦囊妙計一事上，就淋漓盡致地反映了他深刻的洞察力和高超的謀略技巧，真正稱得上是「運籌帷幄之中，決勝千里之外」。

名垂千古的赤壁大戰之後，諸葛亮乘機派人佔領了軍事要津荊州（今湖北襄陽一帶）。周瑜派人討還，諸葛亮便教劉備用「眼淚戰術」哭得來人心軟，答應劉備暫借。劉備本無還心，這一借便借「死」了。周瑜又氣又恨，卻也老虎吃天——無處下口，只有暗自咬牙切齒而已！

恰好此時劉備的夫人去世，正在操辦喪事。消息傳到東吳軍營，周瑜眉頭一皺，計上心來，忙告訴東吳謀士魯肅，說討還荊州之計有了。魯肅

忙問何計。周瑜說：「劉備喪妻，必將續娶。我們主公有個妹子，年大未嫁，極其剛勇，侍婢數百，居常帶刀。我如今上書給主公，教人假意去荊州說媒，招劉備來入贅。待他來後，就乘機將其軟禁在此，卻派人去討還荊州來換劉備。等他交割了荊州城池，我另有主意。」

魯肅一聽，十分高興，便去見孫權，說出周瑜的計謀。孫權自然高興，便派呂範到荊州說親。劉備卻是個重事業輕家室之人，想當年長阪坡大戰，他多次棄嬌妻幼子不顧便足以說明。這番東吳主動招親，自知吉少凶多，生怕中了「美人計」，便不想前去。哪知諸葛亮早就識破了周瑜詭計，

諸葛亮

便一意慫恿，促成劉備前往東吳娶親，諸葛亮告訴他：「我只略用小謀，使周瑜不能得逞，而吳侯之妹，又屬主公所得；荊州也萬無一失。」臨行之前又制定破計之策，分別裝入三個錦囊，交給趙雲。令趙雲護送主公，並囑如有疑難，只需依計而行即可。劉備便將信將疑地由趙雲陪同去了。

趙雲護送劉備一行五百餘人到達東吳駐地，就打開第一個錦囊看了計策，隨即喚來五百隨行軍士，一一吩咐如此如此，眾人領命而去，一個個披紅掛綠，去市上採買成親之物，並大肆宣揚成親之事，一霎時，便傳遍了東吳都城。與此同時，又教劉備備上厚禮先往拜謁東吳元老、已故國主孫

策和當今大都督周瑜的岳父喬國老。劉備牽羊擔酒，先往拜見，並說了呂範為媒、迎娶夫人之事。原來這正是諸葛亮的計策。諸葛亮預料孫權、周瑜的「招親」既然只不過是一場騙局，那麼便可推斷孫權絕不會向東吳百姓宣傳此事，更不會告訴在東吳內政方面據有實力地位的吳國太和喬國老，所以此事一旦敗露，就會使孫權難以下臺。因此，諸葛亮定下了大造迎親聲勢的妙計。

果然不出所料，喬國老不知底裏，忙入宮向孫權的母親吳國太賀喜。這位吳國太蒙在鼓裏，不知喜從何來。等她聽罷喬國老的解釋，十分生氣，如此大事，孫權竟不來和自己商議就擅作主張！忙派人傳來孫權。孫權解釋說這只是計謀，是想用妹妹做誘餌去釣劉備以討還荊州的。

吳國太不聽便已，一聽此言，更是暴跳如雷，破口大罵道：「你和周瑜統領六郡八十一州，無計去取荊州，竟用我女兒設美人計，傳揚出去，叫我如何做人？讓你妹妹怎麼見人？」孫權面紅耳赤，這才覺得此計實在不夠光明正大，但木已成舟，也不好再變了。母親餘怒未消，仍在大罵。喬國老調解道：「事到如今，不如將錯就錯，真的與劉備結親。劉備也是個人物，辱沒不了令妹。」孫權說：「劉備年過半百，妹妹青春年少，如何使得！」吳國太怒道：「早知使不得，又為何出此下策？明日傳劉備來，我看中了，是女婿；看不中時，任憑你們處置。」孫權唯唯而退。

第二天，吳國太便在甘露寺召見劉備。孫權早埋伏下刀斧手，一等母親稍露半點不樂意，便衝將出去將劉備亂刀砍死。哪知吳國太一見劉備方面大耳，氣宇軒昂，心中早喜得不得了，當下即在甘露寺成親。就這樣，在吳國太和喬國老的攪和下，劉備躲過災禍，與孫權之妹順利成親。

卻說周瑜聞知此事已弄假成真，不由得心中大驚，又密定一計給孫權。孫權於是修整東府，廣栽花木，盛設器用，請劉備與妹子居住在此，又增設女樂數十人，多送金玉玩好之物。果然劉備為聲色所迷，樂不思蜀，全然不想回荊州了。

趙雲見此心中十分著急，於是拆開第二個錦囊，一看，丞相果然是神機妙算。趙雲依計而行，急入府內，佯作失驚狀稟告劉備：「今早丞相使

人來報，說曹操要報赤壁之仇，已經發起精兵五十萬，殺奔荊州，情況甚是危急，請主公立即起程返回。」劉備這才警醒過來，忙與孫夫人商議，借祭拜先人之機，瞞著孫權，逃出城外，趙雲等五百軍士一路同行。

這第二計正是諸葛亮料到招親成功之後，孫權與劉備之間的矛盾並不會得到解決，孫權、周瑜在硬的一手失敗後，還會使出軟招，以聲色犬馬、奢侈安逸的溫柔鄉來腐蝕劉備的鬥志；而久經沙場的劉備一旦跳入「安樂窩」，必然不能自拔，所以諸葛亮安排了智激劉備回荊州的妙計。

正當劉備偕夫人逃出城外時，孫權得到了消息。於是令陳武、潘阿選五百精兵，不分晝夜，追趕劉備。當劉備一行逃到柴桑界首，又被周瑜早已佈置的伏兵截住去路。面對前有堵截、後有追兵的困境，劉備驚惶失措。趙雲忙又取出第三個錦囊，獻與劉備看了。劉備於是懇請夫人解危，孫夫人果然說：「吾兄既不以我為親骨肉，我又有何面目與之再次相見！今日之危，我當自解！」於是孫夫人挺立道中，斥退了吳國前堵後追的幾員大將，使劉備得以逃命。當劉備到達自己駐地邊界，正被等候多時的諸葛亮以拖篷船救走，急駛而去。之後，周瑜率水陸兩路伏兵追趕而至，又被預先設伏的關雲長、黃忠、魏延殺得大敗而去。

原來諸葛亮早已料到，當劉備依第二條計策出逃後，東吳大軍必定會追趕，而僅以趙雲所帶五百軍士是難以抵禦的，只有依靠孫夫人以國太之寵女、吳侯之愛妹的身分，才能鎮住東吳將領，於是在第三個錦囊中陳獻了借孫夫人之威退兵的計策。

由於諸葛亮善於運用謀略，把握事物發展變化的關鍵，以三個錦囊妙計，破了周瑜假招親以奪回荊州的詭計，使東吳「賠了夫人又折兵」。

由於諸葛亮善於運用謀略，把握事物發展變化的關鍵，以三個錦囊妙計，破了周瑜假招親以奪回荊州的詭計，使劉備東吳之行化險為夷，順利招親得了「佳偶」，而且安全返回荊州，而孫權、周瑜卻落得個「賠了夫人又折兵」的結局。

張儀巧舌如簧屢蒙楚王

西元前314年，齊宣王和楚懷王結成了聯盟，聲勢大增，這樣一來，就打亂了秦惠文王攻打齊國的計畫，使之無法得逞。當時「合縱」的局勢並未完全改觀，要想實行張儀的「連橫」策略，非把齊、楚聯盟拆開不可。於是，秦相張儀來到了楚國。張儀一到楚國就先去結交楚王最寵信的大臣靳尚，又是送禮又是承諾，極盡拉攏之能事。接著去見楚懷王，表達了秦王願同楚王交好的意願。

楚懷王直言不諱地問道：「秦王一向專橫霸道，總是向別人索取土地，不給就大兵壓境，如何交好？」

張儀聞言立馬就說開了：「現在天下就只剩下七個國家，其中又數齊、秦、楚最為強大。如果秦、齊聯盟，齊國就比楚國強大；如果秦、楚聯盟，楚國就比齊國強大，這就看您怎麼選擇了。現在秦王主動表示願同楚國交好，還願把商於一帶的六百里裏土地送給楚國，大王您又何樂而不為呢？」

楚懷王本就目光短淺、剛愎自用，一聽說不費吹灰之力就能得到商於六百里土地，當即高興地回答：「如果能得到秦國的信任，又可削弱齊國的勢力，更能得到六百里土地，我當然願意同齊國絕交。」

懷王底下的大臣們紛紛見風使舵，向楚王拜賀，唯有客卿陳軫極力反對道：「正因為齊、楚聯盟，才使得秦國不敢輕易攻打齊國或是楚國。而這次秦國願送六百里土地給楚國，目的很明顯，就是要拆散齊、楚之間的聯盟。萬一我們同齊國斷了交，而張儀又背信棄義，不肯交出土地，那該怎麼辦？到那時，如果齊國和秦國再聯合起來攻打楚國，那楚國豈不是要面臨亡國的危險嗎？大王不如先向秦國接收商於之地，再去同齊國絕交，這樣才能萬無一失。」

三閭大夫屈原更是當庭斥責張儀是個反覆無常的小人，力勸楚懷王萬不可輕信張儀的花言巧語。而那早已被張儀收買的靳尚，則極力主張接受張儀的意見。

楚懷王不辨忠奸，又被眼前的蠅頭微利所蒙蔽，聽信了張儀和靳尚的

話，一邊派人去同齊國絕交，一邊派逢侯醜跟張儀去秦國接收土地。

張儀頗工於心計，一路上同逢侯醜打得火熱，使逢侯醜對其堅信不疑。等到了咸陽城外，張儀略施小計，裝作喝醉了酒，故意從車上掉下來把腿摔壞了，然後讓手下趕緊將自己先抬到城裏去。從此一連三個月不露面，逢侯醜怎樣求見也見不到張儀。逢侯醜無計可施，只得寫信給秦王。秦王答覆說丞相應允的事他一定照辦，只是他也不知道楚國是否真的同齊國完全絕了交，所以暫時不能兌現張儀許下的承諾。

逢侯醜無奈之下，又寫信把這些情況如實地報告給楚懷王。昏庸的懷王信以為真，居然派人去齊國大罵齊王。齊王一怒之下，便同秦王約定一起攻打楚國。

而逢侯醜則一直苦苦守候在張儀上朝的必經之路上。有一天，逢侯醜終於見到了張儀，沒想到張儀反而問道：「你怎麼還在這裏？難道還沒有得到那塊土地嗎？」

逢侯醜說：「秦王說要等您病好了才能交割土地，現在請您和我一起去見秦王，處理割地的具體事宜。」

張儀這才露出出爾反爾的真面目，他擺出一副若無其事的樣子，假裝吃驚地反問道：「為什麼要見秦王？我要把我自己的六里土地交給楚國，何必告訴秦王？」逢侯醜此時才恍然大悟，便憤怒地責問張儀為什麼表裏不一。

張儀卻「大義凜然」地回答：「秦國的土地都是靠將士們的鮮血一寸一寸地爭奪回來的，豈可輕易送人？別說六百里，就算是十里也不行！更何況我從來沒有說過要把秦國商於的六百里土地割讓給楚國。」

逢侯醜就這樣一無所獲地鎩羽而歸，等他把經過詳細呈報給楚懷王，楚懷王老惱羞成怒，立刻命屈匄為大將、逢侯醜為副將，率領十萬大軍征討秦國，並發誓拿到張儀後要食其肉寢其皮，否則難消心頭之恨。

秦王聞聽楚國率兵來犯，即派魏章為大將進行抵抗。秦軍向來軍容整齊、軍紀嚴明，戰鬥力又強，再加上齊國也派兵策應，輕而易舉地大敗楚國。楚軍傷亡慘重，連大將屈匄、副將逢侯醜都陣亡了，十萬人馬也只剩

下三萬逃回楚國。韓、魏等國一見楚國戰敗，便趁火打劫侵掠楚國的土地。楚懷王走投無路，只好派屈原去齊國賠罪，讓陳軫去秦國求和，並萬般無奈地獻上兩座城池，這件事總算告一段落了。

經此一事，楚懷王不顧群臣勸諫，欲逞匹夫之勇，一心想殺張儀出氣，居然派人到秦國提出願以黔中之地來換張儀。秦國那些與張儀不和的人就乘機鼓動秦王答應這個交易，認為以一個人換得大片土地是占了絕大的便宜。

秦惠文王算是還有點良心，斷然拒絕道：「張儀乃寡人須臾不離的左右手，況且為咱們秦國立下過汗馬功勞，寡人怎能做此等不仁不義的蠢事？寡人寧願不要此地，但萬萬不能失去張儀。」

張儀聽說後，請求拜見秦惠文王。他面帶笑容，沉著地對秦惠文王說：「為了報答大王的知遇之恩，微臣願隻身入楚國面見楚王，為大王換得黔中這塊寶地。」

秦惠文王吃驚地問道：「那楚王因你上次欺騙了他，對你已是恨之入骨。此番離秦去楚，必死無疑。寡人怎忍心將先生您往虎口裏送呢？」

張儀坦然地說道：「大王不必過慮，且聽我解釋，秦國強大而楚國衰弱，我此行是奉大王的使令前往楚國，楚王外強中乾，生性愚笨，他怎敢輕易加害大秦的使臣？這是其一。再說我同楚王的寵臣靳尚很友好，而靳尚又深得楚衛的寵妃鄭袖的歡心，她講的話，楚王沒有不聽從的。我到楚國去之前，先賄賂靳尚，讓他替臣溝通關係，打通關節，這樣楚王在他們的影響下就不會加害於微臣了，這是其二。當然，萬一楚王敢冒天下之大不韙，殺我以洩私憤，但以我一死而換來黔中一片土地，雖死猶榮，又何足為憾！」

張儀這番慷慨激昂的言辭，使得秦惠文王感動得幾乎要流下淚來。他見張儀已有所準備，也就同意了張儀的請求，只是叮囑他此行務必要謹慎小心，以求最後安全地返回到秦國來。於是，張儀隨同楚國的使臣一起來到了楚國。果然，他一進入楚國的都城，楚懷王便命人把他抓了起來，並揚言要擇良日祭告天地太廟，準備處死他。面對著殺氣騰騰的楚懷王，張

儀並不十分緊張。原來，在他剛從秦國出來時，便早已派人到楚國與靳尚聯繫上了。

靳尚為了救張儀，就去找楚懷王的寵妃鄭袖，故做神祕地對她說：「夫人受寵倖的時間恐怕不會太久了！」

鄭袖一聽此言，嚇了一跳，吃驚地問道：「何以見得？」

靳尚告訴她：「秦王派張儀來到楚國，聽說大王已決定要處死他。張儀這個人，是秦王的左右手，秦國的一大功臣。臣聽說秦王已得知這一消息，正著手要救張儀出去。他打算把上庸地方的六個縣送給楚國，並把自己的女兒嫁給楚王，還把後宮中能歌善舞的美人陪嫁過來，以贖張儀昔日之罪。現在秦國的使臣已來講條件了，一旦談妥，秦國的美人便會紛至沓來，到那時，夫人想保持眼下這個地位那幾乎是不可能的了。」

狹隘愚蠢的鄭袖聽著聽著，頭上冒出了冷汗，身上發抖，趕忙問道：「依您之見，此事該如何是好？」

靳尚見鄭袖已經上鉤，便和盤說出自己的計畫：「唯今之計，看來只好佯作不知此事，而在楚王面前下工夫，禮待張儀，並送其回國。張儀回去後，必感激您的盛德，美人也不用嫁過來了。」

鄭袖聽了，自然言聽計從。於是日夜在楚懷王面前哭訴說：「大王欲以黔中之地換取張儀，而地方未割，張儀卻先到，可見秦王是很尊重大王您的。但是，如果大王不顧外交禮節，執意將張儀殺了，秦王必然大怒而發兵攻擊楚國。賤妾請求大王讓我們母子都遷移到江南去，以免成為秦王的俘虜而遭到蹂躪。」她見楚懷王聽了心有所動，便又繼續勸道：「再說人各有其主，張儀為秦王盡忠，乃是當然之事；如果大王優厚於他，也一樣可以成為大王您的忠臣。況且褒獎張儀這樣的忠臣，不也正好為大王手下的大臣樹立了一個效法的榜樣嗎？」

楚懷王本是一個優柔寡斷、毫無主見的人，現在給愛妃這麼一說一磨，嘴上先軟了一半，答應鄭袖再考慮考慮。此時，靳尚再不失時機地挑唆道：「殺一張儀，於楚無補，於秦也無害，而楚卻為此要白白地喪失幾百里的土地，如果不給，正好又給秦王發動戰爭的有利藉口。這樣一來，

秦國不是更強盛而楚國更衰弱了嗎？」

楚懷王一想，果然是不划算，終於聽從了鄭袖的意見，赦免了張儀，並對他以厚禮相待了一番，又客客氣氣地把他送回了秦國。

後來，又是這麼一個張儀，以訂立盟約為名將楚懷王騙到秦國軟禁起來，楚懷王最終客死他鄉，他這一生都栽倒在張儀的手裏。

本篇著重闡述了要因人制宜地使用謀略：「夫仁人輕貨，不可誘以利，可使出費；勇士輕難，不可懼以患，可使據危；智者達於數，明於理，不可欺以不誠，可示以道理，可使立功：是三才也。故愚者易蔽也，不肖者易懼也，貪者易誘也，是因事而裁之。」鬼谷子的高足、著名的縱橫家張儀如此這般巧舌如簧地一而再、再而三地矇騙楚懷王，使得對方身死國亡的故事，就是充分利用「愚者易蔽」、「不肖者易懼」、「貪者易誘」來施展權謀的典型例子，頗具借鑒與反思意義。

趙匡胤陳橋兵變黃袍加身

宋太祖趙匡胤登上帝位的過程頗具傳奇色彩，但包含在這一系列富有戲劇性的表面情節之下的，卻是精彩紛呈的權謀策劃與實施。

西元959年，周世宗柴榮突發急病身亡，年僅七歲的恭帝即位。殿前都點檢、歸德軍節度使趙匡胤與禁軍高級將領石守信、王審琦等結義兄弟掌握了軍權。後周顯德七年（西元960年），趙普即派人四處散播謠言，並借機上奏朝廷，危言聳聽，說北漢和契丹就要會師南下，派兵進犯都城大梁（今河南開封）。

後周宰相范質、王溥等倉促之下不辨真偽，便急命趙匡胤率兵從大梁出發，北上加以防禦。當大軍行至開封東北四十里的陳橋驛時，趙匡胤便下令大軍安營紮寨，暫緩前進。

軍中有一個通曉星象的人叫苗訓，他指點門官楚昭輔等人觀察天象，看見「日下復有一日，黑光摩蕩者久之」，似乎有兩個太陽正在搏鬥。古

時候，人們都認為太陽是皇帝的象徵，另外出現了一個太陽，也就預示著要出現一個新的皇帝。謠言於是不脛而走。當晚五更，軍中將士們聚集在陳橋驛前，議論紛紛。趙匡胤為了讓這把火燒得更旺，便又派親信去煽動將士們說：「現在皇帝年幼，不能親政，我們冒死為國家抵禦外敵，又有誰知道？倒不如先立將軍為天子，然後再北征也不晚。」

這時，一直在幕後策劃的趙普、趙光義等便出來假言規勸將士們不要這樣做。如此一來，名為勸阻，實為激將，果然惹得群情沸騰。趙普等人一見時機已然成熟，就派人連夜趕回通知大梁城內的守將石守信、王審琦等人，讓他們在京城領兵策應。

黎明時分，北征的將士們紛紛披甲執刃，團團圍住趙匡胤的軍帳。而此時的趙匡胤卻正優閒地臥於帳中飲酒，佯作不知。趙普與趙光義進來稟告外面的情況，趙匡胤這才慢慢地起身出來。

將士們一見到他便一起高呼：「諸軍無主，願奉將軍為天子！」

趙匡胤還未及開口，就有人把象徵著皇權的黃袍披在他身上，高呼萬歲。這些參加兵變的將士們也不等他分辯，就簇擁他上馬。趙匡胤手攬韁繩對眾將士說道：「我有號令，你們能聽從嗎？」眾將士紛紛

雪夜訪普圖

表示願聽從號令。趙匡胤接著說：「太后和皇上，我一直對他們稱臣，你們不能冒犯；諸位大臣，都是與我在一起的同僚，你們不能侵凌；朝廷中普通的家庭，你們不能強行掠奪。聽從我命令的重賞，違反命令的一律處置。」眾將士聽到這些話，都下馬跪拜。於是，趙匡胤就整肅軍隊進入了大梁。

趙匡胤進城後，命令將士們各歸營帳。片刻之後，手下將領簇擁著宰相范質等群臣前來。趙匡胤一見到他們就痛哭流涕，對他們痛陳：「我違抗了上天的旨意，做了叛軍首領，這都是諸位將士們下命令逼迫我的緣故，我不得已才這樣做的啊！」

但還沒等范質一千人等開口說話，一個名叫羅彥環的將領隨即手按利劍對范質等人厲聲怒喝：「我們諸位將士沒有首領，今天我們願奉趙匡胤為天子。」

范質等人面面相覷，此種形勢之下，也別無他計可施，只好承認趙匡胤為皇帝。於是趙匡胤擇日登基，是為宋太祖。

從散佈北漢與契丹進犯的謠言，到觀天象、唆使將士擁立趙匡胤為帝，而後裏應外合、兵不血刃地進入都城大梁，趙普等人將整個兵變過程安排得絲絲入扣、具體而微、滴水不漏，甚至連加身的黃袍以及禪代的詔書，都已經事先準備好了。而大局將定後趙匡胤對將士們的約法三章，也是趙普等人謀劃兵變的既定策略，既有利於穩定局勢、鞏固政權，也有利於日後北宋的統一大業。可見，謀大事貴在深謀遠慮後一氣呵成，這就是所謂的「變生事，事生謀，謀生計」。

田單火牛陣復齊

在戰國時期的風雲變幻中，燕國曾一度被齊國滅掉。後來，燕昭王即位，設「黃金之台」，向天下廣攬人才，準備復仇雪恥。而此時的齊湣王卻仍蒙在鼓裏，聽從燕王派來的間諜蘇秦之謀，攻佔宋國，引起了諸侯恐

牧童讀書圖

慌。燕昭王乘機聯合秦、趙、韓、魏，發大兵攻齊。僅半年時間，除了莒城（今山東莒縣）、即墨（今山東平度）兩座城外，齊國剩下的七十餘城盡被燕將樂毅率領的聯軍攻佔。

固守即墨的將領是田單，他是一個很懂得謀略權術的人，指揮軍民共同固守即墨，使樂毅打了三年，也沒能攻下來。一直等到燕昭王去世，燕惠王即位後，田單派人去燕都實施「反間計」，讓燕惠王用一介武夫騎劫代替了老謀深算、精於用兵的大將樂毅，消除了這一最大隱憂。

接著，田單又施展開「剛柔弛張計」：派出城中的老者到城外的騎劫大營獻上黃金，並告知他們城中糧草將盡，兵員或死或逃，數量大減，守城者也多為老弱婦孺，田單已然準備投降了。這是用「軟」的、表面的一手麻痹燕軍；暗地裏田單卻派人準備了一千頭牛，在牛身上畫滿了怪異奇詭的花紋，給牛的犄角綁上銳利的尖刀，並在牛尾巴拴上浸透了油膏的葦草。又挑選了五千名精幹的壯士，讓他們吃飽待命。等到夜深了，因燕軍早就聽聞齊軍準備獻城投降，便放鬆了警惕，抓住這個大好時機，田單令人連夜祕密地鑿開城牆，打開城門，點燃了牛尾巴上的油草。牛被火燒疼了，圓瞪大眼，瘋了似的疾衝出城外，見人就用角挑，何況角上還綁有尖刀呢！而從睡夢中驚醒的燕軍，只見一群怪物頭頂尖刀橫衝直撞、暴跳若狂的迎面奔來，嚇得扭頭就跑。那五千壯士跟在牛後面掩殺過去，打得燕兵抱頭鼠竄，潰不成軍，傷亡慘重。田單乘勝追擊，最終一氣收復了齊國失陷的七十餘城，恢復了齊國，青史留名。

從這個剛柔兼施、軟硬並用的「火牛陣田單復齊」的歷史故事中，我們不難發現古人在實施計謀時，不單「軟」、「硬」交替使用，也常常「軟」、「硬」同時使用，以「軟」蔽「硬」，以「硬」輔「軟」，兩法兼施，相輔相成，相得益彰，充分發揮出了計謀「正不如奇，奇流而不止者也」的妙用與威力。

張良下邑奇謀畫箸阻封

秦滅韓後，張良家有奴僕三百人，其兄弟不幸故去，但張良並沒有加以厚葬，卻拿出全部家產來招募刺客，圖謀刺殺秦始皇，以報亡國之恨。後來他雖然招募到了一名刺客，但謀刺未果反遭搜捕。於是張良只好隱姓埋名，背井離鄉，四處逃亡。當他逃到下邳時，巧遇神仙黃石公老人，得授《太公兵法》，便日夕研讀記誦這部兵書。

秦末戰爭時，張良先是聚眾百餘人歸附沛公劉邦，後又遊說項梁立韓國貴族橫陽君為韓王，而他則出任韓王的司徒。後來，橫陽君被項羽所殺，張良轉而歸附劉邦，並成為其幕下重要謀士之一。楚漢戰爭期間，他在關鍵時刻屢出奇謀，為漢朝的創立寫下了不朽功勳。

漢二年（西元前205年）春，劉邦接連收降了常山王張耳、河南王申陽、韓王昌、魏王豹和殷王卬等五個諸侯，得兵五十六萬。同年四月，又趁項羽集中力量攻打田榮之際，率兵伐楚，直搗楚都彭城。

攻佔彭城後，劉邦被這輕而易舉得到的勝利沖昏了頭腦，不但沒有及時採取恰當的政治、經濟措施，來安撫此地，收買人心，反而舊習復發，得意忘形，整日置酒宴會，結果為項羽回軍解救贏得了時機。項羽得知彭城失陷後，立即親率三萬精兵，從小路火速趕回，馳援彭城。劉邦數十萬烏合之師難以協調指揮，連糧餉都籌備不齊，所以一經交鋒，即遭慘敗，被項王打個落花流水，幾乎全軍覆沒。見此形勢，許多諸侯王紛紛望風轉舵，重又背漢向楚。劉邦丟下老父和妻兒，只帶張良等數十騎狼狽出逃至下邑，遭此重大挫折，大好形勢復又逆轉。

劉邦驚魂甫定，萬念俱灰，他下馬靠著馬鞍沮喪地問群臣說：「寡人想放棄函谷關以東的土地，將它用來封賞將士，誰能立功破楚與寡人共建功業，我就把關東平分給他。你們看誰行？」在此兵敗將亡之際，又是張良匠心獨運，為劉邦展示出一副利用矛盾、聯兵破楚的美好藍圖，這就是歷史上著名的「下邑之謀」——他聞聽此言，沉吟片刻，便建議道：「九江王英布，本是楚國的猛將，同項王有矛盾，彭城之戰，項羽令其相助，他卻按兵不動，項羽對他頗為怨恨，多次派使者責之以罪，大王可以爭取

一下。彭越因項羽分封諸侯時，沒有受封，早對項羽懷有不滿，而且齊王田榮反楚時曾聯絡彭越造反，為此項羽曾令蕭公角攻伐他，結果未成，這兩個人大王也可立即派人拉攏。另外，大王您手下的將領，只有韓信可以委任大事，獨當一面。如果大王您真的決定要放棄關東一帶的土地，不妨送給英布、彭越和韓信，用好這三個人，攻破項王就指日可待了。」

劉邦聽罷，認為這的確是一個以弱制強的妙計，便馬上派能言善道的舌辯名臣隋何，去遊說、策反九江王英布，結果英布倒向漢王，成為後來漢軍伐楚的一支重要力量；接著又遣使去聯絡彭越，待其歸漢後，拜為魏相國，帶兵從後襲擊楚軍，斷其糧道，牽制楚軍兵力，成為插在項梁背後的一把尖刀；同時，再委派韓信帶兵進擊魏王，乘勢攻佔了燕、代、齊、趙等地，發展壯大漢軍力量，迂迴包抄楚軍。

張良獻上的「下邑之謀」，雖然不是全面的戰略計畫，但它卻構成了劉邦關於楚漢戰場計畫的重要內容，具有十分深遠、重大的意義。正是在張良的謀劃下，劉邦聯合英布和彭越，形成一個內外聯合共擊項羽的軍事聯盟，從而扭轉了楚漢戰爭相持不下的局勢，使劉邦由戰略防禦轉為戰略進攻，變被動為主動。而事實也證明了張良「下邑之謀」的深謀遠慮，最後漢軍兵圍垓下打敗項羽，主要依靠的正是這三支軍事力量。

不久，劉邦又差點犯下了一個戰略上的致命錯誤，仍是張良在關鍵時刻為劉邦撥雲見日。

漢三年（西元前204年）冬，楚軍兵圍漢王於滎陽，雙方久持不下。楚軍屢次竭盡全力襲擊、截斷漢軍的糧食補給和軍援通道。漢軍糧草匱乏，漸漸難撐危機。漢王劉邦為此一籌莫展，焦急地詢問群臣有何良策可以削弱楚軍的實力。

酈食其進言道：「昔日商湯討伐夏桀，將夏桀王的後代封在杞地；周武王討伐商紂，將商紂王的子孫封在宋地；如今秦王朝失德棄義，侵略征伐諸侯各國，滅掉其社稷，使諸侯六國的後代皆無立錐之地。陛下如果真能重新扶立起六國的後代，那麼，各國的君臣百姓，一定都會感戴陛下的大恩大德，而無不嚮往欽慕陛下的風範和德義，心甘情願做陛下的臣民

了。如此廣泛施行德義後，陛下即可南面為帝而稱霸天下了。到那時，楚王也只得整肅衣冠、必恭必敬地來朝拜您了。」這其實不過是番「飲鴆止渴」的誇誇其談，但酈食其的這碗「米湯」卻灌得劉邦笑顏逐開，絲毫沒有看到它的危害性，反而拍手稱讚，迫不及待地對酈食其說：「先生的主意好極了，寡人這就命人趕快刻制印璽，並麻煩您帶著它們出使六國，巡行各地分封吧！」

酈食其尚未起程，在此關鍵時候，恰巧張良外出歸來拜見劉邦。劉邦正在吃飯，一見張良就對他說道：「子房，你過來，有位賓客為寡人策劃了削弱楚軍實力的妙計。」隨即把酈食其的建議告訴了張良，並問道：「子房，你看這主意不壞吧？」張良聽了大吃一驚，沉痛地搖搖頭說道：「這是食古不化的讀書人給陛下出的餿主意啊！如果照此行事，陛下統一天下的大業就要泡湯了！」劉邦頓時驚慌失色，慌忙問道：「怎麼會這樣呢？」

張良順手從酒桌子上拿起一雙筷子，比比畫畫地陳述道──

「昔日商湯、周武王之所以封立夏桀、商紂王的後代，是基於完全可以控制、必要時還可以置其於死地的考慮，而如今陛下能夠控制並決定項王的命運嗎？顯然不能。這是陛下現在不可分封六國後代的第一個原因。

「昔日周武王攻克殷商的都城後，曾在賢人商容的閭巷裏表彰他的德行，整修了忠臣比干的墳墓，並釋放了被囚禁的忠臣箕子，其意在獎掖鞭策本朝臣民，而如今陛下所面臨的是旌忠尊賢的時候嗎？顯然不是的。這是不可分封六國後代的第二個原因。

「昔日周武王能夠發放商紂王囤積在巨橋糧倉裏的糧食、儲積在鹿台府庫裏的錢財，以賑濟貧苦的老百姓，而如今陛下軍需都沒有著落，哪裡還有能力救濟饑貧呢？這是不可分封六國後代第三個原因。

「昔日在滅亡殷商後，周武王廢棄戰車而改製成乘車，倒置兵器以向天下示意不再用兵，而如今陛下鏖戰正急，怎能效法呢？這是不可分封六國後代的第四個原因。

「昔日周武王不僅『刀槍入庫』，而且，『馬放南山』，以向天下示意不再驅用戰馬；將運輸糧草的牛放到桃林以北，以向天下示意不再運輸

輜重，這都是因為天下已轉入升平年代。如今楚漢雙方激戰不休，怎能偃武修文呢？這是不可分封六國後代的第五個原因。

「再說當今天下的謀臣策士，之所以辭別自己的父母兄弟，拋棄自己的妻子兒女，離開祖祖輩輩生息的土地，告別自己的親朋好友，跟隨陛下您輾轉奔波，轉戰四方，不過就是為了日夜盼望得到那封賞的咫尺之地嗎？如今可好，陛下重新樹立六國的王族，使天下的謀臣策士各自返回故里去事奉他們自己的君王，陪伴他們的父母兄弟、妻子兒女、親戚朋友，那麼陛下還將依靠誰去奪取天下呢？

「況且當今只有項王的勢力最為強大，如果重新被立的六國後代轉而臣服於項王，那麼陛下又該怎麼辦呢？

「基於以上種種分析，所以臣才說，如果陛下果真採用那一介儒生的計謀，那麼，陛下統一天下的大計就得草草收場了。」

張良這番借箸諫阻分封，使劉邦茅塞頓開，恍然大悟，以致飯也不吃了，吐出口中的食物，大罵酈食其：「這個書呆子，差一點壞了老子的大事！」然後，立馬下令即刻銷毀已經刻製完成的六國印璽，從而避免了一次重大的戰略失誤。

張良分析，真可謂是字字珠璣，頭頭是道，精妙至極，又切中要害。他看到了古今時移勢異的變更，從而得出絕不能照抄照搬「古聖先賢」之法的結論。

尤為重要的是，張良認為封土賜爵是一種很有吸引力的獎勵手段，是賞賜給戰爭中的有功之臣，用來鼓勵天下將士追隨漢王，使分封成為一種維繫將士之心的重要措施的。如果反其道而行之，那麼還靠什麼激勵將士從而取得勝利呢？張良這一次精闢入裏的分析，較之昔日請立韓王、處心積慮要「復韓」的思想認識，不啻為一個明顯的飛躍，從而在中國古代政治思想謀略史上佔有重要一頁。難怪時隔一千七百年，還被明人李贄情不自禁地讚歎為「快論」，一再受到後世思想家、謀略家的交口稱讚。

下邑奇謀、畫箸阻封，是張良對謀術爐火純青的運用。下邑奇謀的關鍵是讓劉邦利用好英布、彭越、韓信這三個破楚的關鍵人物，這正是

對謀術中的「度材、量能、揣情者，亦事之司南也」（忖度稱量人的才幹能力，掌握各種有關因素，抓第一手材料，也是因事立計的「指南車」）的靈活運用。而畫箸阻封的主旨即是讓劉邦不要因循守舊照搬古聖先賢之法，而要依據事實從實際出發考慮問題，使封土賜爵成為激勵將士的一種有效手段，這正是對謀術中「凡謀有道，必得其所因，以求其情」（謀劃策略，要遵循一定的原則，弄清事情的起因，把握有關的實際情況）的深刻體悟與具體運用。

☞ 商界活用

克羅克瞞天過海反客為主

當今世界，在激烈的商業競爭中，置身其中的弄潮兒們更應該多想一些別人想不到的計謀，多使用一些別人思索不出的招數，去擊敗對手。正所謂「智用於眾人之所不能知，用於眾人之所不能見」，如此才能出其不意攻其無備，出奇制勝，最終贏得成功，長存於不敗之地。

香港有一家小食品廠，專為某家大型企業的員工提供工作餐。兩家已合作多年，即便另有多家小食品廠也想搶這一塊「肥肉」，但總不能如願以償。原因何在呢？原來這家小食品廠善於暗中用計謀、用手段，那家大企業近千名員工的生日，這家小食品廠都一一記著，到你生日那天，保證有份「生日工作餐」送到你面前。這樣，誰還願意放棄這家如此貼心的小食品廠供應的工作餐呢？

日本則有一家味精商在味精銷路不景氣的情況下，將味精瓶上的小孔由直徑1毫米擴大到1.5毫米，而消費者在沒有任何覺察的情況下，每每一倒就用多了，這樣就大大增加了味精的銷售量。

《鬼谷子‧謀篇第十》中指出，「聖人之道陰，愚人之道陽」。意思是說聖智之人做事總是不露聲色，隱祕進行；愚笨的人呢則總是咋咋呼呼，鋒芒畢露。克羅克出身於美國的一個窮人家庭，還沒讀完中學就出來

做工養家糊口。後來，他在一家工廠當上了推銷員，一方面收入有了一定的提高，生活有了明顯的改善；另一方面，也是更主要的，他在推銷產品的過程中走南闖北，結識了不少人，交了很多朋友，也大大增長了見識，積累了許多經營管理方面的寶貴經驗。

一段時間後，他開始越來越不滿足於給別人當雇員了，一心想創辦一個屬於自己的公司。可到底該選擇哪一行呢？所謂「民以食為天」，通過市場調查，他發現隨著人們工作生活節奏的加快，當時美國的餐飲業已遠遠不能滿足於這變化了的時代要求，因而亟需改革，以適應億萬美國人的速食需求。可想歸想，要將其成功變成現實就不是那麼容易的事情了，必須為之付出一定的代價。

克羅克面臨的首要問題就是資金問題，要實現鴻鵠之志沒有啟動資本就如同「水中月」、「鏡中花」一樣可望而不可即。但「一分錢難倒英雄漢」這話一點也不假，對於一貧如洗的克羅克來說，自己開辦餐館又談何容易呢？思來想去，他終於想出了一個好辦法。在他做推銷員時，曾結識了開餐館的麥克唐納兄弟，自己何不憑著雙方的交情先打入其內部學習，以期最終實現自己的偉大抱負？主意已定，他便找到了麥氏兄弟，不遺餘力地對其進行了一番讚美，而後話鋒一轉，開始講述自己目前的窘境，待博得對方的同情後，便不失時機地懇請麥氏兄弟無論如何也要幫他這個忙，收留自己在他們的餐館做工，哪怕就做一名跑堂的小夥計也行，否則，他的日常生活將面臨危機。

在過去一段時間的接觸中，克羅克深知這兩位老闆心理特點。為盡可能早地實現自己的遠大目標，他又主動提出在自己當店員期間兼做原來的推銷工作，並同意把推銷收入的5%讓利給老闆。麥氏兄弟一見有利可圖，又考慮到眼下店裏確實人手不足，便十分爽快地答應了他的要求。

克羅克就這樣進入了速食店，由於目標明確，加上勤奮好學，他很快就掌握了其運作方式。為取得老闆的信任，他工作起來異常勤奮，起早貪黑，任勞任怨。還曾多次建議麥克兄弟改善營業環境，吸引來更多的顧客；並提出新的配餐方式，並改為輕便包裝以及送上門等一系列新的經營

方法，以擴大業務範圍，增加服務種類，獲取更多的營業收入。而他的每一項改革都使老闆感到很滿意，因為他的言談舉止總是表現得那麼坦誠，那麼值得信賴，給人留下了謙虛謹慎的極好印象。由於他經營有道，為店裏招徠了不少顧客，生意越做越旺，老闆對他更加言聽計從、百依百順了。餐館名義上是麥氏兄弟的，但實際上餐館的經營管理、決策權已完全掌握在克羅克的手中了。並且這一切正是通向克羅克最終目的的鋪路石，可憐那兩位老闆還一直被蒙在鼓裏，不禁對此無絲毫戒心，甚至還在暗自慶幸當時留下克羅克的決定是對的，多虧了他的有效管理和辛勤治店，餐館的生意才這麼興隆，財源滾滾而來。所以，兄弟倆大有「伯樂相識千里馬」的自豪與快慰。

不知不覺中，克羅克已在店裏幹了六個年頭。至此，他羽翼已漸漸豐滿了，展翅騰飛的時機也日趨成熟，便暗暗加快了自己的行動步伐，還通過各種途徑籌集到了一大筆貸款。到了該與麥氏兄弟攤牌的重大時刻了，事到臨頭，也不容再難為情地繼續拖延下去了，他熟知這兩位老闆素來喜歡貪圖眼前利益，經常會為一時的需要而忘記最初的遠大目標。為此，克羅克充分做好了談判前的心理想準備。

1961年的一個晚上，克羅克與麥氏兄弟進行了一場很艱難的談判。起初，克羅克先提出較為苛刻的條件，對方堅決不答應，克羅克稍作讓步後，雙方又經過了激烈的討價還價，最終克羅克以270萬美元的現金買下了麥氏餐館，由他自個兒獨自經營。麥氏兄弟儘管有種種憂慮與不安，但面對如此誘人的價格，他們終於還是動心了，克羅克贏得了談判的勝利。

第二天，該餐館就發生了引人注目的主僕易位事件。店員居然炒了老闆的魷魚，這在當時可以說是當地的一條特大爆炸性新聞，引起了很大的轟動，而快餐館也借此良機，通過眾人之口深入人心，大大提高了其在美國的知名度。至此，克羅克的「瞞天過海」之計也基本算是圓滿達到了預期目標。克羅克入主這家快餐館後，經營管理更加出色，很快就以嶄新的面貌享譽全美，在不長的時間內，就把那270萬美元全部撈了回來。又經過20多年的苦心經營，總資產已達42億美元，位列國際十大知名餐館之一。

克羅克的計謀之所以能成功實施，就在於他了解麥氏兄弟的脾氣性格和行為方式，僅以讓利5%的小誘惑就得以輕易打入麥氏快餐館。隨後通過長時間的學習借鑒，加上對老闆的曲意奉迎，換取了兄弟倆的信任，使兄弟倆認為他處處替自己著想，維護自己的利益，便漸漸消除了對他的猜忌，進而放心愉快地接受了他的各種建議。這其中的每一步都展示出了克羅克對謀術的駕輕就熟、出神入化的運用。如此這般經過逐步的滲透、架空，原先的老闆已「名存實亡」了，而最後的那一場談判交易，更令其一舉吃掉了麥克唐納快餐館，克羅克深謀遠慮的「瞞天過海、反客為主」之計終於水到渠成，大功告成。

「戴安娜王妃」掀起倫敦購物狂潮

一則看似不顯山不露水的電視廣告正在倫敦播出——

傍晚，某珠寶店內燈火通明，華彩耀眼。一位衣冠楚楚的老闆必恭必敬地站在門口，似乎正在恭候哪位貴客的到來。一會兒，一輛高級豪華的小轎車緩緩駛入了畫面，老闆疾步上前拉開車門，輕輕扶出一位儀態萬方的女士……

此時，觀看電視的人都驚呆了：「這不是英國的絕代佳人戴安娜王妃嗎？」

電視裏情節仍在發展，只見路上的人都一下子圍攏過來，爭睹芳容，更有少數勇敢者擠上前來親吻王妃的手，場面異常轟動。店老闆奮力分開眾人，笑容可掬，必恭必敬地把王妃讓進店內，等候在那兒的售貨員忙不迭地把一件件五光十色的珠寶項鏈、金銀首飾送到王妃面前，王妃細細地挑選一番，然後帶著選中的幾款首飾，在圍觀者的簇擁之下滿意而去……

整場畫面無一解說詞，但戴安娜王妃光顧這家招牌醒目的珠寶店的消息卻不脛而走，很快便傳遍了整個倫敦城。第二天這家珠寶店立刻門庭若市，眾多湊熱鬧的人以及戴安娜王妃的崇拜者們紛紛擁到這家珠寶店，售

戴安娜王妃

貨員們簡直應接不暇，恨不得長出八隻手來應付。當天此店的營業額創下了開業以來的最高紀錄。可大家都不知曉的是：戴安娜王妃根本沒有來過這家店！所有這些熱鬧的、激動人心的場面，以及所謂的「戴安娜王妃」及其簇擁者，其實都是老闆「炒事」炒出來的。

當然，此事後來驚動了英國皇室，並弄清楚了王妃根本沒去過這家珠寶店。皇室一怒，要治老闆的「欺君之罪」，可律師卻辯護道：此廣告未置一詞，是眾人自作多情將女模特誤認作王妃，因而根本無罪可治。此事就這樣不了了之，而這家小珠寶店卻從此聲名遠揚，生意興隆。

英國已逝王妃戴安娜，儀態動人，風姿絕世，更兼樂善好施，和藹親民，使絕大多數英國人為之傾倒，仰慕不已。她的一行一止，都常常引起西方世界人們的極大興趣。她穿的衣服，做的髮型，各國少女競相模仿，甚至掀起一股了「戴安娜熱」，精明的商人當然不會放過這塊最有成效的「招牌」。

上例中的珠寶店老闆更是匠心獨具，精心編撰、導演了一出「戴安娜」光顧本店的廣告。《鬼谷子‧謀篇第十》中有云：「天地之化，在高在深；聖人之制道，在隱與匿。」意思是說，天地自然的變化規律，在於高深莫測；聖人運用謀略和道術的規律，在於隱蔽祕密。珠寶店老闆巧借酷似戴安娜王妃的女模特偷樑換柱，利用公眾的盲目崇拜心理，成功地使廣大消費者蒙在鼓裏，不知不覺中就落入了設計好的圈套，從而在倫敦掀起了一股珠寶搶購熱，達到了一舉成名的目的。如果眾人不能產生類似的錯覺，那麼，珠寶店老闆的一番苦心便將付之東流了。即使是顯赫的皇室，在面對該老闆無懈可擊的炒作手段時，也只得無可奈何地作罷，不了了之。所以，在對人使用某種計謀、實施某種權術時，關鍵是不要露出破

綻，精心策劃、天衣無縫才是成功的前提。

此外，「製造新聞」還要善於利用人們的好奇心理，摸清人們的好奇口味，進而投其所好，才能製造得驚天動地，才能收到出人意料的神奇效果。

柏特利的娘子軍

柏特利出生於美國猶他州的鹽湖城。自小家境貧寒，生活艱辛，一家五口全靠父親幾十元的月薪來吃力地維持著窘迫的日子。當他國小一畢業，父親便讓他找活幹，以增加收入、補貼家用。

柏特利經朋友的介紹，來到一家家庭用品製造廠當了推銷員。由於柏特利的口才不錯，再加上他面孔和善，笑口常開，因而推銷成績很不錯，兩年中也跑了不少地方。

當他來到克利夫蘭城時，在那認識了一家襪子製造廠的老闆，名叫查理斯。他很欣賞柏特利的推銷才幹，便千方百計地把他「挖」了過來。

柏特利跟著查理斯工作了幾個月後，發現老闆另有打算，準備一等存貨賣掉後，就結束製襪生意，轉而進入另一新行業。

「襪子生意不是也很賺錢嗎？為什麼要結束它呢？」柏特利向他提出了疑問。查理斯聽了柏特利的話，突然想到：何不把生意整個轉給他？這不但對柏特利有好處，自己也可以早一點脫身。

當柏特利了解到查理斯的打算後，笑著說：「你別開玩笑了！我哪來這麼多錢啊？」

「只要你把存貨的錢拿出來，我把機器賣你，你再用機器作抵押，到銀行去借錢還給我，問題不就解決了嗎？」

這筆生意很快成交了。就這樣，25歲的柏特利擁有了自己的小工廠。

接手這家製襪廠後，柏特利便下定決心改變經營方針。經過苦心孤詣的策劃，他制訂出了兩個與以前完全不同的經營方針：首先，採取「單一多樣化」的生產方式，一門心思專做女人的襪子。他想，凡是女人穿的襪

子，應該做到應有盡有，式樣、配色要不斷變化更新，要經常研究新產品，領先於同行業，這樣才能打出名氣來。其次，是設立門市部，直接經營。這樣便可以節省下來一部分推銷費用，還可以主動向各地擴展經營。

於是，柏特利在克利夫蘭設立了他的第一個門市部，專門銷售女襪。其口號是：凡是女士想買的女襪，我們這裏都有；如果我們現有的襪子你都不喜歡，那麼，只要你能把你喜歡的樣子、花色說出來，我們就能滿足你的要求，專門為你訂做。

而且，柏特利深刻認識到，這一口號是其與眾不同的「絕招」，也是其經營的特色。因此，他有出資買了幾部小型針織機，請了幾位手藝很好的家庭主婦作為他的特邀工人。一旦有人訂做，就請她們立即加工，論件計酬，兩邊都不吃虧。

雖說這種訂做的生意不是很多，但卻不失為一個很好的經營方式。因此，半年時間不到，柏特利的女襪就在克利夫蘭轟動一時，隨之名聲大噪。

同時，為了增強公司在市場上的競爭力，儘快樹立起不同凡響的形象，柏特利採取了與眾不同的經營原則：首先，重用女性人才，使每個分公司都由女性來經營；其次，選擇適當的地點，開立分廠，設置倉儲中心，以方便貨物的及時供應；第三，配合不同的時令，推出自己特製的產品，以加深消費者的印象。

柏特利還親自奔赴各地設立分公司，並挑選經理人才。短短一年的時間，他就在克利夫蘭等大城市成立了五家分公司。

柏特利在美國工商界的崛起，被認為是轟動一時的奇蹟。

所謂「度材、量能、揣情者，亦事之司南也。故同情而相親者，其俱成者也」，柏特利接手製襪廠後，確立了迎合女士的經營方針，即採取「單一多樣化」的生產和銷售方式，專做女士的襪子，專銷女士的襪子，還可以根據各人所好為她們專門定做自己喜歡的樣式及配色。此外，更絕的是還重用女性人才，使每個分公司都由女性來經營。如此善於「揣情」，令萬千女性「同情而相親」，當然可以令買者滿意，賣者也能一步步地贏得客戶，最終獲得巨大的成功。

別人的誘導是墳墓

正所謂「假作真時真亦假，真作假時假亦真」。有些在職場上混久了的老油條們，尤其擅長演戲給別人看。虛虛實實，真真假假，有時實在讓人難以甄別。這時候的你，最好不要輕易受到別人故意散發出來的信號的干擾，自己該做什麼就還做什麼，往往別人的誘導就是墳墓。所以，越是在受到別人的影響而六神無主時，越要堅持做自己。

小張和小郭同為一家大型公司的職員，近來因為公司要進行人事變動，想從他們兩人之中挑選出一個來擔任公司部門經理。這讓兩個人都興奮不已，而且他們兩個人的實力和條件不分上下，工作也都很努力，只是小郭比小張在工作上有時略勝一籌而已。所以，他們都很關注對方的工作表現以及跟領導的接觸，害怕就在某一方面上直接威脅到了自己的利益。

面對小張的威脅，小郭決定要不惜任何代價在工作上以更優異的業績超過他，因為這次公司新任總經理已經明確表示並決定：業績起最主要的參考作用。所以這樣自己就可以得到總經理賞識，從而打敗競爭對手。

但是，準備了幾天之後，小郭卻發現小張根本無動於衷，而且工作比平時還要散漫，心中不禁竊喜。但是，沒過幾天，小郭就聽同事們說，小張現在正和公司各個部門的頭頭們打得火熱，而且部門頭頭也都紛紛表示要支持他當上部門經理。小郭一聽，頓時感到小張是在玩關係牌。而且後來經過觀察，他也發現小張和老總的關係真的要比平時熱乎得多。

小郭心裏開始有些慌亂了，因為他知道，以前公司人事調動的時候到但最後還是誰和上面的關係好，誰就會勝出。想到此，小郭暗罵自己怎麼鬼迷心竅竟把這事給忘記了，現在都已經讓小張搶佔了先機。於是，他就立即著手，但是，這次無論自己如何努力找到這些頭頭，他們都笑咪咪地婉言拒絕，只說讓他好好工作就是了。但是，越是這樣，小郭就越是失望。他認為老總老總肯定是已經都被小張收買徹底了，自己再也不可能有

什麼希望了。於是，在工作中，他開始委靡不振，整天恍恍惚惚，心事重重。

而小張這邊，卻在辦公室裏依舊不緊不慢地工作著，有時甚至還要關心地勸說小郭好好工作。小郭心裏直罵他表面上裝得一本正經，背後卻暗使陰招，所以對小張恨之入骨。

終於，最後的選拔時間到了，這次選拔完全是按照公司的選拔政策、在公開、公平、公正的條件下進行的。小張最終以最優異的工作業績獲得了勝利，老總還特意把他獲得的所有成績都張貼出來，以便和所有參選者的成績進行比較。而小張所做的一切業績，也都讓大家心悅誠服，無話可說。平時看起來那麼散漫的小張，並沒見他如何努力工作過，現在卻取得了真真切切、人所共睹的優秀業績，這讓大家在驚異的同時更多了一分敬重和折服。

這也只有小張自己一個人知道，他從自己佈滿血絲的眼中，終於看到了收穫的果實。其實，小張在辦公室裏故意表現出懶散的樣子，而每次下班回到家，就玩命似的工作起來。小郭這時才終於知道了小張在背後玩的確實是「陰招」，不狠，卻非常有效。小張躲過了所有人的眼睛，使暗勁，蒙蔽了競爭對手小郭，而且還把小郭引到玩關係牌的歧路上，讓小郭惶惶不可終日，從而失去了競爭成功的可能。對於小郭，如果憑自己的實力，對手小張是沒有多大希望的。如果小郭努力工作，好好表現，是極有可能獲勝的，但事實卻剛好相反。

在職場中，有很多已經佈置好的陷阱等著你去跳，稍不留神就會真的失去一切。而任何的表面利益，一定要是自己發現的才是最可靠的，別人的誘導往往就是自己的墳墓。

職場競爭總不會一路平坦，在這裏一定要擦亮自己的眼睛，識破對方的陰謀，要知道彼此的視線內外皆充滿著煙幕，稍不留神，就會迷失。鬼谷子有云：「智用於眾人之所不能知，用於眾人之所不能見。」「聖人之制道，在隱與匿。」職場中的高手也深諳此道。所以，在職場競爭中，要從競爭對手和自己兩個方面同時進行，把對方帶入迷陣，而在暗中拼命地

提高自己。與此同時，更要學著保護自己，識別迷陣，堅持走自己的路，而不要步入對方的迷陣中，從而自掘墳墓、自取滅亡。

推銷員給管理學的啟示

阿爾·利爾勒是福羅比錫公司的一位管理人員。有一天，他正搭乘負責公司東部銷售業務的佛雷德·斯邁里的車回家（阿爾的車由於變速器出了點毛病，暫時不能使用了）。佛雷德這次是來參加公司的年度銷售會的議，並給一些正在接受培訓的銷售人員做報告。一提起這次報告，佛雷德還意猶未盡，熱情地與阿爾談論著這件事情。

「我精闢地闡述了『加1再加13』的觀點，」他說：「這簡直就是一個萬能公式！我希望那些年輕人能像我第一次聽到它那樣從中受益無窮。我第一次是在培訓班裏聽福羅比錫本人講的。」

「加1？」阿爾聽到這個有點莫名其妙的名詞，便好奇得地問道：「這是什麼意思？我想大概是指你自己吧？可是再加13又表示什麼呢？」

「所謂『加1』嘛，恰恰相反，」佛雷德笑著說：「而13是福羅比錫先生的銷售能力公式中小數點後最後兩個數位。坦白地說，前面的11個小數字我早已忘記了，可這兩個數字都深深銘刻在我心裏，我之所以能創下輝煌的推銷業績，都應該歸功於它們。」

十分自豪地，佛雷德開始詳細解釋那個萬能公式所包含的意義：

「『加1』意味著顧客本人對商品的興趣。一開始做銷售宣傳時，你總是首先介紹你的產品具有哪些功能，這些功能可以滿足顧客什麼樣的需求，顧客使用你的產品以後可以生活得更舒適……或者你對顧客說，你的產品將幫助他們獲得成功。當你激起了顧客的興趣，並使他們相信了你的話後，接著別忘了數字13，這就是『趁熱打鐵』！別讓事情懸著，或者你事先準備好要簽署的合同，或者你把產品協議書馬上送過去。如果是在雜誌中做廣告或是在給顧客寫推銷信的話，也要為顧客準備好附單，以便顧

客訂貨或者索取樣品等。總之要有實際行動……」

佛雷德讓阿爾在街口下了車。當阿爾朝自己家走著的時候，他默默沉思著。「加1和趁熱打鐵，」他喃喃自語：「我是不可能贏得一份最高推銷獎的，但這個公式肯定能使我成為一名一流的管理者！當我同其他同事討論公司經營方針的某些變化，或者是一種新的工作方法，以及改進現有工作方法的必要性時，我將留心從『加1』做起。總之，每一種新的工作方法都有『1』可加──這種新的工作方法要麼是能增強盈利能力，要不就是可以通過提高公司的盈利水準而使大家的工作能夠得到更好的保障。同樣，當我向管理部門彙報情況或者提出建議時，首先也必須應用『加1』的原理。」

「然而，13──趁熱打鐵──當然也不能少：誰幹什麼、什麼時間、什麼地點。感謝這一推銷公式，還有福羅比錫和斯邁裏先生！」

在這個凝練經典的小故事中，提出了一個說服別人、推行自己意見的好方法，它在日常管理生活中是要經常用到的。案例明白地告訴我們，這個方法的第一步工作就是「加1」，即說服別人，激起別人的興趣。如何說服別人呢？《鬼谷子・謀篇第十》就有很好的一段說明：「夫仁人輕貨，不可誘以利，可使出費；勇士輕難，不可懼以患，可使據危；智者達於數，明於理，不可欺以不誠，可示以道理，可使立功：是三才也。故愚者易蔽也，不肖者易懼也，貪者易誘也，是因事而裁之。」這寥寥數語淋漓盡致地道出了一個要訣：以揣摩術摸透他人的性格和氣質、志趣，再根據得出的不同結論，區別對待，分別採用不同的方法去征服其意志與心理。當然，僅此，工作只做完了一半，這個方法最重要的另一半是，一旦得到了對方的同意，即應在最短時間內把協商結果實施固定下來，這是為了避免事情因時過境遷而有所更改，以致前功盡棄。

CB 處世活用

真君子趨義避利

以「難得糊塗」的經典智語名揚古今的鄭板橋，非常關心民生疾苦。當他還在濰縣當縣官時，遇到一個大災之年，為了救濟受災的窮苦百姓，他不顧個人的身家性命，私自打開官倉，救濟當地災民。事發後被皇帝怪罪下來，革了他的官職，將其放還老家。

鄭板橋其實也已厭倦了官場的庸庸碌碌、爾虞我詐、欺下瞞上，早有歸隱之意，當下就僱了一艘小船，載著自己的家小和行裝，沿著運河向家鄉駛去。

有一天，行至某一處時，鄭板橋發現江面上冷冷清清，來往的行船不是停靠在碼頭，就是擱淺在岸邊。經過打聽才知道，原來是因為有一條官船要在此經過，於是通知所有的民船都要迴避。

鄭板橋一向孤傲，不畏權勢，那裏管這一套，仍吩咐船工照常行駛，不必理睬。

前行了一段路程之後，果然看見迎面駛來了一艘官船，排場甚是闊大。桅杆上還掛著一面「奉旨上任」的旗子，正隨風耀武揚威地擺動著。

鄭板橋見這條官船體積龐大，載重多，一旦讓它撞上那自家的小破船就徹底報銷了。可是，也不能就此畏畏縮縮地繞道躲開它呀！該如何應對

蘭花圖（鄭板橋繪）

呢？突然，鄭板橋眉頭一皺，計上心來，想到了一個妙招。他吩咐家人趕緊找出一塊綢絹，自己親筆寫下「奉旨革職」四個字，也讓船工高高掛到桅杆頂上。

官船的人一見迎面開來的小船，不僅不迴避，還佔據江心主道，我行我素，照常行駛，不禁心生疑慮。抬頭一看，只見那小船上也掛著一面高高飄揚的旗幡，便以為這也是奉旨上任的官船，正好借此機會攀附一番。

於是大船主動放慢了速度。當兩船靠近時，官船上走出來個大官人，一看對方只是艘不起眼的民間小船，桅杆上掛的竟是「奉旨革職」的旗幟，便大呼小叫起來。

鄭板橋不卑不亢地說道：「你也用不著神氣！你奉旨上任，我奉旨革職，都是『奉旨』，我為什麼要給你讓路呢？」

這話把那官人氣得啞口無言，鑽回艙裏，幾經了解才知對方就是當今名士、書畫大家鄭板橋。他立即改了態度，派手下的人攜帶一點禮物，登船道歉。其實他道歉是假，想借機討取鄭板橋的字畫是真。

鄭板橋打聽到此人剛用錢買了個縣令，正要上任，而且這人名叫姚有財，除了吃喝嫖賭，沒有別的本事，於是便想借機羞辱他一番，所以佯裝答應，手書一詩相贈。那派來討詩的人自是高興萬分，樂不可支。接過鄭板橋的手跡後，趕緊回到船上樂顛顛地交給縣官。

眾人小心翼翼地展開欣賞，奉若奇珍異寶，但見上面瀟瀟灑灑地寫道：「有錢難買竹一根，財多不得綠花盆。缺枝少葉沒多筍，德少休要充斯文。」等到縣官琢磨來、琢磨去，再把每句詩的首字連起來一讀──「有財缺德」，不禁氣得昏了過去。

所謂「仁人輕貨，不可誘以利」，仁德君子視錢財俗物如糞土，這樣的人用好處是無法收買引誘的，更何況面對的是兩袖清風、一身傲骨的鄭板橋，連當朝多大的權貴都不放在眼裏，如何又會懼怕、巴結眼前這種有財缺德的小人呢？那位新官實在是狗眼看人低，不但心願落空，還自取其辱，豈不大快人心？

鄭袖掩鼻之計

鄭袖本來甚得楚懷王寵愛，此女美豔不可方物，但同時又心思深沉，善妒狠毒。

某年魏國為討好楚國，又給懷王送來一位比鄭袖更加年輕、漂亮的女子，從而一舉奪得了楚懷王的寵愛。備受冷落的鄭袖暗地裏恨得牙癢癢，下狠心要用計除去此女，重新奪回懷王的恩寵。當然，她是不會像一般女人那樣，用一哭二鬧三上吊的做法來解決問題的，而是反其道而行之，巧施陰招。

自從新人來了之後，懷王對鄭袖有點冷落，所以難免有點擔心鄭袖會心懷怨言對新人發難，讓自己面子上掛不住。但一段日子過去了，鄭袖好似一點兒也不放在心上，還安排新人住在最好的宮室中，給新人做與自己同樣的衣服，分給新人自己最喜歡最貴重的首飾。懷王見狀，不禁對鄭袖更加信任，覺得她是一位大度、善良的女人。新人也對她很是感激，漸漸消除了戒心，還認為她是個大好人，在懷王身邊這麼多年，仍深得懷王喜愛，自己應該多向她學習學習。

鄭袖見已把二人成功迷惑住，便施展開了下一步計謀。

有一天，她故意裝作很關切的樣子告訴新人：「大王對您太好了，無時無刻不誇您漂亮，不過——」

「不過什麼？」新人急切地問。

「還是不說了吧！就是點小毛病。」鄭袖一副欲言又止的樣子。

「不！懇請您告訴我吧。」新人為了能夠「碧玉無瑕」，便緊緊纏著鄭袖哀求。鄭袖看四周沒有別人，便壓低聲音說道：「大王只是嫌您的鼻子稍微尖了些。」

「那怎麼辦呢？」新人一聽憂慮地問道。

鄭袖笑了笑，裝出小事一樁、不值一提的神態說：「這個容易啊！您再見大王時，就把鼻子掩起來。這樣，既掩飾了不足，又表現得很含蓄，多好啊！不過……」

鄭袖頓了頓，又接著補充道：「您可千萬別告訴大王說是我出的主

意。大王這人最討厭別人傳話了。」新人聞言忙不迭地點頭答應，也沒往深處想，只是連連感激地說：「您放心吧！」

此後，新人見了懷王，便以袖掩鼻。這樣多次以後，懷王開始大惑不解，便追問原因，新人只是笑而不答，見此，懷王更加疑惑了。

某日，懷王碰見了鄭袖，便向她詢問原因。鄭袖假裝遲疑了一下，才進言道：「大王，您聽了可千萬別生氣，這個……」

「快講！」懷王性情暴躁，急催道。鄭袖又裝著遲疑了一番，才說：「她說您身上有一股讓她厭惡的氣味，鼻子聞到便難受，所以才……」

「豈有此理！」懷王氣得一拍桌子，「我身上有味讓她的鼻子難受，那好，把鼻子割了，就不難受了！來人……」懷王揚聲高喊：「去把那賤人的鼻子給寡人割下來！」

就這樣，新人容貌被毀，從此失寵，鄭袖的目的也就神不知鬼不覺地達到了。

「符而應之，擁而塞之，亂而惑之」，是暫時處於劣勢者用來對付、制伏處於優勢地位者的「三步制君術」。在這裏，鄭袖首先用毫不忌妒的假象迷惑了懷王和新人，為其下一步計謀的實施打下了基礎。接著她用假示關懷、代出主意的方法誘使新人上鉤，使其按自己授意行事；最後，所有

美人圖

鋪墊皆已備好，她才看準時機用假解釋誣陷新人、激怒懷王，發出致命的一擊，終於如願以償拔去了眼中釘、肉中刺。

學會隱藏自己的意圖

深諳為人處世之道的曾國藩在練兵時，每天午飯後總是邀來幕僚們一起下圍棋。一天，忽然有個人來向他告密，說某統領要叛變了。前來告密者就是這個想要叛亂的統領的部下。

曾國藩聞言大怒，立即命令手下將告密者殺了示眾。不久，那位被告密要叛變的統領前來給曾國藩謝恩。沒想到曾國藩此時臉色一變，命令左右馬上將統領捆綁拿下。

看到這一幕，幕僚們都不知道曾國藩唱的是哪一齣，紛紛表示不解。曾國藩笑著說道：「這就不是你們所能明白的了。」言罷，命令把已經拿下的統領斬首了。然後他才對幕僚們解釋說：「告密者說的是真話。我如果不殺他，這位統領一旦得知自己被告發了，勢必立刻發動叛變，控制起來就費力多了！由於我殺了告密的人，就把統領給騙來了，從而自投羅網。」眾幕僚聽了皆自愧弗如，對曾國藩的不露聲色、料事如神佩服不已！

日本的前圍棋高手高小秀格，曾以「流水不爭先」為座右銘。他在和別人對弈時，常把陣式佈置得如同緩緩的流水一樣優閒散漫，讓對手掉以輕心，絲毫不加戒備。而一經發動，自己的陣勢卻能在瞬間聚集起流水波瀾中所蘊藏著的無限能量，使對手在驚惶失措中迅速被擊潰，乖乖棄子認輸。

這種「明修棧道，暗渡陳倉」的做法，無論是在戰場、官場、商場還是為人處世中都屢見不鮮，而且往往能夠出奇制勝，收到奇效。

釣過螃蟹的人或許都知道，簍中放了一群螃蟹，不必蓋上蓋子，螃蟹是爬不出去的，因為只要有一隻想往上爬，其他螃蟹便會紛紛攀附在牠的身上，結果是把牠拉下來，最後沒有一隻出得去。

動物界如此，人間又何嘗不是呢？如果你下決心要做一件事，是不是

要讓別人知道呢？親友要是知道了，會把他們的經驗、想法，甚至是想當然的東西統統塞給你，讓你無法分辨、無所適從。而一旦要是被你的對手或者敵人獲悉了，更會千方百計地給你出難題設障礙，即使最終你的目的達到了，也是疲累欲死，滿身傷痕。

所以說，為人處世，學會隱藏自己的意圖非常重要。一方面，它可以使你始終保持清醒的頭腦，避免自誤；另一方面也可以借此迷惑你的對手和敵人，減少干擾，等到他們驚覺時，你早已是一騎絕塵，他們也只有望而興歎的份了。這才是「智用於眾人之所不能知，用於眾人之所不能見」的至高境界。

決篇第十一

「決」，即決斷，決策。決疑斷難，是遊說策士們的重要任務之一，也是他們所應具備的主要技能之一。本篇圍繞「決情定疑」這個中心，主要討論了關於決斷事物的原則、方法以及意義等問題。古語有云：「當斷不斷，反受其亂。」

善於判定情況做出決斷，是萬事成功的關鍵。

篇中首先講到有疑難才需要決斷，而利害關係問題則是決斷的重要依據，所以，趨利避害是策士們決疑斷難所應遵循的主要原則。接著提出了該如何進行決斷，包括五種對待手段、四種具體方式以及五種可以立即決斷的情況。還指出了決斷要綜合考慮過去、現在與將來的情況──「度以往事，驗之來事，參之平素」，為科學決策提供了重要的方法論指導。在收束全篇時，進一步總結、點明了決斷的意義，強調了決斷的重要性──「夫決情定疑，萬事之機，以正亂治」。

本篇雖然簡短，卻是先秦時期第一篇專門討論決策的文章，在我國古代決策史上具有重要地位，其解決問題的原則與方法即使在當今時代也仍具有很強的現實指導意義。

一

為人凡決物，必托於疑者❶。善其用福，惡其有患❷。善至於誘也，終無惑偏❸。有利焉，去其利則不受也，奇之所托❹。若有利於善者，隱托於惡，則不受矣，致疏遠❺。故其有使失利者，有使離害者，此事之失❻。

【注釋】

❶ 決物：決斷事物。托：依託。

❷ 善其用福：以其用有福為善，即以做出的決策能給他帶來好處而歡喜、高興。惡：厭惡，討厭。

❸ 誘：誘導。惑：迷惑，疑惑。偏：偏頗。

❹ 不受：指決疑的委託者不接受你的決策。奇之所托：以所托為奇，奇怪當時為什麼找你來決疑。

❺ 若有利於善者，隱托於惡：把他歡喜的決策寄託在他厭惡的形式中，即所做決策實質上對他有利，但表面上看起來對他有禍害。

❻ 失利：喪失利益。離：同「罹」，遭受，遭遇。事之失：指的是決斷事情的失誤。

【譯文】

凡是給人決斷事物，必定要根據那人心裏存在的疑慮。人總喜歡做出的決斷給他帶來好處，討厭給他帶來害處。因此，決疑者要善於誘導對方，使他講出自己的真實心願和一切情況，以消除迷惑和偏見，做出令人滿意的決策。決策必須給對方帶來利益，一旦去掉這種利益他就不會接受我們的決策，並會後悔當初委託我們來決策。另外，即使做出的決策確實能給他帶來好處，但你若把這種利益隱藏在對他不利的表面形式中，他也不會接受你的決策，並會因此而疏遠你。所以說，替人決策時，若不能給對方帶來利益，甚至會使對方遭受損害，這就是決斷事情的失誤。

二

聖人所以能成其事者有五：有以陽德之者，有以陰賊之者，有以信誠之者，有以蔽匿之者，有以平素之者❶。陽勵於一言，陰勵於二言，平素、樞機以用四者，微而施之❷。於是度以往事，驗之來事，參之平素，可則決之❸。王公大人之事也，危而美名者，可則決之❹；不用費力而易成者，可則決之❺；用力犯勤苦，然不得已而為之者，可則決之❻；去患者，可則決之；從福者，可則決之❼。故夫決情定疑，萬事之機，以正亂治，決成敗，難為者❽。故先王乃用蓍龜者，以自決也❾。

【注釋】

❶ 以陽德之：用道德手段公開地去感化，去懷柔。以陰賊之：用陰謀暗中去殘害。以信誠之：以信用與對方結成真誠聯盟。以蔽匿之：用假言、假象來蒙蔽對方。蔽，蒙蔽，此指虛假情況。匿，藏，引伸為蒙蔽、迷惑。以平素之：用平常手段按一般化的程式解決問題。

❷ 陽勵於一言：陽德手段要以言行前後一致、始終如一為追求目標。一言，一種言論，此指言行前後一致。陰勵於二言：陰賊手段以真真假假為特徵。二言，兩種言論，此指前後言行不一，真假難辨。平素：平時，平常。樞機：關鍵，引伸為特殊手段。微：暗中。

❸ 度：推度。驗：驗證。參：參驗。三詞意義相近。往事：歷史。來事：將來、未來之事，此指事物的發展前景。平素：平常，此指目前的形勢與情況。

❹ 危而美名：雖然危險，但可以用來博取美好的名聲。

❺ 費力：費用與心力。

❻ 犯勤苦：做出艱苦努力。犯，遭受。

❼ 從福：能帶來福利、幸福。

❽ 機：樞紐，要害，關鍵。

❾ 蓍龜：蓍草和龜甲，皆為占卜工具。蓍，多年生草本植物，古人用其莖占卜，以推測吉凶，稱做蓍草之筮。

【譯文】

聖人用來成就事業的手段有五種：有時用道德公開感化、懷柔對方，有時暗用計謀加害對方，有時做出誠信的姿態與對方結成聯盟而借用對方力量，有時用蒙蔽的手段迷惑對方，有時卻用一般化的手段按平常程式解決問題。使用「陽德」手段時，要力求說話前後一致，言行必果，講信譽。使用「陰賊」手段時卻要善於說兩套話，真真假假，令人摸不透我們的真意。再配合常規的手法以及關鍵時刻運用的機巧手段，此四者都要微妙地加以綜合運用。在決斷事情時，要用過去的歷史來參驗，用將來的事來檢驗，用當下發生的事來參考佐證，如果可行的話，就要做出決斷。給

王公大人謀劃事情，雖然有危險因素，但我們可以用來博取美好的名聲，只要能實行，就馬上做出決斷；不用耗費大的財物與心力便可容易獲得成功的，只要能實行，就馬上做出決斷；需要花費很大的精力，忍受勞累困苦，然而又不得不做、非做不可的，只要能實行，就馬上做出決斷；能排除憂患的，只要能實行，就馬上做出決斷；能帶來福利與幸福的，只要能實行，就馬上做出決斷。所以說，決斷事情，解除疑難，是辦好任何事務的關鍵。它關係到社會的治亂，關係到事業的成敗，是非常難辦的。所以，即使是聖明的先王，也要用蓍草和龜甲占卜，來幫助自己做出決定，從而使自己的決斷正確無誤。

ᄋᴈ 以 史 為 鑒

李世民當機立斷成帝業

隋朝末年，天下紛亂，群雄並起，高祖李淵也順應時勢於太原起兵，並最終推翻了隋煬帝的殘暴統治，建立了大唐。

天下統一之後，李淵的三個兒子李世民、李建成及李元吉，皆各自蒐羅了一批文武人才，作為自己的心腹和黨羽，從而開始了針對皇位繼承權的明爭暗鬥。

眾子之中，李建成是以嫡長子的身分而被立為皇太子的，他長期留守關中，既得到了隴西士族勢力的支持，又受到宮中妃嬪和貴戚的擁戴，在政治上擁有壓倒秦王和齊王的優勢，而且手下還有王珪、魏徵等重要謀臣，馮立、薛萬徹等優秀戰將，還招募了四方驍勇二千餘人充當東宮衛士。

秦王李世民雖是高祖的次子，但從最初的太原起兵，到統一天下，建立皇朝，他都一直起著決定性的作用，實際上可以稱得上是大唐帝國的真正締造者。長期的征戰，使其手下也是人才濟濟。秦王的天策府中，既有房玄齡、杜如晦、徐茂公等足智多謀的策士，又有程咬金、尉遲敬德、秦叔寶等威名赫赫的驍將。他們都希望李世民能取代建成而立為太子。

至於齊王李元吉，本是高祖的第四子，此人生性兇狠，不願事奉兄

長。但由於自己的地位與聲望都不及兩位兄長，根本沒有獨樹一幟的條件，便暫時和太子結成聯盟，共同與世民較量，伺機而動。

一開始，李元吉就勸說建成要儘早除去世民，他說：「你若不忍下手，我自當替你親手把他殺了！」當李世民隨同高祖前往齊王府時，元吉便讓護軍宇文寶埋伏在寢室裏面，準備謀刺李世民，而李建成不忍心，連忙制止了元吉。元吉惱怒地說：「小弟這是為兄長著想，對我又有什麼好處呢！」

此時還是在幫太子洗馬的魏徵也屢次勸說建成：「秦王世民功蓋天下，內外均歸心於他；而殿下不過是因為嫡長子身分才被立為太子，並沒有大功可以鎮服天下。理當及早動手除去秦王，以免後患無窮。」但建成始終猶豫不決。

唐高祖武德七年（西元624年），某日，李淵正準備前往外地行宮仁智宮，命令建成留守京城，世民與元吉一起隨行。建成要元吉乘機謀害世民，不料陰謀敗露，事後多虧元吉和一些嬪妃輪番為建成講情，封德彝又在外面設法解救太子，才沒有對此事深究下去。

玄武門

太子、齊王見一計不成，便又生一計。一天夜裏，太子召來秦王飲酒，李世民應邀到太子府赴宴，飲酒數杯，突然感到心痛如刀絞，連連吐血。他趕緊命人把自己扶回府中，總算保住了性命。高祖得知後，便來到西宮詢問世民病情。他心裏明白是怎麼回事，但也不希望他們兄弟之間徹底決裂，互相殘殺，於是便假裝糊塗，責罵太子說：「秦王平時就不善飲酒，從今以後，你們不許再在夜裏飲酒了。」

還有一次皇家打獵時，太子讓部下給秦王備馬，結果，秦王的座騎突然發狂差點將他摔死。

不僅如此，太子和齊王還加快了其他置秦王於死地的步伐，他們唆使後宮的嬪妃日夜不停地在高祖面前誣陷秦王。久而久之，高祖信以為真，便準備懲治李世民，但是因為他是自己的親生兒子，手心手背都是肉，因此，對無故殺秦王的做法，並不贊同。

秦王的頻頻遇險，再加上當時風雲變幻、禍福莫測的宮廷鬥爭形勢，大有山雨欲來風滿樓之勢，讓秦王府上下極為震駭，秦王的部屬也人人憂慮，個個恐懼，不知所措。府中的重要策士長孫無忌、房玄齡、杜如晦等人，多次極力勸說李世民，認為太子與秦王的嫌隙已經形成，公開的較量勢所難免，一旦兩人兵戎相見，剛剛統一的國家又要陷於戰禍之中，這與秦王治國安民的理想是相違背的，所以希望李世民能早下決心，先發制人，誅殺太子和齊王，以力挽狂瀾，從而保持天下的長治久安。所謂——「事勢如此，不如向周公學習，對外安撫周圍各國，對內安撫社稷，先下手為強。否則國家淪亡，身名俱滅，您應早做決斷，絕不能再遲疑」。

而此時的朝中，太子與秦王兩派已是劍拔弩張。為了打擊李世民，李建成想方設法瓦解他的謀士勇將。他告訴李元吉，秦府中最有謀略的人是房玄齡和杜如晦。因此，他們在李淵面前極力中傷房、杜二人，並最終通過李淵的聖旨將他倆逐出了秦王府。接著，他們又利用調兵遣將的機會，設法調動秦王的部將。程咬金原是秦王府統軍，乃秦王的得力幹將，李建成奏請父皇讓他出任康州刺史，程咬金卻藉故拖延，滯留長安。

李世民看到這種情況，知道再等下去，只有死路一條，他決定按房玄

齡的計謀，先下手為強。於是，他派長孫無忌祕密召見房玄齡、杜如晦。

房杜二人不清楚秦王究竟是否下定決心，他倆故意激將，對長孫無忌說道：「皇上敕旨命令我們不再為大王辦事，我們如果私自見大王，就是死罪，不敢奉召。」

李世民得知後大怒：「怎麼連你們都不願忠誠於我！」當即取下佩刀，對尉遲敬德說：「你再去一次，如果他們無心見我，就提他倆的人頭來！」

尉遲敬德和長孫無忌又祕密召見房杜二人，對他倆說：「這次大王真的決心已下，你們快來謀劃大事吧！」

房玄齡和杜如晦便穿上道袍，喬裝打扮，祕密進入秦王府，同秦王密謀對策。

此時，適逢北方的突厥又進犯中原，李建成不失時機地推薦元吉代替世民督率各軍前去征討，並同時舉薦秦王府的尉遲敬德、程咬金、秦叔寶等大將，和秦王府精悍勇銳的士兵隨軍出征，李淵聽從了他的建議。李建成、李元吉同時密謀在昆明池餞行的時候殺死世民並活埋其部將，再逼迫高祖讓位。但這次陰謀還是沒能得逞。

在建成、齊王咄咄逼人之際，秦王又想讓人占卜是否應該行動，適逢幕僚張公瑾從外面進來，見狀一把搶過龜甲，扔在地上說：「占卜是為了解決疑難，眼下的事毫無疑問可言，還占什麼卜？如果占卜的結果不吉利，大王您難道就放棄這次行動嗎？」李世民這才終於定下了行動的決心。

唐高祖武德九年（西元626年）六月三日，李世民進宮向李淵密奏太子建成、齊王元吉淫亂後宮以及試圖謀害自己的事實。待李淵怒火升騰之時，世民乘機進言：「兒臣無半點虧負兄弟之處，現在兄弟聯手欲害兒臣，像是要替王世充和竇建德報仇。兒臣今日冤死，便再也見不到父皇了，魂歸天下也恥於見到王、竇這兩個奸賊！」李淵這才大驚不已，便命令他們明日一同進宮對質。

六月初四夜半，秦王已命長孫無忌率兵預先埋伏在玄武門。未及天曉，嬪妃張婕好密遣內侍，向太子報告秦王上表的大意。太子叫來齊王

商議此事，齊王說道：「我們應當統率著東宮和齊王府中的兵力，託稱有病，不去上朝，以便觀察形勢。」太子說：「現在兵力已經佈置嚴密，我與你應當入朝參見，親自打聽消息。」

於是，兩人一起走向玄武門。待他們走到臨湖殿時，才覺察到情形不對，立即撥轉馬頭，想趕回東宮和齊王府搬救兵，但已然來不及了，李世民正等在後面招呼他們。元吉搭箭射向世民，慌急之中，一連三次都無法將弓拉滿。李世民回身一箭，將建成射死。尉遲敬德率領著70多名秦王府的親兵趕來，命令左右齊射元吉，元吉墜馬。此時世民的坐騎受驚，狂亂奔入樹林，人馬皆被樹枝絆倒，不能起來。元吉急速趕到近前，奪去世民的弓，想用弓弦將世民勒死。尉遲敬德躍馬來救，元吉轉身便逃，但仍被尉遲敬德追上一箭射死。此時，東宮和齊王府的將士們聞訊趕來，猛攻玄武門。秦王一邊讓衛士拼命抵抗，一邊讓尉遲敬德進宮，逼迫高祖頒下親筆敕令，命令各軍一併接受秦王的節制。一場殘酷的宮廷政變就這樣迅速地結束了。

政變三天後，也就是這年的六月初七，高祖即立李世民為太子，還頒布詔書說：「從今天起，天下大事，均交付太子決定，然後朕再聽奏報。」所以，實際上，從這一天起，李世民已成為實際上的皇帝了。兩個月後，全國局勢穩定，李淵便把皇位傳給了李世民，自己退為太上皇。李世民終於登上皇帝的寶座，改年號為貞觀，從此，翻開了唐朝歷史新的一頁。

所謂「決情定疑，萬事之機」，即言判斷實情、解決疑難是成就萬事的關鍵，直接關係著事業的興衰與成敗。這場驚心動魄的政變發生在玄武門前，而玄武門衛兵的作用是保護皇宮，秦王李世民抓準這個關鍵要害和太子、齊王欲謀害自己的關鍵時刻，當機立斷、先發制人，從而先下手為強，並控制了父皇，才得以成功地登上權力的頂峰，進而開創百世流芳的帝業。

陳軫一言之辯退敵軍

戰國時期，各國混戰不休，弱肉強食，形勢一天一個樣兒。這一次，輪到楚國的上柱國昭陽帶兵攻打魏國，並在襄陵一戰中打敗魏軍，得到了八座城池。

昭陽大喜之下，得隴望蜀，又欲移兵攻打齊國。齊王得到消息後，連忙召集群臣共商對策。當時齊國的軍隊戰鬥力還很薄弱，若與楚兵交戰，必遭慘敗；但若固守城池不出，也不是長久之計，所以齊王為此憂心忡忡，群臣一時之間也想不出什麼好辦法來阻擋楚兵的進犯。

正當齊王一籌莫展之時，忽有人報說秦國使臣陳軫前來拜見。

陳軫上殿後見齊國君臣皆面有難色，問其原因，才知道楚國上柱國昭陽在得到魏國八座城池之後，又要轉而攻打齊國。稍作沉吟，他便對齊王信心滿滿地說道：「大王不必擔憂，待我前去叫他罷兵回國。」

齊王無法，只好抱著姑且一試的態度，委託陳軫去見昭陽。

陳軫見到昭陽後，便開門見山地問道：「請問按照楚國的賞制，對那些擊敗敵軍、殺死敵將而得城池的人，應給予什麼樣的獎賞呢？」

昭陽回答說：「官封上柱國、爵封上執。」

陳軫又問道：「還有比這更高的獎賞嗎？」

「那就要數令尹了。」

「您回國後，能封令尹嗎？」

昭陽哈哈大笑，志得意滿地答道：「當然沒問題了！因為我馬上就能當令尹了。」

陳軫也仰頭哈哈大笑。

昭陽見狀，奇怪地問：「您笑什麼？難道您認為我是在說謊嗎？」

陳軫搖搖頭，道：「我並沒有絲毫懷疑之心，只是覺得既然令尹之位已非您莫屬，那您又何必自取降職殺身之禍呢？」

昭陽聽了，氣憤地問道：「您這話是什麼意思？」

「將軍請先莫動怒，讓我來給您講一個故事吧。有人賞給他的門客們一杯好酒，門客們商量道：『一杯好酒，分與這麼多人飲用，還有什

麼趣味可言？不如我們每人畫一條蛇，看誰先畫成，那杯酒就歸他一人享用。』眾人紛紛稱好，於是皆取來筆墨在地上畫起來。其中有一人頃刻便畫完了，拿過酒杯正欲暢飲，但他見眾人都還沒有畫完，便自以為是地給蛇添起腳來。此時，恰逢另一人也畫完了，那人搶過酒杯一飲而盡，還譏笑第一個畫完的人：『你見過有腳的蛇嗎？它穿不穿鞋呢？』那個先畫完的人羞愧不已，後悔萬分。

「現在您攻打魏國取城八座已是勝利畫成蛇了，若再進攻齊國，打下來了呢！您的官職還是令尹；若萬一打不下來，身死而爵奪，不亦悲乎？況且這還有損於楚國的威望。兩下皆不討好，這與那個畫蛇添足的人又有什麼區別呢？所以，您不如帶兵回國，功德圓滿，安然接受楚王及全民的欣賞和讚頌，何樂而不為呢？」

昭陽聽罷，仔細地想了想，覺得陳軫說得很有道理，果真連夜就撤兵返回楚國了。

陳軫的遊說之法之所以能夠達到最終的目的，其原因也不外乎陳說利弊，待人自做決斷。他站在對方的角度為其仔細分析了昭陽所處的位置，指出他伐齊純屬多此一舉，並用寓言的形式點明了利弊，使昭陽不得不深以為然。打了勝仗，自己已身居顯位，也不會得到更高的地位了；而一旦打了敗仗，還可能會受到懲罰，更何況自己又沒有必勝的把握，權衡利弊，當然擇其利己者而從之了。

諸葛亮隆中決策三分天下

《三國演義》中的諸葛亮在劉備三顧茅廬時做出的隆中決策，可以說得上是善於決疑斷難的典範。

當時天下紛爭，曹操、劉備等幾路豪傑並起，各自懷有一統天下的雄心，極欲招攬人才，為己所用。劉備聽說諸葛孔明才德過人，胸懷天下，決意前往拜見，請孔明出山。劉備三顧茅廬，誠心拜見，孔明方才與劉備

相見。孔明先試探性地問劉備：「將軍有何志向呢？」劉備摒退左右，向孔明坦誠相告：「漢室傾頹，奸臣竊取國政，我自不量力，想伸張大義於天下。可惜自己智術淺短，直到今天仍一事無成，唯有懇請先生指點迷津，教以方策。」孔明見劉

武侯祠

備雄心萬丈，氣勢不凡，而又韜光養晦，大智若愚，於是便為劉備分析天下大勢，提出了一整套應採取的戰略和決斷，即著名的隆中對策，成為幫助劉備恢復漢室大業的關鍵性一著。

諸葛亮當時是這樣分析天下大勢的：「自董卓造逆以來，天下豪傑並起。曹操勢不及袁紹，而能克之，不僅是天時，更重要的是依靠人的謀略。現在曹操已擁有百萬之眾，挾天子以令諸侯，故不可與他爭鋒。孫權據有江東，根基牢固，這一方可以利用卻不可圖謀吞併。荊州之地，是軍事要津，其主劉表懦弱而不能守，這是天助將軍，不知將軍是否有意成就大業。益州險塞，號稱天府之國，現在被劉璋把守，而劉璋不體恤民情，民眾盼望明君。將軍您既是劉氏漢室的後代，信義昭著，又思賢若渴，如能跨有荊、益，守其險阻，西和諸戎，南撫彝、越，外結孫權，內修政治，待天下有變則命一上將統荊州之兵向宛、洛進發，將軍則親率益州之眾以出秦川，百姓豈有不夾道歡迎將軍之理。如此，則大業可成，漢室可興矣！」

諸葛孔明說著，又取出一張天下大勢圖，說：「這是西川五十四州之圖。將軍欲成霸業，北讓曹操占天時，南讓孫權占地利，將軍可占人和。先取荊州為家，後即取西川建立基業，以成鼎足之勢，然後可圖中原。」

諸葛亮一席話，劉備聽了連連稱是。隆中對策因此成為劉備籌畫恢復漢室、統一華夏大政方略的指導性原則。而諸葛亮之所以能夠正確判斷

天下形勢，做出合理可行的決斷，是和他善於在隱居中觀察現實社會錯綜複雜的矛盾，苦讀兵書，刻苦鑽研分不開的。當時的襄陽，是一個政治、文化、經濟的交匯中心，天下謀士雲集於此，諸葛亮經常和這些有才之士們討論天下形勢，交換各自看法。同時他又熟讀了《三才祕錄》、《兵法陳圖》等兵書，因此才具備了明察天下形勢的雄才大略。可見，正確的決斷，是要靠長期的知識積累和不斷的實踐檢驗的。

韓信當斷不斷反受其難

　　西元前203年，韓信率領大軍一口氣攻佔了趙、燕、齊等地，雄踞一方，從而在楚漢雙方的爭奪中，具有舉足輕重的地位。

　　劉邦迫於形勢，加封他為齊王，以爭取他的支持；項羽也派說客武涉前去動員韓信叛漢降楚，但韓信並沒有聽從。武涉無功而返之後，又有一位名叫蒯徹的謀士來勸說韓信背叛劉邦。他以看相人的身分一語雙關地對韓信說道：「大王，臣相您的面，不過是封侯的相，還帶著危險；相您的背，卻是高貴得無法言表。」韓信裝作對「面」、「背」的含義不太理解，要求蒯徹給予進一步的解釋。

　　蒯徹這才明言道：「大王也許知道，當初天下群雄剛開始起兵抗秦時，所擔憂的只是能否滅亡秦朝罷了。而如今楚、漢相爭，戰火連年，僵持不下，如果沒有天下最賢明的人出面，恐怕就無法平息這場禍亂了。而如今，楚、漢二王的命運就牽繫在您的手中，如果您肯為漢王效力，那麼漢王就會獲勝；如果您肯為楚王助威，那麼楚王就會取勝。臣願意傾獻肝膽，以誠相告，目前最好的辦法，還不如與雙方都保持聯繫，不幫其中的任何一方去消滅對方，讓他們都生存下去，這樣，大王您就可以憑藉著自己的優勢，與他們鼎足而立三分天下了。在這種形勢下，楚、漢二王誰都不敢先動手，以大王您的聰明才智，加之擁有天下最精銳的部隊，再出兵攻打楚和漢，那麼，天下就是您的了。臣聽古人說：『上天賜予你不敢，

反而會受到懲罰；時機到來你不動，反而會遭受災難。」因此，臣懇望大王深思熟慮，當機立斷。」

韓信答道：「先生說得不是沒有道理。只是漢王待我十分優厚，把他的車子給我乘，把他的衣服給我穿，把他的飯分給我吃。我也聽古人說過：『乘過人家車子的，要為人家分擔患難；穿過人家衣服的，要為人家分擔憂慮；吃了人家飯的，就要為人家賣命。』而我現在怎麼可以唯利是圖而忘恩負義呢？」

蒯徹繼續苦口婆心地為他分析道：

「想當初常山王張耳和成安君陳餘還是平民百姓的時候，彼此就結成了生死之交。後來漢王就憑藉張耳的部隊，向東進軍，在泜以南殺掉了成安君，使之身首異處。這樣的交情，終於為天下人所恥笑。其實這兩個人在互相交往時，應該說感情是天下最深厚的了。但最後卻互相爭鬥，彼此捕殺對方，急欲置對方於死地而後快，這又是為了什麼呢？原因就在於彼此的貪心不足、欲望無止，而這貪心、欲望又是深不可測的啊！現在您想要憑藉忠誠與道義和漢王交往。但是可以毫不客氣地說，您二人的交情肯定不會比常山王、成安君二人的友誼更深，而且你們之間所涉及的事情肯定又比他們二人之間的事情要重大得多。所以，臣認為您過分相信漢王他絕對不會危害您，這是大錯特錯。

從前越國大夫文種和范蠡盡心盡力保住了瀕臨滅亡的越國，忠心輔佐越王勾踐使其最終得以稱霸於諸侯之間，但結果呢？文種被殺死，范蠡逃隱於江湖之上。這就是所謂的『狡兔死，走狗烹』！從結交朋友的角度來看，您與漢王的交情不如常山王和成安君；從忠義的角度來看，您對漢王的忠義又不如文種、范蠡對越王。這兩點已足夠供大王您多加考慮的了，況且臣還聽說：『勇猛和謀略過人，並且令君王為之震驚的人，那就會有生命的危險；而功勳卓著雄冠天下的人，那就無法給予他封賞了。』您的勇猛和謀略天下無雙，而您的功勳卓著，也再沒有第二個人能夠超過。現在您如果去歸附楚王，楚王肯定不會信任您；而您繼續歸附漢王，漢王又會害怕您。那麼，您帶著這樣的威勢和功勳，想要到哪裡去安身立命呢？

就目前的形勢來看，您雖然身居於臣子的地位，但手中卻擁有使主子感到極大壓迫的威勢，臣真為您感到危險和不安哪！」

韓信感謝了他的好意，但還是說道：「先生請您別往下說了，容我再考慮考慮吧！」

過了幾天，蒯徹不死心，又去勸說韓信：「如果隨遇而安、心甘情願地做人家的奴僕雜役，那就必然會失去爭取君王的機會；如果留戀滿足於微薄俸祿，那就必然得不到為卿作相的高位。所以，能夠當機立斷得是聰明人，遇事遲疑不決就一定會壞事！在雞毛蒜皮的小事上精打細算，就會遺忘掉天下的大計畫；明知事情應該怎樣做，但決定了卻又不敢去執行，這是一切事情失敗的禍根！常言道：『猛虎因遲疑不決而被人擒捉，反倒不如小小的黃蜂、蠍子敢於及時地放毒刺螫傷人；千里馬停滯不前，反倒不如劣馬能夠穩步前進；雖然有孟賁那樣的勇敢，但如果猶豫不定，反倒不如平庸者欲達目的而埋頭苦幹；雖然有舜、禹那樣的智慧，但如果只是閉口不言，反倒不如聲啞人用手勢比畫。』以上這些話都說明了付諸行動的可貴。功業是難於成功而易於失敗的，時機是難以得到卻很容易喪失的。時機啊時機，失去了就不會再來了，這點萬望大王仔細考慮吧！」

韓信雖然覺得這話說得很有理，但他還是不忍心背叛漢王，且又想到自己的功勞這麼多，漢王終究不會奪去自己的封地的，就仍舊拒絕了蒯徹的建議。

蕭何殺韓信

蒯徹見到自己的勸說一再不被韓信採納，唯恐此事日後被人發覺而招來殺身之禍，於是便裝瘋賣傻，以求能避過一劫。

西元前202年，漢王採用張良的計策徵召齊王韓信，韓信就率領手下的軍隊來到垓下會師。項王被攻破後，漢高祖採用突然襲擊的辦法，奪取了齊王韓信的兵權，後改封他為楚王。第二年，便有人上書告發韓信謀反，高祖採用陳平的計策，以天子外出巡視會見諸侯為名，派使者通告各國諸侯在陳縣聚會，其真實目的是想襲擊韓信。而韓信始終沒有覺悟，被擒拿到了洛陽，後又赦免其罪，改封為淮陰侯。

西元前196年，淮陰侯韓信假稱有病，不跟隨高祖去攻打叛亂的陽夏侯陳豨（實際上韓早就與陳密謀叛漢），還暗中派人去與陳豨謀劃勾結。東窗事發後，韓信被丞相蕭何用計騙入宮中，呂后即命武士將他捆綁起來，在長樂宮鐘室裏將其斬首。韓信臨死前歎息道：「我真後悔當初沒有聽從蒯徹的計謀，竟然上了這幫婦孺的當，這難道不是天意嗎？」一代將星就此隕落。

「故夫決情定疑，萬事之機，以正亂治，決成敗，難為者。」韓信正是由於當斷不斷，終於禍及自身，其家族也被株連，真是令後人扼腕歎息啊！而這，也從反面充分證明了把握時機、善於決斷的重要性。

☞ 商界活用

可口可樂妙計安天下

眾所皆知，可口可樂是美國可口可樂公司生產的風靡全球的清涼飲料，而其主要競爭對手則是美國的百事可樂公司，兩者可謂是老對手，已相互競爭長達幾十年了。

1984年的5月，可口可樂公司突然對外宣布：要改變沿用了99年之久的老配方，而欲採用剛剛研製成功的新配方。消息傳出，舉眾譁然，公司每天都會收到無數封抗議信件和多達上千次的抗議電話，更有不少消費者舉行抗議示威，甚至上訴法院。而一些經銷可口司樂的商店，也因為銷量

降低而拒絕經銷新配方的可口可樂。

與此同時，這一派情景卻使得百事可樂的老闆樂不可支，他認為可口可樂公司的這一做法可謂是美國最大的一次商業失敗，從而乘機大做廣告，號召消費者們轉向購買百事可樂的老牌飲料。

眼看著這顆出其不意拋出的「改變可樂配方」的重磅炸彈，已然成功吸引了成千上萬消費者的關注，可口可樂公司的老闆於同年7月卻悠然宣布：為尊重消費者意見，公司決定恢復老配方可口可樂的生產；但為了考慮消費者的新需要，新配方可口可樂同時生產。這一決定才一宣布，全美各地的可樂愛好者們頓時為之歡呼雀躍，紛紛狂飲老牌可口可樂，同時也爭相購買品嘗新可口可樂，一時之間，市場上掀起了搶購可口可樂的熱潮，其銷售量比去年同期上升80%，該公司的股票每股也猛漲了2.57美元。相比之下，百事可樂的股份卻相形見絀，有著明顯的下跌。

這無疑又是一個值得所有決策者永遠琢磨的真實案例。這個決策是相當冒風險的：首先，突然宣佈改變老配方要觸怒消費者，消費者會不會憤而一下子轉向可口可樂的競爭對手——百事可樂那兒去呢？其次，在可口可樂備受批評的時候，百事可樂並未閒坐著，而是乘機大做廣告，即使有些消費者剛開始對可口可樂有所期待，那麼現在他們還會不會轉向呢？要知道消費者購物時的心理並不十分理性化，很多時候憑的是興趣以及其他暫時的理由。再次，當可口可樂實施這一妙極的決策時，它必須事先做好準備接受極大的損失，先是它十分賺錢的老配方飲料不得不停產兩個月，而其間工人的工資當然還是要照付，再一個它的新配方飲料也會受到抵制而滯銷，所以整整兩個月可口可樂公司幾乎等於關門大吉了。

即便有這麼多風險但仍然敢於大膽一試，這完全是因為可口可樂公司看準了一條：消費者愛好可口可樂，抵制改變配方的情況越厲害，越能說明這個問題，從而這一決策便越能獲得成功。同時，這一決策的優越處還體現在：它可以借此吸引更多的人來關注可口可樂公司發生了什麼事，進而了解可口可樂的新老配方飲料。更重要的還在於：它充分體現了可口可樂公司對新老消費者的巨大尊敬，為了滿足老消費者的需要，它恢復了老

牌配方可口可樂的生產；而為了新消費者的需要，它也同時生產新配方飲料。受到如此尊重的消費者，哪有不歡呼雀躍，爭相品嘗之理？

所謂「去患者，可則決之；從福者，可則決之」，即言決策要善於權衡利弊，擇而決之，趨利避害。可口可樂妙計安天下，就是一個光輝的代表作。

IBM三原則

「尊重個人、爭取最優、提供優質服務」，這是IBM（國際商用機器公司）的每位成員都應遵循的三項基本原則。湯瑪斯·沃森創建了一種管理制度，並灌輸了這些原則，而其繼任者在面臨社會高速發展、科技日新月異的情況下，堅守了這三項原則。

最高管理部門表現出的尊重個人的一種方法，就是對所有的雇員都一視同仁。IBM公司的雇員都是終生僱用的，任何人，除非他一貫達不到明確的標準，或者違犯了道德準則，他將不會失去工作。白領、藍領和粉領工作人員之間也沒有什麼巨大的差別，許多雇員在其工作生涯中都直線地從參謀職位上被提升，所有的雇員都受到鼓勵繼續學習從而為提升做好準備，幾乎所有中上層職務都是由IBM公司已有的雇員擔任的。

所有的新雇員要經過長達9個月的培訓以便使他們能夠勝任工作，並領會、接受IBM公司的宗旨。那些留下來的雇員通過穿著保守、參加競賽和集體體育活動、參加公司的各種活動和接受公司生活的其他方面，很快地適應公司的組織文化。尊重個人的另一個特徵是高層管理部門對雇員建議的關注。該公司在最高層次有著對外公開的傳統，至少每年一次，雇員們將與其主管人員一起討論對他來說十分重要的問題。反過來，主管人員同時也必須回答意見箱中所有的各類意見，並對提出降低成本和改善產品或品質控制的意見給予獎勵。

從1975年至1984年間，IBM公司對提出建議的工作人員頒發的獎金，幾乎高達6000萬美元，而這些建議為公司節約了3億美元。

最高管理部門通過調查以及每一層次的圓桌會議來監察職工的士氣。這樣，各部門和分支機搆都對任何問題和幫助員工們提高士氣負有責任。絕大多數職工都很高興成為IBM公司大家庭中的一員，並且在公司一直工作下去。

IBM以其可信賴的服務而著稱於世。高層管理部門通過對提供這種服務的職工——銷售代表的重視突出了公司對服務的承諾，絕大多數高層管理人員，包括湯瑪斯·沃森，都是從做推銷員開始其職業生涯的。

銷售代表對使顧客滿意負有完全責任。如果他失去一個客戶，那麼，將從他的工資中扣掉原來那一客戶的銷售傭金。所以毫不奇怪，銷售代表們會用很多時間去幫助顧客保養他們的系統。

在IBM公司，榮譽是建立在個人業績基礎上的。制定這一制度是為了鼓勵那些實現了目標的雇員。大約25%的雇員拿到過獎金，許多人收到禮物，或受到二人正餐的宴請，並且他們常常受到表揚。

業績制度在銷售部門更為突出。制定年度銷售額，並且要使80%的銷售代表能夠完成這個定額。銷售代表每月的銷售量在公告牌上公布，管理人員被要求幫助下屬達到目標。實現了年度銷售額的銷售人員可以參加「100%俱樂部」，還能參加為期三天的年度慶祝盛會。實現最高年銷售額的約有10%的銷售代表可以參加「金色集團」，在豪華的旅遊勝地慶祝他們的成功，而那些連續未能實現銷售限額的人員將被辭退。

嚴酷的競爭由於嚴格執行了道德要求和集體精神而被緩和了。管理人員，無論他是哪個層次的，他們的成功都取決於他們集體的努力程度。因為隊伍比較小，管理人員可以密切關心其下屬。另外，銷售部門每月召開大會來審查工作進度，獎勵成績最突出的銷售人員。

隨著IBM公司的發展，其組織逐漸變成了一個龐大的官僚機構。由於公司的發展產生了許多規定和控制手段，導致這樣一個龐大組織的等級制度減慢了部門之間的資訊交流。因此，儘管他們的頂頭上司關心著他們的職業需要，但有一些雇員還是覺得自己無足輕重，根本不知道公司的發展方向是什麼。

IBM公司儘管存在官僚主義，但它面向顧客的方針還是非常有助於公司迅速適應市場變化的。當個人電腦（PC）流行時，公司的高層管理部門意識到自己忽視了顧客需要的這種產品，為使個人電腦儘快投入市場，高層管理部門快速成立了一個獨立的經營機構（IBU）以避免官僚作風的影響。公司副總裁以及他領導的小組卸掉其他職責，這樣，他們可以在不受到來自公司其他方面干擾的情況下，把全部精力投入到開發、製造、銷售IBM公司的個人電腦的工作中去。

PC小組做出了許多革命性的決策，包括購買其他公司的零部件，使用「公開設計」以使其他公司可以提供軟體及可相容的設備，通過電腦商店推銷PC機等。在此之前，IBM公司一直堅持由自己一家提供電腦服務及設備，其技術說明書也一直是作為絕密資料保存著的。

目前，IBM公司通過買進現有公司的股票，或成立獨立經營單位的方式來開拓電信、自動儀器、電子設備、科學儀器和電腦軟體等各個領域。公司在不放棄創建者的基本原則的情況下，已逐步走向了權力分散的方向，從而能夠給予個人更大的自主權。

所有願意創造管理奇蹟的企業經理，都應該花上一個小時，再三研究這個案例，直到把它完全弄懂為止。這比起走馬觀花地瀏覽許多案例來，效果要好得多。

首先你要從本案例中得益的是，湯瑪斯·沃森的決策給IBM留下的豐富遺產：那種優秀的企業文化。組織的毅力也受組織文化的影響，組織文化還影響著計畫、組織、人事、領導和控制等各項管理職能的實施方式。如果可以選擇，人們大都願意在一種人人可以參與決策的環境下工作。因為在這種環境下，評價一個人是根據他的工作業績而不是根據他與別人的交情，人們可以與各方公開交往，具有行使很大程度的自我管理的機會。仔細閱讀、體會這個案例，你會發現，IBM三原則，營造的正是這樣一種企業文化，而這就是湯瑪斯·沃森的決策所帶給IBM的永久財富。

諾基亞棄車保帥脫困境

　　如今在世界的各個角落，只要一提起芬蘭的諾基亞，許多人腦海裏就會迴響起那獨具特色的鈴聲，從而湧起非常熟悉的感覺。諾基亞與美國的摩托羅拉、瑞典的愛立信並稱為世界移動電話的三巨頭。然而就在1997年，當新任總經理魯瑪‧奧里拉剛上任時，諾基亞還債臺高築、業務混亂，其經營狀況可以說仍陷於空前的困境之中。

　　由於其傳統大市場蘇聯東歐的快速崩潰，芬蘭的經濟深受打擊，諾基亞公司也隨之一落千丈。從1991年至1993年，該公司僅電子工業這一個部門就虧損了27億美元。面對殘酷的現實，奧里拉痛下決心，終於做出了一個「最無情的決斷」——捨棄公司的其他產業，全力投入以行動電話為主的通信市場。

　　這一明智的決策讓他們抓住了千載難逢的好時機。近年來，世界行動電話通信市場的發展有目共睹，勢頭極為迅猛，性能卓越的數位式行動電話正在取代固有的蜂窩式攜帶型電話，而這恰恰是諾基亞的技術優勢所在。

　　事實證明奧里拉的決策是對的。

　　首先被調整的是公司的家電產業，諾基亞賣掉了長期虧損的顯像管廠，一下子就辭退了2000名員工。接下來奧里拉又拿設在赫爾辛基的總部開刀，那些上了年紀而又業績平平的老職員全部被請走，取而代之以充滿活力的年輕人。同時奧里拉還積極採納年輕職員的革新建議，使諾基亞公司迅速擺脫了困境。

　　「決情定疑，萬事之機，以正亂治，決成敗，難為者。」就是說決情定疑，是一切問題的解決起點與關鍵，用它可以來整頓朝綱，治理百姓，可以來決定成敗、斷定疑難，因而要做好一個決策是很不容易的。面對殘酷的現實，諾基亞公司能痛下決心，做出「最無情的決斷」，棄車保帥，毅然痛快地斬斷公司的其他產業，轉而全力投入以移動電話為主的通信市場，終於抓住了時機獲得了迅猛的發展，一躍而成為全球經久不衰的知名品牌，大獲成功。

韋爾四大決策名動天下

在美國企業史上，有一位傑出的人才，被譽為最出色的決策家，他就是希歐多爾・韋爾。1910年至20世紀中期，韋爾出任美國貝爾電話公司的總裁。在其任職期間，他不僅使自己的企業一躍而為世界上最大的一家私營企業，還使它成了一個最成功、最具發展前途的企業。

在今天的美國，私人企業經營電話服務是理所當然的。但讓人不得不刮目相看的是，在世界發達地區的電話系統中，貝爾電話公司經營的北美洲（包括美國和加拿大的兩個人口稠密州——安大略和魁北克），是惟一一片由私營電話公司經營的地區。雖然貝爾公司已在一個重要領域取得了壟斷性地位，其最初的市場需求也達到了飽和，但它卻是證明了自己有能力承擔風險並迅速發展的惟一一家公用事業公司。

這一非凡成就的取得，靠的既不是運氣，也不是傳統美國人的「保守作風」，而是韋爾在長達20年時間裏，所先後制定的四個頗具偉大戰略意義的決策。

韋爾早就看到，要想保持電話公司的私營狀態、進行獨立自主的管理，必須要有獨特的經營方式。當時，整個歐洲大陸的電話系統都由各國政府經營，既不麻煩，也無風險。而要想用反對政府接管的方式來保住貝爾私營企業的地位，顯然是不明智的，它最多只能延緩這種情況的發生。進一步講，採取一種純自衛的防守政策，只能自己削弱自己，削弱管理人員的的創造力和精力。韋爾認為，他需要一種策略，使貝爾公司作為一個企業，卻比任何政府機構都能更有效地為公眾服務。根據這一需要，韋爾做出了他的第一個決策。請記住它，這就是：貝爾電話公司，要以預測公眾的需要、提供令人滿意的服務為業務宗旨！

因此，韋爾一接手公司，就提出了「我們的業務就是提供服務」的口號。而且不僅僅滿足於提出口號，他還堅持把口號變成現實，在公司推行了一套檢查管理工作成績的尺度。根據這一尺度，管理人員的工作成果，並不以贏利多少來衡量，而是看他是否提供了完善的服務。因此，最高層管理人員的職責，就是安排公司的人力、財力，使公司能提供最佳的服務

並獲得相當的贏利。

與此同時，韋爾還認識到：一個自由企業——一個不受各種束縛的私營企業，是不可能壟斷全國的通訊事業的。惟一能取代政府擁有電訊事業的辦法，是施行「公眾管理」制度。所以，一個有效的、誠實的、有原則的「公眾管理」，將有利於貝爾公司的利益及其生存與發展。

當時，美國的「公眾管理」制度已經名聲大噪了，但能真正施行的卻寥寥無幾。企業界中有人反對，法院也不支持，得已形成的管理法制觀念也毫無作用。公眾管理委員會本身人員就少，缺經費，委員一職成了第三流政客無所事事的閒職。

韋爾卻在這情況下決定，將「有效地實行公眾管理」作為貝爾公司的奮鬥目標。他還將這一目標交付給貝爾公司屬下的各個分公司經理，責成他們不斷更新管理機構，改革管理和評定觀念，使公眾管理更趨於公平合理，更能維護公眾利益，同時也為公司順利開展業務創造條件。這些分公司經理，也是充實貝爾公司高層管理班子的後備力量，從而保證了總公司和分公司能夠對公眾管理採取一致的積極態度。

韋爾的第三大決策，是建立貝爾研究所——企業中最成功的科研機構之一。這一決策也是以一個私營壟斷企業必須自強不息才能保持活力這一觀念為出發點的。然而這一次，韋爾提出這樣一個問題：如何使這種私營壟斷企業具有真正的競爭力？顯然，他所指的競爭，並不僅僅是簡單地指一般情況下，兩家企業為向顧客提供同一類產品，或滿足同一類需要所進行的競爭。而他也深深了解，沒有競爭，壟斷私營企業就會迅速變得停滯不前。韋爾的結論是：一個已經取得壟斷地位的企業雖然沒有對手，也同樣可以競爭——同將來競爭。在技術工業領域裏，尤其像遠端通訊這樣的工業，決定前途的是更為先進的技術。基於這一遠見而建立的貝爾研究所，雖不是世界上、甚至也不是美國的第一家企業研究所，但它卻是第一家有意識地將「廢棄今天」作為目標的研究機構。不論這個「今天」多麼成功，多麼卓有成效，研究所都要用未來的技術來取代它。

當貝爾研究所於一戰期間正式成立時，它成了令人震驚的一次工業改

革。即便在今天，恐怕也很少有人能夠理解：有價值的研究，應該是對「破壞者」的研究，其目的是摧毀今天，創造一個不同的明天。在大多數企業研究機構中，大多數研究都屬於延續「今天」的保護性研究，而貝爾研究所，卻從一開始就迴避這種保護性研究，其大膽開拓的創新意識，以及超越當下的遠大目光實在令人稱奇。

在韋爾任期的最後階段，即20世紀初，他又做了第四大決策：開創一個大眾資金市場。這一次，仍是為了確保貝爾公司作為私營企業而生存所做的努力。因為無力籌措資金更新設備、擴大規模，在很多國家已有不少電力煤炭公司被收歸國有了。韋爾認識到，貝爾公司要發展，就要有一個可靠而穩定的資金來源。而這種資金，是當時的資金市場所不能提供的。

20世紀20年代，美國最有實力的投資者是投機商。許多公用事業公司，尤其是電力公司，為了保證獲得穩定的資金來源，都想方設法地吸引這些投資。他們組成控股公司，並給母公司的普通股以較優的股息。同時，公司經營所需資金，則通過傳統管道，如保險公司一類的金融機構來獲得。韋爾認為，這種資金來源是極不可靠的。他轉而設計了一種「AT&T」（美國電話電報公司）普通股，除了法律形式以外，它與投機性股票完全不同。因為這種股票的設計，是著眼於社會大眾的。

當時，美國社會中剛剛出現一種被稱為「莎莉大嬸」的中產階級婦女，她們喪偶之後，自己不工作，卻有一定家產，通常靠吃銀行的利息過日子，也多少能有些結餘來進行投資，但卻無力冒太大的風險。對她們來說，AT&T股票提供了一個保險的投資機會——有保證的股息，因而吸引了許多無依無靠的寡婦來購買。同時，這又是一種普通股票，能使資本增值並免受通貨膨脹的影響與危害。

一個有效的管理者，在決策時首先要辨明問題的性質，他會問：「我面臨的是常見的問題呢，還是偶然的例外？」「這一問題是另一常發性問題的原因呢，還是需要特殊處理的例外事件？」常發性的問題，只能通過規定性原則來解決；而偶發性的例外，就只能具體問題具體分析，根據特殊情況做特殊處理。

韋爾在這兒碰到的是一個十分特殊的問題，更是一個關係到公司根本的戰略性問題，他花了20年的時間來解決這個問題，從而穩穩保持了公司的私有化地位，你還記得他是怎麼做的嗎？有效的管理者，不刻意追求決策的速度，而立志追求長遠的效果和深遠的影響，此即所謂的「度以往事，驗之來事，參之平素，可則決之。」

∽ 職場 活用

抉擇比努力更重要

話說白龍馬自從跟隨唐僧西天取經歸來後，就名動天下，被譽為「天下第一名馬」，引得眾馬羨慕不已。於是，很多想要獲得成功的馬都來拜

駿馬圖（徐悲鴻繪）

訪白龍馬，詢問為什麼自己同樣努力了卻仍然庸庸碌碌、一無所獲？

白龍馬微笑著淡定地回答道：「其實我去西天取經時，大家也沒閒著吧，甚至比我還要累。我走一步，你們也走一步，只不過我目標明確，十萬八千里走了個來回，而你們只是在磨坊裏原地踏步而已！」

眾馬聞言愕然，繼而垂首沉思……

看完這個故事，相信大家都會感到道

理很簡單，但卻值得回味，路就在腳下，努力的方向只能靠自己做決斷，靠自己來把舵！在職場上工作，埋頭苦幹、努力做事十分重要，但在正確的方向上努力，則更加重要，更有根本性的意義。

在古代，那些賢人君子就諄諄告誡大家：男怕入錯行，女怕嫁錯郎。就是從人生事業發展的高度來詮釋這個道理：選擇並決定方向比努力更重要！無論自己工作有多努力，首先需要的是方向正確。如果方向定錯了，哪怕歷盡千辛萬苦，結果只會事倍功半甚至是一敗塗地。

當今社會是一個講究績效的時代，公司、企業、政府，不管在哪需要的都是有能力且能與企業方向共同發展前進的人，而不是一味努力但卻南轅北轍的人。一個人適合哪些行業，哪些職業，有很多東西是先天決定的，只有充分地發掘自身的潛力，而不是總與自身的弱點妥協，才能出人頭地。就像現在很多企業招聘的時候，他們雖然相信通過培訓和教育可以讓火雞學會爬樹，但還是覺得選個松鼠更方便一些。方向定得不對，一個人再努力、再辛苦，也很難成為自己、社會所希望成為、所需要的那種人。

走什麼樣的職業之路，是我們每一個人都必須做出的選擇和決斷，而且只能選定一條路！沒有「回頭」的機會，除非你能活兩回。職業發展的過程中，我們隨時都會面臨抉擇：是去這家企業還是那家企業？是要跳槽還是繼續堅守？是要考研還是參加培訓？甚至有的時候我們面前不止是兩條路，而是處處有路處處非路。所以我們要小心選擇、慎重決定，因為一旦抉擇了就會「從此決定了我一生的道路」。

有這五條毛毛蟲，牠們都想過上美好的蟲生，獲得牠們夢寐以求的某棵蘋果樹上的又大又紅又甜的蘋果。

第一條毛毛蟲，牠爬呀爬呀爬，終於來到這棵蘋果樹下。可牠並不知道這是一棵蘋果樹，也不知樹上長滿了紅紅的蘋果。當牠看到同伴們往上爬時，也就二話不問跟著往上爬。沒有目的，不知終點，更不知生為何求、死為何所。牠的最終結局呢？或許找到了一個大蘋果，幸福地過了一生；也可能在樹葉中迷了路，顛沛流離糊塗地耗過一生。不過可以確定的是，大部分的毛毛蟲都是這樣活著的，也不去費心費力考慮什麼是生命意

義與價值，倒也輕鬆許多。

　　有一天，第二條毛毛蟲也爬到了蘋果樹下。牠知道這是一棵蘋果樹，也確定他的「一生目標」就是找到一個大蘋果。可問題是，牠並不知道大蘋果會長在什麼地方。但牠猜想：大蘋果應該長在大枝葉上吧！於是牠就慢慢地往上爬，遇到分支的時候，就選擇較粗的樹枝繼續爬。當然在這個毛毛蟲的社會裏，也存在考試制度，如果有許多蟲同時選擇同一個分支，就要舉行考試來決定誰才有資格通過大樹枝。這條毛毛蟲一路過關斬將，每次都能選上最好的樹枝。就這樣，牠最後從一枝名為「大學」的樹枝上，找到了一個大蘋果。不過此時牠才發現這個蘋果並不是樹上最大的，頂多也只能稱得上是局部最大的。因為在牠的上面還有一個更大的蘋果，號稱「老闆」，是由另一條毛毛蟲爬過一根名為「創業」的樹枝才找到的。更令牠洩氣的是，這個「創業」分支還是牠當年不屑於爬的一棵細小的樹枝。

　　然後，第三條毛毛蟲來到了樹下。這條毛毛蟲相當難得，小小年紀，自己就已經研製了一副望遠鏡。在牠還沒開始往樹上爬時，就先用望遠鏡搜尋了一番，找到了一個超大蘋果。同時，牠發覺從下往上找路時，會遇到很多分支，有各種不同的爬法；但若從上往下找路時，卻只有一種爬法。於是，牠便很細心地從那個超大蘋果的位置，由上往下反推至目前自己所處的位置，並記下這條確定的路徑。接下來，牠就開始往上爬了。每當遇到分支時，牠一點也不慌張，因為牠知道該往哪條路走，而不必跟著一大堆蟲去擠破頭。譬如說，如果牠的目標是一個名叫「教授」的蘋果，那就應該爬「升學」這條路；如果目標是「老闆」，那就應該爬「創業」這條路；而如果目標是「政客」，也許早就該選「關係」這條路了。最後，這條毛毛蟲應該會有一個很好的結局，因為牠已經具備了先覺的條件。但也許會有一些意外的結局出現，因為毛毛蟲的爬行相當緩慢，從預先選定蘋果到自己爬到目的地，還需要較長的一段時間。當牠抵達時，或許蘋果已經被別的毛毛蟲捷足先登了，也或許蘋果早就熟透而爛掉了。

　　第四條毛毛蟲可不是一條普通的蟲，牠具有先知先覺的能力，不僅

知道自己要何種蘋果，更知道在未來蘋果將如何成長。因此當牠帶著那副「先覺」的望遠鏡時，牠的目標並不是一個大蘋果，而是一朵含苞待放的、健康飽滿的蘋果花。牠計算著自己的路程，並估計當牠抵達時，這朵花正好長成一個成熟的大蘋果，而且自己將是第一條鑽入蘋果中大快朵頤的蟲。果不其然，牠最終獲得了所應得的，從此過著快樂幸福的生活。

毛毛蟲的故事本應到這裏就結束了。但肯定會有不少的讀者好奇：那第五條毛毛蟲呢？牠怎樣了？其實，牠什麼也沒做，就躺在樹下悠然自得地納涼，而一個個大蘋果紛紛從天而降。原來樹上某一大片樹枝早就被牠的家族佔領了，牠的爺爺、爸爸、哥哥們盤踞在某一樹幹上，禁止其他蟲闖入。然後蘋果成熟時，就一個個地丟給底下的子孫兄弟們撿食。奉勸諸位，如果你不是含著金湯匙出生的，可不要妄想能不勞而獲，坐享其成，撿到大蘋果，因為這樣反而會一不小心被砸死的。

五條毛毛蟲勾勒出了做出各種抉擇、選定各種方向的職場眾生，或主動或被動地做出的各種不同的決定最終導致了截然不同的命運。作為一個希望實現自己人生夢想的「毛毛蟲」，你將選定什麼樣的道路？你能夠選定什麼樣的道路？你是否思考過這樣的問題？

譚是一個十分喜歡拉小提琴的年輕人，可是他剛到美國時，卻必須到街頭拉小提琴賣藝來賺錢。事實上，在街頭拉琴賣藝跟擺地攤沒什麼兩樣，都必須爭個好地盤才會有人潮、有機會，才會賺到錢；而地段差的地方，生意當然就較差了！幸運的是，譚和一位黑人琴手一起爭到一個最能賺錢的好地盤，就在一家銀行的門口，那裏每天都人潮洶湧……過了一段時日，譚賺到了不少賣藝錢之後，就與黑人琴手道別了，因為他想進入正規學院進修，在音樂學府裏拜師學藝，和琴技高超的同學們互相切磋。

於是，譚將全部時間與精神都投注在提升音樂素養和琴藝之中。在學校裏，雖然譚不像以前在街頭拉琴一樣能賺很多錢，但他的眼光超越金錢，轉而投向那更遠大的目標和未來。10年後，譚有一次路過那家銀行，發現昔日的老朋友——黑人琴手仍在那塊「最賺錢的地盤」拉琴，而他的表情也一如往昔，滿是得意、滿足與陶醉。當黑人琴手看見譚突然出現在

自己面前時，很高興地停下拉琴的手，熱情地打招呼：「兄弟，好久沒見啦，現在在哪拉琴啊？」譚說出了一個很有名的音樂廳的名字，而那黑人琴手反問道：「那家音樂廳的門口也很好賺錢嗎？」「還好啦，生意還不錯！」譚沒有說明，只淡淡地回答道。

那位黑人哪裡知道，10年後的譚，已經是一位知名的音樂家了，他經常在著名的音樂廳中登臺獻藝，而不是只在門口拉琴賣藝。10年中那個黑人琴手像譚一樣努力，只是他是努力地拉琴賣藝，努力地保衛自己那塊賺錢的地盤；而譚卻選擇了進一步深造，而正是這種不一樣的選擇直接導致了他們最終人生狀況的不同。

抉擇比努力更重要。很多在職業發展上並不順利的人其實一向都非常努力，反而一些人順風順水、彷彿很輕易就可以獲得別人眼中的成功。成功的人努力幾年後就會很輕鬆了，而失敗的人則需一直不停地努力，因為一旦他不努力就沒有飯吃了。

所以說，決策失誤是最大的失誤，每個人都希望儘量少走彎路。一個人一生當中最大的幸福在於選擇對兩件事：一是找對單位、找對老闆、找對上司，選定自己的事業；第二件事就是找對妻子或丈夫。為什麼這麼說呢？因為當太陽升起時我們開始一天的工作，是要在職場上與同事、上司共事；當日落西山時，我們回到家，與自己的愛人相聚相守。這兩件事情佔據了我們一天進而合起來就是一生的時間，一旦選擇出錯，誤定終身，那將是令人何等憂傷鬱悶的一生啊！

◦᠁處世活用᠁

說「不」的藝術

在日常的人際交往中，我們經常會遇到想要拒絕別人而又不好意思說出口的尷尬場面。這實在是在所難免的，一個處理不當，不是傷了和氣，就是委曲求全。所以，在處世中如何恰當地拒絕別人、如何說「不」，確實是一門不可忽視的藝術。

有一位做事認真、年輕有為的男職員，由於曾在某次交易中，給對方經理留下了極佳的印象，致使這位經理十分欣賞他，而且還主動熱心地幫他牽紅線，而這位職員目前還不想處理這方面的問題，所以就需要說「不」了，可對方是重要客戶，而且也是出於一片熱忱，最後這位職員還是非常有技巧地拒絕了他：

「這件事情（有關做媒一事），我恐怕要讓你失望了，實在很抱歉！因為，雖然我也認為，一個男人是非結婚不可的，但在事前，我就堅定地告訴自己：『不論何人說親，對象是誰，在自己還沒奠定經濟基礎之前，我是絕不輕易結婚的。』現今的我，實在還談不上具備結婚的條件，因為我的事業尚未有所成就；我想，總要等到有經濟基礎了，再來談結婚之事會比較妥當吧。這完全出於我自身的考慮，絕非關係到介紹對象的好壞，希望你能夠諒解。我這番話，也絕對不是只說給你一個人聽的。」

有些人在拒絕對方時，因為感到不好意思，而不敢據實言明，致使對方摸不清自己的真正意思，而產生許多不必要的誤會。其實，在人際交往上，不得不拒絕，乃是常有的事，因此搞壞交情的其實並不多；倒是有些人說話語意曖昧、模棱兩可，反而更容易引起對方得誤會，甚至導致彼此關係破裂。

在你拒絕別人的時候，一定要認真考慮到對方可能產生的想法，早做決斷，儘量明快而率直地說明實情，這才是最根本、最坦誠的拒絕法。

在此，我們不妨來學習借鑒一下恰當地說「不」的小訣竅。生活中，常會遭遇這樣的場景：一個品行不端的熟人向你借錢，但你心裏明白，把錢借給他後便成了肉包子打狗有去無回了；一個熟悉的推銷商向你推銷一種你並不太需要的商品，或者照他的價格買下來還會吃虧……

諸如此類的事你必定會加以拒絕，可是拒絕之後就會斷了交情，被人誤會，甚至種下仇恨的因素。要避免這樣的情形發生，就需要運用理智，針對不同的情況與對象，善加決斷，巧妙地予以回絕。

向別人表示反對或拒絕時，你一定要有充分的理由，還要注意技巧。以下有幾點建議可供參考——

盡可能以最友好、最熱情的方式加以拒絕。比如別人邀請你參加一項活動，而你實在是沒空，根本抽不開身去，就可以先恭維一番，如「對你的邀請我感到萬分榮幸」，然後講出不能抽身前往的理由，別人就不會有太多的不快了。而你若不加解釋就一口回絕，別人會對你產生「擺架子」、「耍大牌」的印象，對今後的交往是有害無利的。

　　不要只針對對方一個人。假設你是供銷經理，碰到其他廠的推銷員上門來推銷原料，而你們廠已經不需要了，你若直接回絕就會對今後的生意往來帶來不利影響。你可以這樣對別人說：「我們廠已與××廠簽訂了長期供應合同，廠裏規定暫不用其他廠的原料。我也只得按照規定辦。」因為你講的是任何單位，就不僅僅針對對方一個人了，他也就不會埋怨你了。

　　由此可見，善於說「不」，也就是在日常生活中為人處世時善於「決情定疑」，以恰到好處的否定來獲得最終的肯定，以及和諧健康的人際交往氛圍。

符言第十二

　　「符」，原意是指自先秦時朝廷就用來傳達命令、調兵遣將的信物，上面多刻有與使用相關的文字。而所謂的「符言」，即憑符信傳達之要言，在本篇則引伸為經過驗證的、完全符合規律的傳達給君主的格言，著重論述了一套專為君王設計的御國、用臣、治民的策略與權術，還説到了君王應該具有的修養與做人原則。

　　具體説來，對君王的要求涉及到了九個方面：第一，要有澹泊寧靜的心態和成竹在胸的王者風範，保持君主的地位；第二，要虛懷若谷，吸收天下的人才與智慧，以使自己明察秋毫，為天下民眾謀福利；第三，要善於納諫，廣開言路，博採眾議；第四，要賞罰分明，賞罰有據；第五，要博學多聞，全面客觀地了解各方情況，勤奮好學、不恥下問；第六，要因勢利導，遵循事理，依法制臣，以利馭臣；第七，要加強君臣之間的溝通，行事周全，注意保密；第八，要洞微知著，明察秋毫，辨別真偽，「洞天下奸」；第九，要循名求實，因實定名，使名實相符。

　　這裏所講到的君王理應掌握的為政之道，既不像儒家那樣一味宣導君臣平等，也不像法家那樣一味強調君臣如虎狼的利害關係，而是注重如何使用計謀權術來駕馭、治理臣民，以維護自己的統治，這可以説是本篇獨具特色之處，同時也反映出戰國時代的百家合流的趨勢。

一

　　安徐正靜，其被節無不肉，善與而不靜❶；虛心平意，以待傾損❷。右主位❸。

　　目貴明，耳貴聰，心貴智❹。以天下之目視者，則無不見❺；以天下

之耳聽者，則無不聞；以天下之心慮者，則無不知。輻輳並進，則明不可塞❻。右主明❼。

聽之術曰❽：勿堅而拒之❾。許之則防守，拒之則閉塞❿。高山仰之可極，深淵度之可測⓫。神明之聽術正靜，其莫之極⓬。右主聽。

【注釋】

❶ 徐：徐緩，從容。正：正色。被節：指合於節度。肉：饒裕。靜：當作「爭」。

❷ 傾損：倒運失敗。傾，倒毀。

❸ 右：以上。古人自右向左豎寫，故綜括以上內容時言「右」。主位：即主位術，指某人居某位時應有的容態。

❹ 智：智慧。此指產生智謀。

❺ 以天下之目視者：用天下人的眼睛去看。此指善於調動大家的積極性去觀察。

❻ 輻輳並進：此指集中眾人之力。輻輳，亦作輻湊，指車輻集中於車軸。

❼ 明：此指聖明。

❽ 聽之術：原作「德之術」，據《管子・九守》改。

❾ 勿堅而拒之：不要固執己見而拒絕別人。意為廣納眾議。

❿ 防守：此指增加我方守衛力量。閉塞：此指妨害視聽。

⓫ 高山⋯⋯可極：山再高，是可以望見頂的。深淵⋯⋯可測：淵再深，是可以測到底的。

⓬ 正靜：嚴正祥靜。

【譯文】

安定從容，正色祥靜，度量寬容，能夠給予而不爭奪利益；心意虛靜平和地處理天下的事變。以上講的是如何保持君位。

眼睛貴在明亮，耳朵貴在靈敏，心靈貴在有智慧。君主若能利用全天下人的眼睛去觀察，就沒有看不到的事物；若能利用全天下人的耳朵去探

聽，就沒有聽不到的事情；若能利用全天下人的心智去思考，就沒有想不通的事情。若能像車輻集中於車軸那樣歸納集合起全天下人的聰明才智和力量，君主的聖明就沒有什麼能夠遮蔽、堵塞的了。以上說的是如何保持明察。

聽取採納意見的關鍵是廣採眾論，不要固執己見而胡亂拒絕別人。允許別人提意見，就會增強對方的參與意識，眾志成城，增強我方力量；反之，拒絕別人提意見，就閉塞了自己的視聽。山再高，是可以望見頂的；淵再深，是可以測到底的。神明般的主聽之術，在於以嚴正詳靜的容色對待眾人進諫。這樣，就沒有誰可以探測出其高深。以上說的是如何聽取意見。

二

用賞貴信，用刑貴正❶。賞賜貴信，必驗耳目之所聞見。其所不聞見者，莫不暗化矣❷。誠暢於天下神明，而況奸者干君❸？右主賞。

一曰天之，二曰地之，三曰人之；四方上下，左右前後，熒惑之處安在❹？右主問。

心為九竅之治，君為五官之長❺。為善者，君與之賞；為非者，君與之罰。君因其所以求，因與之，則不勞❻。聖人用之，故能賞之。因之循理，故能長久❼。右主因❽。

【注釋】

❶信：信用。正：平正，正當。

❷暗化：暗自感化而不敢冒功邀賞。

❸誠：誠信，信用。暢：暢達。神明：此指幽暗之處。

❹熒惑：指受到迷惑、蒙蔽。

❺九竅：耳、目、鼻各兩竅，口、前陰、肛門各一竅，共九竅。這裏泛指身體器官。治：統治，職掌。五官：《禮記·曲禮》曰：「天子之五官，曰司徒、司馬、司空、司士、司寇，典司五眾。」這裏泛指文武百

官。

❻因：循順，依據。勞：勞頓，勞苦。此指纏身於事務中。

❼循理：遵循一定的規矩和法式。

❽因：因循，因臣之所求而驅使之。

【譯文】

獎賞臣民貴在恪守信用，懲處下屬貴在公正合理。賞賜貴信，就是說要賞賜某人某事，必將其功績查驗確實。這樣一來，對於那些沒有親眼看到、沒有親耳聽到的人，也有潛移默化的影響。如果確實能把這種誠信暢達於天下以及幽暗難查之處，又何懼於那些干犯君主的奸邪之徒呢？以上講的是如何實行賞賜。

什麼是天時，什麼是地利，什麼是人和，東西南北四方，上下、左右、前後都問遍，哪裡還會存在什麼被蒙蔽和迷惑的地方呢？以上講的是如何詢問情況。

心是身體各種器官的主宰，君主是文武百官的首長。對於那些做了好事的臣屬，君主就賞賜他們；對於那些做了壞事的臣屬，君主就懲罰他們。君主順應他們表現出來的一切施行賞罰，這樣治國就不會勞神費力。聖明的君主能夠運用這種權術，所以能夠掌握百官。根據他們的要求封賞並在賞賜時依據一定的法度，所以能夠維持長治久安。以上講的是君主因順形勢、遵循道理來管理官吏。

三

人主不可不周❶。人主不周，則群臣生亂。寂乎其無端也，內外不通，安知所開❷？開閉不善，不見原也❸。右主周。

一曰長目，二曰飛耳，三曰樹明❹。明知千里之外、隱微之中，是謂洞❺。天下奸，莫不暗變更❻。右主參❼。

循名而為實，按實而定名❽。名實相生，反相為情❾。故曰：名當則

生於實，實生於理，理生於名實之德，德生於和，和生於當❿。右主名。

【注釋】

❶ 周：周密，全面。

❷ 寂乎：寂然平靜。指不露聲色。無端：不見端倪，摸不到頭緒。內外：
　 宮內宮外。

❸ 開閉：即捭闔。善：得其法。原：同「源」，源頭。

❹ 長目：使眼睛能看到很遠的事物，猶如千里眼。飛耳：使耳朵聽得更
　 遠，猶如順風耳。樹明：用天下之心來想，使心裏明察。

❺ 隱微：暗處，背地裏。洞：洞察，明察。

❻ 暗變：暗中收斂、順從。

❼ 參：參驗，檢驗，考察，彈劾。

❽ 循：順，依照。名：名分。

❾ 相生：相互化生，相輔相成，相依相存。反相：反覆循環。

❿ 當：適當，恰當。理：道理，此指對事物的正確認識。德：同「得」，
　 相得，相當。和：吻合。

【譯文】

　　君主做事不可以不注意周全、保密。如果君主做事不周全保密，群臣
內部就容易發生動亂。君主做事前應該寂然平靜、不露聲色，讓人摸不到
頭緒，圈內圈外不能溝通消息，機密還能從哪裡洩漏？如果不善於掌握開
合之術，機密洩漏了還不知道哪兒是源頭。以上講的是君主做事要周全。

　　能用天下人的眼睛使自己看得更遠，能用天下人的耳朵使自己聽得更
遠，能用天下人的頭腦去思考使自己心中洞察一切。千里之外的情況以及隱
祕微小的事情都能了解得清清楚楚，這就叫做洞察。這樣一來，天下奸邪的
事情都會在暗中慢慢轉化、改變。以上講的是君主如何洞察參驗一切。

　　依據客觀事物的名分去考察事物的實際，按照客觀事物的實際來確定
事物的名分。名分和實際相互化生，相輔相成，二者互相循環，互為表裏，
這本是事物的常情。所以說，適當的名分產生於客觀事物的實際，對於客

觀事物實際的把握取決於人們對客觀事物的正確認識，而對於客觀事物取得正確認識的標誌，在於對客觀事物做出了符合實際的表述。這種對客觀事物實際的表述，取決於我們的認識與客觀事物的相吻合。這種認識與實際的吻合，取決於我們運用了恰當的方法。以上講的是如何把握名分。

☾ 以史為鑒

漢昭帝善辨忠奸

漢昭帝乃一代霸主漢武大帝的兒子，被立為太子時年僅八歲。漢武帝並不放心，臨去世前就把他託付給霍光、金日磾、上官桀、桑弘羊四位大臣，讓此四人輔佐昭帝。四人之中，霍光官拜大司馬、大將軍，掌握著朝廷的軍政大權，地位最高，權勢炙手可熱。

霍光為人正直，對昭帝忠心耿耿，輔佐著他把國家大事處理得井井有條，因此，威望日增。但同時，霍光個性耿直，做事不講情面，也得罪了不少人，其中就有上官桀、桑弘羊、蓋長公主等在朝廷舉足輕重的大人物。

當時漢昭帝的哥哥燕王劉旦，一直憤恨於自己沒有做成皇帝，所以一心想廢掉昭帝自立，但又懼怕霍光，於是他便和上官桀勾結起來，想方設法要除掉霍光。

在漢昭帝14歲那年，上官桀趁著朝廷讓霍光休假的機會，偽造了一封劉旦的親筆書信，又派人冒充劉旦的使者，把這封信送給了漢昭帝。

漢昭帝打開信一看，只見上面寫道：「霍光外出檢閱御林軍時，擅自使用皇上專用的儀仗。而且他經常不守法度，未經皇上批准，擅自向大將軍府增調武官，這些都是有據可查的。他簡直是獨斷專行，根本不把皇上放在眼裏！我擔心他有陰謀，會對皇上不利，因此我願意辭去王位，到宮裏保護皇上，以提防奸臣作亂。」

送完信後，上官桀等人做好了一切準備，只等漢昭帝發佈命令，就把霍光捉拿起來，誰知漢昭帝看完信後卻毫無動靜。

第二天，霍光前去上朝，聽說了這件事，就坐在偏殿中等候發落。

漢昭帝在朝堂上沒有看見霍光，便問道：「大將軍在哪裡？」

上官桀回答道：「大將軍因為被燕王告發，所以不敢進來。」

於是，漢昭帝便派人請霍光上殿。

霍光來到殿前，摘掉帽子，磕頭向昭帝請罪。

漢昭帝說：「大將軍只管戴上帽子。我知道那封信是假的，你沒有做錯事罪從何來？」

霍光聽了，既欣慰、又高興，也又有點疑惑，問道：「皇上是怎麼知道的啊？」

漢昭帝輕描淡寫地回答道：「大將軍檢閱御林軍只是最近幾天的事情，增調武官校尉到現在也不過十天，燕王遠在北方，他怎麼能知道得如此之神速呢？再說了，如果將軍真有心要作亂，也用不著依靠校尉。」

上官桀等人聽了大吃一驚，全身冷汗直冒，生怕事情敗露、小命不保。

漢昭帝又說：「這件事只消問問送信的人就可以弄明白！不過，我想他肯定早已經逃匿了。」

左右下屬連忙命人去尋找那個送信的人，送信人果然已逃得無影無蹤了。

見一計不成，上官桀等人又生一計。他們經常在漢昭帝面前說霍光的壞話，極盡挑撥之能事。

最後，漢昭帝忍無可忍，

漢昭帝劉弗陵

勃然大怒，對他們直接說道：「大將軍是忠臣，先帝囑託他輔佐我，以後誰要再敢誣衊大將軍，我就治誰的罪！」

上官桀等人看到這個方法還是行不通，就密謀讓蓋長公主出面請霍光喝酒，然後借機殺掉他，廢掉漢昭帝，立燕王劉旦為帝。但他們的陰謀還沒來得及施行，就被漢昭帝和霍光發覺了，一干奸賊逆臣全部被誅。

所謂「主明術」，強調的就是君主只有耳聰、目明、心智，才能做到明察秋毫，洞悉「天下奸」，而不致被事物的外在假象蒙蔽、混淆了自己的判斷力。霍光如果跟隨的是一個昏庸的皇上，恐怕沒被斬首也早就造反了。昭帝僅僅從信中的時間就能準確推斷出燕王不可能知道近期發生的事，並令人去追查送信之人，他這樣做的目的無非是想給誣陷霍光的人一個威嚇，提出警告。可惜的是，上官桀等人怙惡不悛，死性不改，仍然意圖謀反，最終落得身首異處的下場。

罰人救火保都城

戰國時期，一到冬天，魯國都城南門附近的人們就會到蘆葦蕩子裏去打獵。由於那裏濕度適宜，生長著大片大片豐茂肥美的野草，數不清的魚蝦在池塘裏嬉戲，許多飛禽猛獸也棲息在這塊風水寶地，過著飽食無憂的愜意生活。

人們都說在這裏打到的獵物不僅肉質鮮嫩好吃，而且皮毛也能賣個好價錢，所以大家聞風而動，來這裏打獵的人絡繹不絕。一天，不知是誰為了一時之利，竟放了一把火來捕殺獵物。火借風威，風助火勢，不一會兒大火就蔓延開來，甚至馬上就要殃及都城了，但卻沒有一個人去救火，大家仍然興高采烈地追逐著四處逃竄的動物。

魯哀公在宮中聽到火災的消息，大吃一驚，趕忙派人去救火，但是被派去的人也都跟著眾人去追逐火海中逃出來的獵物了。看到這亂糟糟的情形，魯哀公不知所措，擔心再延誤下去都城就要在大火中化為灰燼了。

這時，宮中一位大臣建議道：「在這樣危急的情況下，我們沒有設置任何獎賞和懲罰，他們當然不願意冒險去滅火了。更何況乘機捕殺獵物不僅有利可圖，也有趣味，他們自然就趨之若鶩，出現這種情況也是在所難免的。」

魯哀公心中本來煩亂不堪，聽到這話，茅塞頓開，便想立即傳令下去，凡是參加救火的人就都屬於為挽救都城立下功勞的人，一定會得到重賞！

那位大臣趕忙勸阻道說：「這樣也不太好。現在情況是一團糟，根本無法弄清楚誰在救火，誰在追逐獵物。至於誰的功勞大誰的功勞小，更是沒有辦法評定。就算這些都解決了，還有一個重要的問題，那就是現在人這麼多，花費這麼多的財富去賞賜實在是不划算啊！」

魯哀公想想覺得也對，又開始發愁了，說：「那到底該怎麼辦呢？」

大臣回答道：「既然獎賞不行，那為什麼不懲罰呢？我們可以規定，捕殺獵物者視同怠忽職守，不救火的人等同於戰場上的逃兵。一旦被發現查實，不管是誰，都要以軍紀處罰，不留半點情面！這樣不用花一分錢，就能達到目的。您覺得怎麼樣？」

魯哀公一聽，連聲稱好，便立馬傳令下去。在場的人聽到命令都害怕了，紛紛救火。有的脫下自己的衣服撲滅火苗，有的拿來工具切斷向四周蔓延的火，有的鏟土掩蓋即將復燃的灰燼。人多力量大，不一會兒，大火就被撲滅了。

所謂「主賞術」，就是提醒君主要善於運用賞罰的手段來激勵他人為自己服務。魯哀公採納宮中大臣的賞罰之法，其成功之處就在於對形勢、施術對象的分析精當，抓住了此情此景下人們害怕受到懲罰的心理，以法治事，靈活地制定賞罰策略，最終團結人心，撲滅了大火。可見，賞罰分明不僅可以做為制度來遵循，還可以通過變通的手段靈活加以利用。

❸ 商界活用

「賓士」精益求精樹品牌

　　「賓士」是著名的世界十大名車品牌之一。其創始人卡爾‧賓士生於1844年，是世界上最早的汽車發明人之一。1866年7月3日，他發明的汽車第一次開上馬路，1893年起正式投入生產與銷售。一百多年來，賓士汽車憑藉其無可匹敵的品質優勢，成為地位、權力的象徵。

　　賓士的品質體現在賓士車的方方面面，甚至細到每一顆螺絲釘都是精益求精的。以其座位用料為例：羊毛是專門從新西蘭進口的，其粗細必須在23~25微米之間，細的用來織造高檔車的座位面料，以保持柔軟舒適，粗的則用來織造中檔車的座位面料。紡織時，根據各種面料的不同要求，還要摻入從中國進口的真絲以及從印度進口的羊絨。而製造皮革座位則選用全世界最好的皮子。為此，他們先後到世界各地考察、選擇。最後經過千挑萬選，他們認為南德地區的公牛皮質最好。確定了皮革供應點之後，賓士公司又要求在飼養過程中防止出現外傷和寄生蟲，既要保持飼養場地良好的衛生狀況，又要防止牛皮受到各種損傷。座椅製成後，還要由工人用紅外線照射器把皮椅上的皺紋熨平。

　　窺一斑則可見全豹，賓士公司為了保持其長盛不衰的世界名牌地位，真是煞費苦心，一絲不苟，精益求精。

　　正所謂「循名而為實，按實而定名。名實相生，反相為情」，聖智之人若遵循名分去行事，依據客觀事物的名分去考察事物的實際，按照客觀事物的實際來確定事物的名分，就會名實相符，相得益彰。賓士公司採取的種種舉措，使得其產品品質與其名牌地位名副其實，樹立了其優秀的企業品質，展現了作為世界名車的風範，從而穩固了其長盛不衰、經典長存的世界名車地位。

「老二」的哲學

　　當年，艾維斯雖然在美國計程車行業市場上的佔有率名列第二，僅次

於赫茲計程車公司，但實際營業額卻落後於赫茲一大截。從艾維斯創立的1952年開始到1962年的11年間，艾維斯一直被赫茲的激烈競爭壓得喘不過氣來，幾乎年年虧損。一直到1962年羅伯特‧湯森出任艾維斯的總裁後，營業才稍有轉機。

那時赫茲的資產是艾維斯的5倍，但兩家公司的汽車、汽油、機油、租金、保險、員工工資等成本都差不多。因此，湯森認為：艾維斯的1元必須當作5元來用才能與赫茲一決高下。於是，他堅持要找到一家能夠只需花100萬代價，而能夠創造出500萬價值的廣告代理商。許多廣告公司面對這極富挑戰性的5倍的創意策劃都望而卻步了，只有DDB的伯恩巴克大膽地承接了這筆生意，但卻提出了三項附帶條件：

（1）艾維斯必須毫無保留地提供最詳盡的業務資料，以便於DDB深入了解實情狀況，對症下藥。

（2）給DDB90天的策劃時間。

（3）對於DDB設計撰寫的策劃方案，艾維斯不得有任何修改，而且廣告必須刊登在DDB所指定好的媒體上。

處於困境中的湯森痛定思痛，爽快地答應了DDB的全部條件。接著，伯恩巴克在深入細緻了解艾維斯與整個出租行業的狀況以後，與湯森進行了坦誠的交談。

伯恩巴克問：「艾維斯的汽車比赫茲擁有的汽車新嗎？」湯森回答：「沒有！」

又問：「收費上有比較便宜嗎？」湯森回答：「也有！」

繼續問：「那麼艾維斯與赫茲之間到底有什麼不同之處呢？」這時湯森充滿信心地回答：「我們比較認真！」

就是湯森的寥寥數語激發了伯恩巴克的「老二」定位的偉大創意。

90天後，DDB推出了以「老二」為創意的策劃方案：

我們只是老二，所以我們要更加努力地工作。

艾維斯在計程車行業中是老二，為什麼您要租我們的車？

如果您在艾維斯的車內發現煙屁股，請您抱怨，那是為我們好。

當你只是老二時，你要努力不懈，否則……

上面這些公開宣傳的口號中的努力具體指的是：洗得乾淨漂亮的車子，乾淨的煙灰缸，滿滿的油箱，完好無故障的空調、輪胎和雨刷，可順利方便調整的座位，熱忱周到的服務等等。

與宣傳口號相互作用的宣傳招貼畫也做得風趣幽默：一大一小兩條魚，大魚張開口想把小魚吞吃了，小魚則趕緊往前游不讓大魚追上。另一幅宣傳招貼畫中，一個人在電話亭外等了很久，又急又躁。員警及時趕到，將他送到下一個（第二個）電話亭。通過這些，傳達出了艾維斯有勇氣承認自己是「老二」，是小魚，的確贏得了顧客的好感。同時艾維斯的員工們並不因此而洩氣，相反，他們感覺自己與「老大」赫茲的距離會不斷拉近，工作十分賣力。

結果，1963年，艾維斯首度扭虧為盈，並且賺了120萬美元。1964年，賺了260萬美元；1965年，賺了500萬美元。雖然仍與赫茲有一點距離，但在顧客的心目中，兩者的地位是相等同的。而伯恩巴克的「老二」哲學，不但挽救了艾維斯，也使自己獲得了「創意策劃界的良心」的美譽。

廣告宣傳中誠實法則有著重要的意義。艾維斯公司多年以來曾一直以「最好的轎車租借公司」作為廣告語，企圖以此來樹立本公司的最佳形象。但結果卻事與願違、適得其反，效果並不見佳。這是因為在美國顧客的心目中，轎車租借仍以赫茲公司為第一位，這是長期形成的印象，那麼艾維斯又怎麼會是最好的轎車租借公司呢？這分明是在吹牛皮！於是這家公司在顧客心目中的地位會大為降低。而經過重新的創意和策劃，對企業進行恰如其分的「定位」，公開承認自己是「老二」，這樣反而促使自己的員工，更加努力認真地工作。

實際上，如果沒有DDB的策劃，艾維斯可能很快便會滑落到第三、第四甚至更差的位置上，定位「老二」是把自己和「老大」聯繫在一起，凸顯自己的第二位置。同時以明快單純、簡潔易懂的宣傳口號和宣傳畫，利用顧客同情弱者的心理作為切入點，由此引起乘客姑且一試的心態而採取行動。而在服務方面的具體改善使得乘客在一試之下，便能深深體會到其

明顯的進步之處，於是有了第二次、第三次……可見，「老二」哲學絲毫不比「老大」哲學遜色。

羅賓集思廣益謀發展

當短幫皮靴成為全美國的一種流行時尚時，幾乎每個從事皮靴行業的企業都趨之若鶩地搶著製造短幫皮靴，以供應給各大百貨商店，它們皆認為趕著大潮流走要省力得多，效果也立竿見影。

而當時的羅賓，還在經營著一家小規模的皮鞋工廠，只有區區十幾個雇工。他深知自己的工廠規模小，要掙到大筆的錢誠非易事。自己薄弱的資本、微小的規模，根本不足以和強大的同行們相抗衡。那麼到底如何在市場競爭中獲得主動權，爭取到有利地位呢？

羅賓考慮了兩條道路：一是著眼於皮鞋的用料，即儘量提高鞋料成本，使自己工廠的皮鞋在品質上勝人一籌。然而，這條道路在白熱化的市場競爭中行走起來是很困難的，因為自己的產出本來就比別人少得多，成本自然就比別人高了，如果再提高成本，那麼獲利肯定是有減無增。顯然，這條道路是行不通的。二是著手進行皮鞋款式的改革，以新領先。羅賓認為這個方法不失妥當，只要自己能夠翻出新花樣、新款式，不斷求變，不斷創新，招招占人之先，就可以打開一條屬於自己的出路。而一旦自己創造設計的新款式為廣大顧客所鍾愛，那麼利潤就會接踵而至、滾滾而來了。

經過一番深思熟慮，羅賓決定了走第二條道路。他立即召開了一個皮鞋款式改革會議，要求工廠的十幾個工人們各盡所能，設計新款式鞋樣。為了激發工人們的創新積極性，羅賓規定了一個獎勵辦法：凡是所設計的新款鞋樣被工廠採用的設計者，可立即獲得1000美元的獎金；所設計的鞋樣通過改良可以被採用的，設計者可獲500美元獎金；即使設計的鞋樣不能被採用，只要其設計別出心裁的，均可獲100美元獎金。同時，他即席

設立了一個設計委員會，由五名熟練的造鞋工人任委員，每個委員每月例外支取100美元補貼。

這樣一來，這家袖珍皮鞋工廠裏馬上掀起了一股皮鞋款式設計的熱潮。不到一個月，設計委員會就收到40多種設計草樣，並採用了其中三種款式較別致的鞋樣。羅賓立即召集全體大會，給這三名設計者頒發了獎金。

之後，羅賓的皮鞋工廠就根據這3個新款式來試行生產。第一次出品是每種新款式各製皮鞋1000雙，立即將其送往各大城市推銷。顧客見到這些款式新穎的皮鞋，立即掀起了購買熱潮。兩星期後，羅賓的皮鞋工廠收到2700多份數量龐大的訂單，這使得羅賓終日忙著出入於各大百貨公司經理室的大門，跟他們簽訂合約。

因為訂貨的公司多了，羅賓的皮鞋工廠逐漸擴大起來。三年之後，他已經擁有18間規模龐大的皮鞋工廠了。不久，危機又出現了，當皮鞋工廠一多起來，做皮鞋的技工便顯得供不應求了。最令羅賓頭疼的是，別的皮鞋工廠都盡可能地把工資提高，以挽留自己的工人，即便羅賓出重資，也難以把其他工廠的工人挖過來。缺乏工人對羅賓來說是一道致命的難關，因為他已經接下了不少的訂單，如果無法給買主及時供貨，將意味著他得賠償巨額的違約金，這一難題使得羅賓憂心忡忡。

然後，他又召集18家皮鞋工廠的工人召開了一次會議。他始終相信，集思廣益，可以解決一切棘手的問題。羅賓把沒有工人可僱用的難題告訴大家，要求大家各盡其力地尋找解決途徑，並且重新宣布了以前那個動腦筋有獎的辦法。會場一片沉默，與會者都陷入思考之中，都在搜索枯腸想辦法。過了一會兒，有一個小工舉起手來請求發言，經羅賓許可之後，他站起來怯生生地說道：「羅賓先生，我以為僱請不到工人無關緊要，我們可用機器來製造皮鞋。」

羅賓還沒來得及表示意見，就有人開口嘲笑那個小工：「孩子，用什麼機器來造鞋呀？你是不是可以給我們造出一種這樣的機器呢？」

那小工聞言窘得滿面通紅，悄悄地不安地坐了下去。

羅賓卻走到他身邊，請他站起來，然後挽著他的手走到主席臺上，朗

聲說道:「諸位,這孩子說得沒錯,雖然他還沒有造出一種造皮鞋的機器,但他這個辦法很重要,大有用處,只要我們圍繞這個概念想辦法,問題一定會迎刃而解的。我們永遠不能安於現狀,思維不要局限於一定的框梏中,這才是我們能夠不斷創新的動力。現在,我宣告,這個孩子可以獲得500美元的獎金。」

經過四個多月的研究與實驗,羅賓的皮鞋工廠的大量工作就已被機器取而代之了。

集思廣益的做法表明:個人的認識總是有限的,即使再高明的領導也不能單靠自己的智慧處理一切,他必須集中眾人的智慧、遍採眾人之長方可成事。在上面的案例中,羅賓正是巧妙結合了「主賞術」與「主明術」、「主聽術」,才為自己的事業謀得了一次又一次的發展機會,從而走上了不斷創新、不斷成功的康莊大道。

og 職場活用

裝糊塗是必須的

鄭板橋曾有「難得糊塗」的名言。所謂「難得糊塗」,絕非真糊塗,而是對社會、人、事、物等進行正確的分析之後所作出的聰明抉擇,是飽經滄桑之後的成熟與從容,是大澈大悟之後的寧靜心態,是人生的大智慧與高境界。

對於職場經理人來說,難得糊塗可以說是贏得人心、構建和諧工作氛圍的關鍵。在管理下屬時,不是斤斤計較、針鋒相對,而是不妨糊塗一點,豁達一點,忍讓一點。

會寬容人的人,雖然從來不指望得到回報,更不會去索取回報,但往往會得到回報,甚至是更大、更多、更出乎意料的回報。某位員工做錯了小事,如果老闆能原諒員工,包容員工,那麼員工會感激不盡,從而對企業更忠誠。相反,如果老闆過分批評和懲罰員工,他們反而會為自己的過失到處找藉口。人非聖賢,孰能無過?好老闆要給員工改過自新的機會,

難得糊塗

要給員工成長的時間和空間。

說寬容，當然也並不是指對缺陷或者錯誤都可以視而不見，聞而不管，漠然處之，放任自流。而要說要抱著治病救人的善心，在注意方式、場合，注重因人施教的前提下，指出下屬的缺陷、錯誤，幫助其改正和提高。人非草木，孰能無情？對於上司的這種提攜、感化之舉，下屬焉能不懷感激之情，進而化作勤奮工作的動力？而那些吹毛求疵的領導人，注定是要失掉人心的。

小張在某單位當「三把手」。他單位的駕駛員因妻子過生日，在某大酒店設了三四桌飯。由於小張平時為人正直，且又平易近人，所以他與單位的一位元經理便都在被邀請之列。飯局進行到一半，小張突然接到單位「一把手」的電話，問他在什麼地方。他不好說是誰請吃飯，便隨口撒了個謊說在家。對方聞言不高興了，粗聲大氣地說：「別瞞我了，你與××在××酒店喝酒！我也在這飯店的××包廂，你們吃過飯後到這裏來打牌。」一聽這口氣，他不敢怠慢，過不了五分鐘，便拉上那位經理向主人告別，來到了「一把手」所在的小廳。

「是誰請客？」一進去，滿嘴酒氣的上司劈頭就問。看來那場面上司都親眼目睹了，也沒什麼可瞞的了，他就如實告知是某駕駛員為其妻子生日請的客。「那麼你是代表單位主管參加的嘍！」帶著酸味的涼風一直吹到他的脊髓裏去，此時已無法、也無需再解釋什麼了，所以小張選擇了沉默。「你與他什麼關係？」上司又轉頭問那位經理。「我是他遠房姨夫，是親戚。」「他妻子過生日，怎麼沒跟我提起此事？」上司又瞪著眼睛問。小張聽了心中感到可笑至極，但嘴裏卻極力解釋道：「他大概是怕你沒工夫吧？」「沒工夫是我的事，請不請是他的事！他既然沒把我放在眼

裏，等明年三年的合同到期了，讓他立馬混蛋。」上司振振有詞，小張等一幫下屬的臉「囧」得紅紅的，心徹底地涼了。

做上司的人應該謹記，只有擁有寬廣的心胸，「虛心平意，以待傾損」，對下屬才能賞識，會寬容，上下級的關係也因之而變得融洽。領導倡之，下屬隨之，一呼百應，意氣相合，即便不免缺陷、錯誤，也難遮企業興旺之象。如果寬容不易，企業裏即使一時才俊如雲，也會屈才抑用，最終導致人才凋零，生氣全無。所謂海納百川，方有氣象；山容萬壑，才得有勢。一個真正成熟的領導，其胸懷的寬廣其實比什麼都來得重要。

ଓଃ 處世活用

容盡天下難容之事

古希臘神話中有一位大英雄名叫海格里斯。有一天，他走在坎坷不平的山路上，忽然發現腳邊有個袋子似的東西很礙腳，於是海格里斯便用力踩了那東西一腳，誰知那東西不但沒有被踩破，反而膨脹起來，加倍地擴大著。海格里斯老羞成怒，操起一條碗口粗的木棒使勁地砸它，沒想到那東西竟然長大到把路都堵死了。正在這時，山中走出一位聖人，對海格里斯勸誡道：「朋友，快別動它，忘了它，離它遠去吧！它叫做仇恨袋，你不犯它，它便小如當初；你侵犯它，它就會膨脹起來，擋住你的路，與你敵對到底！」

我們生活在茫茫人世間，難免會與人產生誤會、摩擦。如果不注意，在我們妄動仇恨之時，仇恨袋便會悄悄成長，最終將會堵塞我們通往成功的道路。所以我們一定要記得在自己的仇恨袋裏替換上寬容，那樣我們就會少一份煩惱，多一分機遇。因為寬容別人也就是寬容自己。

學會寬容，對於化解矛盾，贏得友誼，保持家庭和睦、婚姻美滿，乃至事業成功都是至關重要的。因此，在日常生活中，無論是對子女、配偶、同事、顧客等等，都要有一顆寬容之心。

法國19世紀的文學大師雨果曾說過這樣一句話：「世界上最寬闊的是

海洋，比海洋更寬闊的是天空，比天空更寬闊的是人的胸懷。」說得很浪漫很理想，但卻不乏深刻的現實意義。

拿破崙在長期的軍旅生涯中養成了寬容他人的美德。作為全軍的統帥，批評士兵的事經常會發生，但每次他都不是盛氣凌人的，而能很好地照顧士兵的情緒。士兵們往往對他的批評欣然接受，而且充滿了對他的熱愛與感激之情，這就大大增強了其軍隊的戰鬥力和凝聚力，成為歐洲大陸上一支縱橫四野的勁旅。

在征服義大利的一次戰鬥中，士兵們都已疲憊不堪了，拿破崙自己夜間起來巡崗查哨。在巡崗過程中，他發現一名巡崗士兵倚著大樹睡著了。他並沒有喊醒士兵，而是拿起槍替他站起了崗，大約過了半個小時，哨兵從沉睡中醒來，他認出了站在自己旁邊的正是最高統帥，十分惶恐不安。

拿破崙卻無半點惱怒，他和藹地對這位士兵說：「朋友，這是你的槍，你們艱苦作戰，又走了那麼長的路，打瞌睡是可以諒解和寬容的。但是目前，一時的疏忽就可能斷送全軍。我正好不睏，就替你站了一會兒，下次一定要小心了。」

拿破崙沒有破口大罵，也沒有大聲訓斥士兵，更沒有擺出元帥的架子，而是語重心長、和風細雨地在理解士兵的前提下批評士兵的過失。有這樣大度的元帥，士兵們怎能不英勇作戰呢？如果拿破崙非但不理解、寬容士兵，還動輒破口大罵、厲聲訓斥，那後果只能是激發士兵們的反抗意識，從而喪失了他本人在士兵中的威信，削弱了軍隊的戰鬥力與凝聚力。

有一次，某國空軍軍官俱樂部舉行盛宴招待一位有名的將軍，一名年輕士兵被指派來替將軍斟酒。由於興奮和緊張，士兵竟將酒淋到將軍那光禿禿的腦袋上去了。頓時，周圍的人都怔住了，那闖禍的士兵也嚇呆了，僵直地立正著，準備接受將軍的責罰。但是，將軍並沒有拍案大怒，他只是用餐巾抹了抹頭，寬恕了士兵，還幽默地說道：「老弟，你以為這種療法有效嗎？」如此一來，全場的緊張氣氛一掃而光，大家都被將軍的大度給折服了。

我國北宋文學家石曼卿有一次遊極寧寺，他的隨從一時疏忽讓馬受到

驚嚇，將他從馬上摔了下來。人們都以為他一定要責罵他的馬夫了，誰知他一邊拍著身上的塵土，一邊笑著對馬夫說：「虧得我是石學士，若是瓦學士，還不被你給摔碎了！」

　　寬容是一種藝術，寬容別人並不等於懦弱，更不是無奈的舉措。在短暫的生命裏學會寬容別人，能讓生活平添許多快樂，使人生過得更有意義。正因為有了寬容，我們的胸懷才能比天空還寬闊，才能盡容天下難容之事。

本經陰符七篇

「本」，是根本的意思；「經」，指規範標準；「陰」是內在的體驗，「符」是外在的表現。「本經」，主要討論精神修養。「陰符」，強調謀略的隱蔽性與變化莫測。本經陰符七術，即養練自己的智識，調動自身因素，運用自身力量去解決外部問題的七種權術。

從具體內容和思想主旨上來說，《鬼谷子》上、中卷十四篇（今存十二篇）講的是道術外用，側重於權謀策略及言談辯論技巧。本篇則集中於養神蓄銳之道，討論了內在氣質的修養和錘鍊，可稱之為縱橫家的精神修養之術。本篇由七節短文組成，每節論述一個問題，具有相對的獨立性。但七節文字之間又有著內在的邏輯關係，組成一個不可分割的整體。前三節側重討論內在精神、意志和思慮的養成，說明如何充實意志，涵養精神。後四節討論如何將內在的精神力量運用於外，去處理外在的事物。以充實內在精神為本，以向外發散運用為末，環環相扣，相輔相成。

內心修煉方面，包括修煉「神」、「志」、「意」，這三項互相聯繫而各有側重：「盛神法五龍」講述如何養神以通竅。主張合道以煉神，神旺而竅通，從而使精神飽滿，思維敏捷，反應迅速，為自如地運用權術打下基礎。「養志法靈龜」講述如何養志以蓄威。主張養志在心專，心專在節欲，節欲養志，使精神專注，威勢猛烈，以制伏對手。「實意法螣蛇」講述如何實意以儲存資訊。主張獲取大量資訊，使意念充實，使大道充盈於胸中，以在遊說中應對裕如。

向外發散方面，「分威法伏熊」講述如何分敵之威、增己之威。「散勢法鷙鳥」講述怎樣散敵之勢，扭轉局勢。要善於尋找、抓住對方的漏洞，「思間」、「待間而動」，發起猛攻以散敵之勢。「轉圓法猛獸」講述怎樣才能像轉動圓體那樣使計謀快速產生。主張學聖人

「原不測之智」，熟知各類計謀的特點，明知天道人事，以掌握轉圓技巧，生「無窮之計」。「損兌法靈蓍」講述怎樣在遊說中把握事態的發展，變動事物發展趨向而損兌言辭，隨機變辭，實現遊說目的。

縱橫策士們只要照此去做，內養和外練兼修，便可以掌握進行合縱連橫活動所必需的決策能力、說辯技巧、制人方法等謀略權術，進而為從事社會政治鬥爭、縱橫天下打下堅實的基礎。

一

盛神法五龍❶。盛神者，中有五氣，神為之長，心為之舍，德為之大❷。養神之所，歸諸道。道者，天地之始，一其紀也❸。物之所造，天之所生，包宏無形，化氣，先天地而成，莫見其形，莫知其名，謂之神靈❹。故道者，神明之源，一其化端❺。是以德養五氣，心能得一，乃有其術❻。術者，心氣之道所由舍者，神乃為之使❼。九竅、十二舍者，氣之門戶，心之總攝也❽。生受於天，謂之真人❾。真人者，與天為一而知之者。內修鍊而知之，謂之聖人❿。聖人者，以類知之⓫。故人與一生，出於化物，知類在竅⓬。有所疑惑，通於心術⓭。心無其術，必有不通。其通也，五氣得養，務在舍神，此謂之化⓮。化有五氣者，志也，思也，神也，德也，神其一長也。靜和者養氣，養氣得其和，四者不衰，四邊威勢，無不為，存而舍之，是謂神化⓯。歸於身，謂之真人。真人者，同天而合道，執一而養產萬類，懷天心，施德養，無為以包志慮思意，而行威勢者也⓰。士者通達之，神盛乃能養志。

【注釋】

❶ 盛神：使精神旺盛。法：效仿。五龍：五行之龍。五行是我國傳統的宇宙變化學說，認為天地之間循環流轉著金、木、水、火、土五種元素。道教認為五行皆由五位人面龍身的仙人控制。

❷ 中：體中。五氣：指心、肝、脾、肺、腎等五臟的精氣；另一說指精、神、魂、魄、志。長：統帥，主宰者。舍：依託之處，居宿的地方。德

為之大：有道德制御神氣可以使精神壯大。

❸ 一其紀也：是一的綱紀。道家言「道生一」，故道為一之綱紀。一，指元氣，混沌之氣。

❹ 宏：廓大。

❺ 一其化端：意謂道是世上萬物化生的統一本源。一，統一，一致。端，開端，本源。

❻ 德：同「得」，能夠。得一：得道守一。一，指由道所生的元氣。術：外在的道術。

❼ 道：同「導」，導出，生發。使：使者，此指心氣與術之間的使者。

❽ 十二舍：即中醫所謂十二臟。先秦醫家以心、肺、肝、膽、膻中、脾、胃、大腸、小腸、腎、三焦、膀胱為十二官，稱十二臟（見《素問·靈蘭祕典論》）。門戶：通道。總攝：總管，統領，制約。

❾ 真人：與自然合一之人。《莊子·天下》稱關尹、老聃為「古之博大真人」，《文子》曰「得天地之道」者為真人。

❿ 內修煉而知之：通過後天修養訓練而得知種種道術。

⓫ 以類知之：用類例法遍知道術。

⓬ 人與一生：人與元氣並生。出於化物：出世後隨從萬物一起變化。竅：即上言之九竅。

⓭ 通於心術：在思維器官和感覺器官間（即心與術間）傳遞（疑惑）。

⓮ 化：轉化。

⓯ 靜和：安靜祥和。四者：指志、思、神、德而言。四邊威勢：此指外界環境。

⓰ 執一：抱守元氣。天心：生養萬物之心。天主生。德養：以德養化萬物。地主養。無為……思意：不專注於道術而道術自生。行威勢：控制外界事物，制約外部環境。

【譯文】

要想使精神旺盛就應該仿效五行之龍。何謂盛神？體中有精、神、魂、魄、志等五氣，神氣居於首要的統帥位置，心是精神的依託之所，德是神氣的制約。養神的途徑，應該是讓心與大道合一。道，先於天地而存

在，是混沌元氣的本源。萬物的化育，天地的化生，都是由道來完成的。它恢弘無形，化養五氣，在天地產生前便形成了。沒人見過它的形容，沒人知道它的姓名，所以只好將它視做神靈。所以說，道是神靈的根源，是世上萬事萬物的母體。因而，人們才能養頤五氣，心才能獲取元氣，才能產生種種外在道術。道術，是心氣向外擴散的表現形式，神是心氣與道術的傳導者。口鼻目耳等九竅和心肝肺等十二臟，是心氣外散的通道，它們的功能反過來又制約著心。生來就具備種種道術的人，叫做真人。真人能與天地萬物融為一體。通過內在修養訓練而懂得道術的人，叫做聖人。聖人是通過觸類旁通而掌握道術的。就一般人而言，他們是與元氣並生的，出生後隨著萬物變化而變化。他們懂得權術，是靠感官的學習。有了疑惑，靠心志思考和感官外察來解決。心志離開了感官，疑惑便不能通解。若要疑惑通達，就必須養頤五氣，特別是要讓神氣歸於心舍，這一過程就是由惑到知的轉化。在轉化過程中也產生五氣，即志、思、神、德等，其中神是統領。神情安靜祥和就能養氣。養氣能使五氣和順，志、思、神、德就不會衰竭，向四方散發威勢，那麼外界局勢就會被我們控制、掌握，什麼事都可以辦到，長存不散，這就叫做神靈般的轉化境界。掌握這種神靈般轉化手段的，就被稱為真人。真人能與天地合同為一，抱守元氣而化育萬物萬類，上懷蒼天生物之心，下懷大地養物之德，不專注於志、慮、思、意諸道術而諸道術自生，四周局勢自然被控制。縱橫策士們通曉了這番道理，就能使精神旺盛充沛。神盛之後才能培養志意。

二

　　養志法靈龜❶。養志者，心氣之思不達也。有所欲，志存而思之。志者，欲之使也❷。欲多則心散，心散則志衰，志衰則思不達也❸。故心氣一則欲不徨，欲不徨則志意不衰，志意不衰則思理達矣❹。理達則和通，和通則亂氣不煩於胸中❺。故內以養志，外以知人。養志則心通矣，知人則分職明矣❻。將欲用之於人，必先知其養氣志。知人氣盛衰，而養其志

氣，察其所安，以知其所能❼。志不養，則心氣不固。心氣不固，則思慮不達。思慮不達，則志意不實❽。志意不實，則應對不猛❾。應對不猛，則志失而心氣虛。志失而心氣虛，則喪其神矣。神喪，則彷彿❿。彷彿，則參會不一⓫。養志之始，務在安己⓬。已安，則志意實堅。志意實堅，則威勢不分，神明常固守，乃能分之⓭。

【注釋】

❶ 養志法靈龜：靈龜不食不動，木然無欲。養志務在節欲，所以說培養志意要效仿靈龜。靈龜，古人認為龜有靈性，因而用龜甲判斷吉凶，故稱靈龜。

❷ 使：使者，此指外在表現。

❸ 欲多……達也：此句指明縱欲者不能養志。

❹ 故心氣……達矣：此句指明寡欲者能養其志。不徨：無從顧及。徨，同「遑」，閒暇。

❺ 和通：和順通暢。煩：糾纏，煩擾。

❻ 分職明：職責、責任分明。此指知人善任。

❼ 人氣：人的元氣、臟氣。安：此指目的所在。

❽ 志意不實：志不堅，意氣不充實。

❾ 應對不猛：應對能力不強，不能對緊急情況做出迅速反應。

❿ 彷彿：心意彷徨，精神恍惚。

⓫ 參會不一：指志、心、神三者不能協調配合。

⓬ 安己：使自己心安神靜。

⓭ 威勢：精神氣勢。分之：分配調動，即分人之威勢。

【譯文】

　　涵養志意要效法木然無欲的靈龜。之所以要涵養志意，是因為心神思慮不暢達的緣故。當人有欲望時，就一心一意地思慮這種欲望。所以說，志意是受欲望驅使的。欲望過多，就會心神渙散。心神渙散，志意就會衰退。志意衰退，思慮就不暢達。所以說，心神專一了，欲望就無從顧及。

欲望無從顧及，志意就不會衰退。志意不衰退，思路就會暢通無阻。思慮暢通就會臟氣和通。臟氣和通了，亂氣就不會在胸中煩擾了。所以，在內涵養志意，在外就會明知別人。養志，就能心氣通達；知人，就會明確職責、善任善用。想要使用某人，必須先知道他能否養志，了解他元氣、臟氣的盛衰狀況，觀察他的心志如何，考察他的理想所在，了解他的才能大小。若不養志，心氣就不穩固。心氣不穩固，思路就不暢達。思路不暢達，志意就不堅實。志意不堅實，應對能力就不強。應對能力不強，就會志氣喪失而心氣虛竭。志氣喪失心氣虛竭，神氣就會蕩然無存。神氣喪失必然精神恍惚。精神恍惚，心、神、志三者就不能協調行動。由此可見，涵養志意，務必從安己去欲開始。自己安定了，志意就會堅實。志意堅實了，自己的聲威氣勢就不會分散減弱，神氣就固守於胸中，就可以分散別人的威勢了。

三

　　實意法螣蛇❶。實意者，氣之慮也❷。心欲安靜，慮欲深遠。心安靜則神策生，慮深遠則計謀成❸。神策生則志不可亂，計謀成則功不可間❹。意慮定則心遂安，心遂安則所行不錯，神自得矣❺。神得則凝❻。識氣寄，奸邪得而倚之，詐謀得而惑之，言無由心矣❼。故信心術，守真一而不化❽。待人意慮之交會，聽之候也❾。計謀者，存亡之樞機。慮不會，則聽不審矣❿。候之不得，計謀失矣，則意無所信，虛而無實⓫。故計謀之慮，務在實意，實意必從心術始⓬。無為而求，安靜五臟，和通六腑，精神魂魄，固守不動，乃能內視反聽，定志慮，之太虛，待神往來⓭。以觀天地開闢，知萬物所造化，見陰陽之終始，原人事之政理⓮。不出戶而知天下，不窺牖而見天道⓯。不見而命，不行而至，是謂道知⓰。以通神明，應於無方，而神宿矣⓱。

【注釋】

❶ 實意法螣蛇：螣蛇遊霧，變化飛翔，無處不在，所以說充實意念要效法螣蛇。

❷ 氣之慮：心平氣和，思慮深遠。

❸ 神策：奇謀佳策。

❹ 間：離間，干犯，阻止。

❺ 遂：順暢。錯：亂。

❻ 凝：凝結。此指（神氣）專注。

❼ 識氣：智識、心氣。寄：客寄，指游移在外。倚：靠，依附。言無由心：說話不會認真思考，未經思慮即脫口而出。

❽ 信：信守。真一：人的天然本性。化：變化，改變。

❾ 候：靜候。這裏指伺機觀察，等待最佳時機與境界。

❿ 審：清楚，明白。

⓫ 意無所信：意念中沒有讓人信任的東西，指資訊不真實，計謀不周全。

⓬ 慮：此指謀劃。

⓭ 五臟：心、肝、脾、肺、腎。此指五臟之氣。六腑：指胃、膽、三焦、膀胱、大腸、小腸。此指六腑之氣。內視：不用眼睛觀察而用心體察。古代養生家以為通過意念可以自己窺見自己體內的臟腑、經絡等。反聽：不用耳朵諦聽而運用意念感覺體內之聲。太虛：道家嚮往的最高神境。

⓮ 觀天地開闔：指意念合於混沌元氣。

⓯ 戶：小門，寢門。牖：窗子。

⓰ 命：命名。此指辨別事物。道知：用大道以體察萬物。

⓱ 無方：沒有極限。此指任何事情。

【譯文】

　　充實意念應效法無處不至的螣蛇。充實意念，就要心平氣和、思慮深遠。心境要平安寧靜，思慮要深遠周到。心境平安寧靜，就會產生神奇謀

略;思慮深遠周到,計謀就會成功。奇計產生後心志就不會煩亂,計謀成功後就沒人能阻擋我們取勝。意志思慮既定,心境就會順遂平安。心境順遂平安,行為就不會錯亂,神氣就能自得。神氣自得就會精神專注。反之,若智識和心氣客寄體外而不能在心中札根,奸邪之氣就會乘虛而入糾纏於胸中,陰詐計謀也會攻入心中迷惑我們,那麼就會言不由衷,說辯蒼白無力。所以,一定要信守心術,固守真一之氣而不隨流俗。要靜待對方開誠相見,把真心實意向我們傾吐,以把握聽辭觀言的揣情良機。計謀策略,是生死存亡的關鍵。對方不交心給我們,我們的揣情摩意失敗了,那麼得到的資訊就不可靠。這樣,錯過了揣情良機,計謀決策就會失誤。那麼我們的意念中就缺少可靠資訊和可行計策,虛落空蕩而無憑依。所以,佳謀良策的籌畫,在於充實意念。充實意念,必須從錘鍊心術開始。要靜泊無為以處世,使五臟之氣安靜,使六腑之氣和順,使精、神、魂、魄諸氣各安其所,才能做到內視臟腑,反聽體音,使志意思慮安定,如入太虛神境,以等待神氣往來於體內、心中。由此以觀天地開闔之理,洞曉世界萬物造化之功,明見陰陽二氣的交化終始,明察人世社會的治理機要,足不出門戶而遍知天下事,眼不看窗外而懂自然造化的規律。不見事物而可以為之命名,不走動而可以到達神奇之境,這就叫做明知天地陰陽大道,可與神明交通,可應對萬事萬物,而神氣也會安如泰山、永駐我們心中。

四

　　分威法伏熊❶。分威者,神之覆也❷。故靜固志意,神歸其舍,則威覆盛矣❸。威覆盛則內實堅,內實堅則莫當,莫當則能以分人之威而動其勢,如其天❹。以實取虛,以有取無,若以鎰稱銖❺。故動者必隨,唱者必和❻。撓其一指,觀其餘次,動變見形,無能間者❼。審於唱和,以間見間,動變明而威可分也❽。將欲動變,必先養志伏意以視間❾。知其固實者,自養也❿。讓己者,養人也⓫。故神存兵亡,乃為之形勢⓬。

【注釋】

❶ 分威法伏熊：分散別人的威勢要效法那蟄伏而養、突然出擊的熊。「伏者，藏也，靜也。靜藏者明，以乘彼暗，無物不可得而攫也。物皆有威，不可分散。我乘其暗，則其威勢忽然分散。譬如鷇卵在彼盲手，我從攫之，無不得者。故善伏熊之法，萬物雖有威勢，莫不分散如彼盲者也。」

❷ 覆：覆蓋，籠罩，充盈。

❸ 舍：志意之宅，居住之地。

❹ 內實堅：指志意充實，謀略即定。當：同「擋」，抵擋。如其天：如天覆萬物般壓倒別人的威勢。

❺ 以鎰稱銖：用重物作為秤錘去稱量輕物，比喻以重馭輕，輕而易得。鎰，二十兩為一鎰。銖，二十四銖為一兩。

❻ 唱：同「倡」，宣導。

❼ 撓其……餘次：比喻把握對方一點而依次考察其他。間：尋縫隙，鑽漏洞。

❽ 以間見間：用尋縫隙之心尋找、抓住別人的弱點。

❾ 伏意：隱藏意圖。視間：尋查對方的漏洞。

❿ 知其固實：自己知道填塞漏洞，彌補縫隙。

⓫ 讓己：讓別人抓住自己的漏洞。

⓬ 為之形勢：製造對自己有利的形勢。

【譯文】

分散別人的威勢要效法那蟄伏而養、突然而動的伏熊。分散別人威勢，就要讓神氣充盈於自己的體內。靜心平氣，充實意志，使神氣歸復於心中，威勢就會充盈於自己體內。威勢充盈就會內心堅實，計謀即定。內心堅實，計謀即定，就無人可以阻擋。沒人可以阻擋我們就必然會分人之威、散人之勢，猶如天覆萬物那樣以絕對優勢壓倒對方。這就叫做以堅實去對付他人的虛弱，以有威力去對付無威力，就好比以重砭稱輕物那般輕而易舉。有如此威勢，我們一動，對方必相隨；我們一宣導，對方必然應

和。掌握了對方一點，就可以考察、控制對方的其餘方面。對方的一舉一動、一變一化都像明鏡般擺在我們面前，他便無法鑽我們的漏洞。但是，我們還要把對方應和我們的動機、目的等弄清楚，用查漏洞、鑽漏洞的心去明察對方，以免被對方鑽了空漏洞。對方的舉動確實明擺在我們面前，他的威勢就可以被我們分散。我們要有什麼舉動，一定要先涵養志意，充實意念，抓住別人的漏洞。知道堵塞自己漏洞的人，是能夠自養威勢的人。把漏洞留給對手的人，是幫助別人蓄養威勢的人。所以，是神存威覆，還是威失敗亡，就看能否製造出對自己有利的形勢。

五

　　散勢法鷙鳥❶。散勢者，神之使也❷。用之，必循間而動❸。威肅內盛，推間而行之，則勢散❹。夫勢散者，心虛志溢，意衰威失，精神不專，其言外而多變❺。故觀其志意，為度數，乃以揣說圖事，盡圓方，齊短長❻。無間則不行散勢者，待間而動，動而勢分矣！故善思間者，必內精五氣，外視虛實，動而不失分散之實❼。動則隨其志意，知其計謀。勢者，利害之決，權變之威❽。勢散者，不以神肅察也❾。

【注釋】

❶ 散勢法鷙鳥：鷙鳥襲擊禽獸，必定善於抓住時機，散勢亦須「待間而動」，故言。

❷ 使：驅使，驅動，指派。

❸ 間：間隙，漏洞。

❹ 肅：收斂，集中。推間：利用對方的間隙，擴大對方的漏洞。

❺ 溢：外流，外泄。專：專一，專注。言外：說些不著邊際的話。多變：前後不一致，無中心，無主題。

❻ 度數：尺度，等級，程度，標準。揣說：揣度之術。圖：謀劃，處理。

圓方：天圓地方，此指有形物和無形物。齊短長：指靈活運用長計或
短謀。

❼ 思間：思索、尋查對方的漏洞。

❽ 決：決定因素。

❾ 肅察：認真考察，慎重地審察。

【譯文】

分散對方的威勢要效法伺機而動的鷙鳥。分散對方的威勢，就要運用
我們旺盛的神氣去壓倒對方。運用散勢權術時，一定要瞅準對方的漏洞再
行動。我們的旺盛神氣使我們的威勢收斂集中，威力大增，再善於利用對
方的漏洞採取行動，就必定能散對方之勢。威勢被分散的人，心氣虛弱，
志意外泄，意念衰退，威風喪失，精神不能專注，言語不著邊際且漫無中
心。所以，要觀察對方志意的盛衰，衡量對方威勢的程度如何，運用揣摩
之術遊說他，並採取不同的權謀去謀劃、處理各種難題，察遍有形無形之
物以掌握決策資訊，衡量長計短謀以求得最佳決策。如若對方沒有間隙
漏洞可以利用，就難以散其勢，此時必須等待時機，直到找到對方的漏洞
再動手，一旦動手就能散其威勢。所以，那些善於思索、尋求對方間隙的
人，必須善於充盈內臟精氣，善於觀測對方志意的虛實，抓準時機，不動
則已，一動必能散去對方的威勢。行動時，必須隨時掌握對方志意的虛
實，及時了解對方的計謀和對策。總之，威勢是利害成敗的決定因素，是
隨機應變的威儡力量。威勢被分散，往往是因為不能夠運用旺盛的神氣去
認真考察環境、審視對手的緣故。

六

轉圓法猛獸❶。轉圓者，無窮之計也。無窮者，必有聖人之心，以原
不測之智，以不測之智而通心術❷。而神道混沌為一，以變論萬類，說義

無窮❸。智略計謀，各有形容，或圓或方，或陰或陽，或吉或凶，事類不同❹。故聖人懷此之用，轉圓而求其合❺。故與造化者為始，動作無不包大道，以觀神明之域❻。天地無極，人事無窮，各以成其類❼。見其計謀，必知其吉凶成敗之所終❽。轉圓者，或轉而吉，或轉而凶。聖人以道先知存亡，乃知轉圓而從方❾。圓者，所以合語；方者，所以錯事❿。轉化者，所以觀計謀；接物者，所以觀進退之意⓫。皆見其會，乃為要結，以接其說也⓬。

【注釋】

❶ 轉圓法猛獸：轉圓生計要效法威勢無盡的猛獸。轉圓，就是讓計謀像圓體轉動那樣無窮盡地產生與轉動。「猛獸之威無盡，猶轉圓之勢無止。聖人心語順物，莫得而窮之，蓋猶是也。」

❷ 原：追溯，探究。不測：無法測量。通心術：通於心與術之間。此指將不測之計儲存在腦子裏，並在實踐中加以運用、參驗。

❸ 神道：神妙莫測的天地萬物之道。變：同「遍」。說義：申說物類之義。

❹ 形容：形勢，形態，特點。或圓或方：圓轉靈活，或方正堅定。此指靈活性的「圓計」和規定性的「方計」。

❺ 合：合於事機，合於時用。

❻ 始：開端。此指一同存在。包大道：包容大道。此指與天地之道相合。神明之域：幽深隱蔽之處。

❼ 類：類別，類分。

❽ 終：終端，結果。

❾ 轉圓而從方：從靈活的無窮之計轉化到確定可行的具體措施。

❿ 合語：語言相合，指迎合對方心意。錯事：處置事件，解決問題。錯，同「措」。

⓫ 接物：與事物接觸。此指接觸實際問題。

⓬ 會：彙聚處。此指各種問題的癥結。要結：關節，關鍵的聯結。

【譯文】

　　轉圓生計要效法威勢無盡的猛獸。轉圓，就是讓計謀像圓體轉動那樣無窮盡地產生。要產生無窮之計，必須具備聖人般的胸懷，去探究那些奇策妙計的特點，並且領會它們，掌握它們，運用它們，從而與神祕難測的天地之道合而為一，去論遍萬類事物，去申說無窮事物的精微大義。不同的智略計謀，各有自己的特徵，有的具有靈活性，有的具有規定性；有的運用在暗處，有的公開實施；有的可致吉祥，有的可招凶災，就像萬事萬類那樣各不相同。所以聖智之士掌握了計謀的特徵和用法，像轉動圓體般地生發無窮無盡的計謀，以確定哪個可以合於事情，合於時機。所以聖人能夠與造化天地萬物的原氣合而為一，其動作行為中無不與天地之道相合，以此而能明察幽暗深微的事物環境。天遠地厚不可測知，人間事物形態無窮，各具類別，各有特徵。觀察一個人的計謀特徵，就可以測知其結果成敗。一般人轉圓出計，有的能導致計謀成功，有的卻導致事情失敗。聖智之士明曉大道，憑此可以預知成敗存亡，所以能從無窮計謀中選取最合事情、最合時宜的計謀來制定切實可行的措施。這裏所說的「圓」，是為了迎合別人需要而擺出的種種解決問題的計謀。這裏所說的「方」，是指其中最可圓滿解決這一具體問題的措施。所謂從圓到方的「轉化」，是為了考察哪種計謀最合用。接觸實際問題，是為了觀測他人對待這一問題的真實態度。我們探知了所有問題的癥結所在，就要抓住關鍵環節，那麼他人所講的解決問題的真情實意就可以接引而盡了。

七

　　損兌法靈蓍❶。損兌者，機危之決也❷。事有適然，物有成敗，機危之動，不可不察❸。故聖人以無為待有德，言察辭，合於事❹。兌者，知之也；損者，行之也。損之說之，物有不可者，聖人不為之辭也❺。故智者不以言失人之言，故辭不煩而心不虛，志不亂而意不邪❻。當其難易

而後為之謀，因自然之道以為實❼。圓者不行，方者不止，是謂大功❽。益之損之，皆為之辭。用分威散勢之權，以見其兌，威其機危，乃為之決❾。故善損兌者，譬若決水於千仞之堤，轉圓石於萬仞之谿，而能行此者，形勢不得不然也❿。

【注釋】

❶ 損兌法靈蓍：善於損益者應效法那能預知物兆的靈蓍。兌，益。蓍，筮占之草。

❷ 機危：事物的關鍵時機，緊要關頭。

❸ 適然：偶然，有時發生。動：萌發，發展。

❹ 有德：有德者生，此指事情發展動態。

❺ 不可：不合，不相適應。

❻ 不以言失人之言：不因為自己的言論主張而排斥別人的言論主張。煩：煩亂，複雜紛亂。邪：邪僻，偏頗，不正確。

❼ 當：判定。實：實際。此指實際行動，實行措施。

❽ 圓者……不止：尹知章注曰：「夫謀之妙者，必能轉禍為福，因敗成功，沮彼而成我也。彼用圓者，謀令不行；彼用方者，謀令不止。」是謂大功：「圓行方止，理之常也。吾謀既發，彼不得守其常，豈非大功哉？」

❾ 權：權術。兌：有益的情況。威：威懾。危：同「微」，微小。

❿ 決水於千仞之堤：挖開千仞高的大堤放水，以喻勢不可擋。仞，古代長度單位，八尺為一仞。轉圓石於萬仞之谿：把圓石推下萬仞深的谿谷。以喻勢猛。

【譯文】

善於損益者應效法那預知物兆的靈蓍。損益，是在事物發展的關鍵時刻決定事物發展方向的主要因素。事情都包含有偶然巧合，萬物都含有成敗的可能性，事物發展中關鍵時刻的動向，不可不慎重考察。所以，聖智之士都用無為而為之的態度對待事物發展，考察對方的言辭，審視事態的

發展。所謂增益，必須在充分了解事態之後；所謂損減，必須在計謀實行中進行。損減也好，增益也好，必須適合事物實際。否則，聖智之士是不會隨便開口說話的。所以，智識之人不會因自己的主張而輕易否定別人的意見，因而能夠做到語言扼要而不煩瑣，心裏虛靜而不亂想，志向堅定而不被擾亂，意念正當而不偏邪。遇到問題，必定審度難易程度，再進行謀劃決策，運用自然之道去制定實施措施。並且能使對手的良策不能付諸實踐，能使對方的錯誤決策繼續施行，因而大功在握。這也是用增益損減的辦法，設置言辭去迷惑對方。要善於運用分威散勢的權術，去掌握對方的損益變化，在事物發展的關鍵時刻給對方施加影響，使其實際上按照我們的決策行事。所以，善於運用損兌權術的人，就好比千丈高堤決口，又好比萬丈陡坡滾石，聲勢威猛，使對方不得不如此，不得不按照我們的心意行事。

⊂ಖ 以史為鑒

溫嶠圓轉自如逃魔掌

　　東晉時，朝廷偏安一隅，天下大勢雲譎波詭，變幻莫測。溫嶠此時正處於時代漩渦的中心，憑藉其有膽有識、博學多聞而著稱於世。

　　皇帝司馬紹見他文采風流，又善謀善斷，很是信任溫嶠，便讓他參與朝廷的機密大事。

　　當時掌握朝中軍事大權的將軍王敦，企圖伺機謀反。他看中了溫嶠的才幹，便請求皇上調他去給自己當左司馬，其實是想借此使皇上失去一條臂膀。

　　溫嶠被調到王敦那裏後，不久便覺察到王敦已有反心，便常常為他出謀劃策。王敦漸漸對他產生了好感，於是常常把一些很重要的事務交給溫嶠去辦。

　　溫嶠注意到錢鳳是王敦的心腹幹將，便積極熱心地同錢鳳交往，還經常在別人面前誇讚錢鳳滿腹經綸，文韜武略天下無出其右者。錢鳳聽說

後，非常高興，也把溫嶠引為知己。

西元324年，宰相去世後，相位空了出來，朝廷讓王敦指定。溫嶠得知後，認為這是一個逃回京城的極佳時機。為了不讓王敦知道自己的真實意圖，溫嶠故意接連幾天不上將軍府，在家喝酒玩樂。

王敦知道後，便去徵求溫嶠的意見。溫嶠醉醺醺地說：「非錢鳳莫屬！」

王敦覺得有理，又去徵求錢鳳的意見。錢鳳原本就和溫嶠要好，又聽說是溫嶠介紹自己，便感激地說：「溫嶠比我強，還是讓他去吧！」

王敦又回到溫嶠那裏，溫嶠故意再三推辭。可他越是推辭，王敦就越覺得溫嶠對自己忠誠，便非讓他去不可。於是王敦立即上表，說人選已定，三日內即可到任。他還叮囑溫嶠要替自己嚴密監視朝廷的一舉一動。

溫嶠如願以償後，高興之餘又想到了錢鳳。因為此人十分詭計多端，心機周密而又多疑，倘若一旦被他識破，突然橫加阻擋，豈不前功盡棄、功虧一簣？

於是在餞行會上，溫嶠故意裝出喝得酩酊大醉的瘋樣，走到錢鳳面前，趁他喝自己敬上的酒時灑出一滴，就尋釁把他的帽子打落在地，並大罵道：「什麼東西，溫大爺給你敬酒，竟敢倒掉！」

王敦一見溫嶠醉了，趕緊命人把兩人分開。

臨行前，溫嶠淚流滿面，對王敦依依不捨。溫嶠剛走，錢鳳果然趕來對王敦說：「溫嶠曾做過太子庶子，和當今皇上司馬紹關係十分密切。這個人未必靠得住！」

王敦聽了哈哈大笑：「看來你的胸襟也太狹窄了吧！他昨日只是喝多了，雖然對你有些失禮，但從前他對你也是讚賞有加啊！」並沒有把錢鳳的話放在心上。

溫嶠回去後，立即將王敦的大逆不道一五一十告訴了皇上，司馬紹便命人剿滅了王敦。

溫嶠在此之所以能成功逃脫王敦的魔掌，便得力於他對「轉圓」術的巧妙運用。縱觀全程，溫嶠策劃謀略的速度和高明程度實在讓人嘆服。轉圓雖有成凶者，但只要善於把握要領與時機，便能像溫嶠這樣轉圓成吉。

而且使用計謀時，如果不能於直中取，便要轉向曲中求。溫嶠對付王敦之法，稱得上是智謀中的經典。他先為王敦出謀劃策，再反過來曲意協助王敦造反，並注意拉攏關係，然後相機脫身。尤其難能可貴的是，當他脫身在望時，溫嶠並未得意忘形，而是小心謹慎，再三揣度，抓住機會預先消除隱患。以上種種，皆可看出溫嶠真正把轉圓術發揮到了淋漓盡致、運轉自如的境界。

狄仁傑隱忍以行、以退為進

當你處於弱勢時，一定要記得忍住急於求成的心態，不要過早暴露自己，而要憑藉著各方條件與有利形勢，善加利用，暗中不斷地壯大自己的力量與威勢。當然，在保持和發展自己強勢的同時，還要學會韜光養晦甚至裝瘋賣傻，儘量掩飾自己表面的聲威，隱忍以行，以退為進。這就是所謂的「分威伏熊法」的靈活運用。

唐代武則天專權時，為了掃清自己當皇帝的前進道路，先後重用了武三思、武承嗣、來俊臣、周興等一批酷吏。

這一次，酷吏來俊臣竟憑空誣陷平章事狄仁傑等人有謀反行為，並出其不意地先將狄仁傑逮捕入獄，然後上書武則天，建議武則天降旨誘供，還說如果罪犯承認謀反，可以減刑免死。

狄仁傑突遭此難，被監禁於大牢裏，既來不及與家裏人通氣，也沒有機會面奏武后說明事實，心中不由得焦急萬分。審訊的日期到了，來俊臣剛在大堂上宣讀完武后誘供的詔書，就見狄仁傑已伏地告饒。他趴在地上一個勁兒地磕頭，嘴裏還不停地說道：「罪臣該死，罪臣該死！大周革命使得萬象更新，我卻仍堅持做唐室的舊臣，理應受誅。」狄仁傑來了這麼一手不打自招，反倒使來俊臣弄不懂他到底在唱哪一齣了。但既然狄仁傑已然招供了，來俊臣將計就計，判了他個「謀反是實」，免去死罪，聽候發落。

來俊臣退堂離去後，坐在一旁的判官王德壽悄悄地對狄仁傑說：「你

可以再誣告幾個人，如把平章事楊執柔等幾個人也都牽扯進來的話，就可以減輕自己的罪行了。」狄仁傑聽後，感慨萬分地說道：「皇天在上，后土在下，我自己既沒有幹這樣的事，更與別人無關，怎能再無故加害他人？」說完便一頭向大堂中央的頂柱撞去，頓時血流滿面。王德壽見狀，嚇得心膽皆裂，急忙趕上前將狄仁傑扶起，送到旁邊的廂房裏休息，又跑出去趕緊處理柱子上和地上的血漬。狄仁傑一見王德壽出去了，急忙從袖中抽出手絹，蘸著身上的血，將自己的冤屈都寫在了上面。寫好後，又把棉衣的裏子撕開，把狀子細心地藏了進去。不一會兒，王德壽就進來了，見狄仁傑一切正常，這才放下心來。

狄仁傑便對王德壽說：「天氣這麼熱了，煩請您將我的這件棉衣帶去，交給我家裏人，讓他們將棉絮拆了洗洗，再給我送來吧！」王德壽答應了他的要求。

狄仁傑的兒子接到棉衣，還聽說父親要他將棉絮拆了洗，就感到這裏面一定有文章。他送走王德壽後，立即將棉衣拆開，看到了血書，這才知道父親遭人誣陷已入大獄。他幾經周折，最後終於託人將狀子遞到了武則天手裏，武則天看後，弄不清到底是怎麼一回事，就派人把來俊臣召來詢問。來俊臣做賊心虛，一聽太后要召見他，知道事情不妙，急忙找人偽造了一張狄仁傑的「謝死表」奏上，並編造了一大堆謊話，將武則天應付過去了。

又過了一段時間，曾被來俊臣妄殺的平章事樂思晦的兒子，也出來替父伸冤，並得到武則天的召見。他在回答武則天的詢問後說：「現在我父親已經冤死了，人死不能復生，但可惜的是，太后的法令卻被來俊臣等人給玩弄了。如果太后不相信我說的話，可以吩咐一個忠厚清廉、深得您信賴的朝臣假造一篇某人謀反的狀子，交給來俊臣處理，我敢擔保，在他酷虐的刑訊下，沒有不承認的。」武則天聽了這話，稍稍有些醒悟，不由得想起了狄仁傑一案，忙把狄仁傑召來，不解地問道：「你既然有冤，為何又承認謀反呢？」狄仁傑回答說：「我若不承認，可能早就死於嚴刑酷法了。」武則天又問：「那你為什麼又寫『謝死表』上奏呢？」狄仁傑

武則天無字碑

斷然否認說：「根本沒有這回事，請太后明察。」武則天拿出「謝死表」核對狄仁傑的筆跡，發覺完全不同，這才徹底明白是來俊臣從中做了手腳，於是便下令將狄仁傑無罪釋放了。

　　狄仁傑忍耐住剛強直率的性格與對手周旋，終於使自己得到昭雪。在人生複雜莫測的競技場中，若遭受到了一些不公待遇，也不妨先忍一忍，這是鬥爭中的良策。相反，如若只知一味以硬碰硬，不是大聲疾呼，便是老羞成怒，最終只會讓自己吃大虧。所以，不妨認真體悟一下「分威伏熊法」，定能從中有所獲益。

☙ 商界活用

一鳴驚人話「野狼」

　　臺灣的三陽工業公司是一家摩托車製造廠商，不論在生產規模、機器設備、員工技術、售後服務等任何一方面，它均不輸於島內12家同行中的任何一家。但其銷售情況卻始終不太理想，難以取得勝過別家的市場地位。1974年，三陽準備推出一種新型摩托車，為了能一舉成功，它選中了台廣公司作為它的廣告代理。

　　台廣公司在做了周密的市場調查之後，發現三陽公司推出的摩托車具

有良好的市場前景，本身又具備一定的價格優勢。但與其他廠商相比，三陽公司的實際地位與其在消費者心目中的地位卻相去甚遠，甚至被認為是「一般般」的製造商。為了扭轉這種不公平的境遇，台廣公司決心以強有力的廣告創新戰術，來促使新產品上市後能一鳴驚人。

首先要進行的是為新產品命名。經過數次商談，廣告代理業的策劃與設計專案小組一共想出了近700個名稱，然後進行淘汰。淘汰到只剩下15個時，再進行投票。投票時，還邀請了多位消費者參加。結果，「野狼」這一名稱，由於被證明勝過了其他科學性、動物性名稱而得以採用。

接下來是編印摩托車正確使用方法手冊，供消費者索閱以及做適當的分發，並編印了新推出的摩托車掛圖，懸掛在各地經銷店。並通過經銷店的推銷人員與受過廣告技術訓練的修理人員，告知消費者在這方面的許多常識，且特別強調，不能購買假機油，以免損傷車子。

於此同時，他們編印了一套大型海報，共三張（均為全開），分送各地經銷店張貼。這三張海報，足以佈滿每一家經銷店的牆壁，且具有POP作用。一時之間，這500家左右的經銷店均變為三陽摩托的專賣店，聲勢甚強。

而他們最重要的廣告戰術，還是在新產品正式上市前，造成全省消費者停止購買六天，這著棋下得頗為轟動、驚人。

1974年3月26日，臺灣兩張主要的日報上，都刊出了一則沒有注明廠商的摩托車廣告，面積是8欄50行，四周是寬闊的網線邊，中間保留成一塊空白，空白上端有一則漫畫式的摩托車插圖，圖的下面有六行字，內容是：「今天不要買摩托車，請您稍候六天。買摩托車您必須慎重地考慮。有一部意想不到的好車，就要來了。」

次日繼續刊出這則廣告，內容只換了一個字：「請您稍候五天。」這天的廣告開始引起了廣泛的反應。同行們打聽到了是三陽的廣告，紛紛向三陽發牢騷，詢問：「為什麼這兩天叫消費者不要買摩托車？」因為每一家摩托車店的營業額都減少了。

第三天，繼續刊出這則廣告，內容重點仍只換了一個字，變為——

「請您再稍候四天」。這天的廣告又引起了更大的反應，連廣告主本身的各地經銷店都抱怨銷售減少了。

第四天，廣告內容取消了「今天不要買摩托車」一句，而改為「請再稍候三天。要買摩托車，您必須考慮到外型、耗油量、馬力、耐用度等。有一部與眾不同的好車就要來了」。這天的廣告引起的反應，使得廣告主所屬的推銷員們大叫「受不了」，因為這幾天來的廣告已嚴重影響了他們的推銷量。這三天中，裏裏外外的反應，使得廣告主自己也有頂不住的感覺，幾乎想中止這套預告性廣告了。廣告代理業方面的專案小組負責人，則苦苦勸住廣告主：要忍耐，要支持。

第五天的廣告，內容稍改為──「讓您久候的這部無論外型、馬力、耐用度、省油等都能令您心滿意足的野狼125摩托車，就要來了，麻煩您再稍候兩天」。

第六天的廣告內容又稍改為──「對不起，讓您久候的三陽野狼125摩托車，明天就要來了」。

第七天，這種新產品正式上市並刊出全頁面積的大幅廣告，果然造成極大的轟動。廣告主發送各地的第一批貨共有幾百部，立即全部售完。以後，連續不斷的暢銷，累得若干地區的經銷商乾脆自己派人到工廠去爭著取車，以應付買主的需求。「野狼」一下子成為市場中的熱門貨，經銷商信心大增。廣告主在市場的聲譽亦隨之大大改觀，其以往所出產的其他型號摩托，銷路亦連帶地趨好。

新產品打響後，廣告代理業繼續為廣告主推出了組織類廣告，以配合產品類廣告，加強消費者的購買信心。組織類廣告在報紙媒體上共推出三則，均為全頁的大面積廣告。第一則以「老伴」兩字為大標題，用的是桃園市的一位魚販做模特兒，說明他所購用的一部三陽摩托車，已足足騎了十年零四個月，還是完好無損的。第二則以「我明天又要去受訓」為大標題，用廣告主公司一位姓黃的設計師為模特兒，說明在技術方面三陽有不斷研究創新的精神，不僅在國內受到重視，更受到日本同業的重視。第三則以「馬上出貨」為大標題，用成興工業公司負責人為模特兒，這一家公

司專門製造摩托車的強鋼後叉，是廣告主的衛星工廠，這說明廣告主驗收各衛星廠所製造的零件非常嚴格。以上每一則的畫面都是巨幅寫真照片，並以疊影方式表現重點。

這三則組織類廣告，分別襯托了「商品有耐用價值」、「技術勇於創新」、「零件均製造精良」三種情況。就當時的市場情勢而言，這套組織類廣告，確實增強了廣告主商品在市場的優勢，連嘉雲地區的消費者對三陽的印象亦漸漸改觀了。

這一整套廣告的推出，造成了新產品一上市便掀起了搶購熱潮，同時造成廣告主在市場中擺脫了劣勢而聲譽大振。這些廣告策劃人員可真稱得上是膽大心細、經驗豐富、老謀深算。當時，廣告代理業的專案小組調查得知臺灣全省每天約有200部摩托車的成交量，如果能讓消費者停止購買六天，則至少可積得700~800部的成交量，一定可以從中爭取到不少的成交。自然，在廣告推出的最後一天，果真造成了難得的暢銷局面。

《鬼谷子・本經陰符七篇》中指出：「心安靜則神策生，慮深遠則計謀成。神策生則志不可亂，計謀成則功不可間。」意即只有深謀遠慮，方能大功告成。三陽公司當時大膽地投入高達二百幾十萬元新臺幣的廣告費用，但最後事實證明，大額的投入與後來的銷售額相比是多麼的微不足道。台廣公司對整個市場進行了大量的調查研究，才幫助廣告主獲得了成功，在產品廣告打響後，又趁熱打鐵推出了系列組織類廣告。先是欲揚先抑、蓄勢制人，再錦上添花，不遺餘力地鞏固勝利成果。只有有大智慧的人才會有如此的大手筆，正所謂「智者事易矣」！

再減2.5%

20世紀80年代初，丹麥有一家規模宏大的建設公司，想要進一步擴大世界市場，所以有意參加德國在中東的全套工廠設備簽約的招標工程。

剛開始時，丹麥公司以為根據現狀，他們是沒有多大機會中標的。後

來經過技術上的進一步討論，才相信自己比其他競爭對手具有更優越的條件，便逐漸感覺到有得標的機會了。

兩家公司的談判代表進行了首輪會談之後，丹麥公司方面有意結束討論，想儘早和德方簽訂合同，以免再橫生枝節。可是德國公司的代表卻認為，應該再進行一次會議。

在第二輪的會談中，德方一位年齡頗大的高級官員說：「我們進行契約招標時，對金額部分採取了保留態度，這一點相信你們能夠了解。現在，我要再補充一點意見，這可能會很傷感情，但我們也是不得已而為之，就是要請貴公司再減2.5%的要價。我們曾經把同一提案告訴其他競標對象，只等他們給出答覆，便可做出決定了。因為對我們來說，選擇誰都一樣，不過，我們並沒有這樣做，我們是真的很有誠意和貴公司做這筆交易的。」

聽到這番話，丹麥代表團感到問題有點兒棘手，可一時之間也很難找出合適的應對之策，於是決定拖延時間，以分散對手的氣勢。因此丹麥代表表示：「那我們必須重新商議一下。」

經過一個小時的緊急磋商，丹麥代表團重新回到談判桌上，他們故意裝作誤解了德方的意圖，向德方重新出示規格明細表，並說：「貴公司剛才提出削減2.5%的要價的問題，我方認為完全可以行得通。」

原來，丹麥方面已將規格明細表依照德方所希望的那樣削減了2.5%的金額的價格編寫，並且還一一列出可以刪除的一些項目。

見此情景，德方公司趕緊聲明——「你們弄錯了，我們公司的意思是希望你們仍將規格明細表保持原狀，並在這個基礎上削減工程2.5%的金額。」

接下來的談判，丹麥方面緊緊抓住規格明細表不放，使討論的主題始終圍繞著規格明細表打轉，從而雙方根本沒有機會提及降價的問題。

大約又過了一個小時，丹麥方面一看時間已經差不多了，便想再次結束討論。

「你們希望減價多少？」丹麥代表重新提出同一問題，目的是想看看德方的反應。

而此時德方代表的回答正是丹麥方面所希望聽到的：「如果我們要求貴公司削減成本，可是明細表卻不做更動，我們的交易還能達成嗎？」

很明顯，德方已經開始軟化，再經過一番舌戰，德方終於同意了丹麥公司的意見，不再修改招標數額。

這之後，丹麥公司又就應如何進行工作德方才可獲得更大利益，向德方提出了相關建議，德方對此表現出了極大的興趣。丹麥方面並且主動提出請德方撥出負責監察的部分工作，交由丹麥公司分擔。

這樣一來，不僅交易達成，雙方還皆大歡喜，在丹麥公司幾乎不做任何讓步的情況下，德方獲得了所希望的剩餘利益。

《鬼谷子・本經陰符七篇》中指出——「散勢法鷙鳥。……用之，必循間而動。」就是說要分散對手的威勢，變不利局勢為有利局勢，就必須效法那捕食的鷙鳥，以逸待勞，掌握好時機，瞅準對手現出了漏洞，便勇猛出擊，一舉成功。在這場談判中，丹麥公司的聰明之處就在於以拖延時間來避其鋒芒，並借此調整自己的對策，等發現對手軟化後，再一舉出擊從而達成了有利於己的交易目標。

隆重非凡的「福特」生日

1978年，在密西根州由恩伯樂的「綠野村」，歷史似乎又重演了，75年前的歲月被鮮活地呈現在眾人面前：一群老式汽車專家身穿本世紀初的服裝，正在裝配一輛遺留在那兒的1903年生產的A型福特汽車。電視臺與報社的攝影師們，將裝配過程的每一個步驟都詳盡地記錄了下來。等到這輛汽車裝配完畢，用曲柄發動，然後開著它去參加遊行。這個浩浩蕩蕩的車隊由75輛汽車組成，代表著福特75年的歷史中每年生產的汽車。其中那輛最古老的汽車作為車隊的領隊，開在最前面……

這到底是在搞什麼活動呢？原來是福特車公司建廠75周年慶典。福特建廠於1903年，當時只有擁有2.8萬美金和40名職工；而在75年後，福特

在185個國家（地區）的職工已達41.6萬多人，金融資本達63.5億美元，成為僅次於通用的美國第二大汽車企業，在全世界也是名列前茅的品牌。為了搞好這次廠慶活動，福特專門設立了75週年廠慶委員會，負責對慶祝活動進行周密的策劃。其根本宗旨是：以福特為榮，建立自豪感。而這一宗旨又細分為下列具體目標：

1. 提醒人們福特在個人交通和經濟發展方面長期以來所做出的貢獻，在公司所在的社會範圍內進一步提升公司的形象；

2. 最大程度地加強公眾對於福特公司歷史上重大事件與重大成就的認識，藉以顯示公司目前的實力與發展的前景；

3. 提高管理人員、職工、汽車商與供應商的自豪感、榮譽感，並褒揚他們對公司的貢獻與忠誠。

福特向新聞媒介提供了有關廠慶的大量消息，以擴展公司的知名度。在慶祝週年裏，每月至少有一次新聞消息的發布；到廠慶日為止，每隔兩週便有五套新聞資料袋寄給400家主要的新聞媒介代表。這些新聞資料總共包括14篇新聞特寫，它們從歷史角度對公司的各方面進行了總結。這些報導還附上了照片，其中許多照片是福特的珍貴原版資料，是從福特檔案中找出來的。福特對電臺與電視臺尤為重視，寄出大量材料並被廣為採用，在廣播、電視播出時間總計達6小時之久。

福特還製作了一些視聽資料。公司為職工和公眾製作了20分鐘的幻燈片，向他們介紹公司歷史；製作了三套錄影片；一部28分鐘的名為《福特世界》的電影，在全球範圍內介紹福特公司，並配有10多種語言的音帶，以便在世界各地放映。同時，福特又專門出版了5本與福特75週年廠慶有關的書，向全社會廣為銷售。

而在公司內部，廠慶這一周經常舉行特別午餐，提醒職工們勿忘「生日」的快樂。而最精采的、也是讓公司職工們最難忘的是慶祝生日的那一天。這天在全國65家福特工廠裏舉行了規模盛大的開放式慶典活動，45萬職工及其家屬可在這一天裏隨意參觀工廠的設備和展覽的產品，享受多種多樣的娛樂活動。

福特的汽車商們也把自己的銷售計畫與廠慶相結合，開展了有聲有色的社會活動。紐約市長與福特的高級官員們在一個儀式上共同切開巨大的週年慶祝蛋糕，然後一起登上一輛舊式福特汽車前往百老匯參加福特汽車隊遊行；在喬治亞，一輛1914年T型福特汽車從亞特蘭大裝配線上開下來；在舊金山，另一個福特廠的汽車商將他的1903年A型福特汽車展示給新聞界……

　　廠慶的範圍擴大到了全美各地，福特還提供贊助舉行由各地的政界、商界要人參加的午餐聚會和車隊遊行。同時，福特基金會也向各大中學校提供贊助，派出代表與大學生以75週年為主題進行非正式交談等等。

　　福特的這次75週年廠慶，熱鬧隆重，氣度不凡，盡情展現了公司成長、發展的歷史，給社會大眾留下了深刻的印象。由於與廠慶相配套的汽車商的展銷吸引了大量顧客，公司的銷售量與利潤額在當年的最後一個季度中有了前所未有的突破。威斯康星一家汽車商的評論說得好：「75週年廠慶給了作為福特汽車商的我很大的榮譽感。廠慶的一切活動。提升了福特汽車商在美國的形象，提升了福特產品在美國的形象。」

　　福特的75週年廠慶活動，既是一次超大規模的廣告活動，又是一次在公眾中塑造企業形象的壯舉，同時還是一著培養企業文化的妙棋，真可謂「一舉三得」：

　　通過介紹、宣傳福特的歷史、不同歷史階段的產品以及福特為社會所做出的巨大貢獻，從而在人們的心目中樹立起了福特良好的社會形象。

　　通過對這次慶祝活動的大規模報導以及同時舉辦的汽車展，等於為福特汽車做了一次大型廣告和促銷活動。

　　通過採取「過生日」的方式熱烈慶祝，增加了公司上下職員對公司的親切感、自豪感和歸屬感，增進了員工之間的團結友愛。

　　節日，總是給人以快樂、溫馨、莊重的感覺。因此，無論國慶、廠慶、校慶，還是個人的生日，都是一次次增強群體凝聚力和向心力、激發人的生命激情和愛心的絕好機會。類似這樣的機會還有公司新產品開發成功時、企業合併時、公司銷量達到一定目標時、安全生產達到一定天數

時、歡迎新員工時等等。每一位深諳激勵術的企業管理者和每一位善於捕捉時機的策劃者，是絕不會輕易放棄這些良機的。福特過生日，也應了《鬼谷子》中的「分威散勢術」，即利用時機，施展威權勢力。

當今商場中，「分威」是常用的制人手段。使用「分威」術，有以智謀增己之威而壓倒敵人的威勢令其服者，也有借別人的威勢來增加自己的威勢以嚇唬敵手者，又有使用妙計使敵人中了圈套自分其威勢者，還有釜底抽薪除掉敵方的威勢所憑恃之物者……只要你肯動腦筋，就會有無窮無盡的辦法來「分威」。

☙ 職場活用

讓上司知道你的存在

在如今的職場上，一個聰明的下屬，要想獲得晉升的機會，不僅要做好自己分內的工作，而且要善於掌握秀出自我、增己威勢的技巧。

拉瑟爾·瓦爾德在《上司的遊戲》一書中曾說過：「像老黃牛一樣只知道埋頭苦幹已經不能對你加薪或提升有所幫助了，你必須讓上司知道你的存在，要不然你就會被遺忘。」

早在戰國時代，有一個著名的12歲少年甘羅，一天看到老闆——秦相呂不韋為外交正發愁，便主動要求作為外交大使出使，自然當場就遭到呂不韋的呵斥。結果他卻大大方方、振振有詞地對呂不韋說：「有個人7歲還被孔子當做老師呢，我已經12歲了，就讓我試一試吧。」呂不韋可能也是沒辦法了，居然就認命他為大使，讓其出使。結果，甘羅圓滿完成了數項任務，還當上了丞相，傳為千古美談。小小甘羅的職業機會，就是這麼大大方方、堂堂正正爭取來的。

林和王是兩位性格截然不同的部門經理，林承擔的是一個「大」的工作，王承擔的是一個「小」的工作。林常常以「大」自居，工作主動性差，每次向老總辦公室彙報工作總是被辦公室安排到最後。等到他來發言時，老總已經累得筋疲力盡了，只得不停地催促他：「簡單一點兒，快一

點兒說。」有時候，還沒等林來得及彙報完，就因為時間不足而宣布散會了。

王則敢爭敢搶，不以部門「小」而自卑，每個星期都要堅持親自向上司彙報一次工作，並且要辦公室主任安排他首先彙報。每次彙報時，他不但談自己的工作，還要把內部的好人好事順帶表揚一番。

一年之後，老總們在評價兩個部門經理的工作時，都覺得王幹了不少事，對林，則有一種「不了解」、「不清楚」的感覺，有的上司甚至給了他這麼一個「幹了點兒事，但不突出」的評價。這就是不善於、不重視增己威勢，而被別人搶了風頭的後果。

所以，千萬不要覺得自己把工作做好就什麼事都沒有了，你必須主動地讓自己成為上司的得力助手，讓上司欣賞和看重你，而要做到這些就得看你是不是夠聰明、能不能贏得上司的好感？

如果你認為你上班早到根本是件無關緊要的事，那你就錯了。如果你每天都能比上班時間早一點到公司，就會讓人覺得你十分重視這份工作，更可以讓你騰出時間來好好考慮、安排這一天的工作。當別人還在想今天該從何做起時，你已經開始工作了，這不就走到別人前面了嗎？更何況，你的上司乃至全公司的人一定都很關注出勤情況，你如果能這樣做，不就給他們初步留下個好印象了嗎？

再就是不管上司臨時給你安排了什麼工作，你都要很快地在規定的時間內完成。要知道，上司的時間是很寶貴的，他給你安排的工作一定比你先前的工作重要。如果你能給上司留下反應迅速的印象，那將是用什麼都無法買到的。此外，你不能老是指望上司給你安排，你應該自己主動地去爭取，讓上司覺得你是一個很積極和很有上進心的人也很重要，這往往是他提拔人才的重要標準。所以你不應該只要求自己做好自己分內的事就夠了，要不斷去嘗試不同的任務，就算是你認為很艱難的工作也不能輕易放棄，即使真的無法完成，你也可以提提建議。一旦任務真的落到你身上，就要盡全力做好，不要覺得這不是我應該做的就不加理睬。即便是額外的，你也要欣然接受並努力完成。敢於接受一些新挑戰並能把它完成得很

漂亮，可以使你在上司心目中的好感增強。

　　還有就是上司和客戶雖然都很佩服那些臨危不亂的人，但他們更喜歡那些面對危機不但能穩住陣腳，還能找出解決之道的人。所以只要你能在困難面前不自亂陣腳，並想法予以妥善解決，你就已經佔有優勢了。但僅僅做到這些還不夠，你還得讓上司隨時瞭解你的工作情況，完成任務了也得向他彙報，以便讓他看到你的成績。當公司來了新成員時，你也可以主動請纓帶他了解公司狀況，讓上司認為你是一個很熱心、很有領導能力的人。而你要想取得成績並獲得上司的肯定，就必須不斷地學習，不能只局限於自己的專業知識，還要學習其他的知識，說不定就是那些你平時認為無關緊要的知識在必要的時刻助你走向成功了呢！

　　最後就是要把所有的功勞全歸功給上司，即讓他覺得自己在人前人後都很光彩。別妄想自己能騎在上司頭上，因為還必須靠他提拔你。與他的上司在一起的時候，你也要時不時提你的上司，說他怎麼好、怎麼不容易，這些一定會被上司知道的，他就會對你印象更好。當然，你不能只是表揚他，在他需要幫助時也要伸出援助之手，例如他在某些技術問題上沒處理好，或是沒時間寫報告，只要你能及時給予幫助，你就一定能倍加受寵。

　　另外，開會的時候也很重要。你最好坐在一個你上司不難發現你的位置，這樣在你談到一些高明的見解時，他就能更好地注意到你。只要在會前做好準備，在會上能提出好的建議，就一定能讓上司對你刮目相看。

　　當然，你不能只處理好自己跟上司的關係，還得通過公司裏一些活動讓主管上級對你印象深刻，也要跟其他主管和人員進行溝通。只有懂得讓自己的人際關係更開闊，才能不斷得到新資訊，也便於你抓住升職的機會或成功跳槽。不過，如果你蒐集到的資訊對你的上司也大有幫助，千萬不要吝惜去告訴他。因為你上司再成功，後腦勺也不可能長出眼睛，所以他就需要有一些員工為他蒐集某些資訊，不管你的消息管道是什麼，只要對他有幫助就行，但在告訴他時一定要小心你的說話方式，最好是直截了當，免得他誤會。如果你能接連不斷地給他提供有用的消息，你的上司一定會在其他方面報答你的，甚至最後將你倚為左膀右臂。

只要你善於讓上司知道你的存在，並能讓他漸漸認可、重視這種存在，你就成功地在職場上分人之威、增己之勢了，從而平步青雲，前景一片大好。

∽ 處世活用

進退結合乃處世之真諦

古今中外，凡能成大事者，其關鍵的一條處世原則即是「在小處忍讓，在大處求勝」。這就是強調我們在為人處世時，不是一受到別人的冷眼與不公待遇就眼紅著急、心浮氣躁，而是要善於控制自己的情緒，根本不把它當回事，沉著地把頭低下來，「養志實意」，等待下一次時機的到來。

進退之學，歷來為人所重視，其中隱含著做人辦事的大道理。我們知道，人生中總有迫不得已的時候，那時該怎麼辦呢？大凡人在初創崛起之時，不可無勇，不可以求平求穩；而在成功得勢的時候才需要求淡、求平、求退。這也是一門成功的人生哲學。

首先，要懂得後撤是一門做人的哲學。為什麼要後撤？因為再往前面衝的話，就可能遭遇大麻煩，甚至大危險。換句話說，退一步是為了站穩腳跟以期更好地前進一大步。這個道理講起來人人皆知，但有許多人就是做不到這後撤一步，總是想一味地向前逼進，結果往往適得其反。在為人處世的智慧中，後撤哲學很值得深思、反覆玩味。

同時，在進退之間明白人生的道理。早在安慶戰役後，曾國藩部將即有勸進之說，而胡林翼、左宗棠等都屬於勸進派，而勸進最力的是郭嵩燾、李元度。當攻克安慶後，湘軍將領都想以盛筵來相賀，但曾國藩不許，只准各賀一聯。於是李元度第一個撰成，其聯為——「王侯無種，帝王有真。」曾國藩見後立即將其撕毀，並斥責了李元度。在《曾國藩日記》中也有多處戒勉李元度慎審的記載，雖沒明言，但大體也是針對這件事的。曾國藩死後，李元度曾痛哭之，並賦詩一首，其中有「雷霆與雨露，一例是春風」句，潛臺詞仍是指向這件事。

年畫《曾國藩慶賀太平宴》

在人生的進退上，曾國藩把握得極好，他從來不願做一個只知進而不知退的人，因為他相信這樣一句話——「退身可安身，進身可危身。」

不善進退者，往往是敗者。過於急進者，常會自以為聰明至極，從而大多會在某一天突然遭到大失敗。所以，我們一定要謹記：進是基於摸準對方心理的行為——只有摸透對方心思志意，才能進行有效的行動，這是人際交往中的基本道理。有頭腦的人在這方面做得很出色，暗中「養志實意」，從多角度摸透對方的心思志意，以退為進，將「退功」施展得爐火純青、淋漓盡致。

為人處世，我們總是出入在各種角逐場中，常常會遭到意想不到的危機。翻開沉甸甸的歷史，我們不難發現，李斯得到秦始皇的信任，卻死於秦二世之手；賈誼得到漢文帝的賞識，卻遭到一批老臣的排擠。而那些懷有赤誠之心、忠肝義膽之人，如比干、屈原等，含冤懷憤而死者比比皆是，但卻因此而留下了千古美名。文天祥以生命鑄寫的兩句詩可以對此做一概括——「人生自古誰無死，留取丹心照汗青。」反之，那些奸猾得勢者如趙高、秦檜之流，雖曾一時炙手可熱、勢焰熏天，終究不能長久，不得好死，留下千古罵名。

所以，善於進退，是一種在不得已的情況下解決問題的最穩妥的辦法。因為，對於智者來說，暫時的退，是為了更好地「養志實意」，從而為下一次更猛烈的「進」奠定了堅實的基礎。

持 樞

「持」，把握；「樞」，是門扉的轉軸，主管門的開關。「持樞」即把持樞機、掌握關鍵。本篇與全書各篇不同，言簡意賅，讓人懷疑是否是殘留下來的某個自然段，道藏本也在其注解的末尾這樣說：「此持樞之術，恨太簡促，暢理不盡，或篇簡脱爛，本不能全也。」今讀其文，意不連屬。由此殘篇看，本文似乎説到人君治世要效法天道，天之道崇尚自然，「春生、夏長、秋收、冬藏」，順時而行，有自己的固有規律。人君治世亦應如此，要善於掌握社會自身規律，把握社會運轉關鍵，順應自然和社會的客觀規律來治國安邦，以推動社會在正常的軌道上運轉。其中所提到的諸如順民生以治世，調動人民的積極性等等，都對為君者有著深刻的指導意義。

而從另一側面剖析，此篇還蘊含著某些天人合一的思想，認為自然與社會規律有著許多相似之處，所以暗示君王治國時要合乎民情、民意，如此才能國泰民安。此話雖是站在維護統治的立場上説的，但客觀上又有些民主的氛圍，這對與民休養生息、推動社會穩定發展是有積極意義的。

持樞，謂春生、夏長、秋收、冬藏，天之正也，不可干而逆之❶。逆之者，雖成必敗❷。故人君亦有天樞，生、養、成、藏，亦復不可干而逆之❸。逆之者，雖盛必衰❹。此天道，人君之大綱也❺。

【注釋】

❶ 按文意，此句以上有缺文。缺文似提出何為「天樞」，此句即是解說「天樞」，講敘自然界的基本運轉規律。正：規律，準則。干：干擾，干犯，觸犯。逆：違反。

❷ 逆之者，雖成必敗：尹知章注曰：「若乃干其時令，逆其氣候，成者猶敗，況未成者乎？」

❸ 據文意，以上有缺文。缺文似述天人相通之論。故此句言人君治世應依天人相通原理，效法天道自然運行，按民意民生治世。生：萬物萌長，比喻使百姓繁庶。養：養育，比喻使百姓安居樂業。成：比喻通過教育使其成才。藏：保藏，比喻保護民力，不過度使用民力。

❹ 盛：興盛。衰：衰亡。

❺ 天道：這裏是指順應自然的為政之道。大綱：基本綱領。

【譯文】

所謂「持樞」，便是講的掌握自然之道。春天萬物萌生，夏日萬物長成，秋時萬物收穫，冬季萬物儲藏，這是自然界運行的正常規律，不可以擾亂和違背。誰違背了它，即使一時成功，終歸也會失敗。所以說，人間君主治世也有應該把握的自然之道，那就是使百姓生息，使百姓安居樂業，把百姓教養成才，並愛護民力，不可使用過度。這種順應自然的為政之道也是不可擾亂和違背的。違背了它，雖一時強盛，終究會走向衰亡。這種順應自然的為政之道，是人間君主治國的基本綱領。

❈ 以史為鑒

漢朝明君善治國

三皇五帝時代在中國各朝代讀書人心中被目為黃金時代、大同世界，它之所以被人們如此嚮往，其原因可追溯到三皇五帝的治國方略。他們依照自然的法則有理有據地治國，他們崇敬美德並使百姓深受教化，他們的治國方針順應民意，賞罰制度公正嚴明，於是天下大治，所以三皇五帝的聲名才會流芳百世，被世人推為治世仁君之楷模。一代之興廢，很大程度上取決於一朝領導者的治國方略。

大漢天子，威名赫赫，大多善於治國。從漢高祖劉邦建漢到漢武帝開

疆拓土達於鼎盛，由於一代代君王的治國方略合乎民意，這才產生了歷史上輝煌的大漢王朝。

漢高祖劉邦起於布衣，他吸取秦朝滅亡的教訓，在建漢之後對百姓體貼關愛，廢除了前秦很多的酷刑暴政，從而為大漢王朝的鞏固與發展奠定了堅實基礎。

高祖之後，文帝與景帝兩代，為恢復長期戰爭所造成的社會凋敝，實行休養生息政策，長達數十年不徵賦稅，很快達到國富民強，國力更為強盛，造就了「文景之治」的太平盛世。

漢文帝在位23年，秉持黃老無為思想，休養生息，一切從簡。他崇尚節儉，在為君的23年裏，從沒有增建過任何宮室園林、車騎服飾；而當臣民有不便之處時，就以國家的積蓄來幫助。他從不輕易發動戰爭，主張以和為貴，大事化小，小事化了。南越王趙佗自立為帝，文帝便招來趙佗的兄弟，給予厚賜，以德感化，最終使趙佗深受感動，改帝稱臣，消弭了一場內戰。大漢與匈奴曾有兄弟之約，但匈奴違約入侵，文帝派將領鎮守邊關，堅守不攻，因為他擔心國力不足以戰勝匈奴，輕易攻打匈奴最終會侵擾天下百姓。文帝在用人方面同樣主張無為，以德服人。被分封到東南沿海的吳王因故與文帝不和，稱病不肯上朝，文帝不僅不怪怨，還派人賜手杖給他，並傳語吳王因年老可免朝。群臣勸文帝用宣吳王入朝的辦法將其軟禁，文帝表面聽從，實際上不予理睬。郎中令張武受過吳王的賄賂，文帝知道後，不但沒治罪，反而賞賜他，讓他心生悔意。

繼文帝、景帝休養生息釀就繁榮盛世之後，漢武帝登基，罷黜百家，獨尊儒術。在全國訪求、推薦優秀人才，給他們立業的機會。興辦太學，修建祠廟，改正月為一年初始，確定曆法，規範音樂詩歌，修建祭天靈台，頂禮百神，賜予周朝後裔封地。申明法度，號令建制，煥然一新，做為繼承人，漢武帝遵循祖先的事業，學習高祖、文帝、景帝三代人的風範，施展雄才大略，在改善「文景之治」時的謙恭儉樸的政策，寬政待民的風氣後，才使漢王朝達到了全盛時期。

漢元帝做太子時，認為宣帝執法太嚴。宣帝變了臉說：「我漢家向來

交錯使用霸道、王道，怎麼能只用仁德感化來危害政權呢！」雖然在此顯現了宣帝的謀略不夠遠大，但他採用或寬容或強硬的辦法還是有原因的。漢高祖入秦約法三章，秦人十分高興，這是和緩刑法的好處；漢武帝重修國法，改變了百姓懶散的生活習性，這就是猛烈刑法的好處。由此看來，法治的使用要合乎時宜。所以適當時候的嚴刑峻法，對治國也會起到一定推動作用的。

《左傳》中說：「政策寬鬆，國民易散漫，應用猛烈的法令去糾正；如果太過猛烈，民眾就會變得殘忍，這時應再實施寬鬆的政策。以寬鬆調劑猛烈，以猛烈調劑寬鬆，政治才能達到平衡。」《尚書》中說：「使用刑罰要時輕時重，審時度勢。」《周禮》中說：「治理新建國家應用寬鬆制度，治理動亂的國家應用猛烈的制度，治理安定的國家應兩者適中。」所有這些都是治國方略，都以順應自然與民意、不違法理為治理國家所應遵循的基本規律。鬼谷子所謂的「持樞」之道也說人君治世要效法天道，天之道崇尚自然，「春生、夏長、秋收、冬藏」，順時而行，有自己的固有規律，人君治世也要善於掌握社會自身規律，把握社會運轉關鍵，順應自然和社會的客觀規律來治國安邦，以推動社會在正常的軌道上運轉。

∞ 現代 活用

京陶公司，「敬天愛人」

如果問日本人最敬佩的是哪家公司？人們無疑會想到松下、豐田，或者是索尼（新力SONY）、三菱。可日本經濟新聞社的一次評價卻令人出乎意料，表明這項殊榮屬於京都陶瓷公司。

京陶公司創立於1959年，起初只有資本300萬日元，職工26人。它從生產電子工業陶瓷材料——半導體積體電路組裝開始，30年後銷售額達到25億美元，產品也從電子陶瓷發展到機械陶瓷、生物陶瓷，從一般元件發展到生產攝影機、個人電腦，一舉躋身日本高技術大企業之列。在以善於經營著稱的日本人心目中，京陶之所以能一枝獨秀的原因是它在管理上

「技壓群芳」：融經濟與文化於一爐，集科學與藝術為一體，形成了自己獨特的管理特色和企業文化。作為日本人最敬佩的公司，京陶的企業文化和核心便是「敬天愛人」。

面對「企業」這樣一個活生生的組織，企業家們要回答的第一個問題是：用什麼來維繫企業的存在——靠什麼搞好企業？京陶公司的創始人稻盛和夫的結論是：人心比什麼都重要！他說：「人們常常說人心易變，我卻認為在當今世界上再沒有比人心更強有力的東西了。翻開世界歷史、日本歷史來看，人心之偉大以及它完成的宏偉事業實在是不勝枚舉。」稻盛和夫在就任總經理之後所做的第一件事就是把「敬天愛人」這四個字作為社訓。據說，「敬天愛人」一詞出自日本著名政治家西鄉隆盛的名言：「天賜吾與人生同一愛，故應以愛己之心愛人。」

稻盛賦予這四字以新的解釋：「『天』乃道理，講道理即為敬天；『人』即民眾，以仁愛之心去愛民眾，即為愛人之意。」20世紀80年代初，稻盛在總結公司的成功經驗時這樣說道：「社會上認為京陶公司是靠技術發展起來的，我卻不這樣看。迄今為止，我花在培育精神方面的時間要比用在技術方面的時間多一倍。我認為京陶公司成功的原因就在這裏。我用『以人為基礎的經營』這句話來解釋培養精神的含義。」

為了贏得職工的信任，稻盛首先毫無保留地向大家「暴露自己」以及關於自己的隱私和「醜聞」。自然也要求他的同事和部下像他一樣坦誠、認真。在招收新職工時，他首先闡述的是自己的人生觀、事業觀，大講「人為什麼要勞動」、「本公司職工為什麼拼命工作」等人生哲學，並強調「我錄取新職工的標準不是能力，而是看他是否有理解貧苦人的心情，對別人的辛酸是否無動於衷，看他是否具有能力克制私欲，是不是一個坦率的人、老實的人」。

稻盛還利用一切場合宣講他的「京陶哲學」：「來公司是為了拿薪水，這是不對的。既生為人，就應該讓只有一次的人生過得充實。所謂充實的人生，或者是為了集體，或者是為了社會，總是要以某種形式對人有益。」「不能為金錢而工作，工作要靠心，靠精神去完成。」

在日常生活中，稻盛不忘向公司職工灌輸他的「教義」。京陶公司有種「社風」，就是喜歡聚餐。來了新職工要聚，超額完成任務要聚，辭舊迎新要聚，而稻盛則是每場必到。他不是為了飲酒作樂，而是借此機會了解下情，解答疑問，消除不滿，協調上下關係，進行團體意識的教育，進而增強企業的凝聚力。所以，這種聚餐會後來被稱為「稻盛和夫式的酒會」。

在今天這個競爭激烈的時代，人與人之間的冷漠程度日顯加深，而同時由於激烈競爭所帶來的高強壓力，又使心靈備感沉重和孤寂，人們不禁發出了渴望真情的呼喚。真情、愛心在今日社會顯得猶如沙漠之中的綠洲，而京陶公司便把自己塑造成這樣一個綠洲。

日本人受中國儒家文化影響至深，吸收了儒家文化的許多精神。其中，儒家的「仁愛」便被日本人吸收並發揮得淋漓盡致，從京陶公司的「敬天愛人」便可略見一斑。京陶公司在對待員工上，可以說做到了鬼谷子所說的「待人意慮之交會，聽之候之也」，即待人接物誠懇，上下交流之後能廣泛聽從眾人言論。而且，京陶公司「敬天愛人」的文化與策略可以說是抓住了企業經營管理的關鍵，深刻體現了鬼谷子的「持樞」之道。所以，經營好一個企業最根本的就是管理好這個企業的人，抓住他們的心，順應其種種層次的需求，從而調動他們的工作積極性與創造性。

中 經

　　「中」乃多義詞，在本篇中使用「心」這個義項，指內心；「經」，即經略、治理。戰國時期，隨著人文思潮的興起和等級觀念的打破，人人追求個性解放，盼望實現自身價值，力圖在社會政治舞臺上扮演角色，佔有一席之地。縱橫策士們無權無力又無錢，但有計謀和智慧。所以，《鬼谷子》主要講如何運用計謀智慧，施展權術，以掌控別人，壯大自己，在政治鬥爭中無往而不利。本篇說的就是如何運用內在的精神去處理外部的事物，以收服人心，控制別人，掌握主動權，並列舉了內動心計、外以制人的具體方法——

　　「見形為容、相體為貌」，是觀人術，即從對方的外貌和動作去推知其內心世界，而後了解他的心性品行。「聞聲和音」，是美言結人術，即用高超的談話技巧使對方信任自己，由於同聲相應，同氣相求，便使對方覺得自己找到了知音，從而語言投機，感情融洽，放心結交。「解仇鬥郤」，是駕馭術，面對兩者相爭，我們坐山觀虎鬥，享受漁人之利，而後再於合適的時機去調停，加以收買拉攏，使之成為自己的好友。「綴去」，就是對遠離自己的人，不要心生仇恨，而是好言相留，或是誠心相送，以維繫離開者的情感。「卻語」，實際就是伺察並抓住對方的把柄，先威脅恐嚇，再安撫收服，使其乖乖地按照我們的意志辦事。「攝心」術，就是一種投其所好、收攬人心的方法，並講到對不同的人要採用不同的收買方法。「守義」，實際上就是一種用仁義道德來探知對方內心世界的方法，以此來判斷對方是高尚的君子還是卑劣的小人，從而採取相應的權術去利用、控制對方。

　　以上七種為人處世的技巧和策略，作為《本經》所述法則的變通規律，從古至今被無數有名的說客和權力場上的政客們所心領神會，並善加運用，取得了很好的成效，因而對後人具有十分重要的借鑒意義。

一

中經，謂振窮趨急，施之能言厚德之人❶。救拘執，窮者不忘恩也❷。能言者，儔善博惠；施德者，依道。而救拘執者，養使小人❸。蓋士，當世異時，或當因免闐坑，或當伐害能言，或當破德為雄，或當抑拘成罪，或當戚戚自善，或當敗敗自立❹。故道貴制人，不貴制於人也；制人者握權，制於人者失命❺。是以見形為容、相體為貌，聞聲和音，解仇鬥郄，綴去，卻語，攝心，守義❻。《本經》，紀事者，紀道數，其變要在《持樞》、《中經》❼。

【注釋】

❶ 振窮趨急：別人有窮困、危難則奔去救濟。振，通「賑」，救濟。窮，窘迫。施：施行，給予。能言：能言善辯，長於辭令，這裏指以言語助人、救人。厚德：品德淳厚。

❷ 拘執：被拘囚縛綁的人，也可泛指處於困境的人。

❸ 儔善：多善，多做善事。儔，並，類，眾，引伸為多。施德者，依道：施德之人，動能循理，所為不失道。養使小人：豢養、驅使自己所救的被拘執之人。

❹ 世異：時代變異。闐坑：指野死者填埋溝壑。這裏指禍患。伐害能言：殘害能言善辯之士。破德為雄：打破文德，崇尚兵戰。戚戚自善：心情憂鬱而保全自己。戚戚，憂心的樣子。敗敗自立：在危敗中自立。敗敗，接連失敗。

❺ 貴：以……為貴。

❻ 此句總領目錄，下文分別加以論說。見形為容、相體為貌：觀人形貌、體態而知其內心情志。音：弦外之音，本意。郄：同「隙」，間隙，嫌隙。綴去：籠絡、聯繫離去的人。綴，聯絡，連，繫。去，離開。卻：退。攝：取。

❼ 《本經》……《中經》：尹知章注曰：「此總言《本經》、《持樞》、《中經》之義，言《本經》紀事，但紀道數而已！至於權變之要，乃在《持樞》、《中經》也。」此當後人注語，竄入正文，故與上下文意

不連屬。

【譯文】

所謂「中經」，說的是前去解救陷於困境和處於危難中的人，能夠做到這一點的，一定是那些能言善辯、德行深厚的人。救援那些被拘執而身陷囹圄的人，這些走投無路的被救援者是不會忘記救援者的恩德的。能言善辯的人，能夠多做善事，廣施恩惠；廣施厚德的人，能憑依大道，行為合乎道義準則。救人出囹圄的人，必定能夠豢養、驅使那些被援救的人。那些士人面臨時代變異，有的能在戰亂中九死一生，免於死亡；有的能言善辯，反遭讒害；有的棄文從武，據兵稱雄；有的橫遭拘繫，無辜定罪；有的心憂戚戚，固守善道保全自己；有的危敗相連，卻仍能自強自立。由此而論，為人處世之道，貴在制伏別人，而不能被人制伏。制伏別人者，便能夠牢握權柄；被別人制伏者，命運就掌握在別人手中。所以，應當講求「見形為容、相體為貌」，「聞聲和音」，「解仇鬥郄」，「綴去」，「卻語」，「攝心」，「守義」等處世道術。《本經》講述的只是一般的處世道理和技巧，至於其權變的要領，則都在《持樞》、《中經》篇之中。

二

見形為容、相體為貌者，謂爻為之生也，可以影響、形容、相貌而得之也❶。有守之人，目不視非，耳不聽邪，言必《詩》、《書》，行不淫僻，以道為形，以德為容，貌莊色溫，不可象貌而得之❷。如是，隱情塞郄而去之❸。

【注釋】

❶ 爻為之生：指看見卦爻便可預測出吉凶。這裏是用爻象的原理來說明通過表像來推就事物的實質。爻，組成卦的符號，分為陰爻、陽爻。影響：此指言語行事。

❷ 守：操守。《詩》：指《詩經》。《書》：指《尚書》。淫僻：過度、

過分和乖僻。

❸ 郄：同「隙」，漏洞。

【譯文】

　　所謂「見形為容、相體為貌」之術，是指猶如在占卦時看到卦爻就可推測吉凶一樣，可以通過一個人的言語行事、外在形貌體態等方面來探知其內心世界。有操守的人，眼睛不看非禮的東西，耳朵不聽邪惡的聲音，言談必以《詩經》、《尚書》的禮義為依據，行為既不過度也不邪僻，以道為形，以德為容，面貌莊重，表情溫和，沒法用外貌形態去判斷他們的內心世界。碰到這種情況，就趕快隱藏起自己的實情，堵塞自己言辭中出現的漏洞，早早離他們而去。

三

　　聞聲和音者，謂聲氣不同，則恩愛不接❶。故商、角不二合，徵、羽不相配❷。能為四聲主者，其唯宮乎❸？故音不和則悲，是以聲散、傷、醜、害者，言必逆於耳也❹。雖有美行盛譽，不可比目、合翼相須也❺。此乃氣不合、音不調者也。

【注釋】

❶ 聲氣不同，則恩愛不接：聲音的性質不同，感情便不會接通。

❷ 「商、角」二句：宮、商、角、徵、羽都是五音的名稱。按照中國古代的說法，五音各自代表不同的感情，宮思，商憂，角怒，徵喜，羽恐；又以五音配五行，商屬金，角屬木，徵屬火，羽屬水，宮屬土。金剋木，水剋火，所以商角、徵羽的音樂不能調和。

❸ 為四……宮乎：宮音是五音之主，雄渾平和，古人將其看作五音的統率，能和其他四音。

❹ 散、傷、醜、害：都是不和之音。音氣不和，必與之相乖，所以說的話也必逆於耳。

❺ 比目：比目魚。合翼：比翼鳥。須：求。

【譯文】

所謂「聞聲和音」之術，說的是聽到對方的聲音便用相類的聲音去應和。如果聲音、言語的性質不同，感情就不會相通。這就像五音中商聲和角聲不能相合，徵聲和羽聲不能相配一樣。而能夠主宰、協調以上四音的，大概就只有宮聲了。五音不和諧，聲調必然悲愴難聞，不能感動人。所以，就像散、傷、醜、害諸音難聽一樣，意氣不投之人，言語聽起來一定不順耳。即使他們有美好的操行，備受讚譽，彼此間也依舊不能像比目魚、比翼鳥那樣恩愛無間，密切合作，同氣相求。這就是因為彼此意氣不投，言語便不相合、協調的緣故。

四

解仇鬥郤。解仇者，謂解羸微之仇；鬥郤者，鬥強也❶。強郤既鬥，稱勝者，高其功，盛其勢❷；弱者哀其負，傷其卑，汙其名，恥其宗❸。故勝者聞其功勢，苟進而不知退❹；弱者聞哀其負，見其傷，則強大力，倍死者是也❺。郤無極大，御無強大，則皆可脅而并❻。

【注釋】

❶ 解仇者……強也：本句講如何解鬥買友。弱者相鬥，自己可以控制他們，故解之令雙方都歸順於己；強者相鬥，自己難以控制任何一方，故令其鬥，待兩敗俱傷後再各個擊破，脅迫他們歸順於己。羸微：此指弱小者。羸，瘦，弱小，此指勢弱。微，小，此指地位低。

❷ 強郤：有隔閡的強者。

❸ 汙：玷污。恥其宗：恥於祖宗受辱。

❹ 苟：苟且，只懂得。

❺ 倍死：忘死。倍，背向，拋到腦後。

❻ 無：不論。御：指對手。脅而并：施加威脅併吞。

【譯文】

所謂「解仇鬥郤」之術，解仇，說的是調解弱小者的仇鬥；鬥郤，說的是促使有嫌隙的強大者之間相互鬥爭。讓有嫌隙的強者發生爭鬥，對勝了的一方，則宣揚其功業，張大其聲勢；對失敗的一方，則對其失敗表示哀憐，對其位勢表示傷心，並說他此番實在是玷污了自己的名聲，還累及祖宗蒙受恥辱。這樣，勝方聽到我們稱道他的功業和威勢，便只知進攻而不知適可而止；而敗者聽到我們哀歎其失敗，見到自己被損傷，就必然奮發圖強，拼盡全力，忘死而戰。這樣，無論多麼強大的對手，都會因此而受到削弱，為我方所脅迫、併吞。

五

綴去者，謂綴己之繫言，使有餘思也❶。故接貞信者，稱其行，屬其志，言可為可復，會之期喜❷。以他人之庶，引驗以結往，明款款而去之❸。

【注釋】

❶ 繫言：繫留、籠絡人心之言。餘思：此指離開之後仍存想念，懷念，留戀。

❷ 屬：同「勵」，勉勵。可為：說他可以幹一番事業。可復：歡迎他再次返回。會之期喜：對方領會後一定會滿懷期望和喜悅。

❸ 他人之庶：別人的相接近的事情。款款，誠心貌。

【譯文】

所謂「綴去」之術，說的是向即將離去的人傾吐挽留他、關心他、讚美他的話，令他人走了還十分留戀我們，使彼此關係不斷。所以，對將要離去的忠貞守信之人，要稱讚他的德行，鼓勵他的志向，說他可以幹一番事

業，並歡迎他返回再次相見。他領會後，一定會滿懷期望和喜悅的。再引用昔人所做過的相類似的成功事例來驗證自己的話，並表明自己的深厚眷念之情與至誠心意後彼此分手。這樣，他人雖離去了，但心還留在這裏。

六

卻語者，察伺短也❶。故言多必有數短之處，識其短驗之❷。動以忌諱，示以時禁，其人恐畏❸。然後結信以安其心，收語蓋藏而卻之❹。無見己之所不能於多方之人❺。

【注釋】

❶ 察伺短：考察窺伺短處。

❷ 識：記住。

❸ 動：以……動其心。示以時禁：把當時的禁令給他看。

❹ 蓋藏：遮蓋，掩蓋，隱藏。卻：退。

❺ 見：同「現」，顯露。多方之人：知識經驗豐富的人。

【譯文】

所謂「卻語」術，其關鍵是考察、窺伺對方的短處。話說多了，必定有失誤，暴露出很多短處。我們就把對方的短處默默記在心裏，加以研討、驗證。必要時，把他何時所講犯了什麼忌諱、觸動了哪條當前禁令的事講給他聽，使之震動，他必然十分恐懼害怕。然後我們再安慰他，與他交好，請他放心，說自己會為他保密。而自己卻把這些把柄藏在心裏，退到背後去挾制他。由此而論，我們千萬不可把自己的弱點暴露給有見識、經驗豐富的人，以免自己有把柄被對方抓住。

七

攝心者，謂逢好學伎術者，則為之稱遠❶。方驗之道，驚以奇怪，人繫其心於己❷。效之於人，驗去亂前，其歸誠於己❸。遭淫酒色者，為之術，音樂動之❹。以為必死，生日少之憂❺。喜以自所不見之事，終以可觀漫瀾之命，使有後會❻。

【注釋】

❶ 伎術：技藝道術。伎，同「技」。稱遠：稱揚到遠方。

❷ 驗：驗證，檢驗。

❸ 效：推廣實踐，呈獻。去：過去。亂：治理，驗證。

❹ 遭：碰到，遇上。淫：過度，沉湎。

❺ 日少之憂：憂慮生命縮短，死期將近。

❻ 喜：使他歡喜。漫瀾之命：廣闊前途，光明前景。漫瀾，本指水廣闊無垠，這裏指無限。後會：日後與我們期會。

【譯文】

所謂「攝心」術，說的是碰到那些喜歡學習技藝道術的人，就替他宣揚，使其名聲遠近皆知。然後用我們的知識去檢驗他學到的技藝道術，做出恰切評價，使他驚訝於我們知識的廣博和看法的高明，內心佩服我們。然後我們把他的道術技藝推廣到實踐中，在眾人面前呈獻出來，幫他檢驗以往之不足，整理當前之經驗，使他心悅誠服地歸附我們。如果遇到那種沉湎於酒色不能自拔的人，則採用另一種手段。先用音樂、道術感動他，使他猛醒過來，認識到這樣下去必早早步入死亡的深淵，從而產生擔心生命短促的想法。然後我們再用他未曾見過的美好事物使他振作起來，指出他的光明前程，最終了解到人生的廣闊境界，使他對我們感激倍加，希望與我們再會。

八

　　守義者，謂以仁義探其在，內以合也❶。探心深得其主也，從外制內，事有繫，曲而隨之❷。故小人比人，則左道而用之，至能敗家奪國❸。非賢智不能守家以義，不能守國以道❹。聖人所貴道微妙者，誠以其可以轉危為安、救亡使存也❺。

【注釋】

❶ 在：內在，本心。

❷ 探心深得其主也：深入探討內心，便可以把握那人的主要思想。外：外部手段。繫：聯繫，途徑。此指交付，委託。曲：委曲，曲心。

❸ 比：比擬。此指效法。左道：旁門邪道。

❹ 家：指大夫的領地。國：指諸侯的封國。

❺ 貴：看重，推崇。

【譯文】

　　所謂「守義」術，說的是用仁義道德律條去探知對方的內心世界，看其是否真正符合仁義標準。探測對方的內心世界並把握了其主流，我們就可以用相應的權術從外部控制他的內心。這樣，若有事委託他辦，他必然會曲心下意地迎合我們。由此可見，若小人效仿我們的做法，就會用左道旁門之術，致使人們家破國亡。所以說，除非大智聖賢之士，不能用仁義守家，不能用大道守國。聖賢之人所以看重那些微妙無比的道術，是因為運用它們的確可以使國家轉危為安，可以救亡圖存。

❆ 以史為鑒

海瑞察言治惡霸

　　海瑞為官清正廉明，為人坦蕩無私，是明朝有名的清官，深受百姓愛戴，被譽為「海青天」。

在他剛剛擔任縣令的時候，轄區內經常有盜賊搶劫財物，甚至殺人越貨，攪得百姓生活不安定，人心惶惶，每天太陽一落山，家家關門閉戶，街上很少見到行人。

海瑞為了肅清盜賊為民除害，早就開始明察暗訪了，最後發現這些壞事竟然都是當地豪強地主們主使人幹的。

海瑞心中有底後，表面上仍不動聲色，還把豪強地主們請到縣衙裏，用酒菜招待他們。眾豪強見海瑞行此一著，都有點摸不著頭腦，索性放開肚子大吃大喝起來。一個時辰過去了，待眾人都酒足飯飽，海瑞便站起身來對諸位拱拱手說道：

「我來此地已經很久了，一直沒拜訪過各位，心中實有愧意。今日略備薄酒招待大家，實在是因為有一點小事想請各位幫忙！」

海瑞圖

豪強地主們聞言面面相覷，不知海瑞葫蘆裏賣的什麼藥，都保持沉默。

海瑞見無人說話，便指著其中一個平日裏欺軟怕硬、作威作福的地主說道：「你今天既然賞臉來了，又吃了我的酒食，就請為本地盡一份綿薄之力吧。現在盜賊猖獗，屢犯百姓，我知道你很熟悉當地情形，所以委派你抓捕盜賊。一月之內，須有十個。如果

辦不到，我便把你當成強盜，上奏朝廷告你放縱盜賊，並嚴加懲處。」接著他又給其餘的每個人都劃分了管轄範圍，且一再警告道：「你們所抓的犯人，如果經查實並非強盜，那你們就罪加一等了。」

眾人聽到這裏，早已心驚膽戰，連大氣都不敢出了。

海瑞見這些人似乎都有所覺察，好像已經知道自己已然掌握他們的勾當了，唯恐這些傢伙狗急跳牆，於是想了想，又向眾人說道：「諸位不要過於緊張。我讓你們幫忙管理一方治安，是造福百姓的好事。如果一個月內不能達到捕捉盜賊的數目，我可以放寬些，並且只要你們所管範圍內太平無事，沒有百姓告狀，也可算完成任務了。」

眾人一聽此言，不約而同鬆了一口氣，高興萬分地向海瑞保證一定能做到。

這幫人回去之後，由於心中本就懼怕海瑞，又見他竟然如此信任有加，還把一方治安交付給自己，心裏也不免有些悔恨，從此便再也沒有派人做雞鳴狗盜之事。不久，當地治安就大為好轉，幾乎是路不拾遺、夜不閉戶，人民重新過上了安寧的生活。

海瑞在此巧治地頭蛇，運用的便是「見形為容、相體為貌」的觀人法，先擺出強硬的姿態藉以觀察豪強地主們的變化，待產生一定效果後便見好就收、由強轉弱，既防止了他們狗急跳牆，又使他們感恩戴德，心甘情願幫忙治理各自的管轄範圍，從而根除了盜患，安定了一方百姓。一剛一柔，圓而不失其正，滑而不失其緩，這就是海瑞成功的制人之道。

假裝糊塗寬待人

北宋年間，宋太宗趙光義有次在宮中設宴，並召殿前都御侯孔守正與左驍衛大將軍王榮前來陪同暢飲。酒過三巡，菜過五味，孔守正和王榮二人很快便喝得酩酊大醉、糊裏糊塗的了。

不知怎地，談著談著，他們就在皇帝面前爭論起各自在邊境建立的

宋太宗

戰功來，雙方各執己見，分別強調自己所發揮的作用更大，互不相讓，唇槍舌劍，終於爭吵起來。最後，他們竟在皇帝面前互相破口大罵，污言穢語不堪入耳。這種行為可是嚴重違反了宮廷禮儀，冒犯了皇帝威嚴。一旁的侍臣們驚詫萬分，也惶恐不已，紛紛請求將他們送交刑部依法予以懲處。趙光義卻不以為然，沒有同意，只是命人送他們各自回家休息。

第二天，孔守正和王榮酒醒後，才想起昨天陪皇上飲酒時的荒唐之舉。他倆知道自己酒後亂性，已嚴重違反了當朝律條和宮廷禮節。於是，他們急忙趕赴金殿承認罪過，自請處分。

不料，趙光義卻輕描淡寫地說道：「兩位愛卿所說所做之事，我現在半點都想不起來了。當時，我也喝醉了，大概不比你們醉得輕呀！」

見到皇上對昨天的事情善加否定，對自己不遵守禮法的行為也不予追究，不禁讓孔、王二人感到十分意外，因此更對皇上感激涕零了。從那以後，他們誓死效忠報答君王，畢生為國效命。群臣眼見皇上如此寬宏大量，愛護臣僚，內心也更加欽佩、尊敬趙光義，從而同心同德，為國盡忠盡職地辦事。

趙光義在此運用便是「攝心」術。知道臣下是酒後失言，而非不顧場合故意胡言亂語，所以便假裝糊塗不予追究。鄭板橋曾說：「聰明難，糊塗難，由聰明轉糊塗更難。」如果沒有對人情世事的深刻感悟與體察，缺少豐富的人生閱歷，鄭板橋恐怕也說不出這樣智慧的語言。人人都會做錯事，甚至好人也會無心辦壞事，所以為人處世，待人理事，很多時候都不要太認真，懂得在適當時機裝裝糊塗，反而更好。趙光義貴為一國之君，對待臣下都能做到「難得糊塗」，一般人還有什麼理由不這樣做呢？這可是贏得人心的妙方啊！

絲毫無損的讓步

談判中讓步的實質，就是將自己的一部分利益轉讓給對手。那麼，能不能做到既讓對手滿意，同時又不犧牲自己的利益呢？

美國廣告商大衛・奧格威在創業之初曾遇到過這麼一件事，從而使他深深體會到了善於傾聽的妙處。

有一次，奧格威去拜訪一位年事較高的美籍俄國人亞歷山大・柯諾夫，此人生產拉鏈賺了大錢。在領著奧格威參觀了他在奈瓦克的工廠後，柯諾夫讓奧格威搭乘自己的凱迪拉克轎車回到紐約。此時，奧格威注意到，柯諾夫手裏拿著一本《新共和》，這種雜誌在當時只有很少的訂戶，於是他便問道：「您是民主黨還是共和黨？」

「我是社會主義者，我曾經參加過俄國革命。」聽得出來，他對自己過去的經歷頗感自豪。

「那您認識克倫斯基？」奧格威又問。

「不是那次革命，」柯諾夫輕蔑地說：「那是1905年的革命！在我還是孩子的時候，每天都得赤著腳在雪地裏走5英里去一家捲煙廠幹活。我的真名叫卡岡諾維奇，聯邦調查局還以為我是卡岡諾維奇的兄弟，其實他們搞錯了。」談到得意處，他大笑了起來。過了一會兒，他又接著說：「我剛來美國的時候，在匹茲堡當機械工，每小時只掙50美分。我的妻子是繡花工人，她每週能繡出14美元的活兒，可是從來都沒有領到過工錢。」

這位頗為自豪的百萬富翁接下去又告訴奧格威，在列寧和托洛斯基被流放期間，自己和他們過往甚密。

奧格威只是饒有趣味地、靜靜地聽著，結果對方成為了他的客戶。

《中經》篇中說到的「聞聲和音」，是一種美言結人術，即用高超的談話技巧使對方信任自己，由於同聲相應，同氣相求，便使對方覺得自己找到了知音，從而語言投機，感情融洽，放心結交。但有時候你的傾聽勝

過萬千的美言，正所謂「此時無聲勝有聲」。傾聽不僅是一種獲取資訊、了解對方需要的手段，也是向對方做出的一種絲毫無損的「讓步」。在談判中，你必須注意說話者的眼睛，保持警覺，坐得挺直，稍稍靠近對方，仔細去聽對方講話，給對方以備受尊重的心理滿足感。因為誰都不願意對牛彈琴，當著一群毫無反應的人大談特談的！

「好老闆」不如「壞老闆」

在職場中，我們要善於掌握「見形為容、相體為貌」的觀人術，即從對方的外貌、動作、言行等去推知其內心世界，而後了解其心性品行，進而採取相應的權術去交結、利用甚至掌控對方，如此我們才能慧眼識人，擇良木而棲。

「如果你有機會重新選擇老闆，你會選嚴厲的老闆，還是選寬厚的老闆？」作為雇員當然都希望有一個寬厚的、比較好說話的老闆。但是，人的惰性是一種本能，一個公司如果不加以嚴格的管理，這種惰性就會越來越大，最後會壓倒人的理性。

美國有一本暢銷書叫《好女孩，上天堂；壞女孩，走四方》，書中別具一格地教導女孩子不要為了滿足他人的需求做個時時聽話的乖女孩，而是要學會根據自己的想法活得率性和精采。其實老闆也一樣，沒有主見、充滿人情味的「好老闆」，對於職場人士來講，未必是一件好事。而「壞老闆」，往往才是職場中的一所好學校。

「好老闆」大多扮演著「人見人愛」的「和稀泥先生」的角色。員工任務沒有完成，他情有可原；員工犯了原則性錯誤，他認為不必大驚小怪；訂單丟失了，他覺得沒什麼大不了的……而「壞老闆」的表現卻完全相反，很多時候會對員工的某個小缺點錙銖必較，甚至暴跳如雷。

「壞老闆」和「好老闆」對自身的要求也不一樣。「好老闆」更容易原諒自己的過錯和失誤，習慣性地為自己尋找冠冕堂皇的藉口；而「壞老

闆」則對自身要求異常嚴格，行事果斷高效，注重行動表率，對客戶的需求更加關注，對成功的欲望也更加強烈，屬於「自然領袖」，他絕不允許在自己身上存在低級錯誤，甚至有時會進行自我懲罰。

古今中外無數證據表明，「壞老闆」領導團隊的執行力遠遠勝過「好老闆」。微軟的比爾‧蓋茨和鮑爾默對著完不成任務的員工罵粗話、對著不能迅速領會他們意圖的員工諷刺挖苦是常有的事；華為公司的任正非更是取笑其財務總監「你最近進步很大，從很差進步到了比較差」；聯想公司的柳傳志在CCTV《對話》節目中就坦言自己辦企業時拍過不少桌子、罵過不少娘；史玉柱在創建巨人時更是出了名的暴脾氣；以「砸冰箱」和「不允許員工隨地大小便」管理起家、被譽為中國企業現代企業管理教父的海爾CEO張瑞敏說過「偉人首先是惡人」；甲骨文的拉里‧埃里森和戴爾電腦的邁克‧戴爾更是IT業的著名「惡人」，前者甚至在企業員工的襯衫上直接印著「殺死對手」的挑戰性宣言；被喻為全球第一CEO的傑克‧韋爾奇更有個殺傷力奇強的綽號：「中子彈傑克」……你可以罵這樣的老闆簡直「壞透了」，但你不得不佩服這些「壞老闆」，他們確實做出了一家家高執行力、高績效、而且是當代最卓越的企業。蘋果人說：「製造好產品不能靠民主，得靠有能力的暴君。」就因為約伯斯的暴君作為，才讓蘋果一直好下去。

現實生活中，絕大多數老闆都是介於「好」與「壞」之間的。所以，絕大多數的企業都是平庸的企業，而那些失敗的企業則往往是由那些「該好時卻壞，該壞時卻好」的老闆所經營的。

我們也許無法重新選擇父母，但卻有權選擇自己的老闆。職場成功者的關鍵就在於選對了老闆、做對了事。選對了老闆，便可以在老闆的支援下一展所長，猶如游魚入海，飛鳥翔空，可以實實在在地大顯身手；做對了事，就能用真實的業績贏得老闆的信任和同事的尊敬，並收穫可喜的成果。

無論是剛剛踏入社會的年輕人，還是那些在職場中摸爬滾打已久的中年人，重新選擇工作時，不妨參考這樣一個標準：大公司選文化，中型公司選行業，小公司選老闆。

　　對於那些希望進入跨國公司工作的人來說，公司文化是非常重要的。如果自己的個性與所在公司的文化格格不入，則很難融入這一團隊中。相應地，從公司的角度，也傾向於吸納那些能夠迅速理解和適應其文化的人。

　　行業與企業的生存空間關係密切，對於中型規模的公司，行業特徵往往決定了其未來的發展方向。從成長性的角度來看，選對了行業，個人在擇業方面也就成功了一半。

　　而對於剛剛創業的小公司，老闆則是不折不扣的「靈魂人物」。老闆的眼界、能力和管理方法對公司未來的發展起著至關重要的決定性作用。個人在選小公司時，老闆的風格和為人便成了必不可少的判斷依據。

　　老闆總是與公司密切聯繫在一起的。對於小公司來說，老闆可能就是投資人、股東，能直接與你打交道。對於那些規模大的公司來說，中間有許多層級，投資人和股東往往並不直接參與公司經營，那些我們稱之為老闆的人往往和我們一樣都是被僱用者，包括CEO、總經理、分公司經理、部門經理、業務主管等，直接或間接地管理著我們。

　　選擇公司，老闆是一個必須考慮的重要因素。找工作時，老闆有權選擇員工，同樣的，員工也有選擇老闆的權利。一個成熟的商業社會，個人創業已經變得越來越不容易，包括你我在內的大部分人在人生的某一個階段甚至一輩子，可能都得扮演雇員的角色。選擇一位值得追隨的老闆，是個人前途的最大保證。

　　也許我們無法知道什麼樣的老闆是值得追隨的，但卻能利用「見形為容、相體為貌」的觀人術，去判斷誰是不值得追隨的老闆。以下列出的幾種特質，或許能作為面試老闆的一個參照。

　　沒有成功經驗的「好老闆」。如果你的老闆在商場已闖蕩多年，經營的企業少說也有三五家以上，但卻沒有一次真正成功的，而他還經常沾沾自喜地說：「我經歷過太多事情了，像我這樣垮下去又能站起來的人不多，畢竟我有我的獨到之處。」此時，你應該開始懷疑自己的選擇了。是的，他是有獨到之處，能夠連續幾次從失敗中站起來，屢敗屢戰，的確不是一件易事。相反地，若連續數次都未能盡其全功，屢戰屢敗，想必他個

人還是存在某些重大的缺點，因為運氣不會都落在某一個人身上。若你的老闆屬於此一類型，那你就得仔細探尋他多次失敗的原因。一個沒有成功經驗的老闆，你怎能肯定他這一次一定會成功？當然了，除非你能給他帶來好運。

事必躬親的「好老闆」。「每一件事情沒我經手就一定會出差錯。」這是很多老闆經常掛在嘴邊的一句話，也是他們引以為豪的一件事。事實上，這都是老闆自己造成的後果。如果老闆不問大小事必躬親，他怎能期待下屬獨立呢？無法獨立的下屬出錯的機率自然就大，特別是當事必躬親的老闆不在場的時候。如果你不希望永遠待在一家名不見經傳的小公司裏，最好選擇一位懂得授權的老闆，而不要太在意公司目前規模的大小。除此之外，事必躬親的老闆也無法留住真正的人才。一位有創意、有個性的人才絕不會希望老闆常伴左右、指手畫腳。而一家留不住人才的公司，你怎能期望它有良好的績效呢？

輕視財富的「好老闆」。這類老闆最常說的一句話是：「賺這麼多錢對我並沒有什麼意義。」企業最重要的任務之一就是追逐利潤，利潤是公司生存的唯一命脈，那麼又何必刻意加以否認呢？或許你有機會經常與這類老闆共餐，但是你永遠學不到攫取財富的本領。

管理不嚴格的「好老闆」。一個嚴厲的老闆，看到部下遲到早退，或看到部下的工作沒有及時完成，或出了差錯，就會嚴厲地批評部下。部下雖然當時心裏很不舒服，但是這樣的話，部下會為了不再遭受同樣的不舒服就不再遲到，就把工作做得更好。進一步說，如果每個部下都知道這個老闆很嚴厲，工作不做好不行，那整個公司的工作就會越來越好，才能保持持續的發展。相反，一個對部下很好說話的寬厚的老闆，看到部下遲到早退，或看到部下工作沒有及時完成，或出了差錯，都不以為然，睜隻眼閉隻眼，其結果必然是公司的業績下降，企業破產，個人失業。

真正的好老闆與好教師有著異曲同工之妙，他們可以讓日復一日、單調乏味的辦公室變成一個學習的好地方；使你確信，你和你的工作都是至關重要的；給你信心，讓你大膽開口，勇於承擔責任，對今後的人生充滿

憧憬……一句話，他們是一個知道如何啟發和教導你的導師型老闆，而不是對你感情好的老闆。所以，你準備好了「見形為容、相體為貌」，挑出這樣一個「壞老闆」，跟隨他一顯身手、大展宏圖嗎？

○3 處世活用

關漢卿臨危演戲保性命

　　元代大戲劇家關漢卿的著名悲劇《竇娥冤》在大都一上演，就受到了人們的普遍關注與熱烈歡迎。該悲劇淋漓盡致地揭露了貪官污吏的昏庸無道，以及在他們的欺壓下勞苦大眾們水深火熱的艱難處境，因此老百姓爭相傳誦，名噪一時。這種盛況引起了當朝者的恐慌，他們就扣給關漢卿一個蓄意詆譭朝廷、煽動民眾、圖謀不軌的罪名，並下令懸賞緝拿他，派人四處張貼他的頭像，誓要將其捉緝歸案。

　　關漢卿得知這個消息後，下定決心要立即離開這個危險的地方，暫時潛往別處去避避風頭。這天晚上，關漢卿正急急忙忙地趕路，迎面走過來幾個巡夜的捕快，他想立刻轉身逃走，但轉念一想，這樣反而會招徠嫌疑，而且很有可能就此落入他們的手中，便定下神來，迎上前去準備和對方周旋。那幾個捕快見他一副文弱書生模樣，而且行色匆匆，心中不禁起了疑心，立即攔住了他。

　　「幹什麼的？這麼黑的天要趕去哪裡？」一個班頭模樣的人厲聲地喝問道。

　　關漢卿不慌不忙地看看眼前的情景，彷彿在自言自語，只管念叨著：「三五步走遍天下，七八人統領千軍。」

　　班頭一聽答非所問，文謅謅的，而且口氣還不小。碰巧他本人也特別喜歡戲劇，多少還能懂一些，便不甘示弱地說道：「你以為我聽不出嗎？你是不是唱戲的？快說！別磨磨蹭蹭的！」

　　關漢卿絲毫不為所動，繼續自說自話：「或為君子小人，或為才子佳人，登臺便相見；有時歡天喜地，有時驚天動地，轉眼即成空。」

其他的捕快有如聽天書一般，乾脆直嚷嚷：「念什麼經啊？抓起來！抓起來！」

但那班頭是個戲迷，平日裏也很喜歡看關漢卿編演的雜劇，稍稍分析這些話語，心中頓生疑竇。他把提著的燈火湊近關漢卿

梨園領袖關漢卿

的臉一照，不禁失聲喊道：「我看你像……」

關漢卿一聽，急了，趕緊搶過話茬，笑嘻嘻地接著說：「你看我非我，我看我，我亦非我；我裝誰像誰，誰裝誰，誰就像誰。」

說實在的，這前後幾番話都說到班頭的心坎裏了，人生不過就是一場戲。現在他已經確信面前的這個人就是關漢卿，但同時內心也非常矛盾：「就此拿下吧，自己於心不忍。關漢卿確實是戲劇大家，不僅自己喜歡，百姓也對其敬重有加，說不定因為捉拿了他，從此以後自己就要臭名遠揚了；放過他吧，五百兩的賞銀可不是個小數目，對自己也有很大的誘惑力，萬一事發說不定還要擔當失職的罪名……」

在一旁自言自語的關漢卿很快就看穿了班頭的心思，隨口又說出一句意味深長的話來：「臺上莫逞強，縱使厚祿高官，得意無非俄頃事；眼下何足算，到頭來拋盔卸甲，下場還是一般人。」

班頭聞言，細加咀嚼，馬上悟出了其弦外之音：現在貪圖一時之利，到頭來功名利祿也是一場空，說不定沒有好下場，更何況自己良心上也過

不去，這樣做又何必呢？於是便接著自己剛才的話頭，假意訓斥道：「我看你是神經有問題！」說完，一招手，對手下的那幫人說：「我們走！不要在這個迂腐的書呆子身上浪費時間了！」一行人趾高氣揚地走了，關漢卿總算是躲過了一劫。

關漢卿可謂是深刻體悟了內動心計、外以制人的具體方法，面臨不利形勢時善於「見形為容、相體為貌」，看準班頭，並一次次地「聞聲和音」，對他施展開「攝心」、「守義」諸術，隨機應變，一言一行都頗含深意，終於抓住機會、掙脫金鉤回歸於自由的大海。

眼神中的心理學

眼神是心靈之窗，心靈是眼神之源。眼睛是人體中無法掩蓋情感的焦點，是揣情度意的最佳切入口。一瞬即逝的眼神，能發射出千萬個資訊，表達豐富的情感和意向，洩漏心底深處的祕密。眼球的轉動，眼皮的張合，視線的轉移速度和方向，眼與頭部動作的配合……諸如此類所產生的奇妙複雜的眉目語，都在傳遞著資訊，進行著交流，為你成功地進行揣情度意打開一扇扇窗。

亞聖先師孟子認為，觀察人的眼睛，可以知道人的善惡。他說：「存乎人者，莫良於眸子。眸子不能掩其惡。胸中正，則眸子瞭焉；胸中不正，則眸子眊焉。」這說明，人的心底是善是惡，都能從其無法掩蓋的眼神裏揣度出來。

現代研究發現：眼睛是大腦在眼眶裏的延伸，眼球底部有三級神經元，就像大腦皮質細胞一樣，具有分析綜合能力，而瞳孔的變化、眼球的活動等，又直接受腦神經的支配，所以人的感情自然就能從眼睛中反映出來。瞳孔的變化是人不能自主控制的，瞳孔的放大和收縮，真實地反映著複雜多變的心理活動。若一個人感到愉悅、喜愛、興奮時，他的瞳孔就會擴大到比平常大四倍；相反的，遇到生氣、討厭、消極的心情時，他的瞳

孔會收縮得很小；瞳孔不起變化，表示他對所看到的物體漠不關心或者感到無聊。

事實上，通過眼神來傳情達意，是一種普遍的心理現象，大家都在自然而然地運用眼神來表達對周圍一切事物的複雜情感。喜怒哀樂，悲歡離合，都會從微妙變化的眼神裏真實地流露出來。

眼神中的心理學，是人類的一個廣闊領域。比如「含情脈脈」、「眉目傳情」、「一見鍾情」等等，眼神雖不是有聲語言，但恰似有千言萬語可隨心傳播。任何戀人，都必然閃爍著雙雙秀美而深邃的眼睛，從中相互窺探、揣度、會意對方內心深處的奧祕。正如古羅馬詩人奧維德所說的那樣：「沉默的眼光中，常有聲音和話語。」

男女雙方用眼神來傳情達意的方式是豐富多彩的。對異性只看一眼，就故意將視線移開的人，恰恰表明其渴望與異性交往，這是心理的反向作用。凡是目不轉睛注視對方，而不將視線移開的女性，流露出她內心隱藏著某種祕密。男女雙方不時地對視，是將對方引導到自己心上進行會情達意的交流。在使用眼神上，女性常優於男性，她只要流波轉盼，就可以傳達「我們可以一起走了」，其含情脈脈，盡在不言之中，真可謂「此時無聲勝有聲」。

在看的感受中，最好看的還是情人。因為情人眼裏出西施，即使不漂亮也具有獨一無二的神奇美麗。夫妻間心照不宣的眼神交流，多是關心、勸告和體諒。如在招待客人時，丈夫與客人興致勃勃地頻頻乾杯，夫人只要用眼睛說：「血壓這麼高，還這麼貪杯。」丈夫便會以稍顯乞憐的眼神表示：「只此一次，下不為例。」

而在人際交往中，目光接觸也發揮著資訊傳遞的重要作用。不同的目光，反映著不同的心理，產生著不同的心理效果，我們一定要善加揣度、會意，從而做出適當的回應。眼神和心理，是交往中引人注目的一個課題，注意在實踐中領悟、運用，是有價值的。如果你希望給對方留下較深的印象，你就要凝視其目光久一些，以表自信。如果你想在和對方的爭辯中獲勝，那你千萬不要把目光離開，以示堅定。如果你不知道別人為什麼

看你時，你就要稍微留意一下其面部表情和眼神，便於採取對策。如果你和別人碰面，覺得不自在，你就要把目光移開，減少不快。如果你和對方談話時，他漫不經心而又出現閉眼姿勢，你就要知趣暫停，你若還想做有效地溝通，那就要主動地隨機應變。如果你想和別人建立良好的默契，應用60%~70%的時間注視對方，注視的部位是兩眼和嘴之間的三角區域，這樣資訊的傳接會被正確而有效地理解。如果你想在交往中，特別是和陌生人的交往中獲取成功，那就要以期待的目光，注視對方的講話，不卑不亢，只帶淺淡的微笑和不時的目光接觸，這是常用的溫和而有效的方式。

總之，在為人處世與人際交往中，無論你用的是「見形為容、相體為貌」、「聞聲和音」、「解仇鬥郤」，還是「綴去」、「卻語」、「攝心」、「守義」，對於眼神中的心理學，一定都要細加揣度，懂得領悟與應用，如此定能收穫頗豐。

〈全書終〉

國家圖書館出版品預行編目資料

鬼谷子大全集／鬼谷子 著 -- 三版-- 新北市：
　新潮社文化事業有限公司，2023. 03
　　冊；　公分
　　　ISBN 978-986-316-867-6（平裝）
1.CST：鬼谷子 2.CST：研究考訂 3.CST：謀略

121.887　　　　　　　　　　　　111022193

鬼谷子大全集

作　　者　鬼谷子
校　　訂　方東野
企　　劃　天蠍座文創製作
出　　版　新潮社文化事業有限公司
　　　　　電話 02-8666-5711
　　　　　傳真 02-8666-5833
　　　　　E-mail：service@xcsbook.com.tw

印前作業　東豪印刷事業有限公司
印刷作業　福霖印刷有限公司

總 經 銷　創智文化有限公司
　　　　　新北市土城區忠承路 89 號 6F（永寧科技園區）
　　　　　電話 02-2268-3489
　　　　　傳真 02-2269-6560

三　　版　2023 年 3 月
三版四刷　2024 年 4 月